MOTORRAD-TOUREN
Ostalpen

75 Rundfahrten in den Alpenländern Österreich, Deutschland, Schweiz, Slowenien, Italien

von Harald Denzel

DENZEL-VERLAG INNSBRUCK

Tourenübersicht Ostalpen

Tourenübersicht Ostalpen

Impressum

Texte und Skizzen: Harald Denzel
Fotos: Harald Denzel, ausgenommen jene mit anderer Angabe
Druck und Binden: adpl-solutions Europe GmbH, Wels
Printed in Austria

Titelbilder: Großglockner-Gletscherstraße, Stilfser Joch, Gaviapass, Ubaldopass

Für redaktionelle Angaben kann keinerlei Gewähr geleistet werden. Insbesondere können aus Druckfehlern und Irrtümern keine wie immer gearteten Ansprüche geltend gemacht werden. Eine Nichtbeachtung offizieller Fahrverbote erfolgt jeweils auf eigene Gefahr und Haftung.

E-Mail-Adresse: denzel-verlag@web.de
Homepage: http://www.denzel-verlag.de

2. Ausgabe

Bibliografische Informationen Der Deutschen Bibliothek
Die Deutsche Bibliothek verzeichnet diese Publikation in der Deutschen Nationalbibliografie; detaillierte bibliografische Daten sind im Internet über http://dnb.ddb.de abrufbar.

ISBN 978-3-85047-771-0

Zu diesem Buch

Inhalt

In diesem Band werden 75, für Motorradfahrer besonders lohnende Rundfahrten aus den gesamten Ostalpen vorgestellt. Das Rheintal bzw. eine gedachte Linie zwischen dem Bodensee und dem Comersee trennt die Ostalpen von den Westalpen. Die sorgfältig ausgewählten Runden erstrecken sich über die Alpenländer Österreich, Deutschland, Schweiz, Slowenien und Italien. Nicht nur die großen Pass-Straßen, sondern auch interessante, fast unbekannte Bergstraßen wurden in die Rundfahrten miteinbezogen. Sie sind in der Regel als Tages- oder Halbtagestouren konzipiert, wobei die längste 263 km und die kürzeste 46 km misst.

Gliederung

Durch Varianten und Abstecher (in den Skizzen grün bzw. blau gezeichnet) lassen sich die Standardrouten (in den Skizzen rot ausgezogen) je nach Interesse und vorhandener Zeit erweitern oder abkürzen. Die erforderliche Kilometerleistung wird jeweils für die Hauptroute und gesondert für Varianten und Abstecher durch „plus" oder „minus", immer auf die Standardstrecke bezogen, angegeben. – Selbstverständlich sind die Rundfahrten auch untereinander beliebig verknüpfbar. Ebenso lässt sich bei den meisten Runden anstelle des vorgeschlagenen Ausgangspunktes ein beliebiger, auf der Strecke gelegener Ort als Einstieg wählen. Jede Tour ist in einer eigenen Orientierungsskizze dargestellt! Durch unser länderweises Farbleitsystem kann man sich schnell einen guten Überblick verschaffen.

Fahrtechnische Beurteilung

Die fahrtechnische Schwierigkeit wird mit leicht, mittel und schwierig sowie mit Zwischenstufen beurteilt. Um Schotter- bzw. Endurostrecken von asphaltierten Straßen und Sträßchen auf einen Blick unterscheiden zu können, wurden sie durch eigene Symbole gekennzeichnet. Zu beachten ist dabei allerdings, dass nicht immer die gesamte, so hervorgehobene Strecke diesen Zustand aufweist; auch wenn die Kriterien nur auf Teilstrecken zutreffen, erfolgte die Kennzeichnung. In wenigen Ausnahmen mit Abschnitten unter 3 km wurde auf das Symbol verzichtet; in diesen Fällen gehen die Straßenzustandsverhältnisse aber aus dem Text deutlich hervor.

Schotterstrecken: In der Regel handelt es sich dabei um gut instand gehaltene, auch teilweise eingewalzte Fahrwege mit feinem Schotter oder um Erdsträßchen. Sie weisen meist einen flachen Verlauf bzw. nur mäßige Steigungen und kaum enge Kurven auf. Besondere Bodenfreiheit oder große Federwege sind nicht erforderlich, sodass diese Strecken mit fast allen Straßen- und Tourenmaschinen problemlos befahren und auch von weniger geübten Lenkern bewältigt werden können. Bei Nässe ist jedoch unbedingt auf erhöhte Rutschgefahr zu achten! Und bitte daran denken, dass das Wetter in den Bergen oft schnell umschlägt und dann heftige Gewitter unerwartet auftreten können.

Endurostrecken: Diese Fahrwege weisen meist ruppige Stellen sowie Passagen mit grobem, losem (mitunter schwimmendem) Schotter auf, auch größere Steine oder Felsbrocken sind keine Seltenheit. Mit Schlaglöchern, Auswaschungen, tiefen Wasserablaufrinnen und teilweisen Fahrbahnverengungen durch hang- oder talseitige Abrutschungen ist zu rechnen. Steigungen und Gefälle sind oft recht beachtlich. Häufig handelt es sich um Almfahrwege oder ehem. Militärsträßchen, die nur mäßig oder gar nicht instand gehalten werden; eine Befahrung erfolgt deshalb ausschließlich auf eigene Gefahr und Haftung.

Durch Witterungseinflüsse (Eis und Frost verursachen Felssprengungen und Steinschlag, Unwetter mit starken Regenfällen lösen Sturzbäche, die Geröll mit sich reißen, und Muren aus) können sich die Zustandsverhältnisse auch kurzfristig ändern, was manchmal sogar zur völligen Unpassierbarkeit oder Sperrung führt. – Grundsätzlich sind die Strecken nur für berggewohnte, geübte Lenker bzw. Lenkerinnen mit Enduros geeignet. Teilweise ist jedoch auch eine Befahrung mit Tourenmaschinen, welche über entsprechende Federwege und Bodenfreiheit sowie zweckmäßige Bereifung verfügen, möglich; das erhöhte Risiko muss jeder Fahrer aber selbst abschätzen! Prinzipiell abzuraten ist von Befahrungen ohne Begleitung.

Landschaftliche Klassifikation

Eine landschaftliche Klassifikation ist naturgemäß immer relativ aufzufassen, denn Wetter, Jahres- und Tageszeit und vor allem individuelle Eindrücke, die Tourenfahrer gewinnen, sind oft grundverschieden. Jeder Kennzeichnung durch die entsprechende Zahl von Sternen ging eine sehr kritische Betrachtung voraus. Es bedeutet:

* landschaftlich schöne und lohnende Strecke
** landschaftlich hervorragende und empfehlenswerte Strecke
*** landschaftlich außergewöhnlich schöne Strecke.

Unterkunft

Auf die Empfehlung von Übernachtungsmöglichkeiten haben wir bewusst verzichtet, da dies den Umfang des Führers sprengen würde. Einerseits sind die Ansprüche und Vorstellungen der Alpenfahrer je nach Budget sehr unterschiedlich (sie reichen vom Campingplatz bis zum Komforthotel), andererseits ist das Angebot an Unterkünften ohnehin in fast allen behandelten Regionen vielseitig oder zumindest ausreichend.

Leserecho

Selbstverständlich haben wir alle Rundenvorschläge akribisch genau recherchiert. Bei der gebotenen Vielzahl von Touren ist es uns aber trotz hoher Kilometerleistung nicht möglich, jede Strecke in jeder Motorrad-Saison erneut zu befahren. Damit die nächste Ausgabe wieder möglichst aktuell wird, wären wir für Anregungen, Bestätigungen und Zustandsberichte dankbar. Auch attraktive Fotos, welche uns reprofrei zur Verfügung gestellt werden, sind uns stets willkommen; digitale Bilder sollten im Querformat mindestens 12,5 cm breit sein (das entspricht ungefähr 1550 Pixel) und eine Auflösung von 300 Pixel/inch bzw. 120 Pixel/cm aufweisen. Unsere Post- und E-Mail-Adresse sind im Impressum auf Seite 4 zu finden.

Verhalten und Fahrstil

Als Tourenfahrer mit Leib und Seele liegen uns die nachfolgenden Appelle an die Vernunft besonders am Herzen: Leider sind speziell in den Alpen auch immer wieder Zeitgenossen unterwegs, die scheinbar noch nicht wissen, dass hochalpine Regionen sehr sensible Gebiete und Bergstraßen keine Rennstrecken sind. Angesagt ist eine besonnene Fahrweise sowie Rücksichtnahme auf andere Verkehrsteilnehmer. Landschaft, Flora und Fauna der Alpen sind einzigartig; absolutes Tabu für Enduristen ist deshalb das Verlassen der Wege und Querfeldeinfahren. Das Abschneiden von Kehren verursacht Schäden an der Trasse, die Benützung illegaler Fahrspuren reißt tiefe Wunden in die Natur. Wer im Gelände kräftig am Gashahn drehen möchte, möge bitte ein Schotterwerk, eine Kiesgrube oder einen anderen, für Motocross geeigneten Platz ansteuern. Auf Schotterpisten dürfen Wanderer keinesfalls durch übermäßige Staubentwicklung belästigt oder rasanten Fahrstil gefährdet werden. Wenn sich Beschwerden häufen, müssen die Behörden reagieren: das Ergebnis sind Fahrverbote und Beschränkungen für Motorräder. Etliche Strecken wurden in den vergangenen Jahren bereits gesperrt, weitere hochinteressante Ziele sind von Verboten bedroht!

An dieser Stelle wollen wir uns noch bei allen Informanten, Verlagsfreunden und Mitarbeitern, die uns während der langen Vorbereitungszeit dieses Spezialführers tatkräftig geholfen haben, herzlich bedanken und wünschen allen Benützern des Buches erlebnisreiche, gute Fahrten und auch stets eine gesunde Heimkehr!

Harald Denzel

Zeichenerklärung

	Bedeutender Ort		Hauptroute
	Ortschaft, Häusergruppe		Variante
	Museum, Sehenswürdigkeit		Abstecher
	Pass, Sattel, Scharte		Autobahn, Schnellstraße
	Hotel, Gasthaus, Hütte		Straße zur Orientierung
	Kloster, Kirche, Kapelle		Gewässer
	Schloss, Burg		Standseilbahn, Zahnradbahn
	Ruine		Empfohlene Fahrtrichtung
	Höhle, Grotte	8 8	Autobahn 8 (D, CH)
	Wasserfall	A 8 A 8	Autobahn 8 (A, I)
P	Parkplatz	N	Nördliche Richtung
	Aussichtspunkt		

Tourenverzeichnis

ÖSTERREICH

DEUTSCHLAND

SCHWEIZ

SLOWENIEN

ITALIEN

Im Text verwendete Abkürzungen

A 2	Autobahn 2
AA	Autobahnanschluss
Abzw.	Abzweigung
Alb.	Albergo
AP	Ausgangspunkt
AV	Alpenverein
B 80	Bundesstraße 80
bewirtsch.	bewirtschaftet
Bez., bez.	Bezeichnung, bezeichnet
Bj.	Berichtsjahr
DAV	Deutscher Alpenverein
ehem.	ehemals, ehemalig
EP	Endpunkt
Gh.	Gasthaus, Gasthof
gj.	ganzjährig
HT	Hinweistafel
HU	Höhenunterschied
Jh.	Jahrhundert
Jst.	Jausenstation
L 96	Landesstraße 96
li.	links
LM	Leichtes Motorrad
LSG	Landschaftsschutzgebiet
max.	maximal
Min.	Minute(n)
N, n.	Norden, nördlich
N 22	Nationalstraße 22
NSG	Naturschutzgebiet
O, ö.	Osten, östlich
ÖBF	Österr. Bundesforste
re.	rechts
Rif.	Rifugio
S, s.	Süden, südlich
S 20	Schnellstraße 20
SP.83	Provinzstraße 83
SS.48	Staatsstraße 48
St.	Sankt
Std.	Stunde(n)
U 44	Umgehungsstraße 44
W, w.	Westen, westlich
ZA	Zollamt
→	siehe, vergleiche

ÖSTERREICH

Durch die Steirisch-Niederösterr. Kalkalpen* | 1

Route: Berndorf (312) – Auf dem Hals (662) – Pernitz – Gutenstein – Rohrer Sattel (864) – Rohr im Gebirge – Nöster – Gh. Kalte Kuchl – Ochsattel (854) – St. Aegyd am Neuwalde – Gscheidsattel (970) – Terz – Lahnsattel (1015) – Wasserfall zum Toten Weib – Mürzsteg – Neuberg a.d. Mürz – Kapellen – Preiner Gscheid (1070) – Reichenau a.d. Rax – Hirschwang – Voismaut – Klostertaler Gscheid (765) – Gutenstein – Pernitz – Waldegg – Markt Pisting – Auf dem Hart (510) – Hernstein – Berndorf. **215 km.**

Fahrtechnische Beurteilung: leicht

Zeitaufwand: Tagestour

Eine wie für den Motorradfahrer geschaffene Runde vor den Toren der Millionenstadt Wien. Berndorf ist sowohl aus dem lang gestreckten Großsiedlungsraum des Wiener Beckens als auch von Wiener Neustadt her günstig erreichbar. Im ständigen Wechsel der Talungen stellen mehrere Einsattelungen acht mehr oder minder ausgeprägte Übergänge in den ö. Ausläufern der Alpen her. Die Steigungen und Gefälle auf den Bergstraßen sind durchwegs ausgeglichen und überschreiten nirgends 14%. Wenn es auf diesem Rundkurs auch keine bemerkenswerten fahrtechnischen Schwierigkeiten gibt, so muss der Motorradfahrer aber mit Windungsreichtum, teilweise auch mit engen, unübersichtlichen Kurven rechnen.

Die **Hohe Wand** → Runde 1. Foto Th. Denzel

Von Berndorf nimmt man als Auftakt das schmale Sträßchen nach Pernitz; **„Auf dem Hals“** ist der originelle Name des

Großzügig trassiert und vorzüglich ausgebaut präsentiert sich der **Rohrer Sattel**. Dennoch oder gerade deswegen ist die Strecke unfallträchtig. Im Bild die Ostrampe → Runde 1.

Das weithin bekannte **Gh. Kalte Kuchl** im Schnittpunkt der B 21 mit der L 133 ist seit Jahren der am häufigsten angesteuerte Motorradfahrer-Treffpunkt der Region → Runde 1.

Skizze 1 Durch die Steirisch-Niederösterr. Kalkalpen

dabei benützten Sattels. Die B 21 führt über Gutenstein und den hervorragend ausgebauten **Rohrer Sattel (864)** zu dem seit alters her gern besuchten Gh. „Kalte Kuchl". Das Gasthaus ist der am meisten angefahrene und wohl auch bekannteste Motorradfahrer-Treffpunkt der Region. Nebenbei verdient das kleine, private Freilichtmuseum „Historische Volkskunde" besondere Beachtung. In dieser waldreichen Gegend kann man vereinzelt auch noch rauchende Holzmeiler beobachten.

Die Weiterfahrt verläuft über den **Ochsattel (854)** nach St. Aegyd am Neuwalde und über den **Gscheidsattel (970)** zum **Lahnsattel (1015)**. Auf seiner Südrampe leitet die Straße aus Gründen der Begradigung nicht mehr durch die enge Klamm, sondern durch den 572 m langen Tunnel „Zum Toten Weib"; wer den gleichnamigen Wasserfall sehen will, muss die alte Trasse durch die Schlucht zu Fuß erkunden. Touristischer Höhepunkt des oberen Mürztales ist Neuberg a.d. Mürz mit dem Neuberger Münster.

In Kapellen verlässt man die B 23 und fährt über das **Preiner Gscheid (1070)** nach Reichenau a.d. Rax. Dort nimmt die wildromantische Strecke durch das Höllental entlang der Schwarza ihren Ausgang. Die Schlucht, welche Raxalpe und Schneeberg trennt, ist zweifellos ein besonderes landschaftliches Erleb-

Die **Hohe Wand** ist ein beliebtes Ausflugsziel im Nahbereich von Wien. Sie vermittelt eine weit reichende Aussicht Richtung Süden und Osten → Runde 1.

nis. Auf felsnahen Passagen droht allerdings Steinschlaggefahr, weshalb man dort weder anhalten noch sich aufhalten sollte. – Die Talstation der Rax-Seilbahn befindet sich am n. Ortsende von Hirschwang a.d. Rax (500), ihre Bergstation liegt runde 1000 m höher auf der Ostseite des „Hausberges der Wiener".

Das Sträßchen über das **Klostertaler Gscheid (765)** verbindet mit der B 21; sie wird im 14 km langen Abschnitt Pernitz–Markt Piesting viel befahren und mit zäh fließendem Verkehr durch etliche Ortschaften ist zu rechnen. Zuletzt passiert man auf einer Nebenstraße die Anhöhe **Auf dem Hart (510)** und Schloss Hernstein, ehe sich die Rundfahrt in Form einer großen Acht schließt.

Abstecher: Von Gutenstein (482) auf ausgebauter Mautstraße zum bekannten Wallfahrtsort **Mariahilfberg (705)**. Die Kirche gilt als barocke Sehenswürdigkeit. Hin und zurück 6 km. Fahrtechnische Beurteilung: leicht.

Abstecher: Von Markt Piesting (349) zunächst Richtung Teichmühle in der Neuen Welt. Zwischen Stollhof und Maiersdorf beginnt eine außergewöhnliche, 5 km lange, bemautete Bergstraße auf die **Hohe Wand**, die teilweise auf den Resten einer alten Römerstraße gebaut wurde. Sie ist zweispurig breit und durchgehend asphaltiert.

Der Anstieg erfolgt unvermittelt, die Steigungsmaxima betragen 15%. Man fährt erst an freundlichen Viehweiden vorbei, dann unter schroff ansteigenden Felsen und gewinnt zuletzt mittels drei Kehren eine kleine Einsattelung, die auf das Hochplateau überleitet. Hier gabelt sich die Bergstraße. Weiterfahrt zum Kleinkanzelhaus (1065), 4.4 km.

Der „Naturpark Hohe Wand“ umfasst die ganze, zirka 20 km^2 große Hochfläche. An Unterkünften mangelt es dort oben nicht: zum Hochkogelhaus (900) 5.5 km, zum Herrgottschnitzerhaus 2.5 km, zum Waldegger Haus (1002) nahe dem Tiergehege 3.6 km. Besondere Anziehungspunkte sind die Aussichtsplattform „Skywalk“ beim Alpengh. „Postl“ und der 18 m hohe Aussichtsturm. Bei klarem Wetter reicht der Blick über den Neusiedler See hinweg bis in das ungarische Tiefland. Im SW gipfelt der markante Gebirgsstock im Packlesberg (1135). Ein Wildgehege mit Hirschen, Mufflons, Gämsen und Steinböcken sowie eine Murmeltierkolonie bereichern den Naturpark. Hin und zurück 42 km. Fahrtechnische Beurteilung: mittel.

Waldheimat, Semmering und Alte Kaiserstraße* 2

Route: Krieglach (608) – Alpl (1100) – St. Kathrein am Hauenstein – Ratten – Rettenegg – Pfaffensattel (1368) – Fröschnitztal – Steinhaus am Semmering – Semmering (985) – Adlitzgraben – Prein a.d. Rax – Preiner Gscheid (1070) – Kapellen – Neuberg a.d. Mürz – Mürzsteg – Niederalpl (1223) – Wegscheid – Seebergsattel/Steirischer Seeberg (1253) – Seewiesen – Au – Turnau – Pretalsattel (1071) – Veitsch – Mitterdorf im Mürztal – Krieglach. **155 km.**

Fahrtechnische Beurteilung: mittel

Zeitaufwand: Tagestour

Der Markt Krieglach im Mürztal ist eng mit dem Leben und Wirken des großen steirischen Dichters Peter Rosegger verbunden. Krieglach und **Roseggers Waldheimat Alpl** werden jährlich von Tausenden Menschen besucht. Die ausgebaute und teilweise mit Kriechspuren versehene Weizer-B 72 leitet bei max. 14% Steigung zunächst nach Alpl hinauf, wo sich nahe dem Waldheimathof Bruggraber die Rosegger-Dokumentation befindet.

Will man zur ehem. Waldschule (heute Wandermuseum) oder zu Roseggers Geburtshaus, dem Kluppenegger Hof, welcher auch innen besichtigt werden kann (30 Min. Fußweg bergauf ab bez. Parkplatz), so muss man zirka 3 km vor Erreichen der Scheitelstrecke von der B 72 re. abzweigen und der entsprechenden Beschilderung folgen.

Über die Aussicht bietende Scheitelhöhe fährt man bei gefährlichem Gefälle hinab nach St. Kathrein am Hauenstein und weiter in das Feistritztal, um dort in die Straße zum **Pfaffensattel (1368)** einzumünden. Man passiert die Orte Ratten und Rettenegg, worauf der Anstieg durch waldreiches Gebiet hinauf zur ausgeprägten Wasserscheide erfolgt, max. 13% Steigung auf der Westrampe. Gastronomisch Interessierte halten gerne Einkehr beim bekannten „Forellengh. Jogland“ (vormals Ebner), der nur wenig au-

Das **Alois-Günther-Haus** auf dem **Stuhleck** ist schon von Weitem zu erkennen → Runde 2.

Felsbalmen im **Adlitzgraben** → Runde 2.

ßerhalb von Rettenegg an der Landesstraße liegt. Auch auf der Scheitelhöhe lädt ein Gasthof zur Rast ein. Der serpentinenartige Abstieg auf der Ostrampe hinab in die Talsohle des Fröschnitzbaches weist ein Gefälle bis 14% auf und vermittelt dem Motorradfahrer ohne Zweifel einen erhöhten Fahrgenuss. Hingegen verläuft die Talstrecke in das Mürztal ohne Besonderheiten und wird eher als monoton empfunden.

Oberhalb Steinhaus mündet man in die Semmering-B 306 ein, welche allerdings auf der Passhöhe wieder verlassen wird, um über das berühmte ehem. Hotel „Panhans“ und das ehem. „Südbahnhotel“, am Golfplatz vorbei, in den **Adlitzgraben** hinabzufahren. Diese, eine bemerkenswerte Aussicht auf die Semmeringregion bietende Bergstraße, ist nur knapp zweispurig breit und weist ein max. Gefälle von 12% auf. – Beim „Blunzenwirt“ außerhalb Breitenstein hält man

Skizze 2 Waldheimat, Semmering und Alte Kaiserstraße

sich li. und folgt unter der viaduktreichen Semmeringbahn hindurch der teilweise wildromantisch anmutenden Strecke hinauf zum Gh. „Orthof". Zunächst umsäumt Laubwald die Straße, dann fährt man dicht an den Felsbalmen vorbei. Das asphaltierte Sträßchen aus dem Adlitzgraben ist nur einspurig breit, doch gibt es Ausweichstellen auf Sicht. In der Klamm hat man eine Höchststeigung von 23% zu bewältigen. – Vom Orthof muss man neuerdings talab fahren und gelangt durch das Quellschutzgebiet zum Gh. „Preiner Hof". Die 15 km lange Verbindung vom Semmering durch den Graben zum Gh. „Preiner Hof" bietet viel landschaftliche Abwechslung; bedingt durch ihre Verkehrsarmut findet man während der Fahrt auch immer gute Gelegenheiten zum „schauen".

Vom Preiner Hof folgt man der guten Landesstraße durch Prein a.d. Rax und weiter auf der vorzüglich trassierten Ostrampe hinauf zum Sattel **Preiner Gscheid (1070)**, über den die niederösterr.-steirische Landesgrenze verläuft. Man fährt bei ausgeglichenen Steigungsverhältnissen von einer Kurve in die andere, was Bikerherzen höher schlagen lässt. Kurven mit größerem Radius haben Überbreiten. Das Steigungsmaximum ist mit 10% ausgeschildert. Leider behindern Bäume und Strauchwerk die Ausblicke auf die Rax. Der Sattel mit dem Gasthaus wurde in ein ausgedehntes Landschaftsschutzgebiet einbezogen. Die im Bj. noch nicht modern ausgebaute Westrampe war kehrenarm und wies eine geringere Fahrbahnbreite auf. Bei der Häusergruppe Raxen ist dann die Talsohle erreicht.

Nach Kapellen (703) fährt man neben dem Raxenbach talaus und mündet dort in die Lahnsattel-B 23 ein. In rascher Fahrt gelangt man wenig weiter nach Neuberg a.d. Mürz mit seiner sehens-

Die Scheitelstrecke zwischen dem **Roseggerhaus** auf der **Pretul** und der Ganzalmhütte kann bei Regen wegen der lehmigen Erde sehr rutschig werden → Runde 2.

werten ehem. Stiftskirche aus dem 14. Jh. und gotischem Kreuzgang. Die „Alte Kaiserstraße" verbindet das ehem. Habsburger Jagdschloss in Mürzsteg (heute Urlaubssitz des österr. Bundespräsidenten) über das **Niederalpl (1223)** mit Wegscheid an der Mariazeller-B 20. An ihr liegt, von der Durchgangsstraße etwas abgerückt, der Brandhof, welcher von Erzherzog Johann zu einem Jagdschlössl umgebaut wurde. Die Scheitelstrecke des Niederalpl wurde vollig neu trassiert und ab dem Gh. „Gamsjäger" auf die n. Talseite verlegt; dabei wurden die Steigungsverhältnisse sehr günstig umgestaltet: von früher 26% auf jetzt nur noch 10%. Auf der Scheitelhöhe lädt der rustikal ausgestattete „Plodererhof" zur Rast und Labung ein.

Die Route nimmt ihren weiteren Verlauf über den gut ausgebauten Seebergsattel; um Verwechslungen mit dem zwischen Kärnten und Slowenien gelegenen Seebergsattel zu vermeiden, wird er auch **Steirischer Seeberg (1253)** genannt. Bemerkenswert ist auf seiner Südseite der Blick durch das Seetal auf das Hochschwabgebirge (anhalten bei den obersten Kehren!). In Seewiesen verdient das gotische Pfarrkirchlein St. Leonhard nähere Beachtung; es befindet sich an der alten Straße im Steigungsbereich. Die neue Straße mit nur 9% maximaler Steigung umgeht den Ort.

Zirka 6 km unterhalb von Seewiesen hat man li. die beschilderte Abzw. der verkehrsarmen Straße über Göriach und Turnau (stark verwinkelte Ortsdurchfahrten) zum **Pretalsattel (1071)** und hinab nach Veitsch. Die Westrampe wurde wesentlich entschärft, ihre Steigung beträgt jetzt nur mehr 10%, jedoch wartet die

Der **Seebergsattel** wird auch als **Steirischer Seeberg** bezeichnet. Seine Südrampe weist eine elegante Kehrenanlage mit großem Radius auf → Runde 2.

Ostrampe noch mit einer Gefällestrecke von 14% auf. Die Aussicht ist beschränkt, ins Auge springt vor allem der Tagabbau am Magnesitbergwerk; er lässt sich von der Scheitelhöhe und auch während der Abfahrt gut verfolgen. Der Tagbau mit seinen ausgeprägten Stufen ähnelt jenem am Steirischen Erzberg bei Eisenerz. Von Veitsch führt die Straße neben dem Veitschbach talaus nach Mitterdorf im Mürztal, von wo man nach Krieglach zurückkehrt oder auch Anschluss an die Semmering-S 6 findet.

Variante: Von Ratten zum **Roseggerhaus (1588) auf der Pretul (1656)** und Abfahrt Richtung Hönigsberg im Mürztal. Am ö. Ortsrand zweigt ein knapp zweispuriges Asphaltsträßchen von der Feistritzsattel-L 407 ab. Das ausgeschilderte Geschwindigkeitslimit beträgt 35 km/h. Man fährt zunächst 6.4 km zum Bauernhof „Hansl im Reith" hinauf, wo beim Schranken eine bescheidene Wegerhaltungsgebühr eingehoben wird; 500 m weiter endet der Asphaltbelag. Der von Mitte Mai bis Anfang November benützbare geschotterte Fahrweg führt nun in mehreren Kehren durch ein ausgedehntes Waldgebiet. Die max. Steigung der Südrampe beträgt 16%, der Straßenverlauf ist übersichtlich. Oberhalb der Baumgrenze weitet sich die Aussicht und nach fast 11 km ab Ratten erreicht man das Hochplateau mit dem Roseggerhaus. – Die Benützung der Nordrampe ist nur bei trockenen Wegverhältnissen ratsam! Bei der 3.6 km langen Strecke zwischen dem Schutzhaus und der Ganzalmhütte (1389) handelt es sich um ein einspuriges, teilweise holpriges Erdsträßchen, das bei Nässe sehr rutschig werden kann. Im

Bj. gab es Abschnitte, die sich tonnenförmig li. und re. zur Seite neigten und einen guten Gleichgewichtssinn erforderten, bei glitschiger Erde aber die Gefahr des Abgleitens bargen. Gefälle 15%. – Beim Gatter an der Ganzalmhütte befindet sich die n. Mauteinhebestelle. Während der weiteren Abfahrt nimmt das Gefälle zu und hat Maxima von 20%. Unweit vom Bärenkogelhaus (1176) trifft man auf das asphaltierte Gemeindesträßchen nach Ganz. Insgesamt misst die Nordrampe 8.3 km. Von Mürzzuschlag führt dann die B 306 nach Steinhaus am Semmering. Plus 5 km. Fahrtechnische Beurteilung: Südrampe Pretul mittel, Nordrampe schwierig.

Abstecher: Vom Pfaffensattel zum **Alois-Günther-Haus (1782) auf dem Stuhleck.** Diese Mautstraße wird von Ende Mai bis Ende Oktober offen gehalten. Man fährt auf einer knapp zweispurigen Schotterstraße meist durch Hochwald, der zusehends schütterer wird. Oberhalb der Baumgrenze öffnen sich im Almgebiet die Ausblicke auf die sich schier endlos ausdehnenden Wälder zu Füßen von Stuhleck und Hochwechsel. Das exponiert liegende Gipfelhaus erkennt man bereits von weither während der Anfahrt. Die max. Steigung beträgt 16%. Hin und zurück 8 km. Fahrtechnische Beurteilung: mittel.

3 Wechsel und Bucklige Welt*

Route: Aspang Markt (498) – Mönichkirchen – Pinggau – Friedberg – Thalberg – St. Lorenzen – Bruck a.d. Lafnitz – Waldbach – Wenigzell – Ratten – Rettenegg – Feistritzsattel (1286) – Otterthal – Kirchberg am Wechsel – St. Corona am Wechsel – Aspang Markt. **113 km.**

Fahrtechnische Beurteilung: leicht bis mittel

Zeitaufwand: Halbtagestour

Die Rundfahrt erfasst die ö. Ausläufer der Alpen mit Teilen der Buckligen Welt und des Wechselgebirges. Sieht man vom Abstecher zum Hochwechsel ab, so erreicht sie in der waldreichen Region um den Feistritzsattel ihren höchsten Punkt. – Von Aspang Markt zunächst auf der gut ausgebauten, windungsreichen Wechsel-B 54 bei ausgeglichenen Steigungsverhältnissen (Maximum nur 8%) hinauf zum beliebten Luftkurort Mönichkirchen (967), welcher unter der Ostabdachung des Wechselgebirges dicht an der niederösterr.-steirischen Landesgrenze liegt.

Im Ort verdient der „Erzherzog-Johann-Park" beim Café-Restaurant „Kernstockhaus" einen Besuch. Es handelt sich dabei um eine Art Miniwelt mit sehenswerten Nachbildungen berühmter Bauten; die einzelnen Objekte stammen vorwiegend aus dem steirischen Raum wie beispielsweise Roseggers Geburtshaus

Der **Feistritzsattel** liegt an der Landesgrenze zwischen der Steiermark und Niederösterreich. Man durchmisst ein waldreiches, sehr dünn besiedeltes Gebiet → Runde 3.

und Waldschule, der Grazer Uhrturm, das Hotel Panhans am Semmering u.v.a. – Die Runde setzt sich auf der Südrampe dieses Überganges in Richtung Friedberg fort; das max. Gefälle beträgt nur 6%. Man benützt re. die direkte Zufahrt nach Pinggau, überbrückt die Pinka, gelangt durch Friedberg und fährt auf der Landesstraße nach Thalberg. Ein schmales Asphaltsträßchen leitet über St. Lorenzen nach Bruck a.d. Lafnitz im Joglland.

Der Hochwechsel ist wie das Stuhleck ein massiver Höhenzug mit einem steinigen, breiten Rückenkamm, der wie ein Riegel den angrenzenden Hartberger Raum abschließt und die kalten Nordwinde fernhält. – Von Waldbach folgt man weiter der Landesstraße, wobei das schmucke Dorf Wenigzell (831) umfahren wird. Während der Auffahrt zu den „Drei Wenigzeller Wetterkreuzen“ (1100) ist eine Steigung von 17% zu bewältigen. Der Ausbauzustand ist auf dieser Strecke besser wie auf der Variante über St. Jakob. Bei Ratten erreicht man das Feistritztal.

Durch den Ausbau der 23 km langen L 407 von Ratten bis zur Landesgrenze steht mit dem **Feistritzsattel (1286)** ein touristisch bedeutender Übergang von der Steiermark nach Niederösterreich zur Verfügung; er bildet eine Alternative zu den stark frequentierten Hauptrouten über den Semmering bzw. Wechsel (Mönichkirchen) und ist daher eine ideale, leicht zu befahrende Ausweichstrecke. Mit nur einer einzigen Kehre im oberen Feistritztal gewinnt diese Bergstraße bei ausgewogenen Steigungen (max. 9%) und Fahrbahnbreiten zwischen 6 und 8 m die Scheitelhöhe. Der

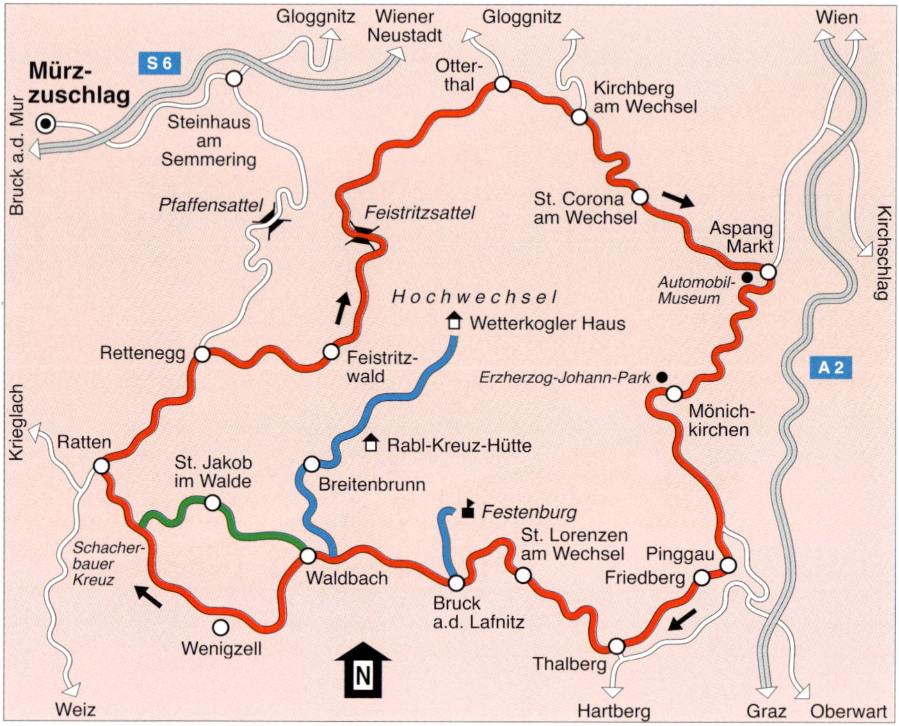

Skizze 3 Wechsel und Bucklige Welt

Übergang ist ringsum von Wäldern umgeben, weshalb die Ausblicke eingeschränkt sind; sie richten sich gegen den Sonnwendstein und zum Schneeberg. – Der Fahrweg, welcher den Feistritzsattel über den Fröschnitzsattel mit dem Pfaffensattel verbindet, ist eine gesperrte Forststraße! – Die Abfahrt vom Feistritzsattel durch den Talergraben hinab nach Otterthal (632) ist zwar nicht so modern ausgebaut wie seine Südrampe, doch treten kaum Probleme fahrtechnischer Art auf.

In Otterthal hält man sich re. und folgt dem Trattenbach zum hübsch gelegenen Ort Kirchberg am Wechsel; sehenswert ist dort die barocke Pfarrkirche St. Jakob und die spätgotische St.-Wolfgang-Kirche, welche etwas außerhalb auf einem Hügel steht. – In der Umgebung von Kirchberg bildet die Hermannshöhle mit ihren Tropfsteinbildungen ein gern besuchtes Ziel (zugänglich von Mai bis Oktober). Die Kernstockwarte im N des Ortes vermittelt eine nur bescheidene Aussicht.

Von Kirchberg setzt man seine Rundtour über den beliebten Fremdenverkehrsort Corona am Wechsel (844) fort. Die Bergstraße dorthin mit max. 12% Steigung ist ganz nach dem Geschmack von Motorradfahrern; der Ort selbst zeichnet sich durch seine ansprechende Terrassenlage unter dem Kampstein aus und bietet bemerkenswerte Ausblicke sowohl in das Hügelland der Buck-

Während der Fahrt auf den **Hochwechsel** hat man bereits aus großer Entfernung die Bergkapelle, welche neben dem **Wetterkogler Haus** steht, im Blickfeld → Runde 3.

ligen Welt als auch gegen Schneeberg und Rax. Schließlich gelangt man zurück nach Aspang Markt. – Lohnend ist ein Besuch des Automobil-Museums Aspang am Wechsel; es befindet sich am Marienplatz 3a und ist von 1. Mai bis 1. November an Samstagen, Sonn- und Feiertagen zwischen 9 und 17 Uhr, im Juli und August täglich zwischen 14 und 17 Uhr geöffnet. In einer Halle mit zwei Etagen sind 125 Fahrzeuge aus den Jahren von 1888 bis 1972 ausgestellt.

Variante: Von Waldbach nimmt das viel gewundene Sträßchen über **St. Jakob im Walde (913)** seinen Ausgang; beim Schacherbauer Kreuz mündet es wieder in unsere Hauptroute ein. Diese ebenfalls asphaltierte Verbindung ist zweifelsohne für den Motorradfahrer die interessantere. Minus 4 km. Fahrtechnische Beurteilung: leicht bis mittel.

Abstecher: Von Bruck a.d. Lafnitz zur **Festenburg (743)**. Sie ist eine der besterhaltenen Burgen der Steiermark und steht außerhalb des Ortes im N auf einem Felsen; ihre freskengeschmückte Bergkirche verdient einen Besuch. Die 2.5 km lange Zufahrt dorthin ist beschildert. Auf dem steilen, alten Burgweg ist sie auch zu Fuß erreichbar. Im auffallend schönen Bergfriedhof nahe der Burg wurde der bekannte Priesterdichter Ottokar Kernstock, welcher als Pfarrer auf der Festenburg wirkte, begraben. Hin und zurück 5 km. Fahrtechnische Beurteilung: leicht.

Abstecher: Von Waldbach hinauf zum **Wetterkogler Haus (1743) auf dem Hochwechsel**. Aus dem Lafnitztal nimmt ö. von Waldbach (626) die Breitenbrunner-L 453 ihren Anfang und führt

Direkt auf der Gipfelkuppe des **Hochwechsel** befindet sich das **Wetterkogler Haus** und eine Gedenkkapelle. Von dort genießt man ein 360°- Panorama → Runde 3.

zunächst durch das Kumpfmühltal, dann ein kurzes Stück entlang dem Ofenbach. Mit einer Spitzkehre wendet sie sich schließlich nach N, um die kleine Bergsiedlung Breitenbrunn (1035) nach 6 km zu erreichen. Die Fahrbahnbreite beträgt in diesem Abschnitt 4.5 m.

Im Anschluss daran leitet eine 4 m breite Gemeindestraße zur Mautstelle bei der bewirtsch. Rabl-Kreuz-Hütte (1350) weiter, wo die private Hochwechselstraße beginnt; sie ist von 1. Mai bis 1. November befahrbar. In einer Höhenlage von zirka 1250 m gelangt man am General-Dietl-Absturz-Denkmal vorbei; es steht etwas unterhalb der Straße an einem Forstweg, große HT.

Im Bj. war die Hochwechselstraße auf den ersten 1.3 km asphaltiert, die restlichen 3.7 km bis zum Wetterkogler Haus legte man auf einer gut instand gehaltenen Schotterstrecke zurück. Die max. Steigung der Bergstraße wurde mit 15% festgestellt.

In der Hochsaison verkehren auf ihr bis zum Hochplateau mit dem Wetterkogler Haus, welches dicht an der Landesgrenze zu Niederösterreich steht, auch Busse privater Unternehmungen. Die Bergkapelle, der Soldatenfriedhof und das bewirtsch. Schutzhaus sind schon von weither sichtbar.

Bei günstigen Witterungsverhältnissen hat man gute Aussicht sowohl auf die steirisch-niederösterr. Kalkalpen als auch über das oststeirische Hügelland. An klaren Spätsommertagen reicht der Blick bis weit in das ungarische Tiefland hinein. Hin und zurück 31 km. Fahrtechnische Beurteilung: mittel.

Rund um die Teichalm* | 4

Route: Bruck a.d. Mur (491) – Mautstatt – St. Jakob bei Mixnitz – Breitenau bei Mixnitz – St. Erhard bei Mixnitz – Breitalm (1263) – Teichalm (1237) – Sommeralm (1404) – Brandlucken (1132) – Anger – Feistritz – Weiz – Weizklamm – Passail – Rechberg (929) – Schrems – Frohnleiten – Röthelstein – Traföß – Bruck a.d. Mur. **136 km.**

Fahrtechnische Beurteilung: leicht bis mittel

Zeitaufwand: Halbtagestour

Eine abwechslungsreiche Runde durch das Grazer Bergland ö. der Mur. – Zunächst auf der Brucker-S 35 murabwärts durch den Kaltenbach- und den Kirchdorf-Tunnel bis zur Ausfahrt Mautstatt. Durch den Roßgraben geht es dann nur mäßig ansteigend nach St. Jakob-Breitenau und St. Erhard bei Mixnitz. Nach dem Gh. „Eglauer-Klösch" hat man re. die Abzw. der vorzüglich ausgebauten Teichalm-L 320, der man über die **Breitalm-Höhe (1263)** hinab zum Teichwirt folgt. Die Nordrampe des Sattels durch den Durregger Graben weist max. 11% Steigung auf. Die lang gestreckte Wasserfläche eines kleinen Stausees auf der **Teichalm (1237)** wird durch einen Ruderbootsverleih belebt.

Beim Gh. „Angerwirt" (1195) verlässt man die breite Asphaltstraße und folgt dem schmalen, meist nur einspurigen Sträßchen durch den Saugraben mäßig ansteigend zur **Sommeralm (1404)**; dort stehen verstreut mehrere, im Sommer bewirtsch. Hütten. Ein Aussicht vermittelndes Terrassensträßchen leitet ostwärts zur Straßenvereinigung „Bucklige Lärche" am Fuß des Offner Berges. Von dort kurz hinab zum Brandlucken-Sattel (1132). Die Bergstraße setzt sich windungsreich fort, wobei man zunächst nach Heilbrunn, dann zum Offenegg gelangt. Das nur einspurige Asphaltsträßchen über das Offner Kreuz hinab nach Sallegg und Kogelhof lässt man li. liegen. Stattdessen setzt man die Rundfahrt durch den Naintschgraben fort, der

Scheitelhöhe der **Sommeralm** → Runde 4.

Die Scheitelhöhe der ruhig gelegenen **Sommeralm** ziert ein pilzförmiger, überdachter Rastplatz, von dem man eine gute Sicht auf die ö. Abfahrt Richtung Brandlucken hat → Runde 4.

Eine erholsame Fahrt durch das ausgedehnte Gebiet der **Teichalm** und **Sommeralm** lässt sich gut mit einem Picknick am Wegesrand verbinden → Runde 4.

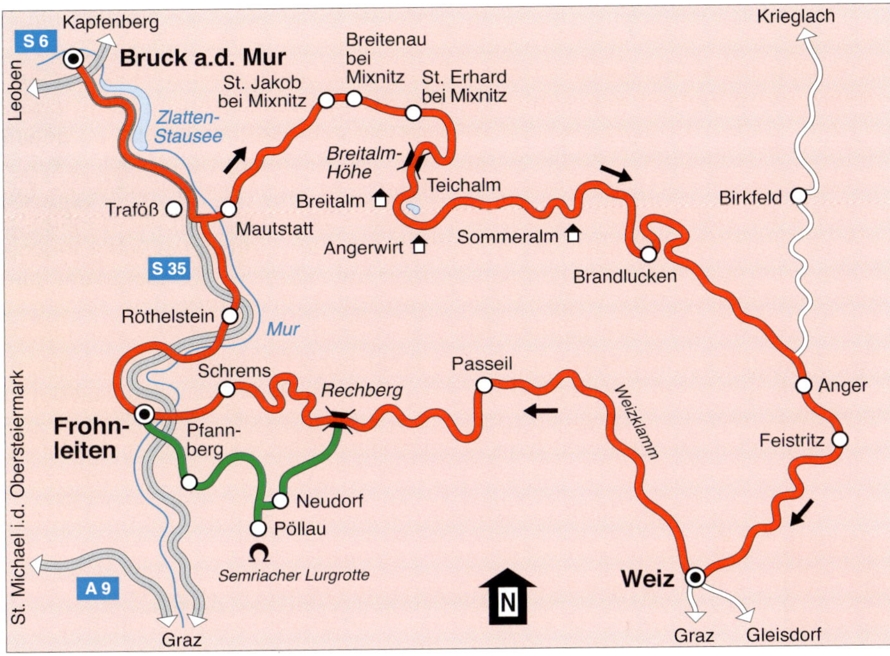

Skizze 4 Rund um die Teichalm

direkt hinab in das Feistritztal führt. Über Anger nun auf der teilweise ausgebauten Weizer-B 72 nach Weiz.

Man fährt durch das Zentrum der betriebsamen Bezirkshauptstadt und folgt nunmehr der Rechberg-B 64 durch die **Weizklamm** in Richtung Passail. In der Klamm gibt es zwar einige wenige Engstellen, doch bietet der Streckenabschnitt von Weiz nach Passail mit Ausnahme kurzer Passagen Fahrbahnbreiten zwischen 6 und 8 m. Die eindrucksvolle Weizklamm steht anderen, meist berühmteren Schluchtstrecken in den Ostalpen kaum nach, doch wird sie auch von Lkw viel befahren.

Der sportlich eingestellte Fahrer kommt dann auf der auch landschaftlich ansprechenden Scheitelstrecke über die **Rechberg-Höhe (929)** voll auf seine Rechnung! Steigungen bzw. Gefälle sind diesseits und jenseits des Scheitels gut ausgeglichen und betragen auf der Ostseite nur max. 7%, auf der Westseite 9%. Die verkehrsgerechte Trassierung erlaubt eine flüssige Fahrweise, die zahlreichen Kurven wurden besonders übersichtlich angelegt. In Schrems bei Frohnleiten endet die Bergstrecke. Im Anschluss daran fährt man fast flach durch den Talgraben. Die B 64 mündet, 35 km von Weiz entfernt, bei Frohnleiten in die Brucker Schnellstraße ein; wahlweise kann man bis Traföß auch die Landesstraße benützen. Muraufwärts erreicht man 23 km weiter die Bezirkshauptstadt Bruck a.d. Mur.

Variante: Die **Semriacher Lurgrotte** zählt zu den sehenswertesten Europas und ist zugleich die größte Tropfsteinhöhle Österreichs. Die durch Sickerwasser entstandenen Kalkgebilde tragen wohlklingende Namen wie Märchenschloss, Paradies, Riesenglocke, Schiefer Turm, Zigeunerzelt, Ritterburg und Piniengruppe. Der längste Deckenzapfen (Stalaktit), genannt der Riese, misst rund 13 m und ist damit auch der Welt größte. Während der 70 Minuten dauernden Führungen (11.00, 14.00 und 15 Uhr 30) durch die kühlen Grotten ist Motorradkleidung von Vorteil. – Die Zufahrt erfolgt von der Rechberg-B 64, indem man beim Gh. „Brandlhof" auf der Rechberg-Höhe nach S abzweigt. Man fährt zunächst bis Neudorf hinab und hält sich an der dortigen Straßenteilung re., um durch den Reizengraben nach Pöllau bei Semriach (741) und weiter bis zum Grotteneingang zu gelangen. Ab Rechberg-Höhe 7 km, die Zufahrt wird auch von Reisebussen benutzt. – Will man nicht zur Rechberg-Höhe zurück, so lässt sich die Weiterfahrt auf teilweise schmaler, nicht ausgebauter Nebenstraße über Mitterdorf am Trötsch (790) und Pfannberg (672) direkt nach Frohnleiten unternehmen, wo man im Vorort Mauritzen wieder in die B 64 mündet. – Plus 4 km. Fahrtechnische Beurteilung: leicht bis mittel.

5 Auf fünf steirischen Weinstraßen**

Route: St. Johann ob Hohenburg (358) – Krottendorf – Ligist – Gundersdorf – Abzw. vor St. Stefan ob Stainz – Langegg – Greisdorf – Wald in Weststmk. – Stainz – Vochera am Weinberg – Gams ob Frauental – Furth – Feldbaum – Wildbach – Geipersdorf – Deutschlandsberg – Fuchswirt – Aichegg – Schwanberg – Limberg bei Wies – Eibiswald (361) – Hörmsdorf – Pitschgau – Wies – Brunn – Graschach – Gleinstätten – St. Andrä im Sausal – Streitholz – Kreuzegg – Hochegg – Kitzeck im Sausal (564) – Fresing – Großklein – St. Johann im Saggautal – Eichberg-Trautenburg – Karnerberg – Leutschach – Schloßberg – Gh. Spitzmühle – Großwalz – Gh. Moserhof – Kreuzwirt – Langegg – Gh. Mahorko – Sulz – Graßnitzberg – Ehrenhausen – Gamlitz – Grubtal – Aflenz a.d. Sulm – Abzw. vor Landscha a.d. Mur – Kaindorf – Lebring – Wildon – Zwaring – Dobldorf – Lieboch – St. Johann ob Hohenburg. **190 km.**

Fahrtechnische Beurteilung: leicht bis mittel

Zeitaufwand: Tagestour, eventuell auch Zweitagestour

Die aufgezeichnete Rundfahrt durch das hügelige steirische Weinland ist eine Besonderheit, welche von allen übrigen Tourenvorschlägen, vor allem in landschaftlicher Beziehung, stark abweicht. Sie nimmt in St. Johann ob Hohenburg, 8 km sö. von Voitsberg, ihren Ausgang und setzt sich aus der zirka 50 km langen „Schilcher-Weinstraße" zwischen Ligist und Eibiswald, der 12 km langen

Die **Schilcher Weinstraße** verläuft teilweise steil hügelauf und hügelab durch die Weinberge und Obstkulturen; abschnittsweise ist sie auch sehr schmal → Runde 5.

„Sausaler Weinstraße“ rund um den Demmerkogel, mit 670 m höchste Erhebung des Sausals, der 18 km langen „Klapotetz-Weinstraße“, der 12 km langen „Südsteirischen Panoramastraße“ und der 25 km langen „Südsteirischen Weinstraße“ mit den Weinbaugemeinden Leutschach, Schloßberg, Eichberg, Glanz, Gamlitz und Ehrenhausen zusammen. Die Rückfahrt wird dann auf der distanzmäßig kürzesten Strecke unternommen.

Wer die genannten fünf Weinstraßen in der vorgegebenen Reihenfolge auffädelt, begegnet einer landschaftlichen Vielfalt, die ihresgleichen sucht: sonnige Rebhügel wechseln mit schattigen Wäldern, in denen Edelkastanien gedeihen. Bauernhöfe und Buschenschänken laden den Vorbeiziehenden zum Verweilen und zu einer zünftigen Brettljause mit würzigem Verhackert und Geselchtem ein. Fast überall sieht man Felder mit leuchtend gelben Kürbissen, aus denen das dunkle, nussig schmeckende Kernöl gewonnen wird. Es gibt empfohlene Abstecher sowohl zur Besichtigung kultureller Sehenswürdigkeiten als auch kurze Wege zu Aussichtswarten, welche aufschlussreiche Überblicke in einem Land vermitteln, das mit seiner sympathischen Ausstrahlung schnell zum Wohlbefinden seiner Gäste beiträgt.

Die **„Schilcher Weinstraße“** ist mit dem gut erkennbaren, kombinierten Sonnen- und Traubenmotiv grün ausgeschildert. Sie benützt mitunter auch schmale Gemeindestraßen, hauptsächlich jedoch Landesstraßen mit mehr oder minder regionalem Verkehr und nur kürzere Abschnitte der stärker frequentierten B 76. Es gibt zwar kaum außergewöhnliche

Das **südsteirische Weinland** bietet dem Tourenfahrer mannigfache Erlebnisse. Die hübschen Holzhäuser sind oft auffallend reich mit Blumen geschmückt → Runde 5.

Steigungen, jedoch ein ständiges Auf und Ab in diesem, von ausgeprägten Riedeln durchzogenen Hügelland.

Unter den vielen bekannten Weinsorten der Steiermark nimmt der Schilcher einen besonderen Stellenwert ein, kommt er doch nirgends anders in der Welt vor; zur vollen Entfaltung seines Buketts bedarf es eben der spezifischen Gneis- und Schieferböden an den ö. Ausläufern der Koralpe. Sein Anbau lässt sich bis in die Keltenzeit zurückverfolgen. Der frische, fruchtige und feinsäuerliche Geschmack des Schilchers, dessen Aussehen von zwiebelfarben bis rubinrot variiert, stammt aus der geschätzten Blauen Wildbacher Rebe, welche eine Rarität darstellt.

In Stainz kann man Karl Ritter's interessantes Automobil-Museum besichtigen. Ausgestellt, vermietet und auch verkauft werden dort zirka 180 Fahrzeuge von ungefähr 70 Marken verschiedenster Baujahre. Die unregelmäßigen Öffnungszeiten bitte unter Tel. 0676-6014700 erfragen. Nähere Infos findet man unter www.automobilmuseum-stainz.at. – Der Ort wartet auch mit einem kleinen Traktor-Museum auf (immer offen, an der Haustür läuten); darin befinden sich zirka 40 Exponate, welche auch gemietet werden können. Infos unter www.traktormuseum.at oder Tel. 0664-5854124.

Die **„Sausaler Weinstraße"** zweigt im Gemeindegebiet St. Andrä im Sausal (356) von der Predinger Straße ab, grüne Hinweistafeln mit weißer Beschriftung. Sie durchzieht, knapp zweispurig ausgebaut und asphaltiert, das sanft hügelige Sausalgebirge, einen zwischen Laßnitz und Sulm sich isoliert erstreckenden Höhenzug. Die Steigungsmaxima

Skizze 5 Auf fünf steirischen Weinstraßen

betragen 13%, ausgesetzte Stellen wurden durch Leitschienen abgesichert. – Will man zur lohnenden Aussichtswarte auf dem Demmerkogel, so fährt man nach Höch hinauf bis zum Gh. „Schotter" und leiht sich dort den Schlüssel zur Besteigung des Aussichtsturmes aus. Von den beiden prächtig gelegenen, großen Gasthäusern „Steirerland“ bzw. „Höfer“ hat man eindrucksvolle Tiefblicke auf den Waldschacher See.

Über Hochegg und die ausgedehnten Rebhänge des Steinriegl gelangt man nach Kitzeck (564), dem höchsten Weinbaudorf Europas, mit besuchenswertem Weinbaumuseum. Bemerkenswert sind die Ausblicke nach S auf das Poßruckgebirge und nach SO bis zu den Windischen Büheln; beide erheben sich aus dem benachbarten Slowenien. Das Umfeld von Kitzeck ist mit der viel gerühmten Lieblichkeit toskanischer Landstriche vergleichbar. Die Abfahrt nach Fresing (287) führt durch freundliche Mischwälder mit Nadel- und Laubbäumen. Man mündet in die verkehrsreiche Sulmtal-B 74 mitten im Ort ein.

Eine nur knapp zweispurige Landesstraße mit mehreren, sehr unübersichtlichen Kurven bzw. Kuppen führt durch die breite Talung des Saggaubaches über Großklein nach St. Johann. Von dort bietet sich die Benützung der **„Klapotetz-Weinstraße“**, auch „Rebenland-Weinstraße“ genannt, durch das Weinbaugebiet Eichberg-Trautenburg an. Das ein- bis knapp zweispurige Sträßchen ist durchwegs asphaltiert und für Motorradfahrer besonders gut geeignet. Wegen seines aussichtsreichen Terrassenverlaufes sollte man ihm gegenüber der Talstraße St. Johann–Arnfels–Maltschach–Leutschach trotz zeitlichen Mehraufwandes den Vorzug geben. Die kurze Strecke von Karnerberg nach Leutschach legt man auf der belebten Südsteirischen Grenzland-B 69 zurück.

Den Anschluss an die **„Südsteirische Panoramastraße“**, findet man in Leutschach, indem man direkt nach S der Straße durch das Gemeindegebiet von Schloßberg 4 km bis zur Spitzmühle (393) folgt, um dann nach einem Anstieg mit 16% in Großwalz eine Kursänderung nach O vorzunehmen. Man fährt in Grenznähe am Gh. „Moserhof“ (692) vorbei und kommt zur Josef-Krainer-Schule. Vier Tafeln mit weißer Schrift auf braunem Grund weisen den weiteren Weg in Richtung zum Grenzübergang Langegg. Beim „Kreuzwirt“ mündet die Panoramastraße wieder in die vom Pößnitzbach begleitete Direktverbindung Schloßberg–Langegg ein.

Von Langegg fährt man auf steiler Bergstraße, welche zirka 15% Steigung aufweist, den Oberglanzberg hinauf zum bekannten Gh. „Mahorko“ (480). Die **„Südsteirische Weinstraße“** setzt sich über Sulz nach Graßnitzberg fort, wobei sie in einer aussichtsreichen Höhenlage von rund 500 m sanfte Hügel mit eigenwilligen Krümmungen bewältigt. Das asphaltierte Sträßchen stellt ein Kuriosum dar: es verläuft so nahe der Staatsgrenze, dass abschnittsweise die rechte Fahrbahnhälfte zu Slowenien, die linke zu Österreich gehört. Vom sehenswerten, alten Ort Ehrenhausen (258) an der Mur gelangt man nach Gamlitz (278), wo im Schloss ein täglich geöffnetes Weinbaumuseum eingerichtet wurde.

Nach Aflenz a.d. Sulm benützt man die nur knapp zweispurige Strecke durch das Grubtal, ehe man zirka 1 km nw. von Landscha a.d. Mur in die vorzüglich ausgebaute B 67 einmündet und Leibnitz tangiert. Die Runde setzt sich weiter über Lebring nach Wildon fort. Dort verlässt man die B 67 wieder, um seinen Weg zunächst auf Landesstraßen, dann ab Lieboch auf der B 70 durch das Kainachtal bis St. Johann ob Hohenburg fortzusetzen. – Alternativ können Vignettenbesitzer ab Leibnitz auch die A 9 bis zum Knoten Graz-West und die A 2 bis zur Abfahrt Steinberg benützen.

Die **Sausaler Weinstraße** führt durch den bekannten Ort Kitzeck, welcher hoch auf einem Hügel steht. Rebhänge und zahlreiche Buschenschänken prägen die Fahrt → Runde 5.

Variante: Südlich von Deutschlandsberg befindet sich beim „Fuchswirt" (401) die Abzw. der B 74 von der B 76. Folgt man der Straße, an Karpfenteichen vorbei, über **St. Martin im Sulmtal (333)** nach Gleinstätten, so lässt sich die Strecke Schwanberg–Eibiswald–Wies abkürzen. In Graschach vereinigt sich die Variante wieder mit der Hauptroute. Minus 17 km. Fahrtechnische Beurteilung: leicht.

Variante: Von Schloßberg aus bietet sich auch die Möglichkeit an, den w. Teil der Südsteirischen Weinstraße über Glanz zum Gh. „Mahorko" zu befahren. Minus 9 km. Fahrtechnische Beurteilung: leicht.

Abstecher: An der Straßenteilung in Großwalz, knapp vor Erreichen des Moserhofes, hat man re. die kurze Zufahrt hinauf zum grenznah gelegenen ehem. Gh. „Waucher" (790). Bereits auf slowenischem Staatsgebiet befindet sich in Sichtweite auf einem Hügel das viel besuchte Wallfahrtskirchlein **Sveti Duh/ Heiligengeist (906)** im Poßruckgebirge. Hin und zurück 5 km. Fahrtechnische Beurteilung: mittel.

Für die Benützung von **Autobahnen** und **Schnellstraßen** benötigt man in **Österreich** eine Vignette; tariflich wird zwischen Motorrad und Kfz bis 3,5 t unterschieden. Es sind 10-Tages-Vignetten, 2-Monats-Vignetten und Jahres-Vignetten erhältlich; letztere gelten vom 1. Dezember des Vorjahres bis zum 31. Jänner des darauf folgenden Jahres, also 14 Monate. – Sowohl auf Autobahnen als auch Schnellstraßen gibt es auch Abschnitte die ohne Vignette befahren werden dürfen; diese sind dann aber ausdrücklich als „vignettenfrei" beschildert. Für Strecken mit Sondermaut wie Brenner-Autobahn oder Arlberg-Straßentunnel ist keine Vignette erforderlich.

6 Rund um die Koralpe*

Route: Wolfsberg (463) – St. Gertraud – Weinebene-Sattel (1668) – Glashütten – Deutschlandsberg – Eibiswald – Soboth (1065) – Kogler Eck (1349) – Lavamünd (348) – St. Paul – Framrach – St. Andrä – Kleinedling – Wolfsberg. **135 km.**

Fahrtechnische Beurteilung: leicht bis mittel

Zeitaufwand: Halbtagestour

Die Koralpe gehört im W zu Kärnten, im O zur Steiermark. Für den motorisierten Verkehr wurde sie mit ihren befahrbaren Übergängen erst sehr spät erschlossen, was mehrere Ursachen hat. Bis 1919 führte die direkte Straßenverbindung zwischen Klagenfurt und Graz durch das Drautal über Marburg hinüber in das Murtal. Erst Jahrzehnte nach dem Zweiten Weltkrieg hat man alternativ die landschaftlich lohnendere Route von Lavamünd über die Soboth nach Eibiswald ausgebaut; diese überquert die Koralpe weit im S.

Der Übergang an der Weinebene verdankt seinen vorzüglichen Ausbau auf der steirischen Seite hauptsächlich der Erschließung für den Wintersport. Durch den Ausbau der Straße über die Hebalpe wurden die funktionellen Zusammenhänge mit der benachbarten Packalpe hergestellt. Die Hauptlasten im Verkehr zwischen Drau- und Murtal trägt die Südautobahn mit ihren zahlreichen Kunstbauten. Die Koralpe wird von ihr im N nur mehr tangiert.

Die normale Rundtour lässt sich locker als Halbtagestour vollziehen, weitet man sie durch die vorgeschlagenen Varianten bzw. Abstecher aus oder lässt man sich von mehreren Interessen wie z.B. Sehenswürdigkeiten in der Natur, Kulturelles u.a. leiten, so kann daraus aber leicht eine Tagestour werden.

Von Wolfsberg geht es zunächst auf der Packer-B 70 an den großen Holzlagerstätten in Frantschach vorbei nach St. Gertraud. Dort verlässt man das Lavanttal und folgt der Beschilderung „Weinebene“. Die durchgehend asphaltierte Landesstraße ist auf Kärntner Seite zirka 5 m breit und leitet bei max. 15% Steigung durch eine stark bewaldete Region. Mehrere unübersichtliche Kurven sind zu passieren, gefährliche Stellen wurden mit Leitschienen abgesichert. In Felsnähe besteht Steinschlaggefahr, die Geschwindigkeitsbeschränkung beträgt 50 km/h. Der Abschnitt oberhalb des Gh. „Pfeiferstocker“ ist sehr gut ausgebaut und weist Fahrbahnbreiten von 5 bis 6 m auf. Bemerkenswerte Durchblicke hat man auf den Großen Speikkogel (2141), der höchsten Erhebung in der Koralpe.

Kurz vor der Landesgrenze steht re. unterhalb der Durchzugsstraße die bewirtsch. Gösler Hütte. Der breite Scheitel des Überganges **Weinebene (1668)** bietet ausreichend Platz zum Abstellen mehrerer hundert Fahrzeuge. Zur Pauluskapelle in guter Aussichtslage leitet

Mit dem Ausbau der Straße über die **Soboth** wurde ganz im Süden Österreichs ein moderner Übergang zwischen Kärnten und der Steiermark geschaffen → Runde 6.

Zwischen Twimberg und Preitenegg leitet die B 70 mit teils unübersichtlichen Kurven durch das enge, passagenweise schluchtartige Tal des **Waldensteiner Baches** → Runde 6.

ein kurzer Fußsteig. Die steirische Seite wartet mit modernem Ausbauzustand und Neutrassierungen in Teilstrecken auf. In großzügig angelegten, übersichtlichen Kehren setzt sich die 6 bis 8 m breite Straße mit einem Gefälle von nur 8% fort. Nach 3 km zweigt an einem offiziellen Parkplatz re. der schmale Fahrweg zur Grünangerhütte (1575) ab, HT. Nach weiteren 5 km findet man re. die kurze Zufahrt zur reizvoll gelegenen Häusergruppe Glashütten (1274) mit Anschluss an das schmale Bergsträßchen direkt hinab nach Schwanberg. Die Hauptstraße hingegen leitet über Trahütten durchwegs zweispurig hinab zur Radlpass-B 76, in die sie s. von Deutschlandsberg einmündet. Die stark frequentierte Bundesstraße führt unterhalb Schloss Hollenegg und Schwanberg am Fuß der Koralpe zum weiter s. gelegenen Straßenknoten Eibiswald (361).

Zur Weiterfahrt benützt man die südlichste Überquerung der Koralpe über die **Soboth (1065)** hinab ins Drautal, welche sowohl ein landschaftliches als auch ein fahrtechnisches Erlebnis vermittelt. Der gesamte Straßenzug ist hervorragend ausgebaut, St. Oswald ob Eibiswald und Soboth-Ort werden umfahren, am Speicher Soboth des Kraftwerkes Koralpe fährt man entlang der Staumauer (Park- und Einkehrmöglichkeit) vorbei. Nach 30 km erreicht man den außergewöhnlich informativen Aussichtspunkt am Kogler Eck (1347), wo man sich unbedingt eine Rast gönnen sollte, beschilderter Parkplatz.

Der Magdalensberg mit 15% max. Gefälle und der Aussicht gewährende Serpentinenabstieg lässt wiederum das Herz eines Tourenfahrers höher schlagen. Die ausgebaute Bergstrecke ist 6 bis 7 m breit, gefährliche Stellen wurden mit Leitschienen ausgestattet. Eine 200 m lange Engstelle ist im Zusammenhang mit einer Hofdurchfahrt besonders zu beachten; dort wurde auch ein Verkehrsspiegel aufgestellt. Bei Lavamünd (348) biegt man in die B 80 ein, die man allerdings hinter dem Grenzort bald wieder verlässt, um der teilweise modernisierten Landesstraße in Richtung St. Paul durch das Untere Lavanttal zu folgen. Sehenswert ist die an Kunstsammlungen reiche Benediktinerabtei mit ihrer zweitürmigen Stiftskirche, welche auf einem Hügel steht und Abstellplätze im Hof bietet. Von St. Paul setzt man seine Fahrt nach Framrach fort, wo man wiederum auf die B 70 nach Wolfsberg trifft.

Variante: Statt über die Weinebene zu fahren, kann man auch von St. Gertraud weiter über Twimberg bis hinter Preitenegg (1078) auf der Packer-B 70 bleiben, um dann beim Gh. „Zur Hebalpe" in Oberpreitenegg die jetzt verbreiterte Landesstraße über die **Hebalpe (1417)** mit der Freiländer Alm zu benützen. Das max. Gefälle beträgt 12% und beginnt wenig unterhalb des Alpengh. „Moser". Bietet schon die Scheitelhöhe kaum Aussicht, so gibt es auf der Bergstrecke nur wenige, spärliche Ausblicke, Achtung auf Viehtrieb! Talaus fährt man auf einem neu trassierten Abschnitt bei Wildbach an den Rebhügeln der Schilcherweine vorüber und gelangt im Raum Geipersdorf zur beschilderten Zufahrt nach Deutschlandsberg (368). Plus 10 km. Fahrtechnische Beurteilung: leicht.

Variante: Eine immer mehr an Bedeutung gewinnende, ganzjährig geöffnete Ausweichroute im grenzüberschreitenden Verkehr zwischen Österreich und Slowenien leitet über den **Radlpass/ Radelj Prelaz (650)**. Die im unteren Abschnitt zeitgemäß trassierte Straße stellt die kürzeste Verbindung zwischen Aibl bei Eibiswald (361) und Unterdrauburg/ Dravograd (364) her. Auf der großflächi-

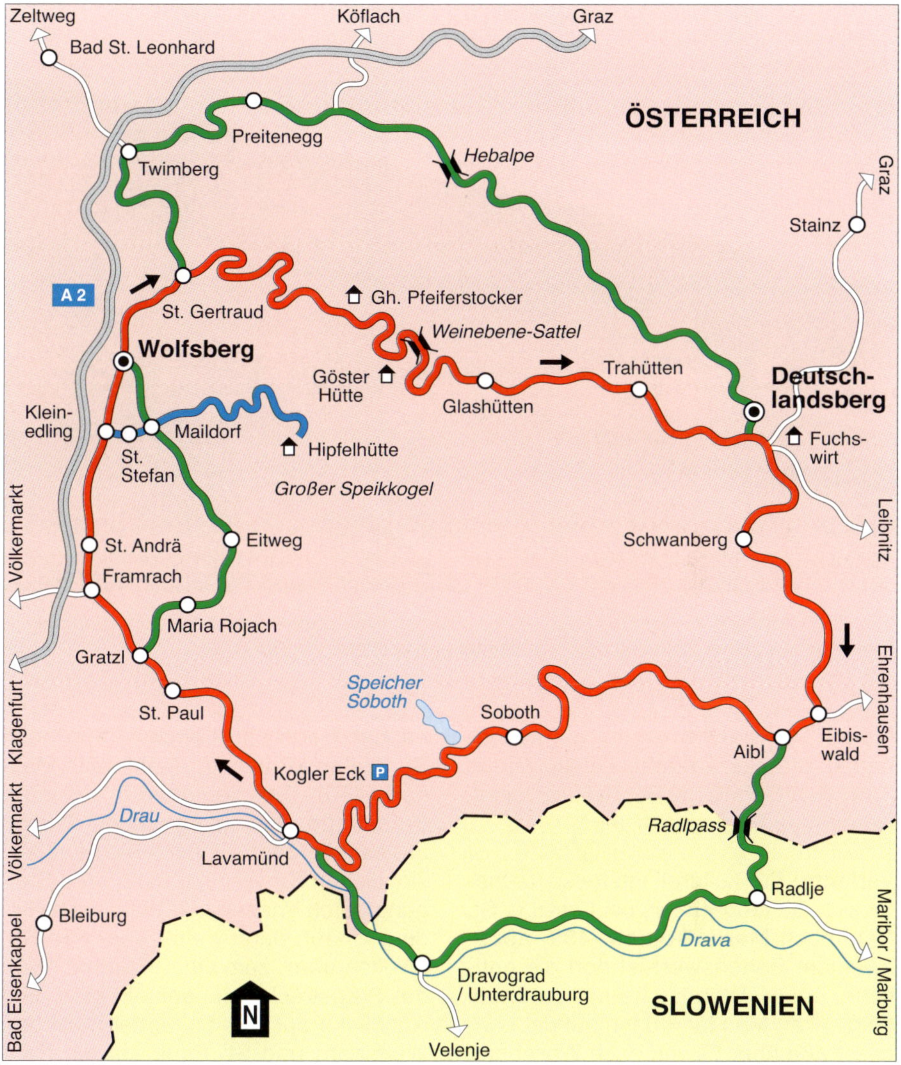

Skizze 6 Rund um die Koralpe

gen Scheitelhöhe passiert man die österr.-slowenische Grenze. Auf österr. Seite gibt es noch eine zirka 1 km lange Steigungsstrecke durch einen schmalen Graben mit einem Maximum von 18% und unübersichtlichen Kurven. Gut ausgebaut ist hingegen die slowenische Rampe mit max. nur 8% Gefälle und einer Fahrbahnbreite von 6 bis 7 m. Die Distanz Eibiswald–Mahrenberg (Radlje) misst 11 km; weitere 20 km sind es bis zur Grenzübertrittsstelle w. von Unterdrauburg, wo die Lavamünder-B 80 direkt anschließt und den Grenzort Lava-

Wie der Name schon vermuten lässt, zeigt sich der **Weinebene-Sattel** mit dem geräumigen Parkplatz auf seiner Scheitelhöhe großflächig und weitläufig → Runde 6.

münd (348) nach 6 km auf gut ausgebauter Strecke erreichen lässt. Minus 1 km. Fahrtechnische Beurteilung: leicht, Nordrampe Radlpass mittel.

Variante: Für kulturell Interessierte bietet sich die Möglichkeit, bei Gratzl n. St. Paul nach **Maria Rojach (439)** abzuzweigen. Sehenswert ist dort die gotische, ehem. Wehrkirche mit schönem Flügelaltar. Man fährt dann auf der Landesstraße über Eitweg nach Wolfsberg. Im Raum Maria Rojach wegen der lang gezogenen und unübersichtlichen Kurven Geschwindigkeit herabsetzen! Plus 1 km. Fahrtechnische Beurteilung: leicht.

Abstecher: Über die Riedinger Bergstraße zur **Hipfelhütte (1627)**. Von der Packer-B 70 zweigt n. Kleinedling die normal breite, asphaltierte L 141 nach O mit grüner HT „Koralpe" ab. Sie führt zunächst, Bahn und Landesstraße nach St. Stefan kreuzend, direkt nach Maildorf (460). Dort beginnt die Riedinger Bergstraße. Zweispurig und durchwegs asphaltiert leitet sie mit vielen unübersichtlichen Kurven und max. 15% Steigung durch Wiesen und Wald nach Rieding hinauf, dann weiter über das Gh. „Wolfsgruber" zum Gh. „Waldrast". Von der Bergstrecke aus genießt man gute Ausblicke auf das Lavanttal zwischen Wolfsberg und St. Paul, auf die Saualpe, Koralpe, Karawanken und Steiner Alpen. Vom Gh. „Waldrast" setzt sich das Bergsträßchen durch den Fichtenwald erst flach, dann steiler werdend mit 17%, zuletzt in einigen Kehren zur bewirtsch. Hipfelhütte fort, 16 km ab B 70. Die Fortsetzung der Straße zum Koralpenhaus ist abgeschrankt und versperrt. Hin und zurück 27 km. Fahrtechnische Beurteilung: leicht bis mittel.

Rund um die Pack- und Stubalpe* 7

Route: Weißkirchen i.d. Steiermark (689) – Gaberlhaus (1547) – Salla – Köflach – Edelschrott – Packsattel (1169) – Preitenegg – Twimberg – Bad St. Leonhard – Obdacher Sattel (954) – Obdach – Eppenstein – Weißkirchen. **115 km.**

Fahrtechnische Beurteilung: mittel

Zeitaufwand: Halbtagestour

Obwohl der Ameringkogel in der Packalpe eine Höhe von 2187 m erreicht und in den w. benachbarten Seealpen der Zirbitzkogel in fast 2400 m gipfelt, durchmisst die vorgegebene Runde überwiegend Landstriche mit Mittelgebirgscharakter. Städte und Märkte im Murboden und im Aichfeld wie Judenburg, Zeltweg, Fohnsdorf und Knittelfeld sowie das weststeirische Industriegebiet mit den Orten Köflach, Voitsberg und Bärnbach bilden das „Hinterland" des zu umrundenden Erholungsgebietes. An seinen Rändern ist es stark, in seinem Inneren jedoch nur bescheiden für den Verkehr erschlossen. Sowohl die Gaberl-B 77 als auch die Packer-B 70 bieten ideale Strecken für den Motorradfahrer!

Die in Weißkirchen beginnende Strecke über das **Gaberl (1547)** ist von eigenartigem Reiz, wobei die Landschaft mehr herb als lieblich erscheint. Schon von der Kreuzer Höhe (1026) hat man eine umfassende Aussicht, vor allem auf das Aichfeld und den Murboden, dahinter ragen die Berge der Seckauer und Triebener Tauern auf. Von der Birker Höhe (1121) richten sich die Blicke nach N bis zum Hochschwabgebirge. Die Steigungen sind gut ausgeglichen und weisen auf der Westrampe max. 13% auf. Gefährliche Stellen wurden mit Leitschienen ausgestattet. Auf der Scheitelhöhe steht dicht an der Waldgrenze das Gaberlhaus des Alpenvereins.

Auf der großzügig ausgebauten Ostrampe beginnt fast unvermittelt eine längere Gefällestrecke mit 10%. Mittels zweier Kehren überwindet man den HU hinab in den Lederwinkel. Die Fahrbahnbreiten schwanken zwischen 6 und 8 m, in den Kehren sind Überbreiten bis 12 m anzutreffen. Das Gefälle endet beim Gh. „Zur Almbrücke" (973). Man kommt an alten Wassermühlen vorbei in das Dorf Salla; beim Gh. Schrotter kann man die originellen Werke eines Holzschnitzers bewundern. Durch den eingeschnittenen Graben des Gradner Baches zieht die Straße schließlich talaus in den Kessel von Köflach (449). Distanz ab Weißkirchen 41 km.

Die daran anschließende Packer-B 70 leitet durch ein landschaftlich anmutiges Hügelland nach Twimberg und benützt die niedrigste Einsattelung zwischen Pack- und Koralpe; über den **Packsattel (1169)** verläuft auch die Landesgrenze zwischen Steiermark und Kärnten. Auf der vorzüglich ausgebauten, 40 km langen Bergstrecke fährt man von einer Kurve in die andere; sie wurde durch den Bau der Südautobahn vom Schwer-

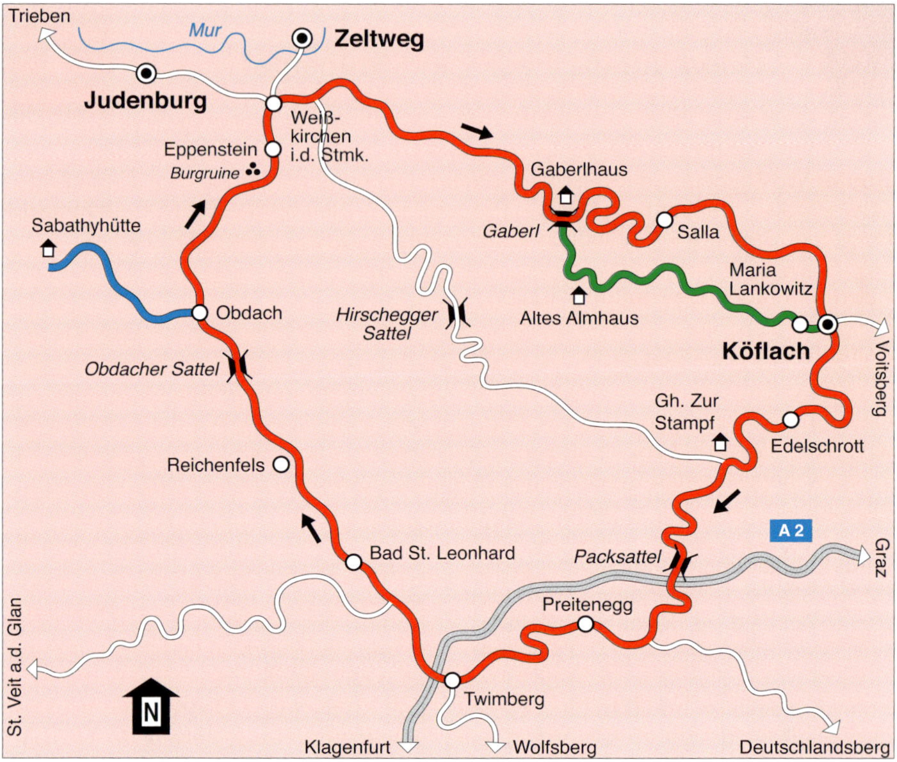

Skizze 7 Rund um die Pack- und Stubalpe

verkehr stark entlastet und zeigt sich jetzt meist verkehrsarm. Die Höchststeigungen betragen 10%. Beim Gh. „Zur Stampf" zweigt die s. Zufahrt hinauf zum Salzstiegelhaus (1543) auf dem Hirschegger Sattel ab. Die Scheitelstrecke der Packalpe (Vier Törl) bietet gute Aussicht auf das ringsum bewaldete Hügelland. Der Packer Stausee liegt nur wenig abseits der Route im SO.

In Twimberg biegt man in die moderne Obdacher-B 78 ein, welche zwar ein rasches Vorwärtskommen, doch keinerlei fahrerische Höhepunkte bietet. Die Landesgrenze wird beim „Taxwirt" überschritten. Der **Obdacher Sattel (954)** ist kaum erkennbar ausgeprägt, max. Steigung bzw. Gefälle betragen 7%. In Obdach hat man die Wahl, durch das alte Stadttor in den Ortskern zu fahren oder den 784 m langen Umfahrungstunnel zu benutzen. Neben dem Granitzenbach und dem Schienenstrang leitet die Straße talaus nach Weißkirchen am Rande des Murbodens. Eppenstein wird von der kühn auf einem Felsen stehenden Burgruine überragt.

Variante: Vom Gaberl über das **Alte Almhaus (1650)** nach Köflach. Direkt gegenüber vom Gaberl-Schutzhaus setzt sich etwas unscheinbar vom lang

Die abwechslungsreiche Strecke über das **Gaberl** bildet einen wichtigen Übergang vom Raum Judenburg–Zeltweg–Knittelfeld nach Köflach und Voitsberg → Runde 7.

Vom Gaberlhaus hinab nach Köflach bietet sich für Schotterfreunde das wenig befahrene Sträßchen über das **Alte Almhaus** als interessante Alternative an → Runde 7.

Seit Bestehen der Südautobahn hat sich der Hauptverkehr von der B 70 über den **Packsattel** auf diese verlagert; der Motorradfahrer findet nun eine ruhige Ausbaustrecke vor → Runde 7.

gestreckten Parkplatz ein besonders für Endurofahrer empfehlenswerter Fahrweg fort. Die ein- bis knapp zweispurige Schotterstrecke in gutem Zustand fällt zunächst sanft in eine Mulde ab, um dann zum bewirtsch. Alten Almhaus wieder leicht anzusteigen. Das Gefälle hinter der aussichtsreich gelegenen Alm ist etwas stärker und mit zirka 13% einzuschätzen. Nach 5.5 km hat man wieder Asphaltbelag und fährt über Maria Lankowitz hinab in den benachbarten Ort Köflach. Minus 5 km. Fahrtechnische Beurteilung: mittel.

Abstecher: Ein beliebtes Ziel im Wandergebiet „Steirisches Zirbenland" ist die **Sabathyhütte (1620)** in den Seetaler Alpen. Die normal breite Strecke von Obdach (877) bis zur Abzw. von der St.-Wolfganger-L 539 leitet durch das Tal des Granitzenbaches und misst bis zur Spitzkehre 7 km; bei der kleinen Kapelle biegt man li. ab und folgt der HT „Rieseralm, Alpengh. Sabathy, Zirbitzkogel". Das durchgehend asphaltierte Bergsträßchen ist nur einspurig breit und hat Ausweichstellen auf Sicht. Die max. Steigung beträgt 10%, der HU von Obdach stattliche 750 m. Über die kurvenreiche Strecke durch ein ausgedehntes Waldgebiet wurde eine Geschwindigkeitsbeschränkung von 40 km/h verhängt. Die von Anfang Mai bis Ende Oktober geöffnete Sabathyhütte (frische Forellen und Backhendl) steht knapp oberhalb der Baumgrenze. – Die geschotterte Fortsetzung des Fahrweges zum Alpengh. „Schmelz" war im Bj. gesperrt (Kette mit Fahrverbot nach 400 m); es war aber von Judenburg her auf der 16 km langen Zufahrt über den Gh. „Reiterbauer" erreichbar. – Hin und zurück 23 km. Fahrtechnische Beurteilung: mittel.

Rund um die Saualpe* 8

Route: Völkermarkt (462) – Griffen – Griffener Berg (708) – Schönweg – Framrach – St. Andrä – Unteraigen – Wolfsberg – Twimberg – Abzw. Bad St. Leonhard – Klippitztörl (1644) – Lölling bei Hüttenberg – Mösel – Klein St. Paul – Eberstein – Brückl – Diex – Haimburg – Völkermarkt. **120 km.**

Fahrtechnische Beurteilung: leicht bis mittel

Zeitaufwand: Halbtagestour

Die Straßen und Fahrwege um und in der Saualpe sind weit schwächer frequentiert als beispielsweise jene in den Seengebieten Kärntens. Fast parallel zur Südautobahn (A 2) verläuft die verkehrsberuhigte Packer-B 70. Der Schwerverkehr von Kärnten in die Steiermark bzw. umgekehrt hat sich fast zur Gänze auf die Autobahn verlagert, der früher berüchtigte **Griffener Berg (708)** hat dadurch seinen Schrecken verloren. Dafür bietet jetzt die Bundesstraße den Motorradfahrern erhöhten Fahrgenuss. Der Griffener Berg wurde wesentlich sicherer, die Unfallträchtigkeit ist stark zurückgegangen.

Von Völkermarkt zunächst auf der breiten B 70 hinauf nach Griffen. Im Schlossberg befindet sich die Griffener Tropfsteinhöhle; ihr Eingang liegt gegenüber dem Kirchentor und ist nur 60 m von der Durchzugsstraße entfernt. Die elektrisch beleuchtete Grotte wird als die bunteste Tropfsteinhöhle Österreichs bezeichnet.

Der Griffener Berg wartet auf seiner Südrampe mit max. 8%, auf seiner Nordrampe mit max. 12% auf. Die Abfahrt in Richtung Framrach erfordert wegen ihrer unübersichtlichen Kurven größte Vorsicht! In St. Andrä findet jedes Jahr im August ein mehrtägiges Geflügelfest statt.

Wolfsberg ist eine betriebsame und verkehrsreiche Stadt in Unterkärnten. Die B 70 durchmisst re. der Lavant das gesamte Stadtgebiet. In Twimberg verlässt man die Packer Straße und folgt lavantaufwärts der Obdacher-B 78 bis zur Bahnstation Wiesenau, 2 km s. von Bad St. Leonhard, wo man sie über den Schienenstrang verlässt und li. in die Straße zum Klippitztörl, HT, einbiegt.

Eine bis zum Gh. „Buchbauer“ (1311) dazu parallel verlaufende Straße zweigt bereits nach Querung der A2 beim Bahnhof Preblau-Sauerbrunn von der B 78 ab und leitet über den Ort Prebl (918), bekannt durch seine Mineralwasserquelle, und die Kogelhütte.

Die windungsreiche Hauptstraße über das **Klippitztörl (1644)** wurde stark modernisiert, ihre Trassierung ist abwechslungsvoll. Sie lässt sich als verkehrsarm einstufen und kann mit Motorrad wegen des guten Straßenzustandes problemlos befahren werden. Die Ostrampe weist Höchststeigungen von 12 %, die Westrampe Gefälle von max. 15% auf. Noch vor Erreichen der Scheitelstrecke berührt man das Schafferkögele (1473). Die Schwarzkogelhütte und das Hohenwarthaus liegen abseits der Straße unter-

Runde 8

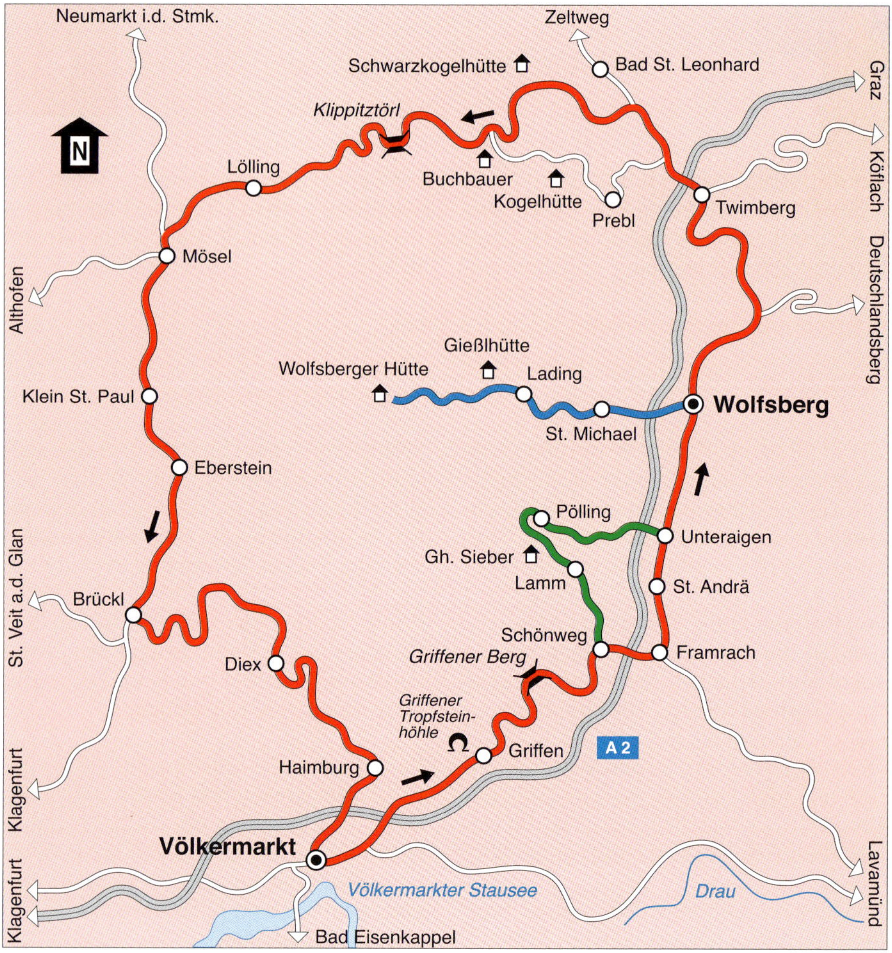

Skizze 8 Rund um die Saualpe

halb der Hohenwart (1818); sie sind auf schmalen und auch holprigen Güterwegen erreichbar.

Man durchmisst die Streusiedlung am Klippitztörl, welche im Winter als schneesichere Skiregion gilt, und gelangt auf einer Hochterrasse bei fast flachem Verlauf zur Scheitelhöhe, wo sich die Wasserscheide befindet. Das Klippitztörl-Haus der Naturfreunde steht ö. des Scheitels im Schnittpunkt mehrerer Wanderwege. Auf der Scheitelhöhe wurde ein offizieller Platz zum Abstellen für zirka 30 Fahrzeuge und ein Brunnen eingerichtet. Durch ein ausgedehntes Waldgebiet senkt sich die durchgehend asphaltierte und normal breite Bergstraße hinab in den Löllinggraben und hinaus nach Stranach. Im N von Mösel mündet sie in die Görtschitztal-B 92, auf der man, von der Gurk talaus begleitet,

Bei einer Fahrt über das wenig frequentierte **Klippitztörl** reichen die Ausblicke von der Scheitelstrecke weit ins Land; im unteren Abschnitt fährt man meist durch den Wald → Runde 8.

Eines der Wahrzeichen Kärntens sind die unzähligen Bildstöckeln am Wegesrand; wie hier bei **Brückl** sind sie fast überall zu finden → Runde 8.

Oberhalb der Baumgrenze verläuft der private, gut instand gehaltene Schotterweg, welcher auch andere Almen versorgt, aussichtsreich zur **Wolfsberger Hütte** → Runde 8.

über Klein St. Paul und Eberstein den größeren Ort Brückl (533) erreicht.

Vom n. Ortsrand zweigt man li. auf die 5 m breite Landesstraße nach Diex ab und gewinnt über die 7 km lange Serpentinenauffahrt bis Gretschitz (1158) rasch an Höhe, max. 10% Steigung. In Gretschitz ist die steinerne Kirche bemerkenswert. Nach weiteren 6 km gelangt man auf dieser aussichtsreichen Verbindungsstrecke zum mauerumgürteten, reizvoll auf einer Anhöhe gelegenen, alten Ort Diex. Die beiden schindelbedeckten Türme der ehem. Wehrkirche sind das weithin sichtbare Wahrzeichen. – Im Bj. gab es zwischen Brückl und Diex einen 1.9 km langen, nicht asphaltierten Abschnitt, welcher aus einem feinschottrigen Erdsträßchen bestand. – Die normal breite Bergstraße zieht bei mäßigem Gefälle hinab in den Graben des Haimburger Baches und nach Haimburg (500), das von drei Burgen bzw. Burgruinen umgeben ist. Bis in das Zentrum von Völkermarkt sind noch 6 km zurückzulegen.

Variante: 4 km ö. vom Griffener Berg zweigt beim Gh. „Brenner" li. die **„Saualpen-Aussichtsstraße"** von der B 70 ab. Von der Streusiedlung Schönweg (555) leitet sie zunächst windungsreich hinauf zum Gh. „Sieber" in Lamm (792). An ihrer Fortsetzung liegen die Gasthöfe „Grasler" und „Maurer". Das Sträßchen erreicht unterhalb von St. Leonhard seinen höchsten Punkt. Die Aussicht richtet sich vor allem gegen Koralpe und das Untere Lavanttal. In seinem weiteren Verlauf führt es am Fuße des Herzogkogels entlang und über Pölling (922) hinab nach Kohlegg und mündet bei Unteraigen (424) 6 km s. von Wolfsberg wieder in die B 70 ein. Plus 10 km. Fahrtechnische Beurteilung: mittel.

Abstecher: Die **Wolfsberger Hütte (1825)** ist vor allem für Begeher des Lavanttaler Höhenweges als Stützpunkt von Interesse. Eine 13.7 km lange, asphaltierte Bergstraße mit unterschiedlichen Fahrbahnbreiten leitet über St. Michael und Lading (1011) zunächst zur Gießlhütte, auch Hochkogelhütte (1347) genannt, hinauf. Von dort setzt sich ein privater, gut befestigter Schotterweg, nur mehr einspurig breit, in Richtung zur Wolfsberger Hütte fort, HT. Seine max. Steigung beträgt geschätzte 12%. Bei Km 15.9 hat man li. die kurze Zufahrt zur Zechhütte (1520), bei Km 18.0 re. die Abzw. bergauf zur Offnerhütte (1729). Letztere liegt bereits oberhalb der Waldgrenze und bietet deshalb auch bemerkenswerte Ausblicke auf das Lavanttal und den gesamten Koralpenzug; man erreicht sie in 5 Gehminuten. Nach insgesamt 19 km gelangt man zum kleinen Parkplatz unterhalb der sich bereits in Sichtweite befindlichen Wolfsberger Hütte. Für die restlichen paar hundert Meter hinauf zum Schutzhaus bestand im Bj. ein allgemeines Fahrverbot. Hin und zurück 38 km. Fahrtechnische Beurteilung: mittel.

Große Karawanken-Rundfahrt* 9

Route: Völkermarkt (462) – Tainach – Drauhofen – St. Kanzian – Klopeiner See – Unterburg – Eberndorf – Miklauzhof – Bad Eisenkappel – Seebergsattel (1218) – Jezersko/Oberseeland – Tupaliče – Kranj/Krainburg – Loibl-Straßentunnel (1067) – Kleiner Loiblpass (770) – Unterloibl – Ferlach – St. Margarethen im Rosental – Miklauzhof – Eberndorf – Völkermarkt. **177 km.**

Fahrtechnische Beurteilung: leicht bis mittel

Zeitaufwand: Tagestour

Auf dieser abwechslungsvollen Runde durchmisst man zunächst einen Teil des Kärntner Unterlandes und umfährt dann die Östlichen Karawanken mit den Steiner Alpen. Abstecher vermitteln gute Einblicke in die landschaftliche Vielfalt des erfassten Raumes.

Man verlässt Völkermarkt in w. Richtung auf der B 70; sie vermittelt gute Ausblicke über den Völkermarkter Stausee zu den Gipfeln der Karawanken am Horizont und wird seit Fertigstellung der Südautobahn weniger stark befahren. Beim Straßenknoten Völkermarkt-West darf man die Abzw. nach Tainach nicht versäumen. S. von Drauhofen gelangt man über die schmale Draubrücke nach St. Kanzian.

Es lohnt sich nun, den Weg über die s. Uferstraße des Klopeiner Sees, einem beliebten Badeziel, nach Unterburg zu nehmen. Am w. Ortsrand von Eberndorf trifft man auf die B 82, der man über Miklauzhof nach Bad Eisenkappel (555) folgt.

Blick auf den **Völkermarkter Stausee** mit den Karawanken im Hintergrund → Runde 9.

In der **Trögerner Klamm** → Runde 9.

Die Route zieht sich weiter vellachaufwärts über Bad Vellach zum **Seebergsattel (1218)**, der auch unter dem Begriff Kärntner Seeberg bekannt ist. Er gilt als fahrtechnisch leichtester Karawankenübergang und wird gegenüber der Loiblstraße (Loiblstraßentunnel), dem Karawanken-Straßentunnel (Karawanken-Autobahn) und dem Wurzenpass am wenigsten frequentiert.

Die Streckenführung über den Kärntner Seeberg leitet durch eine landschaftlich ansprechende Region. Die Kärntner Rampe weist durchschnittlich nur 8% auf, doch gibt es kurze Maxima von 12% Steigung. Sie ist im oberen Abschnitt modern ausgebaut und durch die perfekte Linienführung in den Kurven eine wahre Freude für Motorradfahrer. Mit 19 großzügig angelegten Kehren gewinnt sie die Aussicht bietende Scheitelhöhe, wo sich der österr.-slowenische Grenzübergang befindet.

Runde 9

Skizze 9 Große Karawanken-Rundfahrt

Auf slowenischer Seite hat man hingegen eine nur 5 m breite, vorwiegend durch Wald verlaufende Bergstrecke mit max. 12% Gefälle. Sie senkt sich mit 5 Kehren nach Jezersko/Oberseeland (906) hinab, 6 km. Man fährt durch das landschaftlich ansprechende, grüne Kokratal und erreicht bei Tupaliče den breiten Talboden der Sava/Save. Bis Kranj/ Krainburg sind es vom Pass-Scheitel 36 km. Die Stadt hat einen historischen Kern und ist zugleich das Wirtschaftszentrum der Oberkrain.

Als Ausfahrtsstraße nimmt man die A 1 und biegt 12 km nw. von Krainburg auf das überbreite Asphaltband ab, welches durch die herrlichen Buchenwälder des St.-Anna-Tales leitet. Den unterhalb der Straße liegenden und wegen seiner Lederindustrie bekannten Ort Tržič/Neumarktl (515) umfährt man auf der Hangseite in zwei Tunnels. Nach einer gemäßigten Steigungsstrecke gelangt man zum geräumigen, ehem. slowenischen Zollplatz von St. Anna, welcher direkt am Südportal des 1560 m langen **Loibltunnels (1067)** liegt. Die Röhre, von der sich 900 m auf österr. Staatsgebiet befinden, wurde 1943-45 von Zwangsarbeitern in den Fels geschlagen, später verbreitert und erst wieder 1967 offiziell für den Verkehr frei gegeben. Sie weist heute eine Breite von fast 12 m auf und ist ausreichend beleuchtet. – Die alte Straße über den Loiblpass (1368) darf übrigens nicht mehr befahren werden.

Auf der mit Kunstbauten ausgestatteten Bergstrecke hinab zum „Raidenwirt“ hat man 17% Gefälle. Oberhalb der besuchenswerten Tscheppaschlucht sorgt eine Lawinenschutzgalerie für Sicherheit. Der Kleine Loiblpass (770) wartet nochmals mit einer bemerkenswerten Gefällestrecke auf, die jedoch 12% nicht überschreitet. In Unterloibl verlässt man die gut ausgebaute B 91 und kommt nach Ferlach (466); der Ort wurde hauptsächlich durch seine hoch qualifizierten Büchsenmacher bekannt. Die B 85 führt kurvenreich in sanftem Auf und Ab an St. Margarethen im Rosental vorbei nach Miklauzhof. Man mündet in die B 82 ein und gelangt nach zügiger Fahrt und Überbrückung des Völkermarkter Stausees zurück zum AP.

Variante: Von Eberndorf über Loibegg, Jaunstein, Globasnitz, Hemmaberg, Juenna (750), Sagerberg, Altendorf und Pfannsdorf nach Miklauzhof, wo man wieder in die B 82 einmündet. Auf dem Straßenscheitel Juenna wurden mehrere römische Gräber gefunden. Das **Hemmabergsträßchen** ist vorwiegend einspurig, jedoch durchwegs asphaltiert. Es gibt mehrere sehr unübersichtliche Kurven, Steigungen bzw. Gefälle haben max. 10%. Von der Scheitelstrecke bieten sich gute Ausblicke auf fast ganz Unterkärnten! Plus 10 km. Fahrtechnische Beurteilung: mittel.

Variante: Von Bad Eisenkappel über den **Schaida-Sattel (1069)** und Zell-Pfarre nach Ferlach. Dieser Übergang stellt die einzige befahrbare Ost-West-Verbindung, unmittelbar am Fuß der Karawanken verlaufend, her; außerdem fungiert sie als Klammer zwischen dem Kärntner Seeberg und dem Loibl-Straßentunnel. Die Landesstraße durch das Ebriachtal ist bis zum „Radlwirt“ modern ausgebaut. Dort beginnt re. die Bergstraße zum Schaida-Sattel, HT. Sie gewinnt im oberen Abschnitt bei max. 12% Steigung mit mehreren Serpentinen rasch an Höhe. Auf dem Scheitel gibt es beiderseits der Straße vorgegebene Abstellplätze. Für die Gestaltung des Rastplatzes hat sich der Straßenerhalter einiges einfallen lassen, u.a. wurden Tische und Bänke mit Überdachung aufgestellt. Die Aussicht richtet sich von der Scheitelhöhe hauptsächlich nach SW auf die Spitzen und Türme der Koschuta.

Die schmale Asphaltstraße senkt sich nun mit mehreren Windungen hinab ins Freibachtal, das sie beim Gh. „Terklbauer“ (859) erreicht. Landschaftlich besticht der

Straßenbautechnisch meisterhaft angelegt, bringt die Nordseite (Kärntner Rampe) des **Seebergsattels** jede Menge Kurvenspaß → Runde 9.

Die bemautete, asphaltierte **Alpenstraße Hochobir** verläuft vorwiegend durch Wald bis zur **Eisenkappler Hütte** → Runde 9. Foto Thanalak Denzel

folgende Talabschnitt mit Ausblicken auf den Freiberg und den Koschutnikturm (2136). W. von Zell-Pfarre (948) fährt man durch ein stark gewundenes, eingeschnittenes Tal bei max. 15% Gefälle neben dem Waidischbach auf hervorragend ausgebauter Straße aus dem Gebirge und über Waidisch nach Ferlach (466). Minus 58 km. Fahrtechnische Beurteilung: mittel, ab Waidisch leicht.

Abstecher: Vom Gh. „Obir Pepi" (582) zur **Eisenkappler Hütte (1555)**. Von der Ebriacher Talstraße zweigt re. eine knapp zweispurige Asphaltstraße bergwärts ab, HT. Nach 5.3 km kommt man zu einer Straßengabelung, an der man sich scharf re. hält, HT „Eisenkappler Hütte". Dort beginnt die 8 km lange, mautpflichtige **„Alpenstraße Hochobir"**; sie ist einspurig, durchgehend asphaltiert und kann auch von Bussen bis 10 m Länge benützt werden. Ihre Höchststeigungen betragen 14%. Für die gesamte Bergstrecke gilt eine Geschwindigkeitsbegrenzung von 30 km/h. Die Mautstelle passiert man erst am Kurnig-Sattel (989) bei Km 6.6 ab Tal.

Den EP bildet ein geräumiger, in Form einer geschotterten Umkehrschleife angelegter Parkplatz direkt neben der Eisenkappler Hütte. – Wer nach der Talfahrt Richtung Schaida-Sattel weiterfahren möchte, kann bei der Straßengabelung die w. Abfahrt zum Gh. „Zum Schmied" nehmen. – Hin und zurück 27 km. Fahrtechnische Beurteilung: mittel.

Abstecher: Vom Gh. „Radlwirt" durch die wildromantische **Trögerner Klamm** zum Gh. „Pristovnik" (988). Auf den ersten 800 m gibt es einen Parkplatz mit einem Brunnen und einen weiteren mit einer Imbiss-Station. Ab dort ist unbedingt zu beachten, dass die Klamm als Naturschutzgebiet ausgewiesen ist; ihre Befahrung war im Bj. zwar offiziell gestattet, doch sollte man aus Rücksicht gegenüber den zahlreichen Wanderern und Radfahrern, die sich besonders an Wochenenden und Feiertagen auf der Straße tummeln, nur Schritt-Tempo fahren!

Das asphaltierte, einspurige Sträßchen mit Ausweichen schlängelt sich neben dem Trögerner Bach mit seinem türkisfarbenen, klaren Wasser durch die beeindruckende, enge Schlucht. Seitlich wird es durch schroff aufragende und teilweise überhängende Felsen mit seltener Alpenflora begrenzt. Es gibt unübersichtliche Kurven und verwinkelte Passagen über kleine Brücken. Ausgesetzte Stellen wurden mit hölzernen Leitschienen abgesichert.

Bei Km 3.8 kommt man am „Gh. Franzl" vorbei, 700 m weiter beginnt die Schotterstrecke, welche durch den Wald hinaufzieht und beim Gh. „Pristovnik" ihren EP hat; an einer Weggabelung hält man sich dabei li. Hin und zurück 13 km. Fahrtechnische Beurteilung: mittel.

Abstecher: Von Zell-Pfarre zum **Koschutahaus (1280)**. Am w. Ortsrand nimmt ein schmales Sträßchen seinen Ausgang, das bei max. 16% Steigung durch die „Kalte Aue" zum Koschutahaus, einem wichtigen Stützpunkt auf dem Karawanken-Wanderweg, hinaufleitet. Der unterste Abschnitt bis zum Bauernhof, wo eine bescheidene Maut eingehoben wird, ist asphaltiert; wenig weiter beginnt die einspurige Schotterstrecke durch den Wald zum Parkplatz bei Km 2.8. Die zirka 500 m lange Fortsetzung zum Koschutahaus selbst war im Bj. als Forststraße deklariert und mit einem Fahrverbot belegt. Hin und zurück 6 km. Fahrtechnische Beurteilung: mittel.

Rund um die Seckauer und Eisenerzer Alpen** 10

Route: Trieben (709) – Hohentauern – Triebener Tauern (1265) – St. Johann am Tauern – Möderbrugg – St. Oswald – Sommertörl (1644) – Gh. Lasser – Ingering – Bischoffeld – Seckau – Kobenz – St. Michael – Traboch – Trofaiach – Vordernberg – Präbichl (1232) – Eisenerz – Münichtal – Hieflau – Gstatterboden – Admont – Nagelschmied-Sattel (1086) – Dietmannsdorf – Trieben. **170 km.**

Fahrtechnische Beurteilung: mittel, teilweise schwierig

Zeitaufwand: Tagestour

Eine interessante und landschaftlich abwechslungsvolle Runde mit einem nur 12.5 km langen geschotterten Abschnitt! Wer auf Asphalt bleiben möchte, kann von Möderbrugg nach Kobenz den Umweg über Fohnsdorf nehmen. – Man wählt wegen seiner verkehrsgünstigen Lage mit Vorzug Trieben im Paltental als AP und fährt auf ausgebauter Bergstraße bei max. 12% zunächst durch den Wolfsgraben zum **Triebener Tauern (1265)** hinauf. In den Kehren besitzt die Straße Überbreiten und kann zügig befahren werden. Das Kirchdorf Hohentauern liegt reizvoll eingebettet in einer breiten Mulde zwischen den Triebener und den Rottenmanner Tauern (Großer Bösenstein, 2448 m). Von der Scheitelhöhe setzt man seine Fahrt windungsreich und bei sanftem Gefälle durch das stark bewaldete Pölstal nach St. Johann am Tauern (1056) und Möderbrugg fort.

Hier verlässt man die Triebener-B 114 und folgt in ö. Richtung dem Sträßchen durch den Wenischgraben nach St. Oswald (982). Serpentinenreich führt eine Schotterstraße hinauf zum **Sommertörl (1644)**. Der Sattel befindet sich am s. Fuß des Rosenkogels (1921) in den Seckauer Tauern, 8 km von St. Oswald entfernt. Bei 10% Gefälle leitet das schmale Sträßchen hinab zum Gh. „Lasser“, wobei man 4.5 km ab Sommertörl wieder Asphaltbelag unter den Rädern hat. Weiter durch den Gaalbachgraben ge-

Durch das **Gesäuse** → Runde 10 und 11.

Durch aufwändige Kunstbauten ist der **Präbichl** vollkommen problemlos zu befahren und bietet eine gute Sicht auf den Steirischen Erzberg → Runde 10.

langt man nach Ingering (881) und Bischoffeld, ehe man li. nach Seckau abbiegt. Von der Straßengabelung hat man nur noch 6 km bis zur großen, mauerumschlossenen Benediktinerabtei Seckau, einem ehem. Bischofssitz. Besonders sehenswert ist die Stiftsbasilika Mariä Himmelfahrt mit reicher Innenausstattung. Der Besuch dieser Sehenswürdigkeit ist auch einen größeren Umweg wert!

Begleitet vom Kobenzbach fährt man hinab nach Kobenz und erreicht nö. des Ortes die Anschluss-Stelle St. Lorenzen-Feistritz der Murtal-S 36. Man kann nun wahlweise auf der Landesstraße bis St. Michael weiterfahren, um von dort auf der B 113 nach Traboch zu gelangen oder die vignettenpflichtige S 36 bis zum Knoten St. Michael benützen, um dort auf die A 9 hinüberzuwechseln und nach 4 km die Ausfahrt Traboch zu nehmen.

Die anschließende Etappe legt man auf der **„Steirischen Eisenstraße"** zurück. Trofaiach lässt man re. liegen und bleibt auf der B 115.

Im benachbarten Vordernberg lohnt sich eine Unterbrechung, um das anschauliche Hochofenmuseum Radwerk IV zu besichtigen. Auf seinem Vorplatz steht eine alte, sehr starke Dampflok der Erzbergbahn. Im Ort gibt es auch ein Zahnradbahnmuseum. Zwischen Vordernberg und Eisenerz verkehrt im Sommer an Sonntagen die Erzbergbahn mit ihren blauen Schienenbussen als Museumsbahn, welche gute Ausblicke auf den Erzberg vermittelt. Besonders sehenswert ist das direkt an der Bundesstraße gelegene Traktormuseum beim Gh. „Zum Radwerk"; es zeigt fast 100 Exponate mit den Marken Lanz Bulldog, Landini, Kramer, Hürlimann, Drexler, Nato-Hanomag, Steyr,

Skizze 10 Rund um die Seckauer und Eisenerzer Alpen

Lindner, Güldner, Warchalowski, Fendt, Holder, Pongratz, MAN, Porsche, Volvo, Normag sowie Kutschen und Standmotoren. Täglich außer Mo und Di geöffnet von 10 bis 12 Uhr und von 14 bis 18 Uhr.

Die Bergstrecke über den **Präbichl (1232)** ist Kernstück der B 115, welche die beiden wichtigsten Zentren der österr. Eisenindustrie, nämlich Leoben und Steyr, miteinander verbindet. Dieser Industriezweig ist es auch, welcher einer Fahrt über den Präbichl das Gepräge verleiht. Ungewohnte Bilder, wie der rotbraune, treppenartig abgestufte Erzberg, die alten Bergbauorte und die Hochöfen, Gießereien und Walzwerke in Donawitz sie bieten, stehen in starkem Gegensatz zur alpinen Kulisse.

Die wegen ihrer extremen Steigungen ehem. berüchtigte Pass-Straße präsentiert sich heute in einem modernen Ausbauzustand. Die Steigungen wurden größtenteils entschärft und betragen auf ihrer Südrampe max. 15%, auf ihrer mit aufwändigen Kunstbauten versehenen Nordrampe max. 10%. Die Fahrbahnbreiten schwanken zwischen 7 und 10 m, abschnittsweise wurden bergwärts

Beim **Gh. Zum Radwerk**, dem ein **Traktormuseum** mit Ausstellungsstücken aller namhaften Marken angeschlossen ist, lohnt es sich allemal, eine Pause einzulegen → Runde 10.

Kriechspuren angelegt, sodass Lkw andere Verkehrsteilnehmer nicht behindern. Am Westgrat des Niederpolster, zirka 2.5 km von der Scheitelhöhe entfernt, wurde ein idealer Rastplatz mit Blick auf den Steirischen Erzberg und seinen ausgeprägten Tagbau angelegt.

In der Knappenstadt Eisenerz (736) lädt das Schaubergwerk zu einem Besuch ein. Mit dem Grubenzug gelangt man in das Innere des Erzberges, auf der Ladefläche eines riesigen, 860 PS starken Muldenkippers (Haulys) kann man den Tagbau besichtigen. Nähere Infos im Internet unter www.abenteuer-erzberg.at.

Der windungsreiche Streckenabschnitt zwischen Eisenerz und dem Knotenpunkt Hieflau (603) an der Enns wurde bis auf zwei enge Bahnunterführungen modern ausgebaut. Eine Fahrt durch das **Gesäuse** von Hieflau nach Admont zählt sowohl für Motorisierte auf der Ennstal-B 146 als auch für „Wasserwanderer" auf der Enns zu den reizvollsten in Österreich. Typisch für die Ennstaler Alpen sind ihre großartigen Wandbildungen. Kernregion und landschaftlicher Höhepunkt ist das Gesäuse mit seiner rund 15 km langen, wildromantischen Schlucht; sie verdankt ihren Namen, der im Laufe der Zeit auch auf die Berge der Umgebung übergegangen ist, dem Sausen und Tosen der Enns. Eindrucksvoll ist ihre Szenerie mit bis zu 1000 m hohen Felsabstürzen in diesem, zum NSG erklärten Gebirge.

Vom Ennsdurchbruch bei Hieflau sind 25 km auf vorwiegend kurviger Straße zurückzulegen. Die Fahrbahnbreite ist durchwegs zweispurig, besonders unübersichtliche Passagen um den Fels

Bizarr mutet der **Steirische Erzberg** an; seine Form ist durch jahrzehntelangen Tagebau entstanden → Runde 10. Foto Voest-Alpine Erzberg GmbH

wurden durch zwei Tunnels begradigt. Achtung auf steinschlaggefährdete Abschnitte! Das Gh. „Gstatterboden" auf halber Schluchtstrecke erfreut sich wegen seiner guten Ausblicke auf das Gebirge eines regen Zuspruchs.

Von Admont (640) aus schneidet man die w. Ausläufer der Ennstaler Alpen mit einer Fahrt über den **Nagelschmied-Sattel (1086)** ab, welcher den leicht befahrbaren Übergang vom Ennstal in das Paltental vermittelt, 14 km. Nordrampe max. 14% Steigung, Südrampe durchschnittlich 7%, durchgehend asphaltiert. Die landschaftlich lohnende Strecke bietet bemerkenswerte Ausblicke auf den Admonter Kalbling (2196), dessen Aufbau mit einem elegant geschwungenen Felshorn vergleichbar ist. Trieben hat einen eigenen Anschluss an die A 9, er befindet sich im N des Ortes.

Abstecher: Über die Scheibelseen-Alpenstraße zur **Edelraute-Hütte (1706)**. Dieses mautpflichtige Bergsträßchen erschließt das Wandergebiet um die beiden Bösensteine, höchste Erhebungen in den Rottenmanner Tauern. Es nimmt seinen Ausgang in Hohentauern, HT, und leitet über mehrere Kehren durch ein einsames Waldgebiet, tangiert das Schober-Hochmoor und endet nach 6 km auf der Scheibelalm, nahe dem Kleinen Scheibelsee. Die Fahrbahnbreite beträgt 4 m, die max. Steigung 12%, durchwegs geteerte Strecke. Vom EP hat man noch 10 Gehmin. zur gj. geöffneten Edelraute-Hütte. Hin und zurück 12 km. Fahrtechnische Beurteilung: mittel.

Abstecher: Motorsport-Interessierte können von Kobenz einen kleinen Umweg zum **Red-Bull-Ring** (früher Österreich-Ring) in Zeltweg-Spielberg machen. Mit etwas Glück kann man Test- oder Trainingsfahrten beobachten. Hin und zurück 18 km. Fahrtechnische Beurteilung: leicht.

Abstecher: Zum **Leopoldsteiner See (628)** benützt man als Zufahrt die Abzw. von der B 115 in Münichtal n. von Eisenerz. Er ist der größte See am Rande des Hochschwabgebirges, 1.5 km lang und bis zu 350 m breit. Seine Lage am Fuß der mächtigen Seemauer, welche den westlichsten Gebirgsstock des Hochschwab bildet, ist besonders reizvoll. Der lang gestreckte, bewaldete Rücken des Seeriegels trennt ihn vom benachbarten Tal des Erzbaches. Nahebei befindet sich das aus dem 17. Jh. stammende, nach 1890 durch Prinz Arnulf von Bayern neugotisch umgestaltete Schloss Leopoldstein. Das Sträßchen endet in der Seeau. Hin und zurück 12 km. Fahrtechnische Beurteilung: leicht.

11 Rund um die Ennstaler Alpen*

Route: Liezen (664) – Selzthal – Rottenmann – Dietmannsdorf bei Trieben – Nagelschmied-Sattel (1086) – Admont – Gstatterboden – Hieflau – Großreifling – Altenmarkt bei St. Gallen – Oberlaussa – Hengstpass (985) – Windischgarsten – Spital am Pyhrn – Pyhrnpass (954) – Liezen. **135 km.**

Fahrtechnische Beurteilung: mittel

Zeitaufwand: Halbtagestour

Mit dieser Tour lassen sich die gesamten Ennstaler Alpen, welche sich sowohl über Landesteile der Steiermark als auch Oberösterreichs ausdehnen, erfassen. Wegen seiner verkehrsgünstigen Lage ist die Bezirkshauptstadt Liezen der empfohlene Ausgangsort. Liezen bildet auch den geografischen Mittelpunkt Österreichs. – Um zunächst nach Trieben zu gelangen hat man zwei Möglichkeiten: entweder benützt man die B 113 oder bis Selzthal den Autobahnzubringer und anschließend die Pyhrn-A 9 bis zum AA Trieben. Eine Verbindungsstraße leitet dann nach Dietmannsdorf (751). Dort nimmt das 6 km lange, asphaltierte Bergsträßchen hinauf zum **Nagelschmied-Sattel (1086)** seinen Ausgang; die durchschnittliche Steigung beträgt 7%. Auf der windungsreichen Nordrampe nach Admont hat man ein Gefälle von max. 14% zu bewältigen, 7 km. – Beschreibung der eindrucksvollen, 24 km langen Strecke von Admont durch das Gesäuse nach Hieflau → **Route 10**, Rund um die Seckauer und Eisenerzer Alpen (in umgekehrter Richtung).

Von Hieflau (603) setzt man seine Fahrt auf der Eisen-B 115 in Richtung Altenmarkt bei St. Gallen (467) fort. Die Straße folgt dem Lauf der Enns und ist geländebedingt äußerst windungsreich, was zu einer besonders vorsichtigen Fahrweise zwingt. Man passiert Großreifling (449), wo am gegenüberliegenden

Die Strecke über den **Hengstpass** ist bei Motorradfahrern sehr beliebt; angebrachte Tafeln appellieren an eine rücksichtsvolle Fahrweise → Runde 11.

Eine Fahrt von Altenmarkt bei St. Gallen durch die **Schlucht des Laussabaches** nach Oberlaussa ist zweifellos ein landschaftliches Erlebnis → Runde 11.

Stark modernisiert, hat die B 117 durch das **Gesäuse** von ihrer einst wilden Romantik verloren; beeindruckend sind nach wie vor die zerklüfteten Felsformen → Runde 10 und 11.

Ufer die Salza in die Enns einmündet. – Von Altenmarkt, das sich einer großen Fluss-Schlinge anschmiegt, überwindet man zunächst eine ausgeprägte Steilstufe mit max. 20% durch einen Engpass. Die anschließenden Abschnitte durch die vom Laussabach gebildete Schlucht bedeuten Fahrspaß pur; neben dem klaren Wasser hat man eine Kurve nach der anderen, aber auch um den Fels führende, unübersichtliche Stellen. Bis Oberlaussa folgt das verkehrsarme Sträßchen der steirisch-oberösterr. Landesgrenze. In der Einsamkeit liegt das Wirtshaus „Kampertal". Die Steigungsstrecke zur Scheitelhöhe des **Hengstpasses (985)** befindet sich in gutem Ausbauzustand und wurde mit Leitschienen abgesichert. Mit einem mäßigen Gefälle neigt sich nunmehr die Straße durch das Tal des Dambaches, an der Siedlung Rosenau vorbei, hinab nach Windischgarsten (602), das in einer breiten, wiesenreichen Talmulde liegt. Während der Anschluss Roßleithen an die Pyhrn-A 9 sich im NW des Ortes befindet, erreicht man die Pyhrnpass-B 138 im SO.

Das benachbarte Spital am Pyhrn (640) bietet als bemerkenswerte kulturelle Sehenswürdigkeit die Stiftskirche Mariä Himmelfahrt, deren Besichtigung man nicht versäumen sollte. Statt durch den bemauteten, 5500 m langen Bosrucktunnel zu fahren, lohnt es sich aus landschaftlichen und fahrtechnischen Gründen, die Route über die Scheitelhöhe des **Pyhrnpasses (954)** fortzusetzen. Während der Auffahrt gelangt man am alten Pflegerturm vorbei, welcher noch aus der Römerzeit stammt. Der Pyhrnpass war für die Kelten und Illyrer schon um 1200 v. Chr. ein viel benützter Übergang im Gebirge und ein Zugang zur Donau.

Runde 11

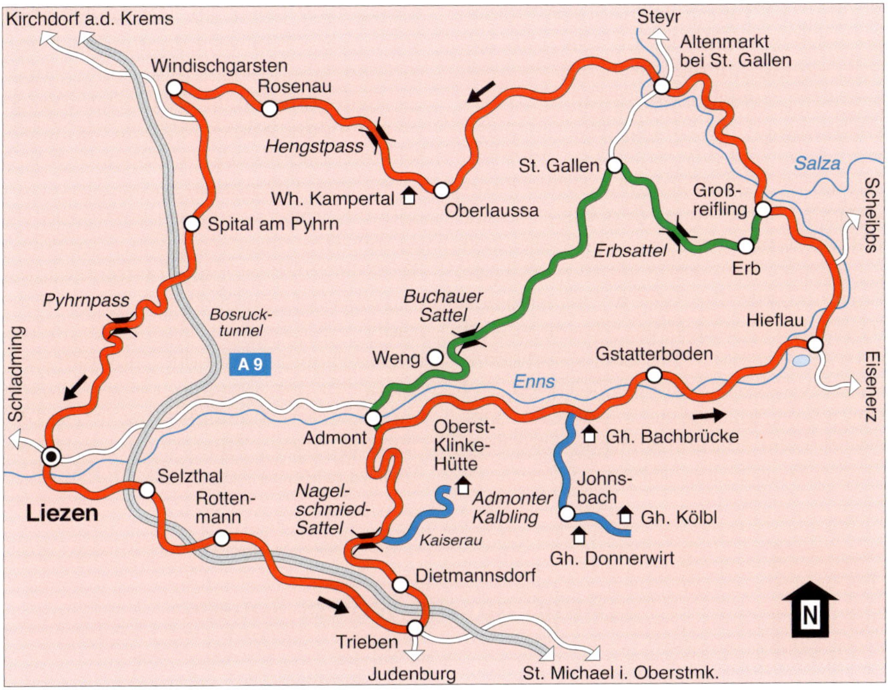

Skizze 11 Rund um die Ennstaler Alpen

Auf der Südseite senkt sich die großzügig ausgebaute Passrampe mit weiten, übersichtlichen Schleifen vorbei am Forsthaus „Hassegg“ und mit einer letzten Geraden durch die Pyhrnerhofsiedlung in den Verkehrsknoten Liezen.

Variante: Von Admont über den **Buchauer Sattel (872)** und den **Erbsattel (672)** nach Großreifling. Der Admonter Nachbarort Weng (653) wird durch eine großzügig angelegte Schleife der B 117 umfahren. Der Buchauer Übergang ist gut ausgebaut, Steigungen bzw. Gefälle überschreiten 8% nicht. Von der Scheitelhöhe hat man eindrucksvolle Ausblicke sowohl auf die Haller Mauern als auch auf die Gesäuseberge. Von Admont bis St. Gallen legt man 20 km zurück. Beachtenswert ist in St. Gallen die bereits 1152 urkundlich erwähnte Pfarrkirche. Im Ort zweigt re. die L 705 ab, welche über den Erbsattel und durch das „Kleine Gesäuse“ (im Volksmund gebrauchte Bezeichnung) nach Großreifling führt, 11 km. Die aufgezeigte Alternative vermittelt weniger wildromantische Eindrücke als die Gesäusestrecke auf der Hauptroute. Minus 3 km. Fahrtechnische Beurteilung: leicht bis mittel.

Abstecher: Rund 1 km ö. vom Nagelschmied-Sattel zweigt die mautpflichtige **„Kalbling-Höhenstraße“** zur **Oberst-Klinke-Hütte (1504)** ab. Bereits nach 300 m passiert man die Mauteinhebestelle, nach weiteren 1.3 km beginnt die Schotterstrecke in gutem Zustand. Das idyllisch gelegene Jagdschlösschen Kaiserau (1127) im ausgedehnten Weidegebiet lässt man li. liegen. Bis zum Hüttenparkplatz auf dem Kalblingboden gewinnt die zweispurige Straße zirka 400 Höhenmeter; die Steigungsverhältnisse sind dabei gut ausgeglichen und erreichen max. 12%. Die genussvolle Fahrt vermittelt bemerkenswerte Ausblicke auf den Admonter Kalbling (2196), der sich aus diesem Blickwinkel als ebenmäßiges Felshorn zeigt. Die 1941 auf Initiative des damaligen Oberst Klinke erbaute, später erweiterte Schutzhütte ist seit Fertigstellung der Höhenstraße ein beliebtes, viel besuchtes Ausflugsziel in den Ennstaler Alpen. Hin und zurück 11 km. Fahrtechnische Beurteilung: mittel.

Abstecher: Beim Gh. „Bachbrücke", 4 km w. von Gstatterboden, mündet das romantische Johnsbachtal in das Ennstal. Eine normal breite Asphaltstraße leitet nach **Johnsbach (853)** zu den Gasthäusern „Donnerwirt" (753) und „Kölbl" (870). Vom Donnerwirt kurzer Steig zum nahen Bergkirchlein aus dem frühen 14. Jh. mit Prachtblicken auf die zerklüfteten Felsabstürze des Ödsteinmassivs und zum Großen Buchstein (2224). Eine traurige Berühmtheit erlangte der Johnsbacher Bergsteigerfriedhof, auf dem zahlreiche, in den Gesäusebergen tödlich verunglückte Alpinisten ihre letzte Ruhestätte fanden. Hin und zurück 10 km. Fahrtechnische Beurteilung: leicht.

12 Rund um die Wölzer Tauern*

Route: Selzthal (636) – Melzen – Altlassing – Döllach – Aigen im Ennstal – Irdning – Öblarn – Stein a.d. Enns – Großsölk – Mößna – St. Nikolai – Sölker Pass (1788) – Schöder – Baierdorf – Feistritz – St. Peter am Kammersberg – Winklern – Oberwölz Stadt – Schiltern – Oberzeiring – Möderbrugg – St. Johann am Tauern – Triebener Tauern (1265) – Hohentauern – Trieben – Rottenmann – Selzthal. **165 km.**

Fahrtechnische Beurteilung: mittel

Zeitaufwand: Tagestour

Die ausgedehnte Rundtour, welche auch das östliche Ausseer Land im Raum von Tauplitz und Klachau berührt, zeichnet sich durch eine landschaftliche Vielfalt besonders aus. In den Wölzer Tauern werden die vor allem von Wintersportlern viel besuchten Südtäler erfasst; im Sommer sind sie wegen ihrer verkehrsarmen Straßen für den Tourenfahrer von erhöhtem Interesse. – Wählt man den Ort Selzthal ö. von Liezen zum AP, so biegt man bei Melzen in die über Altlassing nach Döllach führende Landesstraße ein. Um die stark befahrene B 320 zu meiden, bleibt man auf der Nebenstraße und fährt über die Orte Aigen, Irding und Öblarn in das alte Städtchen Stein a.d. Enns (694), welches am Eingang in den „Naturpark Sölktäler" liegt.

In das Herz der Schladminger und Wölzer Tauern führt eine normal breite, asphaltierte Straße, welche zunächst mit max. 15% Steigung die Talstufe über-

Die Scheitelhöhe des **Sölkpasses** wird von der hübschen Kapelle dominiert und ist auch als Rastplatz bestens geeignet → Runde 12 und 13.

windet und dann nach Großsölk weiterführt. Sie setzt sich über Mößna nach St. Nikolai im Sölktal (1126) fort, das noch ein ursprüngliches Bauerndorf geblieben ist. Die auch als **„Erzherzog-Johann-Straße"** bekannte Route über den **Sölker Pass (1788)** stellt eine touristisch bedeutsame Verbindung zwischen dem Enns- und dem Murtal im obersteirischen Raum her.

Kurz vor dem Großsölker Talschluss biegt die Pass-Straße re. in ein Seitental ein. Man fährt durch eine herbe Landschaft mit Blockhalden aus Gneis, vereinzelten Latschen und Alpenerlen, über die sich wenige Zirben als Vorposten des Waldes über die Baumgrenze wagen. Bis zur Scheitelhöhe, die nur eine beschränkte Aussicht bietet, hat man max. 12% Steigung. Von der obersten Kehre kann man noch den alten Saumpfad erkennen, welcher im Mittelalter stark begangen wurde. Die Nordrampe befindet sich in einem allgemein guten, zweispurigen Ausbauzustand, gefährliche Stellen wurden durch Leitschienen abgesichert.

Eine Bergkapelle steht auf dem Scheitel unmittelbar neben der Straße. Auch Teile der Südrampe sind in das Naturschutzgebiet einbezogen worden. Die Straße vom Scheitel hinab nach Schöder weist ebenfalls nur ein max. Gefälle von 12% auf. Im Bj. schwankten die Fahrbahnbreiten zwischen 5 und 6 m. Die bewirtsch. Kreutzerhütte (1378) lädt zu einer Rast ein; sie liegt nur wenig abseits der Durchgangsstraße und hat einen geräumigen Parkplatz. An der Augustiner-Kapelle befindet sich ein offizieller Rastplatz mit massiven Bänken und Tischen. Zuletzt gelangt man auf einer längeren, bewaldeten Gefällestrecke (Maximum 14%)

Runde 12

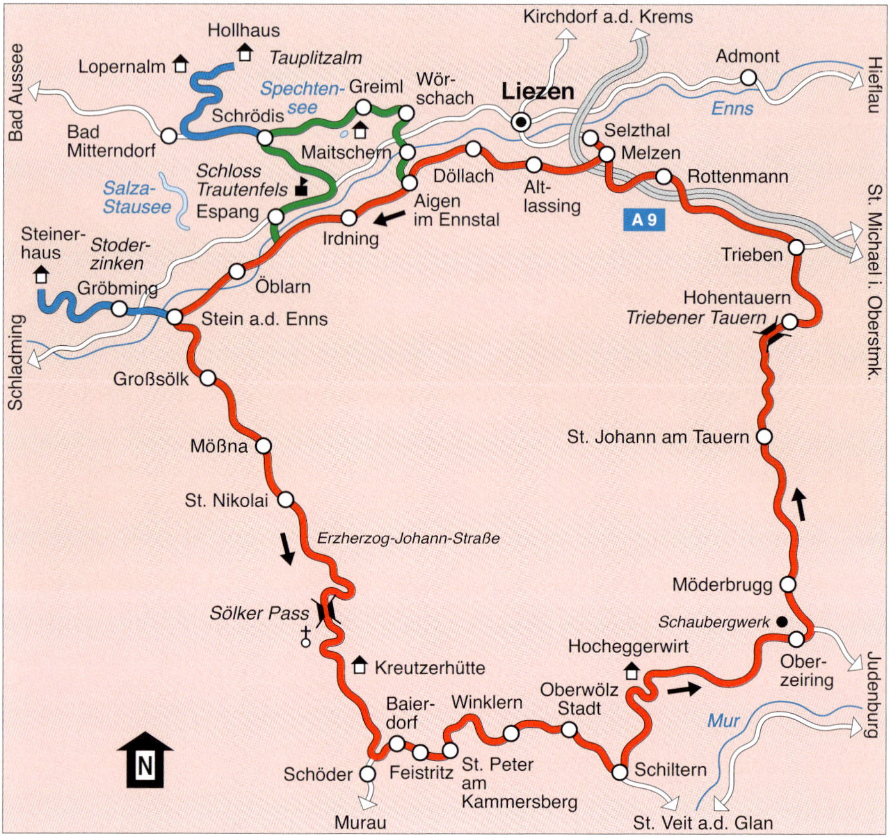

Skizze 12 Rund um die Wölzer Tauern

hinab nach Schöder (901), nur 11 km vom Bezirkshauptort Murau entfernt.

Am Ortsrand von Schöder setzt man die Rundfahrt über Baierdorf, Feistritz und St. Peter am Kammersberg nach Winklern bei Oberwölz Stadt fort. Die kleinste obersteirische Stadt wartet mit alten Stadtmauern und drei gut erhaltenen Stadttoren aus dem 14. Jh. auf. Nach einer kurzen Besichtigung empfiehlt es sich, auf der B 75 bis Schiltern 5 km talaus zu fahren, um dann die vorzügliche Auffahrt neben dem Schönberger Bach hinauf zum Hocheggerwirt (1300) zu unternehmen. Hingegen befand sich im Bj. die Bergstraße über das Schloss Rothenfels auf das Hochplateau in vergleichsweise schlechterem Zustand!

Vom Hocheggerwirt hat man dann die ausgebaute Anschluss-Strecke durch den Gföllgraben bis zum Markt Oberzeiring (932), berühmt durch sein Silberbergwerk, welches ehemals das größte seiner Art in den Ostalpen war. Ein Teil wurde zu einem Schaubergwerk umgestaltet; als hauptsächlicher Anziehungspunkt gilt heute der Asthmaheilstollen. Von Schiltern über den Hocheggerwirt

Verkehrsberuhigung auf der **Tauplitzalm**: die weit verstreuten Gasthäuser und Hütten sind aufgrund entsprechender Verbote nur per Bummelzug anfahrbar → Runde 12.

Die mautpflichtige **Tauplitzstraße** führt bis zum Parkplatz knapp unterhalb des **Hollhauses** und gibt gute Ausblicke auf das Dachsteinmassiv frei → Runde 12.

Auffahrt zum **Spechtensee** → Runde 12.

bis zum Anschluss an die Triebener-B 114 bei Unterzeiring hat man unter Ausschaltung verkehrsreicher Talstraßen nur 20 km zurückzulegen, bis nach Möderbrugg weitere 4 km. – Die Route setzt sich über den **Triebener Tauern (1265)** bzw. den Ort Hohentauern nach Trieben fort. Beschreibung → **Route 10**, Rund um die Seckauer und Eisenerzer Alpen (in umgekehrter Richtung). Von Trieben folgt man der B 113 oder der Pyhrn-A 9 über Rottenmann zurück nach Selzthal.

Variante: Von Aigen im Ennstal über Wörschachwald und Schrödis nach Öblarn. Man kommt am n. Ortsrand von Aigen zunächst an der Segelflugschule vorbei, hält sich nach der Bahnunterführung von Maitschern re. und gelangt nach Wörschach. Die n. Umgebung von Wörschach ist durch ihre wildromantische Klamm bekannt. W. der Klamm benützt man das durch ein ausgedehntes Waldgebiet zur sonnigen Terrasse hinaufführende, windungsreiche Schottersträßchen; es ist einspurig, hat Ausweichen und befand sich im Bj. in gutem Zustand. Bis Greiml (958) hat das Bergsträßchen durchschnittlich 10% Steigung. 5.4 km ab Wörschach beginnt der Asphaltbelag. Man kommt zum **Spechtensee**, welcher in die wellige Mittelgebirgslandschaft eingebettet ist. Ab dem Gh. „Spechtenseehütte“ (1045) ist die Straße zweispurig, es besteht eine Geschwindigkeitsbeschränkung von 30 km/h. Am Fuße des wegen seiner Aussicht gelobten Hechelsteins (1814) leitet sie über das Gh. „Wörschachwalderhof“ und durch das verstreute Siedlungsgebiet von Zlem hinab nach Schrödis.

Unsere Route setzt sich von Schrödis auf der alten Straße über Klachau und Girtstatt fort, um bei Untergrimming in die neue B 145 einzumünden. Hinab bis zum Straßenknoten bei Trautenfels im Ennstal hat man ein ausgeglichenes Gefälle zu überwinden. – Auf der B 320 fährt man jetzt ennsaufwärts bis Espang mit der ÖBB-Haltestelle St. Martin am Grimming. Wir benützen dort die Straßenbrücke über den Fluss und folgen der Landesstraße nach Öblarn. Plus 18 km. Fahrtechnische Beurteilung: mittel.

Abstecher: Von Schrödis nach Bad Mitterndorf (809) und zum **Hollhaus (1621) auf der Tauplitz**. Die 9.5 km lange Tauplitzstraße nimmt ö. von Bad Mitterndorf ihren Ausgang. Sie erschließt ein beliebtes Wander- und Erholungsgebiet. Grüne Tafeln mit weißer Aufschrift weisen von der B 145 die Zufahrt. Die Mauteinhebestelle befindet sich in unmittelbarer Nachbarschaft des Jagdhofes „Hübler“. Die normal breite Bergstraße gewinnt mit acht Kehren einen HU von rund 800 m und bietet gute Ausblicke auf den Lawinenstein und über das Mitterndorfer Becken hinweg auf den lang gestreckten Gebirgsstock des charakteristischen Grimming. Im SW schweift der Blick über das Kemetgebirge zu den Erhebungen der Dachsteingruppe (besonders prachtvoll von Kehre 6). Die max. Steigung beträgt 11%, Leitschienen dienen an gefährlichen Stellen der Absicherung. Die Tauplitzstraße führt von der Mautstelle zunächst hoch über dem Zauchenbach und biegt dann li. in den Kohlstadtgraben ein. Mit einer Gruppe von vier Serpentinen erreicht man die bewirtsch. Lopernalm (1572) und zuletzt den geräumigen Parkplatz knapp unterhalb vom Hollhaus. Vom EP aus werden Mo, Mi und Fr jeweils um 11 Uhr Panoramafahrten über die ausgedehnte Tauplitzalm mit einem Bummelzug (ein Traktor mit Anhänger) angeboten. Hin und zurück 26 km. Fahrtechnische Beurteilung: leicht bis mittel.

Abstecher: Von Stein a.d. Enns nach Gröbming und auf der **„Stoderzinken-Alpenstraße"** zum Steinerhaus (1845). Der Stoderzinken (2048) ist ein aussichtsreicher Kalkgipfel in der vom Dachsteinmassiv zum Grimming ziehenden Kette. Von Gröbming (770), das auf einer Terrasse über der Enns liegt, fährt man in den w. Ortsteil Winkel; ab hier misst die durchgehend asphaltierte Bergstraße, welche 1959-61 erbaut wurde, 11 km. Sie führt bei schwankender Breite von 4 bis 7 m zunächst am Abenteuerpark vorbei durch den Wald und zuletzt an senkrechten Felswänden entlang. Ihre Steigungen erreichen max. 12%. Man passiert 11 beschilderte Kehren und überwindet einen HU von rund 1000 m! Während der Fahrt hat man gute Ausblicke auf die Erhebungen der Niederen Tauern und Tiefblicke ins Ennstal. Direkt unterhalb des Berggh. „Steiner" wurden zwei große Parkplätze angelegt. Hin und zurück 36 km. Fahrtechnische Beurteilung: mittel.

Durch die Dachstein-Tauern-Region** 13

Route: Radstadt (858) – Obertauern – Radstädter Tauern (1739) – Twenger Talpass (Engpass) – Tweng – Mauterndorf – Tamsweg – Prebersee – Krakaudorf – Schöder – Sölker Pass (1788) – Großsölk – Stein a.d. Enns – Moosheim – Pruggern – Ennsling – Weißenbach – Ramsau am Dachstein – Schildlehen – Filzmoos – Eben im Pongau – Radstadt. **187 km.**

Fahrtechnische Beurteilung: leicht bis mittel

Zeitaufwand: Tagestour

Die Dachstein-Tauernregion zählt zum Kern österr. Erholungsgebiete. Der Verlauf dieser Rundtour wurde so gewählt, dass sich touristische Höhepunkte wie Perlen an einer Schnur auffädeln lassen. Das erfasste Gebiet teilen sich die Bundesländer Salzburg und Steiermark. Der **Radstädter Tauern (1739)** wurde einst von den Römern als einer ihrer wichtigsten Alpenübergänge benützt. Auf der

Ein wahrer Genuss ist die Fahrt über den **Sölkpass**; im Bild die Kehrengruppe auf dem obersten Abschnitt der Nordrampe → Runde 12 und 13.

Scheitelstrecke erinnern mehrere Meilensteine und eine nachgebildete Steinplastik mit einem römischen Legionär symbolisch an diese Zeit.

Wählt man das mauerumgürtete Radstadt als AP, so leitet die durchgehend asphaltierte Katschberg-B 99, welche mit wenigen Ausnahmen vortrefflich ausgebaut wurde, über den Pass. Landschaftlich bietet sie weit mehr als die, während der Reisesaison stark frequentierte Tauernautobahn. Durch die Parallelität der beiden Verkehrswege hat sie kaum Schwerverkehr, denn die Scheitelstrecke liegt gegenüber dem Tauerntunnel um runde 400 m höher.

Mit dem letzten Umbau wurde die Bergstrecke teilweise neu trassiert, um die Steigungsverhältnisse wesentlich günstiger zu gestalten. Die Nordrampe wartet jetzt mit nur mehr 12% (früher 18%) Steigung auf, die Südrampe hat ein Höchstgefälle von nur 8%.

Die Region beiderseits des Radstädter Tauern wird durch Waldreichtum und glasklare Wasserläufe charakterisiert: die Tauern gelten als das an Wasserfällen bekannteste Revier der Ostalpen. Berühmtheit erlangte der wenig abseits der Straße herabstürzende, 132 m hohe Johannes-Wasserfall. Zum Schutz vor Lawinenabgängen wurden an den Lawinenstrichen aufwändige Galerien errichtet. Obertauern ist mit seinen Aufstiegshilfen und Hotelneubauten im Winter eine bedeutende Skistation geworden. Im SO bildet der **Twenger Talpass (1383)** eine Engstelle bevor man bei sanftem Gefälle durch die liebliche Twenger Au hinab nach Mauterndorf (1121) gelangt. Dort steht stolz an der Pforte zur weiten

Skizze 13 Durch die Dachstein-Tauern-Region

Lungauer Beckenlandschaft Schloss Mauterndorf mit seinem besuchenswerten Heimatmuseum. Die Bergstrecke Radstadt–Mauterndorf misst 39 km.

Die anschließende B 95 nimmt den kürzesten Weg in Richtung Tamsweg, welcher s. Mariapfarr verläuft und im Gegensatz zur B 96 gut ausgebaut wurde. – Vom sehenswerten Tamsweger Rathausplatz setzt man die Fahrt über den Prebersee und die Krakau (Beschreibung → **Route 15**, Zwischen Niederen Tauern und Metnitzer Bergen) nach Schöder fort, wo die **„Erzherzog-Johann-Straße“** über den **Sölkpass (1788)** ihren Ausgang nimmt (Beschreibung → **Route 12**, Rund um die Wölzer Tauern, in umgekehrter Richtung).

Vom alten Ort Stein a.d. Enns (694) wählt man am zweckmäßigsten die rechtsufrige Landesstraße über Moosheim nach Pruggern, wo man die Ennsbrücke benützt, um auf die gegenüberliegende Talseite zu gelangen. Im Anschluss daran folgt man der B 320 nach Ennsling und kurz vor Haus zweigt re. die beschilderte Verbindungsstraße über die Enns nach Weißenbach (761) ab. Im weiteren Routenverlauf bleibt man li. der Enns und durchzieht die, in der Eiszeit gebildete Mittelgebirgsterrasse über den bekannten Lodenwalker nach Ramsau am Dachstein. Auf der Weiterfahrt berührt man zunächst Schildlehen, dann das Gh. „Dachsteinruhe“ an der Kalten Mandling. Die Terrassenstraße setzt sich durch die Hachau bis Filzmoos (1055) fort. Be-

Durchwegs modern ausgebaut präsentiert sich die Bergstraße über den **Radstädter Tauern**; sie verläuft fast parallel zur Tauernautobahn A 10 → Runde 13.

Überwiegend durch Wald und Almengebiete leitet die Nordrampe des **Sölker Passes**, weshalb auch mit Weidevieh auf der Fahrbahn zu rechnen ist → Runde 12 und 13.

gleitet vom Fritzbach leitet die normal breite Landesstraße talaus nach Eben im Pongau (862), um dort in die B 99 Richtung Radstadt einzumünden. Es lohnt sich, den geringen Umweg über Altenmarkt (842) zu nehmen, um die wunderbare gotische Pfarrkirche St. Maria mit ihrem typischen Kreuzrippengewölbe zu besichtigen.

Variante: Zwischen Tamsweg und Schöder kann man auch die B 96 über den **Seetaler Sattel (1246)** benützen. Diese Direktverbindung ist, verglichen mit der über den Prebersee und die Krakau führenden Route, zeitlich kürzer, obwohl sie kurvig ist und enge Passagen aufweist. Sie bietet allerdings landschaftlich weit weniger als die vorgegebene Standardroute. Zuletzt hat man zwischen dem Rantental und Schöder eine 4 km lange Verbindungsspange, HT. Minus 1 km. Fahrtechnische Beurteilung: leicht.

Abstecher: Zur Türlwandhütte (1702). Die Abzw. der mautpflichtigen **„Dachsteinstraße“** befindet sich in Schildlehen, w. von Ramsau am Dachstein, HT „Dachstein-Südwandbahn“. Die knapp 6 km lange Asphaltstraße folgt zunächst einem Graben aufwärts und windet sich hinter einer Brücke in mehreren Serpentinen an den bewaldeten Hängen empor. Ihre Fahrbahn ist normal breit, in den Kehren (Wendepunkten) überbreit. Das Steigungsmaximum erreicht 15%. Während der Auffahrt hat man im Vorblick den Torstein, die Mitterspitze, den Hohen Dachstein (2995) mit seiner eindrucksvollen Südwand, die Dirndln, den Scheiblingstein und die Vordere Türlspitze. Man kommt an der bewirtsch. Glösalm (1507) vorbei und muss dann noch eine weitere Serpentinengruppe überwinden. Der Alpengh. „Dachstein“ ist von schütterem Lärchenwald umgeben. Am EP wurde ein Großparkplatz eingerichtet. Nur wenige Schritte sind es von dort zur Talstation der Dachstein-Südwandbahn bzw. zum Berghotel „Türlwand“. Die Aussicht ist geländebedingt stark eingeschränkt und wird auch von den Bäumen behindert. Hin und zurück 12 km. Fahrtechnische Beurteilung: leicht bis mittel.

Abstecher: Von Filzmoos zur **Oberhofalm (1268), Retteneggalm (1370), Sulzenalm (1620), Unterhofalm (1280)**. Das nur teilweise asphaltierte Mautsträßchen der ÖBF führt zunächst in das Tal der Warmen Mandling; es ist einspurig breit und mit Ausweichstellen ausgestattet. Daran anschließend kann man Güterwege von Alpinteressenschaften benützen. Bis zur Oberhofalm sind knapp 6 km zurückzulegen. – Bei km 3 hat man li. die zirka 3 km lange Zufahrt über den Marcheggsattel (1224) zur Rettenegghütte auf der Aualm, bei km 4.8 re. die Abzw. zur Sulzenalm mit Prachtblicken zu den beiden Gipfeln der unverwechselbaren Bischofsmütze. Der 3 m breite und 2.2 km lange Fahrweg zur Jausenstation Sulzenalm (Wallehenhütte) ist im unteren Abschnitt steil und auch ausgesetzt, es gibt nur wenig Ausweichmöglichkeiten! Hält man sich kurz vor Erreichen der Oberhofalm li., gelangt man zur Unterhofalm (1280) am Almsee. – Im Sommer sind alle erwähnten Almen bewirtschaftet. Hin und zurück 23 km. Fahrtechnische Beurteilung: mittel bis schwierig.

Abstecher: Von Radstadt auf den **Roßbrand**. Die Bergstraße hat ihren AP an der n. Umfahrung von Radstadt (862). Mit zahlreichen, oft unübersichtlichen Kurven und Kehren gewinnt sie an der bewaldeten Südflanke des Roßbrand bei max. 16% Steigung rasch an Höhe. Die Breite der durchgehend asphaltierten Fahrbahn schwankt zwischen 4 und 6

m. In einer weiten, gegen O ausholenden Schleife nähert sich die Bergstraße zuletzt dem Gipfelbereich und endet 60 m unterhalb des höchsten Punktes (1770) an einem Parkplatz. Auf bequemem Fußweg erreicht man in wenigen Min. die bewirtsch. Radstädter Hütte. Besonders eindrucksvoll ist die Aussicht auf die Gipfel der Dachsteingruppe, darunter Bischofsmütze (2458) und Hoher Dachstein (2995). Hin und zurück 20 km. Fahrtechnische Beurteilung: mittel.

14 Rund um das Westliche Salzkammergut**

Route: Mondsee (493) – Scharfling – Scharflingsattel (604) – St. Gilgen – Strobl – Postalm (1284) – Lienbach-Sattel (1304) – Seydegg – Voglau – Lammerer – Pass Gschütt (969) – Gosau – Gosaumühle – Hallstatt – Lahn – Obertraun – Koppensattel (690) – Bad Aussee – Pötschenhöhe (893) – St. Agatha – Bad Goisern – Bad Ischl – Mitterweißenbach – Weißenbacher Sattel (568) – Weißenbach am Attersee – Steinbach a.A. – Seeleiten – Weyregg a.A. – Schörfling a.A. – Attersee – Nußdorf a.A. – Stockwinkel a.A. – Unterach a.A. – Au – Mondsee. **211 km.**

Fahrtechnische Beurteilung: leicht bis mittel

Zeitaufwand: Tagestour

Der Straßenknoten des Marktes Mondsee eignet sich gut als AP für eine Rundfahrt durch das Westliche Salzkammergut. Die gewählte Runde bezieht sowohl die landschaftlichen Höhepunkte der Region als auch verkehrsärmere Straßen und Fahrwege ein. Beides kommt den Motorradfahrer-Wünschen entgegen. Es wurden damit auch manche, kaum bekannte, aber anfahrbare Aussichtspunkte erfasst, welche gute Überblicke in der stark gegliederten Berge-Seen-Landschaft vermitteln. Die durchgehende Straßenverbindung von Strobl über die Postalm in das Lammertal erlaubte auch die Einbindung des wunderbaren, oberen Gosautales, des stimmungsvollen Hallstätter Sees und der lieblichen Umgebung von Bad Aussee in den Tourenvorschlag.

Vom Ort Mondsee auf der B 154 über das sw. Ufer des Mondsees bis zur Straßenteilung in Scharfling. Im Vorblick hat man den von der schroffen Drachenwand zum Schafberg anschließenden Gebirgszug. In Scharfling verlässt man den Mondsee, um re. abbiegend auf ausgebauter Verbindungsstraße über den zahmen **Scharflingsattel (604)** nach St. Gilgen (545) am Wolfgangsee hinabzufahren. Die Kurven der Bergstrecke sind mit wenigen Ausnahmen unübersichtlich, worauf man sich besonders einstellen muss.

In St. Gilgen achte man auf die richtige Straßeneinbindung, um die Fahrt auf überbreiter Straße entlang dem Südufer des Wolfgangsees nach Strobl (542) fortzusetzen. Der terrassenartige Verlauf der

Wegen der Aussicht ist eine Befahrung der Stichstraße zur **Postalm** lohnend → Runde 14.

B 158 bietet gute Ausblicke auf den wesentlich tiefer eingebetteten See und auf sein gegenüberliegendes Ufer. Rechts hat man die steil aufragenden Berge mit dem Zwölferhorn und seinen Nachbarn.

S. von Strobl zweigt von der B 158 re. die mautpflichtige Straße durch das Weißenbachtal zur Postalm (1284) ab. Sie hat ihre Fortsetzung in Richtung Abtenau über den **Lienbach-Sattel (1304)**. Diese durchgehende Verbindung, welche auch von Reisebussen bis 40 t Limit benützt wird, besteht erst seit dem Jahr 1988. Beide Rampen sind zweispurig angelegt (Überbreiten gibt es in den Kehren) und durchgehend asphaltiert. Die **Postalmstraße** ist prinzipiell ganzjährig geöffnet, bei Gefahr (Sturm, Muren, Holzarbeiten, Lawinen) wird sie gesperrt. Die Mauteinhebestellen sind nur tagsüber besetzt.

Postalmstraße, **Lienbach-Sattel** → Runde 14.

Auf der Nordrampe beginnt die serpentinenreiche Strobler Bergstrecke im Bereich der Simonhütte (750). Bis hinauf zur Postalm gewinnt man mit neun Kehren zirka 500 Höhenmeter, wobei die max. Steigung 9% beträgt. Zu beachten ist die Geschwindigkeitsbegrenzung von 40 km/h. – Nach 11.9 km ab Strobl kommt man zu einer Straßengabel, an der man sich re. hält und die 1.3 km lange Stichstraße zum „Oberen Parkplatz“ (1325) nimmt. In der Nähe befindet sich auf dem aussichtsreichen Hochplateau die **Postalm** und eine kleine Bergkapelle.

Fährt man an der Straßengabelung li. weiter, so kommt man zum Restaurant „Lienbachhof“ (1200) direkt an der Straße; das Motorrad kann man dort auf einem eingezäunten Parkplatz abstellen, wo es vor dem Weidevieh geschützt ist. Die Fortsetzung der Postalmstraße leitet durch hochstämmigen Wald zum Lienbachsattel. Auf der Südrampe wurde bei Seydegg die Mautstelle eingerichtet. Mit fünf Kehren und 10% Gefälle leitet die Bergstraße in Richtung Abtenau. Nach einer längeren Gefällestrecke erreicht man die Häuser von Voglau (581). Die Strecke von Strobl bis zur Einmündung in die Talstraße bei Voglau misst rund 28 km.

Dort hält man sich scharf li. und folgt lammeraufwärts dem asphaltierten Sträßchen, welches Abtenau im N umgeht. Beim „Lammerer“ mündet man in die Pass Gschütt-B 166 ein und vermeidet somit den 2 km langen, nicht ausgebauten Abschnitt durch einen engen Graben. – Die moderne B 166 verläuft mäßig ansteigend neben dem Rußbach. Der gleichnamige Ort Rußbach (817) wird im S umfahren. Die Steigung zum **Pass Gschütt (969)** wurde im oberen Abschnitt auf 10% reduziert. Während der Abfahrt nach Gosau hat man zwar noch ein kurzes Gefälle von max. 17%, doch liegt dieses in einem günstigen, weil übersichtlichen Straßenverlauf.

Der Ort Gosau (767) wird im N umfahren. Durch das stark eingeschnittene Gosautal hat man auf windungsreicher, sanft abfallender Strecke noch 9 km bis zur Einmündung in die Uferstraße hoch über dem Hallstätter See zurückzulegen. Die Fortsetzung nach Hallstatt wurde dem Steilufer des Sees parallel zur Soleleitung förmlich abgerungen. Mit zwei langen Tunnelröhren und richtungsgetrennten Fahrbahnen wird der altehrwürdige Ort Hallstatt umgangen. Bez. Parkplätze und Abgänge über Stufen wurden für die Besucher des sehenswerten Ortes angelegt.

An der ab Lahn ufernahen Straßenfortsetzung gibt es seit Errichtung von zwei aufwändigen Kunstbauten keine Verkehrsprobleme mehr. Nach Umrundung des Südufers passiert man das verwinkelte Obertraun. Beim Gh. „Koppenwirt“ nimmt die Straße über den **Koppensattel (690)** ihren Ausgang; sie stellt die direkte, nur 11 km lange Verbindung zwischen Obertraun und Bad Aussee her, wobei sie dem engen Durchgang der Traun folgt und größtenteils im Laubwald verläuft. Im Bj. war sie bis zur steirischen Landesgrenze 6 bis 7 m breit und gut ausgebaut. Auf der Westrampe weist sie eine durchschnittliche Steigung von 14% und ein kurzes Maximum von 23% auf, die Ostrampe hat ein Gefälle von 16%. Den Besuch der wildromantischen Koppenbrüller Höhle, HT li. der Auffahrt, sollte man sich nicht entgehen lassen.

Oberhalb des Bahnhofs mündet man in Bad Aussee in die Salzkammergut-B 145 ein, der man auf vorbildlich ausgebauter Bergstrecke über die **Pötschenhöhe (982)** hinab nach St. Agatha und Bad Goisern (500) folgt. Von der Agathakehre bzw. von der wenig oberhalb befindlichen Simony-Aussicht genießt man Tiefblicke auf den n. Zipfel des Hallstätter

Runde 14

Skizze 14 Rund um das Westliche Salzkammergut

Sees und trauntalabwärts. Der verkehrsreiche Abschnitt zwischen Bad Goisern und Bad Ischl präsentiert sich kreuzungsfrei. In Bad Ischl achte man auf die richtige Einfädelung innerhalb des modern angelegten Straßenknotens! Bis Mitterweißenbach folgt man weiter dem Lauf der Traun auf der B 145.

Die B 158 leitet am Südwestufer des bekannten **Wolfgangsees** entlang → Runde 14.

Postalmstraße bei Strobl → Runde 14.

Mit Weißenbach am Attersee verbindet die gut ausgebaute Straße über die Umkehrstube. Die Strecke durch ein ausgedehntes Waldgebiet im S des Höllengebirges bietet wegen ihrer teilweise schnittigen Kurvenführung einen besonderen Fahrgenuss. Der **Weißenbacher Sattel (568)** ist kaum ausgeprägt, das Steigungsmaximum beträgt 10%. In der wildromantischen Klamm hat man von der Marienkapelle, welche auf einem Felssporn oberhalb des Wildbaches errichtet wurde, imposante Tiefblicke auf die Auskolkungen, welche durch die sägende und wirbelnde Kraft des Wassers hier entstanden sind. Nach 14 km mündet die B 153 in die Seeleiten-B 152 ein.

Die über das Ostufer des Attersees verlaufende Straße mit schwankenden Fahrbahnbreiten durchmisst eine Aufeinanderfolge von bemerkenswerten Eindrücken; reizvoll ist die Kombination von Salzkammergutsee und Gebirgsszenerie. Man berührt die Uferorte Steinbach, Weyregg und Schörfling. Die stärker frequentierte Attersee-B 151 beginnt in Seewalchen und verläuft über die Orte Attersee und Nußdorf nach Unterach vorwiegend in Ufernähe, zwischen Attersee und Stockwinkl auch etwas landeinwärts. Im Bj. konnte man nur im Zusammenhang der Umfahrung Unterach einen modernen Ausbauzustand auf dem Westufer feststellen. Alle anderen Strecken der B 151 zeichneten sich durch ihren Kurvenreichtum und schmälere Passagen aus. Ein flüssiges Vorwärtskommen gewährleistet aber die Anschluss-Strecke über Au und das Mondsee-Ostufer zum AP Mondsee.

Variante: Von Mondsee fährt man auf der Landesstraße zunächst nach Thalgau, wo man li. nach Egg abbiegt. Auf der Egger Höhe (788) hat man li. die Abzw. des 2 km langen, nur einspurigen, jedoch asphaltierten Stichsträßchens zum „Schlösslwirt". Die **Ruine Wartenfels (924)** ist ein lohnender Aussichtspunkt unterhalb des Schobers. – Die Weiterfahrt setzt man über Fuschl am See fort, wo man in die B 158 einmündet und nach St. Gilgen gelangt. Plus 11 km. Fahrtechnische Beurteilung leicht bis mittel.

Variante: Von Nußdorf über Aichereben (750) nach Stockwinkel am Attersee. Die zirka 10 km lange Strecke, auch als **„Attersee-Höhenstraße"** oder „Güterweg Aichereben" bez., erschließt das sanftwellige Hinterland im W des Sees. Sie bildet für den Motorradfahrer die ideale Ausweichstrecke zur stark frequentierten B 151. Man durchfährt sowohl ausgedehnte Weideflächen als auch Mischwälder; dazwischen liegen in einem Landschaftsschutzgebiet reizvolle, kleinere Hochmoore. Die Durchgangsstrecke ist überall geteert, meist aber nur einspurig, manchmal auch knapp zweispurig breit und weist Steigungen bis 12% auf. Manche Streckenabschnitte bieten eine bemerkenswerte Aussicht über das voralpine Hügelland. Plus 5 km. Fahrtechnische Beurteilung: mittel.

Abstecher: Zur **Fürberger Badebucht**. Vom Scharfling-Sattel leitet ein kurzes, jedoch steiles Stichsträßchen bei max. 25% Gefälle hinab zur Schiffsanlegestelle Fürberg und die von Kennern geschätzte, windgeschützte Badebucht am Nordufer des Wolfgangsees. Das Sträßchen zweigt bei der Postbus-Haltestelle der Hauptstraße vom Scheitel ab, führt am Gh. „Linde" in Aich vorbei und endet nach 1 km bei den Abstellplätzen am Seeufer. Hin und zurück 2 km. Fahrtechnische Beurteilung: mittel bis schwierig.

Abstecher: Von Strobl nach **St. Wolfgang** im Salzkammergut. Der herrlich gelegene Hauptort am Wolfgangsee ist durch sein gotisches Wallfahrtskirchlein aus dem 15. Jh. mit dem Michael-Pacher-Hochaltar weltweit bekannt geworden. Berühmtheit erlangte auch die dampfbetriebene Zahnradbahn auf den Schafberg (1782), dem wohl besten Aussichtsberg inmitten des seenreichen Salzkammerguts. Hin und zurück 12 km. Fahrtechnische Beurteilung: leicht.

Abstecher: Von Gosau (767) zum **Vorderen Gosausee (933)**. Ein besonders lohnender Abstecher mit dem berühmten Blick, einem der malerischesten in den Ostalpen, über den See zum vergletscherten Dachstein! Die modernisierte Straße durchmisst die anfangs breite Talung mit ihren prächtigen Bergwiesen und Wäldern. Sie vermittelt bemerkenswert schöne Vorblicke auf den, sich vom Dachsteinplateau abtrennenden Gosaukamm mit seinen wilden Felsspitzen und Graten. Beim Gh. „Gosauschmied" (768) beginnt die Auffahrt der mit max. 14%

ansteigenden Straße. Kurz vor dem See gibt es zwei größere Parkplätze, denn die Weiterfahrt ist strikte verboten (Sperrschranken). Hin und zurück 14 km. Fahrtechnische Beurteilung: leicht bis mittel.

Abstecher: Von Weyregg nach **Hintergahberg** mit der Dreifaltigkeitskapelle (863). Dieses lohnende Ziel ist nicht sehr bekannt, seine Aussicht jedoch ein Erlebnis! Die Kapelle steht auf einer Kammlinie, welche sich vom Gahberg bis zum Hongar (943) erstreckt und nach beiden Seiten sowohl auf den Attersee bis zum Schafberg als auch nach N weit in das Alpenvorland eine gute Aussicht vermittelt. Das windungsreiche, öffentlich befahrbare Bergsträßchen nimmt in Weyregg am Attersee (482) seinen Ausgang und leitet kurvenreich über den Weiler Bach und die Zimmerberghöfe mit sieben Serpentinen den Gahberg empor. Die Steigungen sind ausgeglichen und erreichen kurze Maxima von nur 10%. Nach 6 km hat man re. die kurze Zufahrt zum geschützt liegenden Gh. „Kogler“ (800), geradeaus gelangt man wenig weiter zu einem Rastplatz nahe der schindelgedeckten Kapelle. Hin und zurück 13 km. Fahrtechnische Beurteilung: mittel.

15 Zwischen Niederen Tauern und Metnitzer Bergen*

Route: Tamsweg (1021) – Prebersee – Moos – Krakauhintermühlen – Hollerberg – Krakaudorf – Seebach – Murau – Kärntnerisch Laßnitz – Metnitz – Flattnitzer Höhe (1368) – Flattnitz – Stadl a.d. Mur – Predlitz – Ramingstein – Tamsweg. **116 km.**

Fahrtechnische Beurteilung: leicht bis mittel

Zeitaufwand: Tagestour

Die vorgeschlagene Rundtour verläuft zunächst am Südrand der Niederen Tauern und durchmisst einen Zipfel des zum Bundesland Salzburg gehörenden Lungaues mit der alten Bezirkshauptstadt Tamsweg. Nach O schließt der steirische Bezirk Murau an, durch dessen Haupttal die Mur fließt. Der uralte Name Krakau leitet sich von den Krähen ab; man versteht darunter einen eng begrenzten Landstrich zwischen dem Seebachtal und den s. Ausläufern der Niederen Tauern mit den Orten Krakaudorf, Krakauschatten, Krakauebene und Krakauhintermühlen (1320). In dieser Region gibt es noch ein Netz von schwach frequentierten Straßen, welche auch die aus den Niederen Tauern nach S herabziehenden Täler wie beispielsweise das Etrachtal und den Rantengraben versorgen.

Die 8 km lange Straße von Tamsweg zum **Prebersee (1514)** ist bis Haiden zweispurig ausgebaut; ihre Fortsetzung ist nur einspurig mit Ausweichen, aber durchgehend asphaltiert. Im Sommer wird die Strecke auch von Postbussen benützt. Der Prebersee liegt, umgeben von Hochmooren, reizvoll in einer Mulde inmitten eines Landschaftsschutzgebie-

Begleitet von einem viel gewundenen, kleinen Bach führt die Landesstraße im Bereich der **Flattnitzer Höhe** am ausgedehnten Hochmoor entlang → Runde 15 und 16.

Am **Prebersee** findet Ende August das traditionelle Wasserscheibenschießen statt, bei dem die Schützen auf das Spiegelbild der Scheiben im See zielen müssen → Runde 15.

tes. Im Bj. traf man auf der Weiterfahrt vom Wh. „Ludlalm“ im Bereich des Seeufers auf einer Länge von 1.4 km ein Erdsträßchen an. Der am Gappmayeranger abzweigende Fahrweg zur Grazer Hütte ist gesperrt. Man folgt, begleitet vom unscheinbaren Preberbach, über die Landesgrenze in die Steiermark. Die Ostrampe der Preberstraße ist zwar asphaltiert, befand sich im Bj. jedoch in miserablem Zustand und wies unzählige Schlaglöcher auf. Das Gefälle beträgt max. 10%. Mehrere Weideroste sind zu passieren.

Bei der Häusergruppe Moos (1269) Straßenteilung: li. die landschaftlich interessantere und höher verlaufende Strecke durch die Krakau mit Serpentinenabstieg und zuletzt starkem Gefälle von 13% hinab nach Seebach (961). Re. die weit kürzere, ebenfalls ausgebaute Verbindungsstraße über Etrach zur B 96 mit

Gwerzsattel → Runde 15. Foto Th. Denzel

spitzwinkeliger Einmündung w. Seebach. Bis Murau hat man noch 14 km auf windungsreicher Strecke von Seebach durch das Rantental zurückzulegen.

Die Einbindung in die Murauer-B 97 erfolgt in St. Egidi ö. der Altstadt. Man überquert sie aber nur und fährt gleich in Richtung zum Bahnhof weiter, HT. Die Stadt Murau selbst lässt man re. liegen; sie hat einen geregelten Einbahnverkehr, was auch manchen Umweg mit sich bringt. Wer sich für Hopfen und Malz interessiert, kann das Brauereimuseum im Gewölbekeller der Brauerei Murau besuchen; geöffnet Mai bis Okt. jeden Fr 15.00-17.00 Uhr, im Juli und August auch mittwochs.

Auf dem re. Murufer weist in Bahnhofsnähe von Murau eine HT nach St. Lambrecht. Bei teilweiser Neutrassierung und ausgewogenen Steigungsverhältnissen (max. 12%) leitet die normal breite Landesstraße in Richtung Kärntnerisch Laßnitz. Bereits vor dem Ort zweigt man re. ab und gelangt durch das Auenbachtal zum Übergang beim Silbitzer (1175). Mit mäßigem Gefälle senkt sich die Straße hinab nach Metnitz.

Nach der Einmündung in die L 62 durchfährt man das waldreiche Quellgebiet der Metnitz. Die Fahrbahn ist durchwegs normal breit, die Kurven sind ausgebaut. Die Steigung nimmt gegen die Wasserscheide **Flattnitzer Höhe (1368)** merklich zu und erreicht ein Maximum von 12%, welches länger anhält. Die gotische Rundkirche aus dem Jahr 1330, das Wahrzeichen von Flattnitz, war einst Sommerkapelle der Gurker Bischöfe; nahebei steht der altrenommierte Alpengh. „Ladinig“. Die kleine Siedlung unter dem Hügel wird von der Durchzugsstraße nur tangiert. Im N von Flattnitz dehnt sich ein großes Almgebiet aus; von der Wasserscheide schlängelt sich ein Bächlein mä-

Runde 15

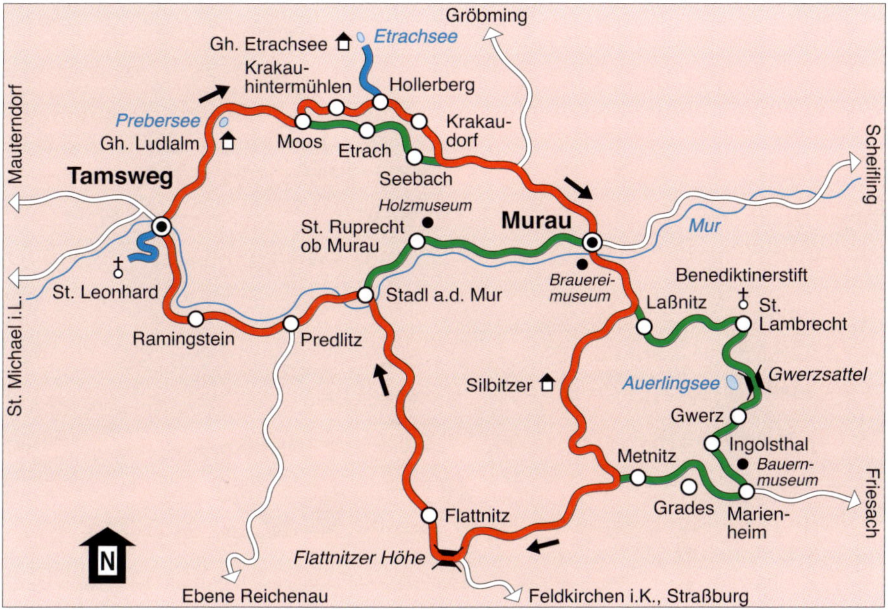

Skizze 15 Zwischen Niederen Tauern und Metnitzer Bergen

anderartig durch das Hochmoor und verleiht der Landschaft noch viel Ursprünglichkeit. Mit sanftem Gefälle neigt sich die gut ausgebaute Landesstraße hinab in den Paalgraben; ohne touristische Höhepunkte wahrnehmen zu können, gelangt man talaus nach Stadl a.d. Mur (914).

Man überquert die Murtalbahn und trifft auf die gut ausgebaute, relativ wenig frequentierte Murauer-B 97. Ab Predlitz, wo man die Landesgrenze zwischen der Steiermark und Salzburg passiert, wird sie als B 95 bezeichnet; ihr folgt man zurück zum AP Tamsweg. – Die Murtalbahn setzt sich mit ihrer schmalen Spur über Predlitz und Ramingstein, stets von der Mur begleitet, talauf nach Tamsweg fort. Auf ihr verkehren an bestimmten Tagen mit Dampfloks betriebene Züge, deren Benützung zu einer Touristen-Attraktion wurde.

Variante: Von Moos gibt es eine kürzere und ebenfalls ausgebaute Verbindung über Etrach nach Seebach an der Murtal-B 96; auf der Fahrt berührt man re. die Abzw. der kurzen Zufahrt zum Schattensee. Minus 2 km. Fahrtechnische Beurteilung: leicht.

Variante: Der 17 km lange Abschnitt der B 97 von Murau über **St. Ruprecht ob Murau** (dort sehenswertes Holzmuseum) nach Stadl a.d. Mur teilt die Rundtour in eine nördliche und eine südliche Hälfte, sodass sich nach zur Verfügung stehender Zeit und Interesse variieren lässt. Minus 36 km. Fahrtechnische Beurteilung: leicht.

Variante: Von Kärntnerisch Laßnitz über den **Gwerzsattel (1350)** nach Metnitz. Im Gegensatz zur Route über

Idyllisch in die Landschaft eingebettet liegt der **Etrachsee**; im Gasthaus am EP der Straße schmecken die frisch gefangenen Forellen → Runde 15.

den Silbitzer ist diese Strecke fahrtechnisch sportlicher. Durch Kärntnerisch und Steirisch Laßnitz fährt man zunächst über einen wenig ausgeprägten Sattel oberhalb des Weyrerteiches nach St. Lambrecht (1028). Sehenswert sind dort die Stiftskirche und die reiche Vogelsammlung des Benediktinerstiftes.

Bereits am sw. Ortsrand von St. Lambrecht folgt man der etwas unscheinbaren, grünen HT „Auerlingsee" und wendet sich dem Gwerzsattel, über den die Landesgrenze mit Kärnten verläuft, zu. Man hat zunächst ein einspuriges Asphaltsträßchen, das nach 4.2 km in ein Erdsträßchen überleitet. 300 m weiter hält man sich an der Weggabelung re., denn li. geht es zur Dreiwiesenhütte. Der geschotterte Abschnitt weist witterungsbedingt nicht immer den gleichen Zustand auf, wird aber ab und zu frisch gewalzt. Den fischreichen Auerlingsee innerhalb des „Naturparks Grebenzen" tangiert man nur; der See mit seinem glasklaren Wasser liegt wenig abseits der Straße im Wald und ist auf einem Fußweg erreichbar. Bei max. 12% Steigung fährt man zuletzt auf einem Hohlweg zum Sattel hinauf. Dort gibt es einen kleinen Parkplatz, wegen der hohen Bäume aber keinerlei Aussicht. Auf Kärntner Seite setzt bald ein bemerkenswert starkes Gefälle von geschätzten 26% ein. Unterhalb der Häusergruppe Gwerz ist das Sträßchen etwas breiter und nach 8.9 km ab St. Lambrecht auch geteert. Besondere Vorsicht erfordert die verwinkelte Durchfahrt von Ingolsthal (819). Man passiert ein kleines, originell eingerichtetes Bauernmuseum und kommt entlang dem Roßbach bis zur Einmündung in die Metnitztaler Landesstraße bei Marienheim rasch voran. Problemlos ist die Weiterfahrt auf der L 62 talein nach Metnitz. Der sehenswerte Ort Grades wird umfahren, ebenfalls der alte Ortskern von Metnitz. Plus 20 km. Fahrtechnische Beurteilung: mittel.

Abstecher: Von der Häusergruppe Hollerberg, welche zirka 3 km w. von Krakaudorf (1173) liegt, zum **Etrachsee (1372)**. Ein knapp zweispuriges Sträßchen zweigt in Hollerberg von der Landesstraße ab und zieht zunächst gegen das Ulrichskirchlein bergan. Bei Eintritt in den Wald verengt sich die Fahrbahn. Die Fortsetzung bis zum reizvoll gelegenen See ist nur einspurig, aber durchgehend asphaltiert. Geschwindigkeitsbeschränkung 40 km/h. Das Gh. „Etrachsee" (frische Forellen) bildet den EP; der am Ufer weiterführende Forstweg ist den Wanderern in Richtung Rudolf-Schober-Hütte vorbehalten (abgesperrtes Viehgatter). Hin und zurück 10 km. Fahrtechnische Beurteilung: leicht.

Abstecher: Von Tamsweg (1021) zur Wallfahrtskirche **St. Leonhard (1100)** mit sehenswerter Innenausstattung. Auffahrt auf der vom sw. Ortsrand abzw. Bergstraße mit 15% Steigung bis zum gekennzeichneten Parkplatz, zuletzt kurzer Fußweg. Hin und zurück 2 km. Fahrtechnische Beurteilung: mittel.

Rund um die Gurktaler Alpen* — 16

Route: Predlitz (971) – Turrach – Turracher Höhe (1783) – Ebene Reichenau – Hochrindl (1600) – Deutsch Griffen – Kleinglödnitz – Glödnitz – Flattnitzer Höhe (1368) – Flattnitz – Stadl a.d. Mur – Predlitz. **92 km.**

Fahrtechnische Beurteilung: leicht bis mittel

Zeitaufwand: Halbtagestour

Die Rundtour führt durch die ausgedehntesten Waldgebiete zwischen Kärnten und der Steiermark. Die Standardroute wartet mit zwei interessanten Übergängen auf: mit der Turracher und mit der Flattnitzer Höhe. Beide sind aus dem Murtal auf stark modernisierten Straßenzügen erreichbar; die **Turracher Höhe (1783)** durch den eingeschnittenen Turrachgraben, die Flattnitzer Höhe durch den Paalgraben. Auf allen anfahrbaren Passrampen wurden die Steigungsverhältnisse hervorragend ausgeglichen, selbst auf der früher berüchtigten Südrampe der Turrach konnten die max. Steigungen bzw. Gefälle reduziert werden. Die Übergänge im Nord-Süd-Verkehr zwischen der Steiermark und Kärnten wurden generell wesentlich bequemer und haben ihre Schrecken aus der Vergangenheit verloren.

Wählt man Predlitz im Murtal zum AP, so fährt man fast unvermittelt in den Turrachgraben ein. Im unteren Abschnitt wurde ein kurzer Tunnel errichtet. In leicht gewundenem und meist übersichtlichem Straßenverlauf erreicht man den alten Knappenort Turrach (1269). Hinter dem

Durch umfangreiche Ausbaumaßnahmen hat die **Turracher Höhe** ihren ehemaligen Ruf als gefürchtete, steile Bergstrecke fast gänzlich verloren → Runde 16.

Die windungsreiche **Nockalmstraße** ist für jeden Tourenfahrer ein Highlight in Kärnten. Mit neun Kehren bewältigt sie den HU vom Karlbad zur **Eisentalalm** → Runde 16 und 17.

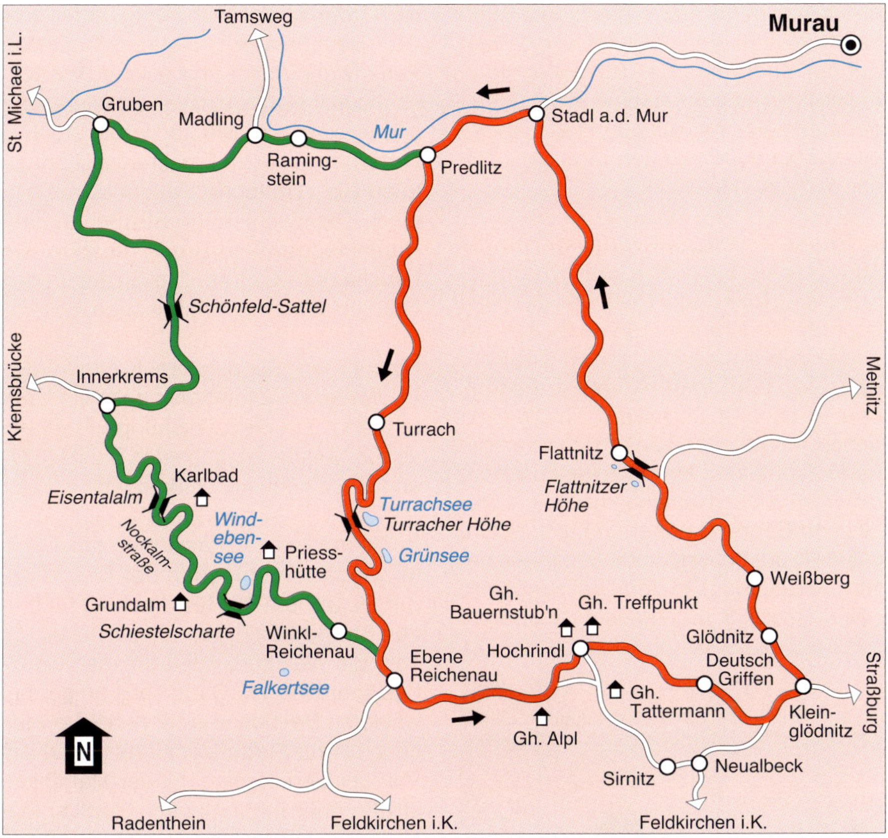

Skizze 16 Rund um die Gurktaler Alpen

entlegenen Ort beginnt die eigentliche Bergstrecke. Man fährt bei ausgewogenen Steigungsverhältnissen (max. 12%) und bei Fahrbahnbreiten zwischen 6 und 8 m (in den Wendepunkten der Kehren gibt es Überbreiten) auf bewaldeter Bergstrecke zur Scheitelhöhe hinauf. Gefährliche Stellen sind durch Leitplanken abgesichert. Zur Bewältigung des HU von runden 500 m helfen zwei hervorragend ausgebaute Serpentinen. Auch auf das Anlegen von Parkplätzen neben dem Asphaltband haben die Straßenerbauer dankenswerterweise nicht vergessen.

Erst die Scheitelhöhe mit dem Turrachsee gibt die Sicht auf die wohl geformten Nockberge mit ihren kahlen Rücken frei. Der n. Teil der Turracher Höhe ist der Steiermark zugeordnet, der s. Teil dem Land Kärnten; die gemeinsame Landesgrenze verläuft mitten durch den schön gelegenen See. Bemerkenswert ist der üppige und unter Schutz gestellte Bestand an Zirben (Arven) in dieser Hochregion. Nach Passage der aussichtsreichen Uferstrecke neigt sich die stark modernisierte Bergstraße hinab zur Teufelsbrücke im Unteren Winkel; dort findet man die beschilderte Abzw. der mautpflichtigen Nockalmstraße. Das Gefälle beträgt auf der Südrampe der Turracher Höhe meist 11%; eine Ausnahme bildet der so genannte Ochsenbichl: dort hat man auf einer zirka 600 m langen Strecke stattliche 23% zu bewältigen.

In Ebene Reichenau verlässt man die Turracher-B 95, um sich dem Erholungsraum von **Hochrindl (1600)** und der dünn besiedelten Umgebung von Albeck zuzuwenden. An der folgenden Straßengabelung fährt man re. weiter, denn li. geht es nach St. Lorenzen, HT. Die sanft geschwungene L 65 zeigt sich durchgehend asphaltiert, knapp zweispurig und teilweise mit Leitschienen gesichert. Der HU von Ebene Reichenau bis zum Gh. „Alpl“ (1580) beträgt runde 500 m. An der Straßenteilung „Bei den Drei Kreuzen“, hält man sich li. und erreicht kurz darauf den Großparkplatz von Hochrindl mit dem Gh. „Bauernstub'n“. Mehrere Gasthöfe, Ferienwohnungen und etliche Wochenendhäuser stehen inmitten schütterer Lärchenwälder, die sich im Herbst prächtig verfärben. Vom im Blockhausstil errichteten Gh. „Treffpunkt“ leitet das nur ein- bis knapp zweispurige Sträßchen über Rauscheggen und Brunn hinab in den Ort Deutsch-Griffen. Die Straße in das Gurktal ist normal breit ausgebaut.

Am **Hochrindl** → Runde 16. Foto Th. Denzel

Nimmt man „Bei den Drei Kreuzen“ den re. Zweig, so kommt man beim Gh. „Tattermann“ auf die zweispurige Postbusstraße, welche bergab nach Sirnitz (837) und Neualbeck ins Gurktal führt.

In Kleinglödnitz verlässt man das Gurktal wieder und biegt an der Beschilderung li. ab, um der fast flach verlaufenden Straße durch das Glödnitztal zu folgen. Bis Weißberg (785) hat man ein offenes, breites Tal. Dann setzt an der bewaldeten Berglehne eine merkliche Steigung bis zur **Flattnitzer Höhe (1368)** ein. Von der Vereinigung mit der Metnitztalstraße über Flattnitz nach Stadl an der Mur sind es 21 km, nähere Beschreibung → **Route 15**, Zwischen Niederen Tauern und Metnitzer Bergen.

Variante: Die beschriebene Rundtour lässt sich im W durch die Einbeziehung des **Schönfeld-Sattels (1740)** und vor allem der **„Nockalmstraße“** auf lohnende Weise erweitern. Von Predlitz fährt man über Ramingstein zur Nockalm und mündet bei der Teufelsbrücke oberhalb von Ebene Reichenau wieder in die Turracher-B 95 ein. Beschreibung → **Route 17**, Millstätter See und Nockalmstraße. Wer sich zu dieser Variante entschließt, muss allerdings mit einer Tagestour rechnen. Plus 40 km. Fahrtechnische Beurteilung: leicht bis mittel.

Mit 2042 m ist die **Eisentalalm**, welche von Süden her zuletzt mittels einer spektakulären Doppelkehre erklommen wird, der höchste Punkt der **Nockalmstraße** → Runde 16 und 17.

Die als „Nocken" bezeichneten, grasigen Bergkuppen charakterisieren eine Fahrt auf der **Nockalmstraße**. Meisterhaft angelegte S-Kurve im N der **Schiestelscharte** → Runde 16 und 17.

17 Millstätter See und Nockalmstraße**

Route: Spittal a.d. Drau (556) – Gmünd – Eisentratten – Leoben in Kärnten – Kremsbrücke – Innerkrems – Eisentalalm (2042) – Karlbad – Grundalm – Schiestelscharte (2015) – Winkl-Reichenau – Ebene Reichenau – Vorwald – Wiedweg – Bad Kleinkirchheim – Radenthein – Döbriach – Pesenthein – Millstatt – Seeboden – Spittal a.d. Drau. **111 km.**

Fahrtechnische Beurteilung: leicht bis mittel

Zeitaufwand: Halbtagestour

Diese Rundtour durch die Seen- und Bergelandschaft Kärntens zählt wegen ihrer Vielfalt zweifellos zu den lohnendsten im südlichsten Bundesland Österreichs. Beginnt man die Runde in Spittal a.d. Drau, am Zusammenfluss von Lieser und Drau gelegen, so begibt man sich auf die Katschberg-B 99 und erlebt zunächst die wildromantische Flusslandschaft der Lieser, welche in der Regel ein fast ungetrübtes Gebirgswasser mit sich führt. Die Strecke ist bis in den Raum von Gmünd (741) sehr windungsreich und hat unübersichtliche Passagen; Motorradfahrer werden mit eigenen Tafeln vor zwei besonders gefährlichen, sich extrem verengenden Kurven gewarnt.

Das mittelalterliche Gmünd, vergleichsweise auch als das „Rothenburg Kärntens" bez., liegt an der Mündung des Malta- in das Liesertal; es ist ein malerisches, von vier Toren und einer Mauer umschlossenes Städtchen, welches eine kurze Besichtigung verdient. Das Porsche-Automuseum gibt mit seinen interessanten Ausstellungsstücken einen Überblick von den ersten Konstruktionen bis zu den Siegermodellen der Rennstrecken. Es ist von Mitte Mai bis Mitte Oktober täglich zwischen 9 und 18 Uhr, sonst zwischen 10 und 16 Uhr geöffnet. Weitere Infos finden sich im Internet unter www.auto-museum.at. – Man fährt weiter lieseraufwärts über Eisentratten und Leoben in Kärnten nach Kremsbrücke (952), wo man die B 99 verlässt, um re. in die Landesstraße nach Innerkrems (1480) einzubiegen, 10 km lange, zweispurige Asphaltstraße.

In Innerkrems beginnt die 34 km lange, mautpflichtige **„Nockalm-Höhenstraße"**, welche weite Teile des „Nationalparks Nockberge" durchmisst. Sie verbindet über zwei Hochpunkte, welche beide die Zweitausender-Höhenmarke überschreiten, das Liesertal mit dem oberen Gurktal. An den rundlichen Bergformen betrachtet, wirkt das Nockgebiet eher wie ein Mittel- als wie ein Hochgebirge. Trotz dieser Charakteristik gipfelt der Große Rosennock in einer beachtlichen Höhe von 2440 m!

Die gesamte „Nockalmstraße" ist modern in ihrer Anlage und befindet sich in ausgezeichnetem Zustand. Sie weist eine stattliche Anzahl von 52 Kehren auf! Ihre Steigungen sind gut ausgeglichen und überschreiten nirgends 12%. Die Straßenbreite ist zweispurig, sodass sich auch

Bei der **Kölnbreinsperre** befindet sich der EP der **Malta-Hochalm-Straße** → Runde 17.

Reisebusse ohne Schwierigkeiten begegnen können. Ausgesetzte Stellen wurden mit Leitplanken abgesichert. Nachts besteht zwischen 18 und 8 Uhr ein Fahrverbot für Motorräder. Die beiden Kulminationspunkte, **Eisentalalm (2042)** und **Schiestelscharte (2015)**, welche klassische Passübergänge im Sinne einer Wasserscheide sind, liegen jeweils beträchtlich oberhalb der Baumgrenze. Die Einbeziehung des Grundtales in die Streckenführung bewirkte einen Zwischenab- und Wiederanstieg, verbunden mit zirka 1000 m „verlorener Höhe“, da man bis zum Karlbach wieder absteigen muss. Der tiefste Punkt zwischen diesen beiden Pässen liegt immerhin noch zirka 1500 m hoch!

Mehrere an der „Nockalmstraße“ gelegene, zünftige Almwirtschaften laden zur Einkehr ein. So findet man in der Fahrtrichtung von Innerkrems nach Ebene Reichenau in unmittelbarer Straßennä-

Malta-Hochalm-Straße → Runde 17.

Malta-Hochalm-Straße: Im Hintergrund ragt die imposante **Kölnbreinsperre** auf → Runde 17.

Malta-Hochalm-Straße → Runde 17.

he die Almstube „Heiligenbach" (1850), die Pfandlhütte (1860) mit der Murmeltierschau, die Zechneralm (1930) mit dem Almwirtschaftsmuseum, das Gh. „Karlbad" (1693) mit seinem originellen, hölzernen „Bauernbadl", die Grundalm (1688) mit der Bergwaldinformation, die Glockenhütte (2024) auf der Schiestelscharte und die Priesshütte (1675). Rund um den Windebensee (1950) unterhalb der Schiestelscharte wurde ein 400 m langer, alpiner Naturlehrweg angelegt. An bemerkenswerten, alten Zirbenbeständen vorbei, führt die Straße bergab und vom Stangenbach begleitet talaus nach Winkl-Reichenau (1379), wo sie Anschluss an die, von der Turracher Höhe herabziehende B 95 findet.

In Patergassen bzw. Wiedweg (1026) verlässt man die B 95 wieder und folgt nun der Kleinkirchheimer-B 88 nach W. Die ausgebaute Straße tangiert den weitläufigen Golfplatz und leitet mitten durch

Skizze 17 Millstätter See und Nockalmstraße

den belebten Kurort Bad Kleinkirchheim (1087). Wegen der zahlreichen Fußgänger, welche im verbauten Ortsgebiet die Straße überqueren, ist während der Durchfahrt erhöhte Aufmerksamkeit erforderlich! Eine modern ausgebaute Bergstraße mit max. 9% Gefälle bildet die w. Rampe des Bad Kleinkirchheimer Sattels. Leitplanken wurden an allen gefährlichen Stellen angebracht.

Die Knappenstadt Radenthein (Magnesitwerk) wird in der Talsohle umfahren. Hervorragend ausgebaut leitet die Millstätter-B 98 durch die Talweitung. Den durch seine Strandbäder bekannten Erholungsort Döbriach (620) lässt man li. liegen. Man gelangt an den Ostzipfel des Millstätter Sees und fährt an seinem Nordufer entlang über Millstatt und Seeboden, zuletzt an Seebrücke vorbei zur Einmündung in die Katschberg-B 99. Lieserabwärts gelangt man wieder nach Spittal a.d. Drau. – Besonders vorsichtige Fahrweise ist während der Durchfahrt aller Seeuferorte geboten, so vor allem in Pesenthein, Millstatt und Seeboden. Die Uferstrecken bieten bemerkenswerte Ausblicke auf den See und seine Umrahmung.

Abstecher: Auf der **„Malta-Hochalm-Straße“** zur **Kölnbreinsperre**. Ein Ausflug ins Maltagebiet durch das „Tal der stürzenden Wasser“ (gemeint sind die zahlreichen Wasserfälle) bereichert jeden Kärntner Aufenthalt. Die Maltatalstraße ist gut ausgebaut und nimmt ihren Ausgang s. des mauerumgürteten, mittelalterlichen Städtchens Gmünd (732). Bis zum Beginn der mautpflichtigen Bergstraße hat man 12 km zurückzulegen.

In Koschach-Brandstatt (835) beginnt die 18.3 km lange „Malta-Hochalm-Straße“ der Österr. Draukraftwerke. Sie überwindet bis zu ihrem EP 1085 m HU und ist durchwegs asphaltiert. Die Fahrbahnbreite beträgt 6 m, die max. Steigung 13%. Geöffnet ist die Straße während der schneefreien Jahreszeit täglich zwischen 7 und 19 Uhr. Die Mautstelle befindet sich bei den Fallerhütten.

Die sechs teils unbeleuchteten, durch den Fels geschlagenen Tunnels sind nur einspurig angelegt; wo keine richtungsgetrennte Fahrbahn außerhalb der Tunnels für die Talfahrt existiert, erfolgt ein ampelgeregelter Einbahnverkehr, Richtungswechsel alle 20 Min. Von 18 bis 9 Uhr sind die Ampelanlagen außer Betrieb; während dieser Zeit Achtung auf Gegenverkehr! Die Trassierung durch das felsige Gelände ist außerordentlich kühn. Den Tourenfahrer beeindrucken besonders die Kehrtunnels, eine in den Alpen nur mehr selten anzutreffende Bauweise.

Ein Großparkplatz befindet sich im Anschluss an den modernen Rundbau des Bergrestaurants Hotel „Malta“, wo auch die Bergstraße in 1920 m Höhe endet. Auch das Innere der gewaltigen, 200 m hohen Staumauer kann im Rahmen einer Führung besichtigt werden. – Die Benützung des geschotterten Fahrweges von der Kölnbreinsperre entlang des Stausees zur Osnabrücker Hütte (2022) ist nur den dazu berechtigten Einsatzfahrzeugen gestattet. – Hin und zurück 60 km. Fahrtechnische Beurteilung: leicht bis mittel.

Abstecher: Von Vorwald zur mitten in den Nockbergen gelegenen **Falkertseehütte (1875)** bzw. zum Sporthotel „Falkertsee“. Das 7.8 km lange, asphaltierte Bergsträßchen zweigt bei Vorwald von der B 95 ab, HT. Es wurde bis auf eine Engstelle im unteren Abschnitt zweispurig ausgebaut. Bei einer Durchschnittssteigung von 8% und Maxima von 12% überwindet man vom Tal bis zum See einen HU von zirka 850 m. Durch dunklen Nadelwald gelangt man bald über die Baumgrenze in eine freundliche Almregion zu den Unterkunftshäusern im O und N des Falkertsees. Dieser ist zwischen einer hufeisenförmig angeordneten Bergformation (Moschelitzen, 2310 m) eingebettet. Hin und zurück 16 km. Fahrtechnische Beurteilung: mittel.

Abstecher: Von Seeboden (618) zum Alpengh. „Hansbauer“ (1718) bzw. zum Alpengh. „Sommeregger“ (1698). Von den n. Terrassenorten oberhalb des Millstätter Sees leiten mehrere Sträßchen bzw. Fahrwege hinauf in die Almengebiete und enden unterhalb der Kammlinie, die sich vom Tschiernock (2088) über das Millstätter Törl (1905) zur Millstätter Alpe (2101) erstreckt. Wegen der guten Aussicht von den anfahrbaren Hochpunkten auf den See und seine gebirgige Umrahmung werden sie, besonders von Urlaubsgästen dieser Region, gerne benützt. Es handelt sich dabei vorwiegend um Fahrwege privater Interessensgemeinschaften, welche zur Wegerhaltung bescheidene Benützungsge-

Die Alm- und Hotelsiedlung am **Falkertsee** inmitten der Nockberge → Runde 17.

bühren einheben. Eines der wohl meist frequentierten Sträßchen dieser Kategorie ist die **„Tschiernock-Panoramastraße“**, weil von ihren EP der Tschiernock-Höhenrundwanderweg ausgeht.

Von der B 98 in Seeboden fährt man zunächst an der Schlossruine Sommeregg vorbei hinauf nach Treffling (824). Nun folgt man weiter der Beschilderung „Tschiernock-Panoramastraße“ und gelangt zur Mautstelle; dort beginnt das 9 km lange, einspurige, aber durchwegs asphaltierte Bergsträßchen zur Hansbauer Hütte bzw. Sommeregger Hütte. Seine durchschnittliche Steigung beträgt 10% mit kurzen Maxima von 12%. Auf dem gesamten Mautsträßchen besteht eine Geschwindigkeitsbegrenzung von 30 km/h. Es leitet kehrenreich über eine bewaldete, von unzähligen Kerzen weißblauer Lupinen gesäumte Strecke zur Trefflinger Alm (1450) und weiter zu einer Weggabel, die man nach 8.1 km erreicht:

Tschiernock → Runde 17. Foto Th. Denzel

li. zum Gh. „Hansbauer", 900 m; re. zum Gh. „Sommeregger", 400 m. Achtung auf den Gegenverkehr, denn sporadisch verkehrt auch ein Ferienbus auf der Bergstrecke! Hin und zurück 26 km. Fahrtechnische Beurteilung: mittel.

18 Durch die Gailtaler und Karnischen Alpen*

Route: Villach (501) – Mittewald ob Villach – Heiligengeist – Bad Bleiberg (892) – Bleiberg-Kreuth – Nötsch – Schmölzing-Bach – Hermagor – Tröpolach – Naßfeld/Passo di Pramollo (1530) – Pontebba – Raccolana – Sella Nevea (1190) – Lago del Predil (Raibler See) – Cave del Predil – Tarvis – Arnoldstein – Riegersdorf – Villach. **203 km.**

Fahrtechnische Beurteilung: mittel

Zeitaufwand: Tagestour

Sella Nevea, Westrampe → Runde 18.

Die Stadt Villach eignet sich wegen ihrer verkehrsgeografischen Lage bestens als Ausgangsbasis für den Tourenfahrer. Im Ortsteil Zauchen, Ferdinand-Wedenig-Str. 9, findet man das sehenswerte Villacher Fahrzeugmuseum. Es steht unter dem Motto „Der Traum des kleinen Mannes vom eigenen Fahrzeug in den letzten 60 Jahren" und zeigt über 240 Autos, Motorräder, Motorroller, Mopeds und Fahrräder mit Hilfsmotor. Täglich geöffnet im Sommer von 10 bis 18 Uhr, im Winter zwischen 10 und 12 Uhr sowie 14 und 16 Uhr. Nähere Infos: www.oldtimermuseum.at

In Treffen, zirka 9 km n. von Villach, lädt die „Elli Riehl Puppenwelt" mit 700 Exponaten zu einem Besuch ein; die kuriosen, ausdrucksstarken Puppen haben ihre Vorbilder meist unter den Bergbauernkindern. Geöffnet Anfanfg April bis Ende Mai von 9 bis 12 und von 14 bis 18 Uhr, Juni bis Sept. zwischen 9 und 18 Uhr, Anfang bis Mitte Okt. zwischen 14 und 18 Uhr.

Direkt an der Straße zur **Windischen Höhe** wurde ein schöner Rastplatz angelegt → Runde 18.

Die gut ausgebaute Straße über den Sattel von Heiligengeist (980) nach Nötsch verbindet das Drautal im Raum von Villach mit dem Unteren Gailtal. Diese, unmittelbar am Fuße des Dobratsch verlaufende, nur wenig frequentierte, 24 km lange Direktverbindung ist für Motorradfahrer besonders interessant. Auf ihrer Ostrampe durchmisst sie bei max. 12% Steigung ein ausgedehntes Waldgebiet und berührt den Weiler Mittewald ob Villach (671). Der höchste Punkt ist oberhalb Heiligengeist erreicht.

Auf der Westrampe mit ihren sonnseitig gelegenen Knappensiedlungen, welche über das gesamte Fuggertal verstreut sind, gelangt man zum Kurzentrum mit den Thermalquellen von Bleiberg-Nötsch. Unterhalb von Bleiberg-Kreuth setzt ein Gefälle von 10% ein. Die Strecke führt teilweise durch Wald. Bei der scharfen Ortseinfahrt von Nötsch im Gailtal (564) ist erhöhte Vorsicht geboten!

Predilsee → Runde 18. Foto Th. Denzel

Tiefblick von der **Villacher Alpenstraße**, re. die steil aufragende Rote Wand → Runde 18.

Villacher Alpenstraße → Runde 18.

Die Gailtal-B 111 wurde westwärts durch die breite Talung über Hermagor (602) hinaus bis zur Abzw. der Straße über das **Naßfeld/Passo di Pramollo (1530)** bei Tröpolach hervorragend ausgebaut. – Die 12 km lange, durchwegs asphaltierte Naßfeld-B 90 nimmt ihren Ausgang unmittelbar an der Gailbrücke. Hinter Tröpolach beginnt die Bergstrecke, welche bei normaler Fahrbahnbreite max. 14% Steigung aufweist. Man hat auf der Nordrampe insgesamt zwölf Kehren zu überwinden. Leitplanken befinden sich an gefährlichen Stellen. Begünstigt durch seine relativ schneesichere Lage, ist auf dem Naßfeld eine der bedeutendsten Skistationen Kärntens entstanden.

Etwas ö. der Scheitelhöhe erinnert das Naßfeldkirchlein, eine Heldengedenkkapelle, an die zahlreichen Gefallenen des Ersten Weltkrieges. Idyllisch gelegen ist der kleine Bergsee auf der ital. Seite des Überganges. – Der wegen seiner Aus-

Skizze 18 Durch die Gailtaler und Karnischen Alpen

sicht gelobte Gartnerkofel (2195) erlangte durch das, im gesamten Alpenraum einmalige Vorkommen der Wulfenia Carinthiaca, einer blauen Bergblume, benannt nach dem Botaniker Freiherr von Wulfen, Berühmtheit. Die „Wunderblume Kärntens“ wurde 1779 von ihm entdeckt.

Auf der Südrampe des von den Italienern als Passo di Pramollo bez. Überganges überrascht wenig unterhalb des Grenzverlaufes zwischen Österreich und Italien der Prachtblick auf die Julischen Alpen mit dem Montasch, welcher sich aus dem Wolfsbachtal (Valbruna) erhebt. Die Pass-Straße hinab ins Canaltal ist windungsreich und wird von Motorradfahrern sehr geschätzt! Im stark eingeschnittenen Winkeltal durchfährt man mehrere Serpentinen, eine zirka 220 m lange, in den gewachsenen Fels getriebene Tunnelgalerie und einen beleuchteten Kehrtunnel. Die Fahrbahnbreite beträgt durchschnittlich 5 m, sodass Begegnungen mit Pkw problemlos sind. Der HU von rund 1000 m vom Berg in das Tal ist auf einer Streckenlänge von 13 km recht beachtlich! Das Gefälle beträgt max. 12%. Der Pass vermittelt die kürzeste Verbindung zwischen Hermagor im Gailtal und Udine, der Hauptstadt Friauls.

Von Pontebba (ehemals Pontafel) nach Chiusaforte (394) hat man auf der gut ausgebauten SS.13 bis zur Abzw. bei Raccolana 13 km durch das schluchtartige Canaltal zurückzulegen. Bemerkenswert sind auf dieser Strecke die aufwändigen Kunstbauten der Autostrada, ein Meisterwerk ital. Straßenbauer.

Auf der Scheitelhöhe des **Naßfeldes** fährt man an einem kleinen Bergsee vorbei; die Heldengedenkkapelle steht auf der gegenüberliegenden Straßenseite → Runde 18.

Durch den Canale di Raccolana leitet die Straße bei schwankenden Fahrbahnbreiten zwischen 5 und 8 m hinauf zur **Sella Nevea (1190)**. Das Steigungsmaximum beträgt auf der Westrampe 12%, auf der Ostrampe hinab zum Raibler See/Lago del Predil hat man ein Gefälle von nur 9%, beide Rampen sind durchgehend asphaltiert. Die Dichte der Kehren ist im W mit sieben größer als im O mit nur vier. Auf der Westrampe sind Felstunnels zu passieren, Galerien schützen vor Steinschlag. Die Scheitelhöhe ist nach knapp 19 km erreicht und wird von Hotels und Ferienwohnungen dominiert. Vom Rif. Divisione Julia führt eine Gondelbahn hinauf zum Rif. Gilberti (1850), unterhalb des Kaninkammes gelegen; man kann sie schon während der Auffahrt von Weitem sehen. Keinerlei Probleme fahrtechnischer Art gibt es auf der ausgebauten, 9 km langen Bergstraße durch das Valle Rio del Lago hinab zum See. Vom Lago del Predil (959) fährt man über Cave del Predil weiter talaus nach Tarvis (732), 13 km. Die Rückkehr nach Villach erfolgt auf der grenzüberschreitenden ital. Staats- bzw. österr. Bundesstraße oder auf der Autobahn.

Variante: Aus dem Zentrum von Villach gelangt man auf der B 100 durch das Drautal nach Feistritz a.d. Drau (542). Von dort führt eine knapp 20 km lange, landschaftlich ansprechende und abwechslungsreiche Strecke über die **Windische Höhe (1100)** ins Untere Gailtal. Man gelangt zunächst mit einer Steigung von 16% nach Kreuzen auf der Eben, von wo man einen Zwischenabstieg mit 18% Gefälle und einer Steigung von wiederum 16% hat. Die Windische Höhe, auch Pöllandhöhe genannt, vermittelt gute Ausblicke auf Poludnig und Osternig; dahinter ragen die meist schneebedeckten Julischen Alpen mit Montasch, Wischberg und Mangart auf. Zwischen der Scheitelhöhe und dem Gh. „Matschiedl" wurden auf der Südrampe ebenfalls 18% gemessen. In Schmölzing-Bach mündet man in die vorzüglich ausgebaute Gailtal-B 111 ein. Minus 1 km. Fahrtechnische Beurteilung: mittel.

Abstecher: Von Villach zum Parkplatz „Roßtratte" (1732) auf dem Dobratsch. Im SW der Stadt nimmt von der B 86 die mautpflichtige **„Villacher Alpenstraße"** ihren Ausgang. Die mit Fahrbahnbreiten von 6 m und max. Steigungen von 10% gut ausgebaute Asphaltstraße windet sich mit 7 Kehren am Ostgrat des Dobratsch in die Höhe und endet nach 16.5 km auf der Roßtratte. Es gilt eine Geschwindigkeitsbeschränkung von 70 km/h, in der Zeit von 18 bis 8 Uhr besteht für Motorräder ein Nachtfahrverbot. Bei Kehre Nr. 2 lassen sich manchmal Skispringer beim Training beobachten. Entlang der Bergstrecke wurden beschilderte Parkplätze und ein Alpengarten (1403) mit 900 verschiedenen Alpenblumen angelegt. Gleich daneben befindet sich die Aussichtsplattform „Rote Wand". Vom EP der Straße hat man ein faszinierendes Panorama auf die Gipfel der Karawanken (Mittagskogel, 2143 m), Julischen Alpen (Triglav, 2863 m; Mangart, 2677 m) und Karnischen Alpen.

300 m weiter leitet der auch im Sommer betriebene Höhenrain-Sessellift in 7 Min. zur Bergstation (1957), von wo man in einer Stunde zu Fuß zum Gipfel (2166) gelangt. – Hin und zurück 42 km. Fahrtechnische Beurteilung: leicht.

Rund um die Lienzer Dolomiten* — 19

Route: Lienz i.O. (669) – Oberdrauburg – Gailberg-Sattel (982) – Kötschach-Mauthen – St. Lorenzen im Lesachtal – Obertilliach – Kartitscher Sattel (1530) Tassenbach – Abfaltersbach – Thal – Leisach – Lienz. **117 km.**

Fahrtechnische Beurteilung: leicht bis mittel

Zeitaufwand: Halbtagestour

Die formenreichen Lienzer Dolomiten, welche im Seekofel (2744) kulminieren, wurden bis heute nie durch Straßen erschlossen, sieht man im N von der Zufahrt zur Lienzer Dolomitenhütte, im S vom 3 km langen Stichsträßchen ab, das von St. Lorenzen im Lesachtal zum Tuffbad (1262) hinaufleitet. Auch von Erschließungen durch Seilbahnen bzw. andere Aufstiegshilfen blieb dieser markante Gebirgsstock verschont. Die drei Hauptverkehrswege führen durch das Drautal, über den Gailberg-Sattel und durch das Lesachtal; sie alle tangieren nur die Lienzer Dolomiten, welche für den motorisierten Verkehr eine zirka 40 km breite Barriere zwischen Drau und Gail bilden.

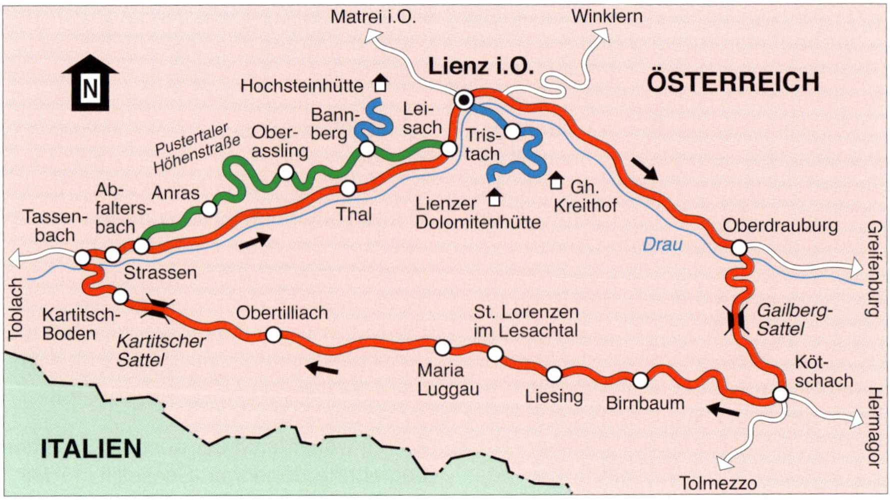

Skizze 19 Rund um die Lienzer Dolomiten

Von Lienz fährt man zunächst auf der hervorragend ausgebauten B 100 durch die breite Talung drauabwärts nach Oberdrauburg. Dort beginnt, re. abzweigend, die Bergstraße über den **Gailberg-Sattel (982)** zum Doppelort Kötschach-Mauthen (707), HT. Auf dieser nur 13 km langen Verbindung hat man im N eine Steigung von 10% und im S ein Gefälle von 8%. Die Nordrampe gewinnt mit einigen Kehren rasch an Höhe. Die Scheitelstrecke verläuft vorwiegend durch Wald.

Von Kötschach-Mauthen erstreckt sich bis zur Kärntner Landesgrenze an der romantischen Wachterbachmühle das Lesachtal als oberster Abschnitt des Gailtales. Im Volksmund nennt man es das „Tal der 72 Bäche“, welches zu den landschaftlich reizvollsten Tälern im Ostalpenraum zählt. Die Orte Birnbaum, Liesing, St. Lorenzen und der Wallfahrtsort Maria Luggau (1179), welche alle eine sonnseitige Terrassenlage haben, wurden zur Gemeinde Lesachtal mit Sitz in Liesing zusammengeschlossen. Die durchwegs asphaltierte Gailtal-B 111 ist größtenteils zweispurig ausgebaut, im Bj. gab es nur mehr wenige Engstellen. Der Motorradfahrer gelangt geländebedingt von einer Kurve in die andere. Leitplanken gibt es an gefährlichen Stellen. Die max. Steigungen betragen 12%. Besonders in den Übergangsjahreszeiten beeindrucken die Ausblicke durch die s. Täler auf die schneebedeckten Häupter der Karnischen Alpen; von den formenreichen Bergen der Lienzer Dolomiten ist während der Fahrt kaum etwas zu sehen.

Im W der Kärntner Landesgrenze beim Gh. „Wacht“ setzt sich die B 111 über den **Kartitscher Sattel (1530),** auch als „Tannwiese“ bez., fort. Man fährt durch das Osttiroler Tilliacher Tal bei ständigem Gefälle, max. 8%, nach Tassenbach, das ö. von Sillian liegt, hinab. Dort mündet man in die, durch das Pustertal ziehende, meist stark frequentierte Drautal-B 100 ein. Über Strassen, Abfaltersbach, Thal und zuletzt durch die Lienzer Klause gelangt man zurück nach Lienz. Die

Runde 19

Viele Abschnitte der ursprünglich schmalen Straße durch das **Lesachtal** mit etlichen unübersichtlichen Kurven wurden bereits modernisiert → Runde 19.

Im **Lesachtal**, welches auch „Tal der 72 Bäche" genannt wird, gab es früher mehrere Wassermühlen; eine davon ist heute noch neben der Straße zu bewundern → Runde 19.

Sowohl von der **Pustertaler Höhenstraße** aus als auch vom Mautsträßchen zur **Bannberger Alm** bieten sich Prachtblicke auf die Lienzer Dolomiten → Runde 19.

Drautalstraße ist zur Gänze modern ausgebaut. – In Leisach hat man am re. Drauufer die 300 m lange Zufahrt zum Parkplatz der besuchenswerten Galitzenklamm. Ein mit Holzplanken errichteter Pfad führt entlang der steilen Felswände; beeindruckend sind die Wasserfälle und der tosende Galitzenbach. Eine Klamm-Maut dient der Wegerhaltung.

Variante: Für Motorradfahrer besonders interessant ist die 27 km lange **„Pustertaler Höhenstraße"**. Sie leitet von Abfaltersbach (983) über Anras (1262), Oberassling, Penzendorf und Bannberg nach Leisach (710), wo man wieder in die Drautal-B 100 einmündet. Dieses teilweise nur knapp zweispurige, aber durchgehend asphaltierte Sträßchen verläuft auf einer aussichtsreichen Terrasse und vermittelt eindrucksvolle Blicke auf die Lienzer Dolomiten. Plus 9 km. Fahrtechnische Beurteilung: mittel.

Abstecher: Zur **Lienzer Dolomitenhütte (1620)**. Von Lienz gelangt man auf der Straße Richtung Lavant bis Tristach (673). Am sö. Ortsrand zweigt re. ein Bergsträßchen ab, welches zunächst zum Gh. „Kreithof" auf dem Kinnbichl (1098) leitet; es setzt sich von dort als 4 m breites Mautsträßchen fort und gewinnt weiter an Höhe. Das Steigungsmaximum der durchwegs geteerten Straße beträgt 14%, Leitplanken gibt es an allen ausgesetzten Stellen. Nach 7 km ab Lavanter Straße endet die Fahrt an der Lienzer Dolomitenhütte in guter Aussichtslage. Die Benützung des Fahrweges hinauf zur Karlsbader Hütte (2260) am Lazerzsee ist strikte verboten! Hin und zurück 26 km. Fahrtechnische Beurteilung: mittel.

Abstecher: Von Bannberg (1262) zur **Hochsteinhütte (2023)**. Man zweigt im Dorf von der „Pustertaler Höhenstraße" ab und gelangt nach 1.2 km zur Mautstelle in einer Kehre. Das asphaltierte, aber schmale Mautsträßchen leitet durch schönen Lärchen- und Zirbenwald bis auf die Bannberger Alm, wobei es einen HU von rund 800 m überwindet. Die Fahrbahnbreite beträgt 4 m, die Höchststeigung 14%. Es endet nach 4.6 km am geräumigen Parkplatz (1980) wenig unterhalb der Hochsteinhütte. Diese erreicht man in 6 Gehmin. über einen Wurzelsteig. Sie ist bewirtschaftet und befindet sich oberhalb der Baumgrenze in prächtiger Aussichtslage. Das 360°-Panorama umfasst u.a. Zettersfeld, Lienzer Dolomiten, Sextener Dolomiten und Hochstein. Eindrucksvoll sind die Tiefblicke auf Isel- und Drautal. Hin und zurück 12 km. Fahrtechnische Beurteilung: mittel.

Rund um das Deferegger Gebirge** 20

Route: Lienz i.O. (669) – Huben – St. Jakob in Defereggen – Erlsbach – Staller Sattel (2052) – Antholz – Niederrasen – Welsberg – Niederdorf – Toblach – Innichen – Sillian – Lienz. **143 km.**

Fahrtechnische Beurteilung: mittel

Zeitaufwand: Halbtagestour

Diese landschaftlich abwechslungsvolle Tour ist mit einem zweimaligen Grenzübertritt zwischen Österreich und Italien verbunden, wobei jener auf dem Staller Sattel zeitlichen Einschränkungen unterliegt. – Von Lienz fährt man zunächst auf der stark frequentierten Felbertauern-B 108 nach Huben (819), der Abzweigungsstelle für eine Fahrt durch das Defereggental. Der windungsreiche Straßenverlauf durch das eingeschnittene Tal erfordert ein gemäßigtes Tempo. Die Fahrbahnbreite ist an engen Passagen knapp zweispurig. Man passiert St. Jakob in Defereggen (1389), den Hauptort des Tales, und steigt sanft gegen Erlsbach an, wo sich li. die Abzw. zum **Staller Sattel (2052)** befindet. – Über mehrere, gut ausgebaute Serpentinen gewinnt man auf bewaldeter Strecke das Hochplateau der Staller Alm mit dem Obersee (2016). Eine kurze Zufahrt leitet zur bewirtsch. Oberseehütte. Wenig weiter hat man den Grenzübergang (2052) von Osttirol nach Südtirol. Die Abfahrt von der Scheitelhöhe hinab zum Antholzer See (1641), auch als Untersee bez., ist in der Regel ab Mitte Juni bis Mitte Oktober (bei Schneefreiheit auch länger) von 6.00 bis 22.15 gestattet. Gestartet werden darf jeweils nur zwischen der 1. und 15. Min. nach der vollen Stunde (in der Gegenrichtung zwischen der 30. und 45. Min.). – Das einspurige, asphaltierte Bergsträßchen weist einen Tunnel auf und überwindet bis hinab zum Untersee einen HU von 400 m mit acht Kehren bei knapp 5 km Streckenlänge. Das Gefälle ist gut ausgeglichen und beträgt max. 12%. An gefährlichen Stellen wurden Leitplanken montiert. Der obere Abschnitt bietet Tiefblicke auf den See und in die w. anschließende Beckenlandschaft.

Skizze 20 Rund um das Deferegger Gebirge

Prächtige Farbenspiele der Natur gibt es hier im Herbst! Die dominanten Erhebungen sind Wildgall (3273) und Hochgall (3436), welche beide der Rieserfernergruppe zugeordnet sind.

Vom Großparkplatz beim Seerestaurant bzw. beim Gh. „Enzian" fährt man auf schmaler Uferstrecke mit nur wenigen Ausweichen zwischen dem See und dem steilen, bewaldeten Berghang entlang. Nahe der Villa Mattei wurde auf einem kleinen Uferstreifen ein Wildgehege angelegt. Wie auf einer schiefen Ebene durchmisst die Straße das Tiefmoos und tangiert das Sporthotel „Wildgall" und den Gh. „Passler". Die Trasse umgeht den Hauptort Antholz-Mittertal (1241) und leitet, meist vom Antholzer Bach begleitet, über Bad Salomonsbrunn (gelobtes Einkehrgh.) und Rasen-Antholz talaus, um s. Niederrasen beim Leitgeb-Denkmal in die Pustertaler SS.49 einzumünden. Die Straße durch das Antholzer Tal zeigt sich gut ausgebaut und erlaubt ein rasches Vorwärtskommen.

Die SS.49 in Richtung Toblach wurde zwar modernisiert (die Fahrbahn teilweise verbreitert, manche Kurven entschärft), ist aber immer noch oft überlastet. Vor riskanten Überholmanövern auf der unfallträchtigen Strecke muss eindringlich gewarnt werden! Die Orte Welsberg und Niederdorf werden mit Niederflurtrassen und langen Tunnels umgangen. Die Ortskerne von Toblach, Innichen und Abfaltersbach werden ebenfalls umfahren. Bei Winnebach passiert man die ital.-österr. Grenze. Gut ausgebaut ist die B 100 über den Osttiroler Markt Sillian (1103) bis an den Stadtrand von Lienz. Die Straße verläuft meist dicht neben der Drau, zuletzt durch die Lienzer Klause, dem geografischen Ende des Pustertales im O.

Abstecher: Zwischen Welsberg und Niederdorf Abzw. zum **Plätzwiese-Sattel**

Der schön gelegene Obersee an der Scheitelstrecke des **Staller Sattels** → Runde 20.

(1991). Biegt man ö. Welsberg von der SS.49 bei der Bahnunterführung ab, so darf man nach 2.7 km die Straßenteilung nicht verfehlen: li. zum Plätzwiese-Sattel, re. zum Pragser Wildsee, HT. – Die Straße zum Plätzwiese-Sattel ist asphaltiert und bis zum Gh. „Brückele“, 6 km, normal breit. Bereits dort wird von 10. Juli bis 20. September die Gebühr für die zwei großen Parkplätze am Beginn des ausgedehnten Almgebietes eingehoben. Eine Auffahrt ist nur bis 10 Uhr oder ab 16 Uhr gestattet, die Rückfahrt ist jederzeit möglich. Die anschließende, 6 km lange Bergstrecke ist nur knapp zweispurig. Nach Überbrückung des Stollabaches setzt eine stärkere Steigung mit max. 14% ein. Mit acht Serpentinen und teils engen, unübersichtlichen Kurven gewinnt die Straße bis zu den Parkplätzen vor dem Bergghh. „Plätzwiese“ und dem Hotel „Hohe Gaisl“ einen HU von rund 500 m. Die geschotterte Fortsetzung zum Dürrensteinhaus (2035) und dem ehem. Fort ist für

Staller Sattel, Westrampe → Runde 20.

den allg. Kfz-Verkehr gesperrt. Die Scheitelhöhe bietet nach SW gute Ausblicke auf die Hohe Gaisl/Croda Rossa (3139) mit ihren rötlich getönten Gesteinsschichten. Nach NW reicht der Blick durch die Altpragser Talung bis zu den Zillertaler Gletscherbergen. – Hin und zurück 30 km. Fahrtechnische Beurteilung: mittel.

Abstecher: Zum **Pragser Wildsee (1492)**. Zunächst knapp 3 km gemeinsame Streckenführung von der Abzw. an der SS.49 bis zur Straßenteilung nahe der Außerpragser Säge → Abstecher Plätzwiese-Sattel. – Will man zum romantisch gelegenen Pragser Wildsee, so muss man sich an der Gabelung re. halten und weitere 6 km durch ein meist bewaldetes Hochtal fahren. Es ist dabei ein HU von zirka 300 m bei ausgeglichenen Steigungen von max. 8% zu überwinden. Der stimmungsvolle, türkis bis dunkelgrün leuchtende Alpensee liegt in einem Felsentrog großen Ausmaßes eingebettet. Er wird im S von der massigen Gestalt des Großen Seekofels (2810) überragt; seine Nordwand fällt 1300 m fast senkrecht zum sagenumwobenen See ab. Im August gleicht er jedoch eher einem Rummelplatz; die Parkplätze sind überfüllt und mit Stau ist zu rechnen. Hin und zurück 18 km. Fahrtechnische Beurteilung: leicht.

21 Rund um den Großglockner***

Route: Zell am See (757) – Schüttdorf – Bruck – Fusch – Ferleiten – Fuschertörl (2394) – Hochtor (2505) – Guttalbrücke – Heiligenblut – Winklern – Iselsberg (1204) – Lienz – Huben – Matrei in Osttirol – Felbertauernstraße – Mittersill – Uttendorf – Schüttdorf – Zell am See. **184 km.**

Fahrtechnische Beurteilung: leicht bis mittel

Zeitaufwand: Tagestour

Der Großglockner, mit 3798 m höchster Berg Österreichs, steht im Mittelpunkt dieser Rundtour, welche einzigartige Erlebnisse vermittelt. Man kann sich ihm sowohl von SO auf der „Gletscherstraße" als auch von SW auf der „Kalser Glocknerstraße" nähern. Die 47.8 km lange **„Großglocknerstraße"** zählt unter Einschluss der „Edelweißstraße" und der „Gletscherstraße" nach wie vor zu den landschaftlich faszinierendsten Hochstraßen im gesamten Alpenraum! – Bei den genannten Straßen handelt es sich, einschließlich der Felbertauernstraße, durchwegs um mautpflichtige Privatstraßen. Alle übrigen, im Zusammenhang mit dieser Runde beschriebenen Verkehrswege sind dem Bundesstraßennetz zugeordnet. Aus Gründen des Naturschutzes besteht ein Nachtfahrverbot für Kfz auf allen Großglocknerstraßen: von Anfang Mai bis 15. Juni zwischen 20.00 und 6.00 Uhr, von 16. Juni bis 15. Sept. zwischen 21.30 und 5.00 Uhr, von 16. Sept. bis Ende Okt. zwischen 19.30 und 6.00 Uhr (letzte Einfahrt jeweils 45 Min. vorher) – Beginnt man seine Runde in Zell am See, so folgt man der B 311 bis zum Kno-

Am **Fuscher Törl** wurde die Gedenkstätte in Form eines Turmes errichtet; sie erinnert an jene Arbeiter, die beim Bau der **Großglocknerstraße** (1930-35) ums Leben kamen → Runde 21.

An Schönwettertagen herrscht auf der **Großglockner-Hochalpenstraße** meist reger Ausflugsverkehr; Motiv auf der Abfahrt vom **Fuscher Törl** hinab zur **Fuscher Lacke** → Runde 21.

Blick von der **Edelweißstraße** Richtung Süden auf das Fuscher Törl in der Bildmitte; li. davon Fuscher Lacke, Mittertörltunnel und Hochtortunnel, re. davon das obere Naßfeld → Runde 21.

ten s. Bruck a.d. Großglocknerstraße, das umfahren wird, und biegt in die B 107 ein. Begleitet von der Fuscher Ache gelangt man zur Mauteinhebestelle in Ferleiten (1148), wo sich auch ein Wildpark mit zirka 200 Tieren befindet. Die gut ausgebaute Bergstraße, deren Steigung mit Maxima von 12% bei der Embachkapelle einsetzt, leitet am stimmungsvollen Schleierwasserfall vorbei und gewinnt über vier meisterhaft angelegte Kehren den Parkplatz Piffkar (1620); dort gibt es einen Naturlehrpfad. Eindrucksvoll sind die Ausblicke auf das Große Wiesbachhorn (3564).

Nach weiteren zwei Kehren überschreitet man beim Parkplatz Hochmais (1850) die Baumwuchsgrenze. Fünf Schautafeln informieren über das Panorama, die Gletscher, die Höhenstufen der Vegetation und das gut einsehbare ökologische Kleinod Rotmoos im Quellgebiet des Ferleitentales. Abermals folgen zwei Kehren und die Straße tritt in das steile Bergsturzgebiet der Hexenküche ein. An der Edelweißwand vorbei, erreicht sie das flachere Gelände des oberen Naßfeldes, wo im Wilfried-Haslauer-Haus (2260) das Museum Alpine Naturschau untergebracht ist. Mit sieben Kehren, welche teilweise einen großzügigen Radius aufweisen, gelangt man zum Abzweig der → „Edelweißstraße“ am Törlgrat (2394); nebenan steht das Restaurant „Fuschertörl“. Nun geht es in einer Schleife um den Törlkopf herum; vom Parkplatz Fuschertörl (2405) mit der turmförmigen Gedenkstätte genießt man Blicke auf den Brennkogelgletscher. Auf einer Gefällestrecke fährt man hinab zu der, von weither sichtbaren Fuscher Lacke (dort interessante Ausstellung „Bau der Straße“!) und durch den 117 m langen Mittertörltunnel (2329). Schließlich erreicht man nach zwei Kehren den 311 m langen, beleuchteten **Hochtortunnel (2505)**, in dem die Landesgrenze zwi-

Runde 21

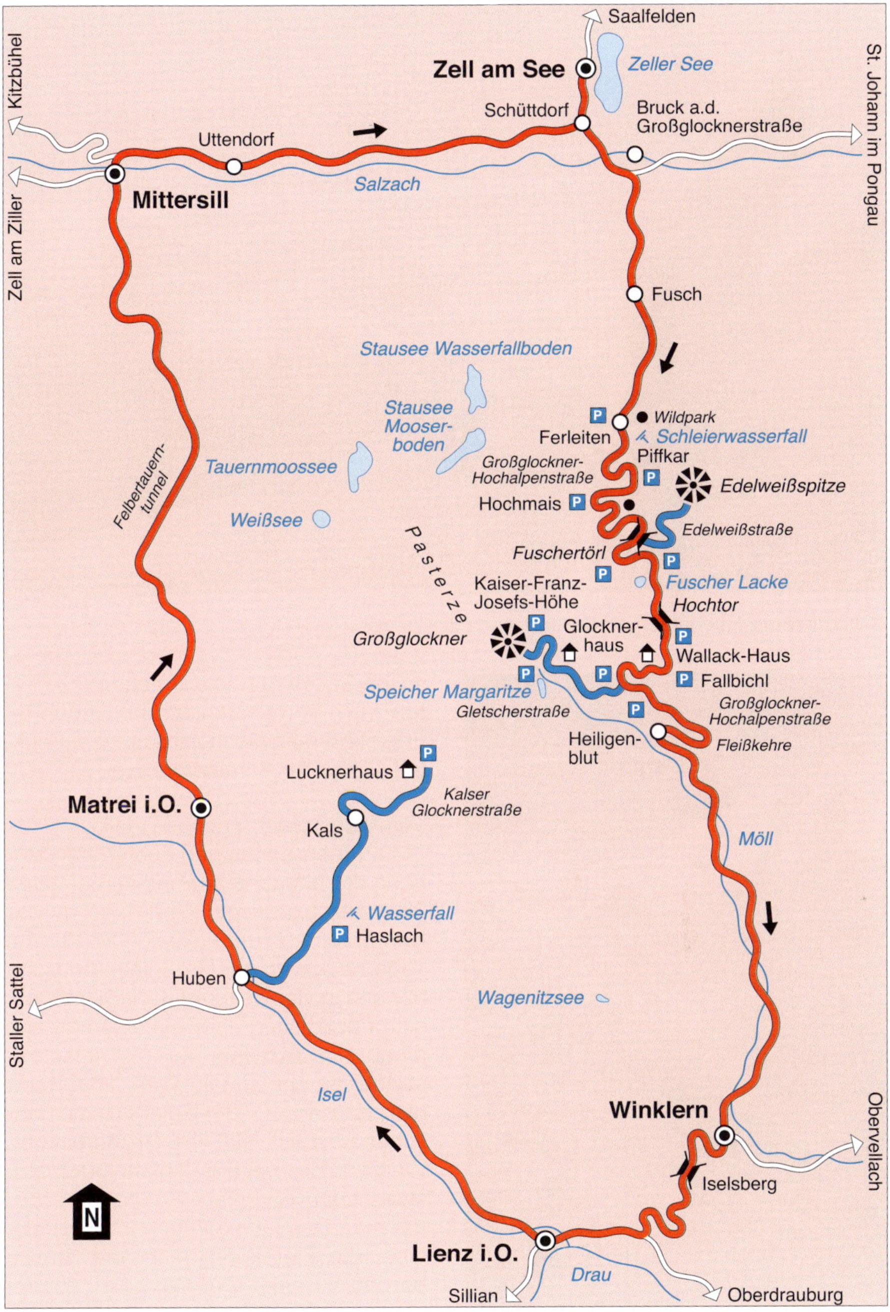

Skizze 21 Rund um den Großglockner

Großglockner-Hochalpenstraße im Bereich des Bergsturzgebietes Hexenküche → Runde 21.

Gletscherstraße, Freiwandeck → Runde 21.

schen Salzburg und Kärnten überschritten wird. Vom Parkplatz am Südportal überblickt man die meist schneebedeckten Gipfel der Schobergruppe.

Vom wenig tiefer liegenden Wallack-Haus (2302) führt die Abfahrt zuerst am Steilhang der Margaritzenwand vorbei, dann über sanft geneigte Almböden in vier Kehren hinab zum Fallbichl (2200). Am Tauerneck wird der Großglockner sichtbar und in vier weiteren Kehren vollzieht sich der Abstieg über die Baumgrenze hinab zum Abzweig der → „Gletscherstraße" an der Guttalbrücke. Vom Parkplatz Kasereck (1930) bietet sich ein herrlicher Ausblick auf den Großglockner. Während der weiteren Abfahrt zur Mautstelle beim Parkplatz Roßbach (1750) hat man die Sadniggruppe im Blickfeld. Über die Fleißkehre leitet die Straße bergab zu einer Gabelung: re. kommt man in den sehenswerten Bergsteigerort Heiligenblut (1301), li. schließt sich die B 107 durch das Mölltal an. – Auf normal breiter Asphaltstraße fährt man 22 km bis in den Raum von Winklern (965) hinab, wo man die Möll verlässt, um re. den weiteren Weg über den ausgebauten **Iselsberg (1204)** nach Lienz in Osttirol zu nehmen. Für den Motorradfahrer sind die Kehren auf der Südrampe des Iselsberges ein willkommener Genuss, falls die Verkehrslage auch eine flüssige Fahrweise erlaubt.

In Lienz (669), das eine Besichtigung verdient, folgt man der Felbertauern-B 108 nach Huben (814) iselaufwärts, wo re. die Straße zum Bergsteigerdorf Kals (1325) mit Anschluss an die → „Kalser Glocknerstraße" abzweigt. – Auf der **Felbertauernstraße** gelangt man oberhalb von Matrei in Osttirol bei max. 9% Steigung durch das romantische Tauerntal hinauf zur Mautstelle am Südportal (1632) des Felbertauerntunnels. Die Fahrbahnbreiten schwanken zwischen 7 und 11 m. Auf stärkeren Steigungsstrecken wurden Kriechspuren angelegt, die hauptsächlich von Schwerfahrzeugen bzw. Anhänger-Gespannen benützt werden.

Im 5.2 km langen, beleuchteten Tunnel wurde das Geschwindigkeitslimit mit 80 km/h festgesetzt. Die Nordrampe hat man mit mehreren, sehr aufwändigen Kunstbauten ausgestattet. Die Galerien schützen sowohl vor Lawinenabgängen als auch vor Steinschlag. Durch das fast unberührte Felbertal gelangt man rasch über den Straßenknoten Mittersill (790) in den Pinzgau. – Nun folgt man ostwärts der Mittersiller-B 168 durch die anmutige Talung der Salzach und erreicht 24 km weiter den Straßenknoten Zell am See bei Schüttdorf.

Abstecher: „Edelweißstraße". Am Törlgrat (Fuschertörl) zweigt von der „Glocknerstraße" eine zirka 2 km lange, nur knapp zweispurige Aussichtsstraße mit sechs engen Kehren und einer Höchststeigung von 14% zur **Edelweißspitze (2571)** ab, HT. Vom Aussichtsturm am EP kann man bei entsprechender Wetterlage 37 Dreitausender und 19 Gletscherfelder überblicken! Am Rande des Parkplatzes lädt die Edelweißhütte zur Rast ein. Hin und zurück 4 km. Fahrtechnische Beurteilung: mittel.

Abstecher: „Gletscherstraße" zur **Kaiser-Franz-Josefs-Höhe (2369)**. Dieses Ziel ist auf einer der wohl eindrucksvollsten und daher auch meistbefahrenen Hochstraßen in den Ostalpen erreichbar. Von der Abzweigstelle an der Guttalbrücke führt die 8.7 km lange „Gletscherstraße" am Glocknerhaus (2131) vorbei und angesichts der schnee- und eisbedeckten Dreitausender mit fünf Kehren zum Motorrad-Parkplatz am Freiwandeck, max. 12% Steigung.

Das viergeschossige Parkhaus am re. Berghang der Kaiser-Franz-Josefs-Höhe beeinträchtigt die Aussicht in keiner Weise; sie richtet sich hauptsächlich auf den unverwechselbaren Großglockner (3798), den Romariswandkopf (3511), den Johannisberg (3460) sowie auf die imposante, lang gestreckte Pasterze. Die markante Wilhelm-Swarovski-Beobachtungswarte wurde in Form eines gläsernen Bergkristalls errichtet. Mit der Gletscherbahn, einem 247 m langen Schrägaufzug, gelangt man in nur 2 Min. hinab zum Pasterzenboden, dem größten Gletscherstrom in den Ostalpen! Deutlich erkennbar ist jedoch der fortschreitende Gletscherschwund. Hin und zurück 17 km. Fahrtechnische Beurteilung: leicht.

Abstecher: „Kalser Glocknerstraße" zum **Lucknerhaus (1984)**. Von Huben an der Felbertauernstraße fährt man zunächst auf der Landesstraße 13 km nach Kals (1325); bei Haslach wurde unter dem Wasserfall ein Rastplatz angelegt.

In Kals-Burg zweigt re. die 7 km lange „Kalser Glocknerstraße", eine Privatstraße, welche primär der E-Wirtschaft, sekundär den Touristen gegen Entrichtung einer Maut dient, ab. Bei entsprechender Witterung lohnt es sich, das anmutige Ködnitztal bis zum Gh. „Lucknerhaus" hinaufzufahren, welches im S des Großglockners steht. Die asphaltierte Bergstraße wurde normal breit angelegt; ihre max. Steigung beträgt 10%. Von der Abzw. Kals-Burg sind es 4.5 km bis zur Mautstelle, von dort noch 2.7 km bis zum Großparkplatz beim Lucknerhaus. Hin und zurück 40 km. Fahrtechnische Beurteilung: leicht bis mittel.

22 Rund um die Kitzbüheler Alpen**

Route: Wörgl (513) Hopfgarten – Brixen im Thale – Kirchberg – Kitzbühel – Jochberg – Pass Thurn (1274) – Mittersill – Wald im Pinzgau – Krimml – Filzsteinalpe (1628) – Gerlospass (1507) – Gerlos – Zell am Ziller – Kaltenbach – Strass – Brixlegg – Kundl – Wörgl. **174 km.**

Fahrtechnische Beurteilung: leicht bis mittel

Zeitaufwand: Tagestour

Die Kitzbüheler Alpen erstrecken sich zwischen dem Zillertal und dem Saalachtal bzw. dem Zeller See, was einer Ausdehnung von runden 75 km in der Breite entspricht. Als touristische Höhepunkte lassen sich das Kitzbüheler Horn, der Schwarzsee bei Kitzbühel, die berühmten Krimmler Wasserfälle, die Gerlosplatte, der Speicher Durlaßboden und das Wildgerlostal, die abenteuerliche „Zillertaler Höhenstraße" und das hübsche Tiroler Dorf Alpbach bezeichnen.

Vom Straßenknoten Wörgl fährt man zunächst auf kürzestem Weg durch das Brixental nach Kitzbühel. Die B 170 wurde in den letzten Jahren wesentlich modernisiert; Bruckhäusl, Brixen im Thale und Kirchberg werden jetzt mit Unterflurtrassen bzw. Tunnelgalerien großzügig umfahren. Der beleuchtete Lebenbergtunnel ermöglicht eine reibungslose Einmündung in die B 161, sodass der Hauptverkehr im N und O an der Innenstadt von Kitzbühel (762) vorbeigeleitet wird. Die vorallem auf ihrer Nordrampe abschnittsweise überbreit ausgebaute Pass Thurn-B 161 vermittelt über den Ort Jochberg und die niedrige Einsattelung den Übergang (1274) in den Salzburger Pinzgau. Diese Nord-Süd-Verbindung wird häufig stark frequentiert und findet ihre logische Fortsetzung nach S in der mautpflichtigen Felbertauernstraße.

Von Mittersill im Salzachtal sind bis zu den berühmten Wasserfällen in Hinterkrimml noch 32 km auf vorwiegend gut ausgebauter Straße zurückzulegen. Bei Wald im Pinzgau hat man die Wahl, entweder die mautfreie „Alte Gerlosstraße" hinauf zum **Gerlospass (1507)** zu be-

Von der **Gerlospass-Straße** hat man prächtige Ausblicke auf den **Speicher Durlaßboden**; im Hintergrund Reichenspitze (3303) und Wildgerlosspitze (3280) mit ihrem Kees → Runde 22.

Die breit ausgebaute, mautpflichtige **Neue Gerlosstraße** leitet an den berühmten Krimmler Wasserfällen vorbei und über die **Gerlosplatte** mit dem Hochmoor → Runde 22.

Auffahrt zum **Alpenhaus Kitzbüheler Horn**; von der bestens instand gehaltenen Bergstraße genießt man Prachtblicke auf den Wilden Kaiser → Runde 22.

nützen oder die bemautete **„Neue Gerlosstraße“** über die Filzsteinalpe (1628) und das Gerlos-Hochmoor. Besucher der Krimmler Wasserfälle müssen sich für die neue Straße entscheiden, um einen unnötigen Umweg zu vermeiden. Auf der Pinzgauer Höhe (Gerlospass) vereinigen sich beide Straßen wieder.

Die Gerlos-B 165 setzt sich hoch über dem Nordufer des Speichers Durlaßboden (Prachtblick durch das Wildgerlostal, auf die 3303 m hohe Reichenspitze und die Wildgerlosspitze mit dem Wildgerloskees) fort. Nachdem man den Ort Gerlos (1245) passiert hat, folgt die B 165 hinter Gmünd in Terrassenlage hoch über dem linken Bachufer in w. Richtung talaus. Unterhalb von Hainzenberg, das am Fuße des Gerlosstein hingeschmiegt liegt, beginnt der Serpentinenabstieg in das Zillertal.

Gegenüber von Zell am Ziller mündet man in die Zillertal-B 169 ein; sie ist zillerabwärts bis Stumm kreuzungsfrei ausgebaut. Dort wechselt sie die Uferseite und leitet unter Benützung der Ortsumfahrungen bei Fügen und Schlitters talaus. Unmittelbar nach dem 1336 m langen Brettfalltunnel, der Umfahrung von Strass, trifft man auf die verkehrsreiche B 171 und hält sich re.

Innabwärts gelangt man am Schlosspark von Matzen vorbei. In Brixlegg hat man die Abzw. der Straße in das Alpbachtal. Ein beleuchteter Umfahrungstunnel im S von Rattenberg hat den Ortskern vom Durchzugsverkehr befreit. Das mittelalterliche Städtchen wartet mit sehenswerten Häuserzeilen auf. Dicht an Kundl vorbei zieht die ausgebaute B 171 zum Straßen- und Bahnknoten Wörgl, dem AP und EP der Rundtour.

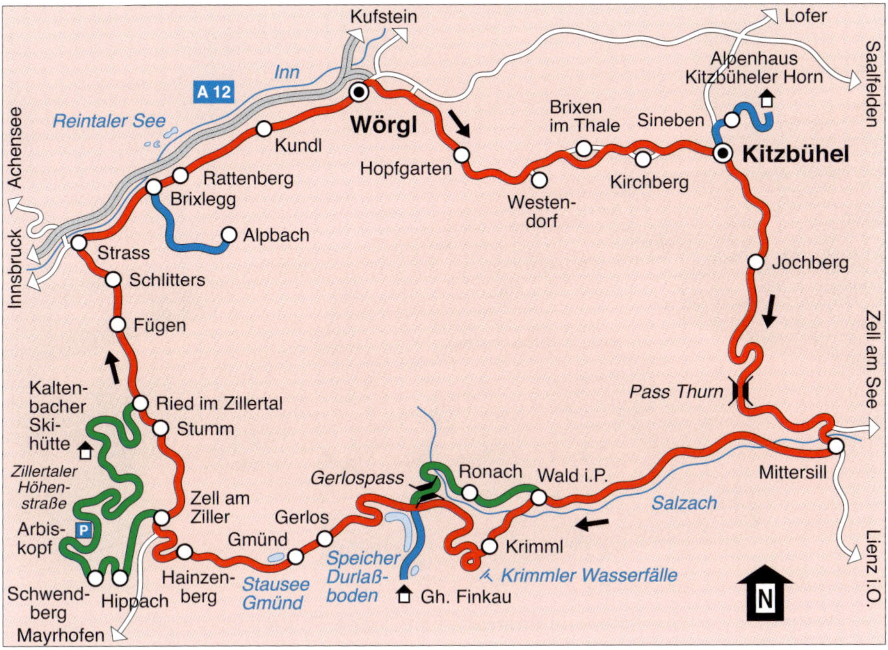

Skizze 22 Rund um die Kitzbüheler Alpen

Variante: Von Wald im Pinzgau (885) bietet die um 10 km kürzere **„Alte Gerlosstraße“**, auch unter der Bez. „Ronachweg“ bekannt, dem Motorradfahrer eine fahrtechnisch interessante Strecke. Sie führt durch ein ausgedehntes Waldgebiet und bietet kaum Aussicht. Die windungsreiche Straße kann noch mit einem Steigungsmaximum von 16% aufwarten, wogegen man die 9% auf der neuen, bequemen Straße bei zügiger Fahrweise kaum wahrnimmt. Vor besonders unübersichtlichen Kurven wurden Verkehrsspiegel angebracht. Mautpflichtig ist nur die neue Straße. Minus 10 km. Fahrtechnische Beurteilung: mittel.

Variante: Zwischen Zell am Ziller und Kaltenbach bietet sich die **„Zillertaler Höhenstraße“** auf der w. Talseite als aussichtsreiche Kammstraße an. Sie verläuft als Mautstraße in Höhenlagen zwischen 1700 m und 2000 m und erreicht am Fuß des Arbiskopfes ihren höchsten Punkt (2040).

Von Zell am Ziller (575) benützt man erst einmal zilleraufwärts die linksufrige Landesstraße über Hippach und Schwendberg zur Mautstelle Süd (1730); diese befindet sich oberhalb des Hotels „Atlas-Sportalm“. Die 20 km lange Höhenstraße verläuft viel gewunden hauptsächlich oberhalb der Waldgrenze, weshalb die Aussicht ständig wechselt. Die Fahrbahn ist durchwegs asphaltiert, ihre Breite schwankt zwischen einspurig mit Ausweichen und knapp zweispurig; sie kann auch von Reisebussen bis zu einer Länge von 10 m benützt werden. Auf Begegnungen mit solchen Fahrzeugen sollte man gefasst sein. Im Gebiet der Big-

Eine Befahrung der **Zillertaler Höhenstraße** kann jedem Tourenfahrer empfohlen werden; Abstieg von der Kaltenbacher Skihütte nach Kaltenbach bzw. Ried → Runde 22.

Die **Zillertaler Höhenstraße** bietet viel Abwechslung und herrliche Ausblicke; auf mehreren urigen Almen kann man eine deftige Jause verzehren → Runde 22.

neidalm (1853) gibt es ein kurzes Steigungsmaximum bzw. Gefälle von 20%. Die wohl lohnendste Aussicht hat man vom Parkplatz Arbiskopf auf die Zillertaler Gletscherberge mit dem Hochfeiler (3510) und hinüber zum Tuxer Hauptkamm mit dem Olperer (3476) bzw. den Gefrorene-Wand-Spitzen (3288).

Sowohl das Brindlingstüberl (1720), die Schafleitenalm (1659), die Jausenstation Hirschbichlalm (1825) als auch die Kaltenbacher Skihütte (1760) sind während des Sommers bewirtsch. Die Abfahrt von der Mautstelle Nord erfolgt auf der 8 km langen, dicht bewaldeten Bergstrecke nach Kaltenbach (558) bzw. Ried im Zillertal (573), wo man wieder auf die Hauptstraße trifft. Plus 36 km. Fahrtechnische Beurteilung: mittel.

Abstecher: Von Kitzbühel zum **„Alpenhaus Kitzbüheler Horn" (1670)**. Die mautpflichtige Bergstraße zweigt von der B 161 in Richtung St. Johann, 2 km vom Zentrum der Stadt entfernt, unmittelbar nach der Brücke über die Kitzbüheler Ache re. ab, HT. Anfangs hat man eine schmale Straße, die wenig weiter in eine knapp zweispurige, asphaltierte Bergstraße überleitet.

Nach 2 km, in Sineben (1020), wird die Maut eingehoben. Nun gewinnt man in langen Serpentinen, durch Wald und an Weideland vorbei, merklich an Höhe. Das Steigungsmaximum beträgt 16%. Die knapp 8 km lange Panoramastraße endet beim „Alpenhaus Kitzbüheler Horn" in guter Aussichtslage, vor allem gegen die Hohen Tauern und den Großvenediger (3674). Die Höchstgeschwindigkeit auf dieser Bergstrecke wurde mit 30 km/h begrenzt. Das anschließende Gipfelsträßchen zum ORF-Sender, der bereits von weither sichtbar ist, kann nur von dazu berechtigten Personen benützt werden (Sperrschranken). Hin und zurück 20 km. Fahrtechnische Beurteilung: leicht bis mittel.

Abstecher: Vom Gerlospass (1507) zum Gh. „Finkau" (1420). Ein zunächst zweispuriges Sträßchen zweigt vom Pass li. ab (Unterführung), HT, und leitet zum **Speicher Durlaßboden** hinab. Seine vorwiegend einspurige, aber durchgehend asphaltierte Fortsetzung führt fast flach verlaufend mit mehreren kleinen Brücken entlang dem Ostufer und endet wenig weiter beim Gh. „Finkau". Hin und zurück 10 km. Fahrtechnische Beurteilung: leicht bis mittel.

Abstecher: Von Brixlegg nach **Alpbach-Dorf (974)**. Dank seiner stilechten Tiroler Häuser und seiner intensiven Ortspflege wurde Alpbach bereits des Öfteren zum schönsten Dorf Tirols erklärt. Es ist wahrlich ein sehenswertes Kleinod, das sich harmonisch in die Berglandschaft einfügt. Nicht Beton und Glas, sondern Holz ist der dominierende Baustoff der Häuser, die während des Sommers und bis weit in den Herbst hinein mit reichem, farbenprächtigem Blumenschmuck versehen werden.

Von Brixlegg (534), das eine sehenswerte Kirche besitzt und von Häusern umgeben wird, welche an die Herren- und Knappenzeit erinnern, fährt man zunächst etwas ansteigend auf die Mittelgebirgsterrasse. Reith im Alpbachtal (637) hat im O eine moderne Umfahrung, deren Kernstück ein zwar kurzer, aber stark gekrümmter Tunnel ist. Die ehem. berüchtigte Schluchtstrecke, welche sich daran anschließt, weist breite Brücken auf. Nach zirka 8 km ab Brixlegg hat man bei der alten Schmiede li. die beschilderte Auffahrt nach Alpbach-Dorf. Hin und zurück 18 km. Fahrtechnische Beurteilung: leicht.

23 Unterinntaler Runde*

Route: Kufstein (503) – Stegen – Söll – Itter – Hopfgarten – Niederau – Oberau – Mühltal – Thierbach – Saulueg – Kundl – St. Leonhard – Rattenberg – Kramsach – Mosen – Breitenbach am Inn – Kleinsöll – Glatzham – Mariastein – Unterlangkampfen – Schaftenau – Kufstein. **87 km.**

Fahrtechnische Beurteilung: leicht bis mittel

Zeitaufwand: Halbtagestour

Diese kleine, abwechslungsvolle Runde schließt mehrere lohnende und auch wenig bekannte Teilstrecken beiderseits des Inntales ein. Wie für Motorradfahrer geschaffen sind die Strecken von Itter über Hopfgarten in die Wildschönau mit der abenteuerlichen Abfahrt auf dem **Thierbachweg** hinab zum Ausgang der Kundler Klamm sowie die Höhenstraße von Breitenbach über Kleinsöll (schöne Ausblicke zur Hohen Salve und zu den Kitzbüheler Alpen) nach Glatzham auf einer, in der Eiszeit gebildeten Terrasse.

Kommt man von der abenteuerlichen Abfahrt auf dem geschotterten **Thierbachweg** nach **Saulueg**, so hat man weit reichende Tiefblicke auf das Inntal → Runde 23.

Skizze 23 Unterinntaler Runde

Während die Bundesstraßen-Teilstrecken einen hervorragenden Ausbauzustand aufweisen, muss man auf den weit weniger frequentierten Landes- und Gemeindestraßen mit unterschiedlichen Zuständen rechnen. Besondere Vorsicht ist in Mühltal bei der Bachüberquerung auf einer kleinen Holzbrücke geboten; sie ist bei Nässe sehr rutschig.

Mit Ausnahme des Abschnittes Thierbach–Saulueg trifft man überall Asphaltbelag an. Die 3.6 km messende, gut instand gehaltene Schotterstrecke ist einspurig, mit nur wenig Ausweichen versehen und ungesichert. Der insgesamt 9 km lange Thierbachweg weist in seinem oberen Teil ein max. Gefälle von 20%, unterhalb von Saulueg ein solches von 14% auf. Die Runde umgeht das verkehrsstarke Ballungszentrum Wörgl, sodass man sich fast nur auf ruhigen Entlastungsstraßen bewegt.

Wer sich für kulturelle Sehenswürdigkeiten interessiert, der möge sich vor allem in Kufstein (Festung), St. Leonhard bei Kundl (spätgotische Kirche), Rattenberg (Altstadt) und Mariastein (Schlossmuseum) näher umsehen. Einen Besuch verdient auch das einzigartige Museum „Tiroler Bauernhöfe“ bei Mosen, das zwischen Kramsach und Breitenbach in einer abseits gelegenen, schönen Talung eingerichtet wurde. Es zeigt sowohl Höfe als auch landwirtschaftliche Nebengebäude wie Säge, Mühle, Schmiede, Futterstall, Backofen und zwei Kapellen aus Nord-, Süd- und Osttirol. Tief geschwärzte Rauchkucheln, heimelige Stuben mit stilechten Öfen und alte Gerätschaften vermitteln einen lebendigen Eindruck vom bäuerlichen Leben und Schaffen vergangener Jahrhunderte. Alle Bauwerke wurden an ihren ursprünglichen Standorten abgetragen und hier wieder originalgetreu aufgebaut. – Zu den land-

Eine Befahrung des Uferssträßchens entlang dem **Hintersteiner See** ist zwar gestattet, doch sollte sie unter besonderer Rücksichtnahme auf Spaziergänger erfolgen → Runde 23.

schaftlichen Höhepunkten zählen der Reintaler See, der von Stegen anfahrbare Achleitberg im SW des Wilden Kaisers, der von Scheffau anfahrbare Hintersteiner See am Fuße des Zettenkaiserkopfes und schließlich der zwischen Schaftenau und Kufstein ein wenig abseits liegende Stimmersee.

Abstecher: Von Stegen (600) an der Eiberg-B 173 zum **Alpengh. „Achleiten" (970)**. Dieses aussichtsreiche Ziel liegt auf der Sonnseite des Achleitberges und ist aus dem Weißachgraben auf einem asphaltierten, 4 km langen Bergsträßchen erreichbar. Die Abzw. findet man gegenüber dem Gh. „Oberstegen". Zunächst wird im Weißachgraben die Weißache überbrückt bevor der Anstieg mit insgesamt fünf Kehren durch den bewaldeten Südhang des Achleitnerkogels beginnt. Die Steigungen auf der knapp zweispurigen Bergstrecke betragen max. 12%. Den EP mit mehreren Abstellplätzen erreicht man oberhalb des Waldes in einer von Wiesen dominierten Umgebung. Bemerkenswerte Ausblicke bieten sich nach S in die Kitzbüheler Alpen. Hin und zurück 8 km. Fahrtechnische Beurteilung: mittel.

Abstecher: Von Stegen zum **Hintersteiner See (903)**. Zunächst fährt man auf der Loferer-B 312 nach Blaiken (672), wo li. die 7 km lange, asphaltierte Bergstraße zum Hintersteiner See abzweigt. Sie erschließt das südliche „Vorfeld" des Wilden Kaisers mit dem, in einer ausgeprägten Mulde eingebetteten See. – Eine normal breite Strecke führt von Scheffau (744) bis zur Rechbachbrücke; im Anschluss daran gewinnt man auf einer viel gewundenen, schmalen Straße bis Bärnstatt mit der St.-Leonhard-Kapelle weiter an Höhe. Die max. Steigung beträgt 15%. Unterhalb vom „Seestüberl“ wurde ein großer Parkplatz eingerichtet. Er wird während der Sommersaison von Badegästen stark frequentiert. Eine Befahrung des asphaltierten Sträßchens entlang dem Ufer bis zum EP am w. Seezipfel sollte mit besonderer Rücksicht erfolgen, denn es hat mehrere unübersichtliche Kurven und wird viel von Fußgängern benützt. Hin und zurück 22 km. Fahrtechnische Beurteilung: mittel.

Rund um das Karwendelgebirge** 24

Route: Innsbruck (574) – Zirl – Zirler Berg (1010) – Seefelder Sattel (1185) – Scharnitz – Mittenwald – Krün – Wallgau – Vorderriß – Kaiserwacht – Achenwald – Achenkirch – Maurach – Wiesing – Jenbach – Schwaz – Wattens – Hall in Tirol – Innsbruck. **149 km.**

Fahrtechnische Beurteilung: leicht bis mittel

Zeitaufwand: Tagestour

Während der zu wählende Ausgangspunkt selbstverständlich ein beliebiger an der Rundtour gelegener Ort sein kann, erfolgt die Beschreibung von Innsbruck aus. Die Inntalautobahn, über welche auch der Transitverkehr nach W (Brenner bzw. Arlberg) rollt, kann man je nach Verkehrslage als Alternative betrachten.

Das Karwendelgebirge umfasst ein NSG riesigen Ausmaßes. Mehrere Sträßchen bzw. Fahrwege ziehen durch seine Täler. Sie dienen hauptsächlich der Forst- und Viehwirtschaft und sind als solche für den öffentlichen Verkehr gesperrt! Davon ausgenommen sind die bemauteten Strecken wie beispielsweise jene von Hinterriß zum Großen Ahornboden im Engtal, jene von Pertisau in die Karwendeltäler führenden, die „Gnadenwalder Höhenstraße“ zur Hinterhornalm und die „Salzbergstraße“ durch das Halltal nach St. Magdalena.

Von Innsbruck gelangt man zunächst auf dem li. Innufer am Flughafen vorbei nach Kranebitten. Eine während der Hauptreisesaison von Motorradfahrern favorisierte Strecke ist die Tiroler-B 171 mit Anschluss an die Zirler Bergstrecke, wobei Zirl im N umfahren wird. Der **Zirler Berg (1010)** kennt kaum mehr Probleme fahrtechnischer Art, die max. Steigung konnte auf 16% reduziert werden. Starker Kolonnenverkehr mahnt jedoch zu größter Vorsicht!

Reith bei Seefeld und der Ort Seefeld selbst werden umfahren. Der zahme **Seefelder Sattel (1185)** bildet die Wasserscheide. Auf meist bewaldeter Strecke gelangt man hinab zum Grenzort Scharnitz (964). Die Runde folgt nun dem Isartal nach N. Der Geigenbaueort Mittenwald (912) wird im O umfahren. An der Gabelung vor Krün fährt man geradeaus nach Wallgau (866) auf der B 11 weiter.

Runde 24

Skizze 24 Rund um das Karwendelgebirge

Am oberen Ortsrand von Wallgau biegt man re. in die beschilderte, gebührenpflichtige Forststraße Richtung Vorderriß ein. Sie folgt dem Oberlauf der Isar durch ein Landschafts- bzw. Naturschutzgebiet. Das durchwegs asphaltierte Sträßchen ist zwar knapp zweispurig angelegt, doch gibt es vor den Brücken einspurige Engstellen, wobei der Vorrang gegenüber dem Gegenverkehr jeweils geregelt ist. Es sind Geschwindigkeitsbeschränkungen zwischen 30 und 50 km/h zu beachten; bei Viehtrieb hat man entsprechende Vorsicht walten zu lassen.

Der Abschnitt von Vorderriß (783) entlang und über den **Sylvenstein Speichersee** ist als Teilstück der „Deutschen Alpenstraße" bis zur Einmündung in die Achensee-B 181 unterhalb der Kaiserwacht hervorragend ausgebaut. Die normal breite B 181 folgt der bewaldeten Talung des Achenbaches mäßig aufwärts. Achenkirch (916) wird im O umfahren.

Beim Hotel „Fischerwirt" bzw. Hotel „Scholastika" ist der n. Zipfel des Achensees erreicht. Die vorzüglich ausgebaute und mit Kunstbauten versehene neue **Achenseestraße** leitet hoch über dem Ostufer des Sees nach S und bietet Prachtblicke auf die Bucht bei Pertisau und in das Karwendelgebirge. Die meisten Orte werden nur tangiert, so auch Maurach mit der Rofan-Seilbahn-Talstation und das reizvoll gelegene Eben am Achensee.

Die Linserkehre mit dem Parkplatz bildet einen markanten Punkt auf dem **Zirler Berg**; die Aussicht richtet sich vor allem auf die Kalkkögel im Süden → Runde 24 und 25.

Meisterhaft trassiert windet sich die neue Straße über die markante Kanzelkehre (von dort Tiefblicke auf das Inntal) und mit nur zwei weit ausholenden Schleifen hinab nach Wiesing (566), wo man Anschluss sowohl an die Inntalautobahn als auch auf dem gegenüberliegenden Innufer an die Tiroler-B 171 hat. Vom AA Wiesing sind auf der A 12 bis Innsbruck-Ost noch 34 km, auf der B 171 bis in das Innsbrucker Stadtzentrum noch 37 km zurückzulegen.

Variante: Von Maurach auf der alten, durchwegs asphaltierten Achenseestraße durch den **Kasbachgraben** hinab nach Jenbach. Es handelt sich um die kürzeste Verbindung zwischen dem Achensee und dem Inntal und wird vor allem von Einheimischen häufig benützt. Die Freilandstrecke ist zwar zweispurig, jedoch im verbauten Gebiet gibt es einspurige Engstellen. Das max. Gefälle beträgt knapp unterhalb des Bahngleises bei Maurach 16% und befindet sich in einer unübersichtlichen Straßenkrümmung. Im Gegensatz zur neuen Achenseestraße gibt es im eingeschnittenen Graben kaum Ausblicke. Minus 10 km. Fahrtechnische Beurteilung: mittel.

Abstecher: Von Vorderriß über Hinterriß zum **Alpengh. „Eng“ (1203)**. Die grenzüberschreitende, 25 km lange Straße führt aus dem Isartal in das Herz des Karwendelgebirges. Ihr Ausgangsort ist Vorderriß (782), die deutsch-österr. Grenze befindet sich wenig weiter im S. Die deutsche Strecke misst nur 5.5 km und ist eine normal breite, zweispurige Asphaltstraße mit fast flachem Verlauf. Daran schließt die 19.5 km lange österr. Strecke an, welche bis zum „Herzoglichen Alpenhof“ als Landesstraße geführt wird, ihre Fortsetzung bis in die Eng ist ein öffentlicher Interessentschaftsweg. Für die Benützung dieser Privatstraße wird eine bescheidene Maut eingehoben. Die Fahrbahnbreiten sind kaum Schwankungen unterworfen, jedoch harren kürzere Abschnitte noch ihres Ausbaues. Es gibt mehrere unübersichtliche Kurven! Auch einige Viehroste sind zu passieren. Die Geschwindigkeitsbeschränkung beträgt an manchen Stellen 20 km/h. Parken außerhalb der bez. Abstellplätze ist im gesamten „NSG Karwendel“ verboten. An schönen Wochenenden ist mit starkem Ausflugsverkehr zu rechnen. Der Straßenzug wird von Anfang Mai bis Ende Oktober offen gehalten. Eine Besonderheit stellen die zahlreichen, teilweise bis zu 600 Jahre alten Bergahorn-Bäume dar; sie gaben dem **„Großen Ahornboden“** seinen Namen und färben den Talschluss prächtig im Herbst. Hin und zurück 50 km. Fahrtechnische Beurteilung: mittel.

Abstecher: Von Maurach am Achensee (975) nach Pertisau und in die Karwendeltäler. Eine normal breite Straße leitet zunächst zum Gh. „Seespitz“ hinab und dann am sw. Ufer durch eine 330 m lange Lawinenschutz- und Steinschlaggalerie zur Bahn- und Schiffsstation Seespitz. Wenig weiter hat man eine Straßenteilung: geradeaus zum Großparkplatz Fürstenhaus, li. zum Parkplatz Karlbrücke mit der Mauteinhebestelle für die beiden Forststraßen. Unter Wahrung der Interessen des Naturschutzes wurden hier zwei geteerte Mautsträßchen, das eine in das **Falzthurntal**, das andere in das **Gerntal**, angelegt. Sie sind teilweise zweispurig, sodass Begegnungen keine Probleme verursachen. Die Maut berechtigt zum Befahren beider Wege: in das Falzthurntal auf der orogr. li. Seite bis in den Talschluss beim **Alpengh. „Gramai“**, 9 km; ins Gerntal re. des Baches zunächst über die Pletzachalm bis zum **Gh. „Gernalm“**, 5 km. Es gibt keine nennenswerten Steigungen. Auch Reisebusse dürfen die beiden Strecken befahren, weshalb man auf Begegnungen mit solchen Fahrzeugen gefasst sein muss. Hin und zurück 36 km. Fahrtechnische Beurteilung: leicht bis mittel.

Abstecher: Auf der **„Gnadenwalder Höhenstraße“** zur **Hinterhornalm (1522)**. Von Hall in Tirol fährt man zunächst Richtung Absam und biegt re. nach Gnadenwald ab, HT. Dort nimmt die 6.2 km lange, durchwegs asphaltierte Bergstraße ihren Ausgang. Die Mauteinhebestelle befindet sich schräg gegenüber dem Gh. „Speckbacher“. Das Höhensträßchen windet sich, vorwiegend einspurig mit Ausweichstellen angelegt, auf meist bewaldeter Strecke durch zehn Kehren empor. Die Steigungen betragen durchschnittlich 9%, max. 12%. Im Herbst kann man die Farbenpracht der Buchen und Ahorne beiderseits der Bergstrecke bewusst erleben. Zuletzt quert man in zwei lang gezogenen Serpentinen ein Latschenfeld großen Ausmaßes und kommt zu den Parkplätzen vor dem Berggh. „Hinterhornalm“, welches sich in hervorragender Aussichtslage befindet. In unmittelbarer Nähe sieht man die Südabstürze von Hundskopf und Hoher Fürlegg. Bei guten Sichtverhältnissen reicht der Blick über die Stubaier und Ötztaler Gletscher bis zur Wildspitze (3768), der höchsten Erhebung Nordtirols. Neben dem Gasthaus wurde eine Startrampe für Drachenflieger errichtet. Hin und zurück 26 km. Fahrtechnische Beurteilung: mittel bis schwierig.

Abstecher: Durch das **Halltal** nach **St. Magdalena (1287)**. Von Hall in Tirol fährt man zunächst in den Siedlungsraum von Absam (623), von wo das gebührenpflichtige, 4 km lange Sträßchen in

Ein überwiegend einspuriges Sträßchen leitet aussichtsreich auf die **Hinterhornalm**; dort gibt es auch eine Startrampe für Drachenflieger → Runde 24.

Die Endstation der 1889 erbauten, mit Dampflokomotiven betriebenen, 6.8 km langen Achenseebahn befindet sich bei der **Schiffsstation Seespitz** → Runde 24.

das „NSG Karwendel“ leitet. Es ist mit Motorrad bis zum Parkplatz unterhalb des Ferdinandsberges befahrbar. Die Maut wird durch einen Münzautomaten (keine Banknoten) am Eingang in das romantische Halltal eingehoben. Auf dem einspurigen und mit Ausweichstellen versehenen Asphaltsträßchen steigt man zur Bergkapelle Freiung (886) an und tritt an der 1. Ladhütte in das NSG ein. Bis zur 2. Ladhütte (1090) mit der Materialseilbahn zur Alpensöhne-Hütte (1345) hat man eine kräftige Steigung mit einem Maximum von 32% zu überwinden. Stellenweise wurden Abstellplätze für Bergwanderer angelegt. Im weiteren Anstieg gelangt man am Eingang in das Isstal zur 3. Ladhütte. Sowohl unterhalb vom besuchenswerten St. Magdalena mit seinem Gasthaus und renovierten gotischen Bergkirchlein als auch wenig weiter bergwärts wurden Parkplätze mit beschilderten Zufahrten angelegt. Das Parken außerhalb der bez. Plätze ist im NSG strikte verboten! Für das Halltal wurde eine Geschwindigkeitsbeschränkung von 30 km/h angeordnet. Hin und zurück 14 km. Fahrtechnische Beurteilung: mittel.

25 Rund um das Wettersteingebirge**

Route: Garmisch-Partenkirchen (717) – Krün – Mittenwald – Scharnitz – Seefelder Sattel (1185) – Leithen – Zirler Berg (1010) – Zirl – Telfs – Holzleitensattel (1126) – Nassereith – Fernpass (1209) – Biberwier – Ehrwald – Garmisch-Partenkirchen. **135 km.**

Fahrtechnische Beurteilung: leicht bis mittel

Zeitaufwand: Halbtagestour

Von Garmisch-Partenkirchen Ausfahrt auf der B 2 in Richtung Mittenwald–Innsbruck, HT. Bei Kainzenbad blickt man nach re. auf die Große und Kleine Skisprungschanze, an deren Fuß sich das Olympia-Skistadion befindet. Mit scharfen Kurven beginnt die Steigungsstrecke, welche jedoch bald einen übersichtlichen Verlauf nimmt. Im Raum von Kaltenbrunn achte man auf die Geschwindigkeitsbeschränkungen und Überholverbote, welche häufig überwacht werden.

Beim Bahnhof Klais, der höchstgelegenen Schnellzugsstation Deutschlands, fährt man geradeaus weiter und umrundet die ausgedehnten Buckelwiesen. S. von Krün erreicht man das Isartal und benützt die großzügig angelegte Umfahrung von Mittenwald. Von Garmisch bis in den Raum von Scharnitz bieten sich ausgezeichnete Blicke sowohl auf das Wettersteingebirge als auch in das Karwendelgebirge. Letztere werden auf der alternativen Strecke zwischen Klais über die Schmalseehöhe (965) auf dem Weg in den Ort Mittenwald noch übertroffen.

An der Scharnitzer Klause (955) passiert man die deutsch-österr. Grenze. Außerhalb von Scharnitz weitet sich die Talung in Richtung Gießenbach. Bei gut ausge-

Die **Fernpass-Straße** wird während des Sommers stark frequentiert → Runde 25 und 29.

wogenen Steigungsverhältnissen leitet die hervorragend ausgebaute Bergstrecke (teilweise mit Kriechspuren versehen) hinauf zum Seefelder Plateau. Der viel besuchte Ort Seefeld i.T. (1176) wird im O über den **Seefelder Sattel (1185)** umfahren, wobei man das ehem. „Play-Castle", eine originell nachgebaute Burg mit Zinnen und Türmen, passiert. Im S öffnet sich der faszinierende Blick auf die Kette der Kalkkögel, welche auch „Innsbrucker Dolomiten" genannt werden. Von den Gletschern tritt die Gefrorene Wand aus dem Olperergebiet ins Blickfeld.

Die Panoramastrecke über Reith und Leithen (1010) mündet unvermittelt wie in einen Schlund in die stets stark frequentierte **Zirler Bergstraße** ein. Bergab gelangt man bald zur Linser Kehre, einer großzügig ausgebauten Spitzkehre mit Parkplatz nebenan. Mit max. 16% senkt sich die Straße unterhalb der Ruine Fragenstein nach Zirl (622) hinab. Die erste

Fernpass, Blindsee → Runde 25 und 29.

Fährt man von der **Buchener Höhe** oder **Möserer Höhe** hinab nach Telfs, so hat man die mächtige Hohe Munde mit ihrem Doppelgipfel im Blickfeld → Runde 25. Foto Thanalak Denzel

Ausfahrt re. vor Zirl darf man nicht verfehlen, HT! Mitten durch den Ort gelangt man direkt auf die Tiroler-B 171. – Während sich der große Verkehr zwischen Zirl und Telfs auf der Inntalautobahn abwickelt, nimmt die linksufrig geführte, ausgebaute B 171 hauptsächlich den lokalen Verkehr auf und ist daher weniger frequentiert (Vorsicht erfordern allerdings die zahlreichen Radfahrer!).

Von Telfs leitet die B 189, HT „Fernpass", durch eine bewaldete Talung nur mäßig ansteigend auf das sonnige Mieminger Plateau mit den Orten Obermieming, Barwies und Obsteig (991). Ein letzter Anstieg, auf im Bj. nicht ausgebauter Teilstrecke, führt kurvig durch dunklen Fichtenwald und freundliche Lärchenwälder hinauf zur Kammstrecke des landschaftlich besonders reizvollen **Holzleitensattels (1126)**, max. 12% Steigung.

Die Westrampe wurde zur Gänze neu trassiert, wobei die Scheitelstrecke in eine großzügig ausgebaute Bergstrecke überleitet. Das Gefälle ist optimal ausgewogen. Durch die Anlage von Kriechspuren auf der Steigungsstrecke sind Überbreiten der Fahrbahn entstanden. Man durchfährt zwei Kehren mit jeweils großem Krümmungsradius und hat dann eine weit ausholende, sehr übersichtliche Schleife, auf der man die Niederung des Gurgltales gewinnt. Der Ort Nassereith (838) wird im W auf einer 3.5 km langen Strecke mit Tunnel, Galerie und Unterflurtrasse umfahren.

Der **Fernpass (1209)** kann in der Regel nur im kaum abreißenden Kolonnenverkehr bewältigt werden. Dank der niedersten Einsattelung zwischen den Lechtaler Alpen und der Mieminger Kette stellt der bereits von den Römern benützte

Skizze 25 Rund um das Wettersteingebirge

Übergang die meistbefahrene Verbindung zwischen Innertirol und dem Außerfern her. Sowohl die Südrampe als auch wesentliche Teile der Nordrampe entsprechen hinsichtlich ihres Ausbauzustandes nicht mehr dem Verkehrsaufkommen der Gegenwart. Die Steigungen sind zwar ausgewogen und überschreiten kaum 8%, doch behindern zahlreiche unübersichtliche und enge Kurven den Verkehr; hinzu kommen noch schwankende Fahrbahnbreiten.

Landschaftlich betrachtet zählt der Fernpass ohne Zweifel zu den schönsten Pässen Tirols. Die märchenhaft anmutenden Bergseen, an denen die Route vorbeileitet, sind für dieses Gebiet charakteristisch; sie sind im Gefolge von Bergstürzen entstanden. Die enge Passage bei Fernstein wurde vor Jahrhunderten als befestigte Straßensperre benützt. Die Sigmundsburg (heute nur noch Ruinenreste) wurde im 15. Jh. als Jagdschloss für Herzog Sigmund den Münzreichen erbaut; sie steht auf einer bewaldeten Insel inmitten des Fernsteinsees. Mit nur einer einzigen, langen Spitzkehre zwischen dem See und dem Stuckweg gewinnt man die Scheitelhöhe. Die Abfahrt nach N leitet am Gh. „Zugspitzblick“ mit öffentlichem Großparkplatz vorbei; von dieser Stelle kann man bemerkenswerte Tiefblicke auf den Blindsee genießen. Am Nordufer des Sees gibt es einen anfahrbaren Parkplatz, der vor allem für Badegäste geeignet ist.

Nun hinab zur Straßenteilung n. des Weißensees: li. zum 3168 m langen Lermooser Tunnel in Richtung Reutte, re. abzweigend setzt man die Rundtour über Biberwier (989) und das Zugspitzdorf Ehrwald (994) auf normal breiter Asphaltstraße fort. Nahe der Bahnstation Ehrwald mündet man in die gut ausgebaute Ehrwalder-B 187 ein und folgt dieser in n. Richtung durch das stark bewaldete Loisachtal. Man passiert die österr.-deutsche Grenze und gelangt zur Bahnstation Untergrainau. Die B 24 führt dicht an der „Schmölz" vorbei in die w. Außenbezirke von Garmisch.

Variante: Von Klais über **Leutasch** nach Telfs. Vom Bahnhof Klais über den schienengleichen Übergang auf der alten, windungsreichen Bundesstraße mit Prachtblicken auf das Karwendelgebirge, am Fuße des Brendten mit dem weithin sichtbaren Gebirgsjäger-Ehrenmal (1138) vorbei, zur Schmalseehöhe (965). Unter der Bahnüberführung hindurch zur Vereinigung mit der Talstraße. – Vom s. Ortsende in Mittenwald zweigt hinter der Straßenbrücke scharf re. die Landesstraße in die Leutasch bzw. nach Telfs ab, HT. Man folgt der Leutascher Ache durch die Klamm (für Wanderer wurde sie mit einem abenteuerlichen Steig begehbar gemacht) aufwärts und gelangt in die Unterleutasch. Die nur abschnittsweise modernisierte, jedoch durchwegs asphaltierte L 14 zieht durch die breite Talung der Leutascher Ache. Man berührt den Ortsteil Gasse und kommt an der Zufahrt zum viel besuchten Alpenbad Leutasch (Hallenbad) vorbei. Das Dorf Kirchplatzl wird umfahren. An der Straßenteilung außerhalb von Platzl hält man sich li., denn re. gelangt man zu den Ortsteilen Plaik und Klamm. An den Oberen Mähdern vorbei, steigt das nicht ausgebaute Sträßchen, abschnittsweise nur einspurig mit Ausweichen, durch den Ladstattwald zur **Buchener Höhe (1262)** an, wo sich, einsam gelegen, ein Gasthaus befindet. – Bergab auf guter, zweispurig ausgebauter Strecke, den Felskoloss der Hohen Munde (2662) vor Augen, gelangt man mit wenigen Serpentinen hinab nach Bairbach bzw. zur Vereinigung mit der, von Mösern herabziehenden Straße. Dann fährt man weiter abwärts nach Sagl und gelangt in den Ortskern von Telfs. Minus 13 km. Fahrtechnische Beurteilung: mittel.

Variante: Von Klais über **Leutasch** und Seefeld nach Telfs. Von Klais zunächst wie beschrieben nach Leutasch. Anlässlich der Nordischen Skiweltmeisterschaften 1985 wurden die Straßenzüge um das Seefelder Plateau abschnittsweise modernisiert und sind auch einem größeren Verkehrsaufkommen gewachsen. In Leutasch-Gasse zweigt die Straße nach Weidach beim Gh. „Weißes Rößl" ostwärts ab, HT „Seefeld". Den HU nach Neuleutasch (1217) gewinnt man über eine kurze, bewaldete Serpentinenstrecke. An der Zufahrt Wildmoos-Alm vorbei, gelangt man zur Kirchwaldsiedlung in Seefeld und zum reizvoll gelegenen Seekirchlein. Wenn man hier li. abbiegt, so kommt man über die Seefelder Südumfahrung (kurzer Tunnel am Fuße des Gschwandkopfes) auf die alte Bundesstraße. Sie leitet am Ostufer des naturbelassenen Wildsees entlang und mündet oberhalb von Auland wieder in die fast kreuzungsfreie Standardroute ein. – Diese Variante empfiehlt sich nicht nur als Ausweichmöglichkeit bei Überlastung der B 177, sondern auch wegen ihrer landschaftlichen Reize.

Will man jedoch weiter Richtung Telfs, so fährt man beim Seekirchlein geradeaus durch einen besonders anmutigen

Landstrich. Über die bewirtsch. Seewald-Alm erreicht man die hügelige **Möserer Höhe (1284)**, wo sich der berühmte Ausblick durch das Oberinntal bis zur Parseierspitze (3036) öffnet. Bemerkenswert ist der Blick auf den nicht kanalisierten Inn und auf den ausgedehnten Ort Telfs. An das Telfer Becken schließt nach W sanft ansteigend das Mieminger Plateau an. Von Mösern setzt sich die Variante hinab nach Bairbach fort und mündet dort in die Straße über Sagl nach Telfs ein. Plus 17 km. Fahrtechnische Beurteilung: mittel.

Rund um die Stubaier Alpen*** 26

Route: Innsbruck (574) – Kematen – Sellrain – Gries im Sellrain – St. Sigmund – Kühtai-Sattel (2017) – Ötz – Umhausen – Längenfeld – Huben – Sölden – Zwieselstein – Untergurgl – Timmelsjoch (2509) – Moos in Passeier – St. Leonhard in Passeier – Jaufenpass (2099) – Kalch – Sterzing – Brenner (1374) – Gries a.B. – Steinach a.B. – Matrei a.B. – Schönberg – Innsbruck. **213 km.**

Fahrtechnische Beurteilung: mittel

Zeitaufwand: Tagestour

Bei dieser Runde handelt es sich um eine der lohnendsten Vierpässefahrten in den Ostalpen und sie bereitet geübten Motorradfahrern kaum Schwierigkeiten. Man dringt zwar nicht bis in das Herz der Stubaier Alpen ein, denn dieses würde man im Raum der Mutterbergalm orten, doch bieten sich die „Stubaier" von allen Seiten und mit ihren mannigfachen Erscheinungsbildern an.

Von Innsbruck zunächst über Völs nach Kematen oder über die A 12 bis zur Ausfahrt Sellraintal. Begleitet von der Melach, einem noch ursprünglichen Wildbach, und durch fünf Galerien vor Felsstürzen geschützt, gelangt man auf kurvenreicher Strecke zunächst nach Sellrain (909), dem Hauptort des Tales, dann nach Gries im Sellrain (1187). Auf gut ausgebauter Bergstrecke erreicht man bei einem Steigungsmaximum von 16% das reizvoll gelegene St. Sigmund im Sellrain (1513). Die folgende Talstufe leitet nach Haggen und zur bewirtsch. Zirmbachalm (1792) das Obertal hinauf, wobei das Steigungsmaximum 14% beträgt. Nach Passieren einer längeren Galerie gegen Steinschlag bzw. Lawinenabgänge durchfährt man bis zum **Kühtai-Sattel (2017)** baumlose Almmatten. Der Hotelort Kühtai ist eine lang gestreckte Straßensiedlung, an deren Westende die Dortmunder Hütte steht.

Die Westrampe senkt sich bei max. 14% hinab zum Zwischenspeicher Längental, an dessen Ufer mehrere Parkplätze angelegt wurden. Auf der stets zweispurigen, asphaltierten Bergstraße verkehren sowohl aus Richtung Gries im Sellrain als auch aus Richtung Ötz Linien-

Auf der Nordtiroler Rampe der **Timmelsjochstraße** zeigen vom Wind gekrümmte Zirben an, dass man in eine hochalpine Region eintritt → Runde 26 und 27.

Von den Almmatten des **Kühtai-Sattels** mit herbem Reiz leitet die Westrampe über den Zwischenspeicher Längental Richtung Ochsengarten → Runde 26.

Skizze 26 Rund um die Stubaier Alpen

busse der Post. Die Zirbenwälder im oberen Nedertal werden talaus von dunklen Fichtenwäldern abgelöst. Im idyllischen Tal durcheilt man die Streusiedlung Ochsengarten. Mit einer Gruppe kürzerer Serpentinen und einer weit ausholen-

Im Abschnitt zwischen der bewirtsch. Zirmbachalm und dem **Kühtai-Sattel** passiert man eine lange Galerie, die zum Schutz vor Lawinen errichtet wurde → Runde 26.

Die hervorragend ausgebaute **Timmelsjochstraße** überwindet im Hochtal des Timmelsbaches mit einer Serpentinengruppe den letzten Anstieg zum Scheitel → Runde 26 und 27.

den Schleife überwindet man die ausgeprägte Talstufe hinab nach Ötz (812).

Die Zufahrt zum **Timmelsjoch (2509)** von N her erfolgt auf der Ötztal-B 186; sie wurde nach Unwettern vergangener Jahre so modernisiert, dass im gesamten Ötztal ausgezeichnete und vor allem sichere Straßenverhältnisse anzutreffen sind. Im Gurgler Tal wurden zahlreiche Galerien und Kunstbauten errichtet. Die Wildbach- und Lawinenverbauung erfolgte mit großem Aufwand.

Umhausen (1031) und Huben (1189) werden umfahren, alle anderen an der Route gelegenen Orte hatten im Bj. noch keine Umfahrung. In Zwieselstein (1470) hält man sich an der Straßenteilung li., denn die re. abzweigende Straße führt durch das Venter Tal in das Dorf Vent (1885). Mit max. 15% Steigung überwindet man auf der B 186 die ausgeprägte Talstufe oberhalb von Zwieselstein.

7 km weiter, bei der Häusergruppe Untergurgl (1850), beginnt li. die bemautete **„Timmelsjochstraße“**. Sie ist je nach Schneelage, in der Regel von Anfang Juni bis Ende Oktober, geöffnet (aktuelle Info im Internet unter www.timmelsjoch.com). Eine Befahrung ist nur tagsüber zwischen 7 und 20 Uhr Sommerzeit gestattet. Während die österr. Seite bereits 1959 fertig gestellt wurde, konnte die ital. Seite erst 1968 für den Verkehr frei gegeben und damit eine weitere durchgehende Verbindung zwischen Nord- und Südtirol geschaffen werden. Kleine Attraktionen bzw. Ausstellungen wie Steg, Schmuggler, Passmuseum, Fernglas und Granat, bereichern seit Neuestem die Straße.

Die Nordrampe zeigt sich hervorragend ausgebaut und hat Überbreiten in den Kehren; das Steigungsmaximum beträgt 11%. Bemerkenswerte Rückblicke gibt es talaus durch das mittlere Ötztal. Den Hotelort Hochgurgl (2150), die höchstgelegene, ganzjährig bewohnte Siedlung in den Ostalpen, lässt man re. liegen. Die Mautstelle (2171) befindet sich auf einem flachen Streckenabschnitt zwischen Hochgurgl und dem Windegg im Nordtiroler Timmelstal. Auf der Scheitelhöhe wurden zwei geräumige Parkplätze eingerichtet.

Durch den weiteren Ausbau der Südrampe erfreut sich diese Hochalpenstraße von Jahr zu Jahr zunehmender Frequenzen. Anhängergespanne, Busse und Lkw dürfen die Südtiroler Rampe jedoch nicht benützen; um so mehr Bewegungsfreiheit haben deshalb Pkw und Motorräder. Enorm ist der zu bewältigende HU: er beträgt auf der 29 km langen Bergstrecke zwischen der Jochhöhe und St. Leonhard in Passeier zirka 1800 Höhenmeter, auf der knapp 50 km langen Route zwischen dem Pass-Scheitel und Meran sogar rund 2200 m. Die Fahrbahnbreiten schwanken zwischen 5 und 7.5 m. In den Kehren gibt es Überbreiten. Die zahlreichen, meist kurzen Felstunnels sind unbeleuchtet, der längste misst 555 m. Das Gefälle bzw. die Steigung beträgt im Durchschnitt 9%, unterhalb der Schneebergbachbrücke max. 13%. Man achte auf die vorgeschriebenen Geschwindigkeitsbeschränkungen! Zwischen Moos in Passeier (1012) und St. Leonhard i.P. (688) wird der Verkehr meist dichter.

In St. Leonhard i.P. nimmt die viel befahrene SS.44 über den **Jaufenpass (2099)** ihren Anfang; sie zweigt beim Kreisverkehr von der „Timmelsjochstraße“ ab. Die Bergstrecke auf der Südrampe beginnt unvermittelt; bis zur Abzw. Glaiten muss man im Wald eine Gruppe enger Serpentinen meistern. Dann hat man bis Walten (1269) kaum Probleme, es sei denn, man begegnet Reisebussen, welche die ganze Fahrbahn für sich in Anspruch nehmen.

Die Breiten der durchgehend asphaltierten Straße schwanken zwischen 4 und 7 m, die max. Steigungen betragen auf der Südrampe 12%, auf der Nordrampe 9%. Auf beiden Rampen wurden in den letzten Jahren kaum Modernisierungs-Maßnahmen gesetzt. Der HU vom Basisort St. Leonhard i.P. bis zur Scheitelhöhe beträgt runde 1400 Höhenmeter, jener von Sterzing zum Pass zirka 1150 m. Der obere, dichte Serpentinenanstieg erstreckt sich von Innerwalten (1350) bis zur Passhöhe. Besonders ausgesetzte Stellen wurden durch Leitplanken oder niedere Betonmauern abgesichert.

Landschaftlich betrachtet bietet die Fahrtrichtung von S nach N etwas mehr, vor allem sind die Ausblicke n. des Scheitels auf die Tuxer und Stubaier Alpen hervorzuheben. Um sich von der schartenartig eingeschnittenen Passhöhe die beste Aussicht zu verschaffen, muss man wenige Min. auf den w. Bergkamm ansteigen. Besonders eindrucksvoll ist der Blick zur Hohen Wilde (3482) im S der Ötztaler Alpen, woran die firnbedeckten Gipfel der Texelgruppe anschließen.

Die Abfahrt zum bewirtsch. „Sterzinger Jaufenhaus“ erfolgt mit zwei viel Aussicht gewährenden Kehren. Wenig unterhalb taucht man in ausgedehnte Wälder ein und fährt durch zahlreiche, nummerierte Kehren hinab nach Kalch (1457). In Gasteig (968) trifft man auf die Zusammenführung der Jaufenstraße mit der Ridnauntalstraße und kommt bei flüssiger Fahrweise bald nach Sterzing.

Zum Brenner gelangt man je nach Verkehrslage wahlweise auf der stark frequentierten Autobahn, wobei man schon außerhalb von Sterzing der Beschilderung entlang dem Ridnaunbach folgt, oder auf der teilweise hervorragend ausgebauten SS.12. Über den **Brennerpass (1374)** verläuft die Wasserscheide zwischen dem Schwarzen Meer und der Adria, gebildet durch Sill bzw. Eisack.

Mit einem Gefälle von 10% senkt sich die B 182 nö. des Brennersees hinab nach Gries am Brenner (1165). Sie benützt das anfangs enge Tal der Sill über Stafflach und Steinach hinaus nach Matrei am Brenner (992). Die Ortsdurchfahrten erfordern wegen des regen Fußgängerverkehrs erhöhte Aufmerksamkeit! Vorgeschriebene Geschwindigkeitslimits sind unbedingt einzuhalten! Die B 182 setzt sich mit ungesicherten Geradstrecken in Terrassenlage und auf kurvenreichen Abschnitten fort.

Der Schönberg mit seinen 55 Kurven vom Ort Schönberg bis zur Stefansbrücke zählt zu den windungsreichsten Strecken des Landes; er ist unter Motorradfahrern bekannt und wegen der hohen Anzahl von Unfällen auch berüchtigt. Auf der stets durch die Polizei überwachten Strecke ist auf Geschwindigkeitslimits und Überholverbote ganz besonders zu achten! Den Abschluss der Talfahrt nach Innsbruck-Wilten (577) bildet die aussichtsvolle Strecke vom Sonnenburger Hof hinab in die Tiroler Landeshauptstadt.

Auf österr. Seite wird für die Benützung der Autobahn auch von Motorradfahrern eine stolze Maut eingehoben, wogegen die Befahrung der Brenner-B 182 mautfrei ist! Wer die faszinierende Gebirgsautobahn noch nicht näher kennt, sollte dies jedoch schon wegen der interessanten Streckenführung und der zahlreichen Kunstbauten unternehmen. Ein Pfeiler der Europabrücke ist 190 m hoch! Die Brennerautobahn ist eine Meisterleistung österr. Bauingenieure. Durch die ständig wechselnden landschaftlichen

Das oberste Teilstück der **Jaufenpass-Südrampe** bietet eindrucksvolle Tiefblicke; neben der Straße steht bei einer Kehre das Passeirer Jaufenhaus → Runde 26.

Die von Sterzing ausgehende Nordrampe des **Jaufenpasses** führt am Jaufenhaus vorbei; Ausblick von der obersten Kehre in Scheitelnähe auf die Tuxer Voralpen → Runde 26.

Szenerien wird eine Fahrt über die Autobahn zu einem unvergesslichen Erlebnis!

Abstecher: Von St. Leonhard i.P. nach **Meran (325)**. Ist man auf dieser Rundtour bereits weit s. des Alpenhauptkammes, so lohnt es sich, wegen der kurzen Distanz gleich einen Abstecher nach Meran zu unternehmen. Eine Fahrt dorthin vermittelt mannigfache Eindrücke, denn man durchmisst sehr unterschiedliche Klima- und Vegetationszonen. In Hochlagen trifft man Alpenrosenfelder an, in mittleren Lagen Anbauflächen für Hafer und Gerste und in den unteren Regionen mit mildem Klima Kastanienhaine und intensive Obstkulturen. Besonders erlebnisreich ist das vordere Passeiertal und die Meraner Beckenlandschaft zur Blüte- und Erntezeit. – Die SS.44 durch das vordere Passeiertal ist einem größeren Verkehrsaufkommen kaum mehr gewachsen: zwischen St. Leonhard und Saltaus kann man zwar mit einem flüssigen Vorwärtskommen rechnen, dem aber talaus mehrere enge Ortsdurchfahrten und der viel gewundene Verlauf der Straße entgegenstehen. Fast reibungslos vollzieht sich die Einfahrt in die Stadt Meran unterhalb des Küchelberges bzw. entlang der Passer. Hin und zurück 40 km. Fahrtechnische Beurteilung: leicht.

27 Rund um die Ötztaler Alpen**

Route: Landeck (816) – Pontlatzbrücke – Prutz – Pfunds – Kajetansbrücke – Nauders – Reschenpass (1504) – Graun – St. Valentin auf der Haide – Mals – Schlanders – Meran – Saltaus – St. Leonhard in Passeier – Moos in Passeier – Timmelsjoch (2509) – Untergurgl – Zwieselstein – Sölden – Huben – Umhausen – Ötz – Imst – Landeck. **263 km.**

Fahrtechnische Beurteilung: leicht bis mittel

Zeitaufwand: Tagestour

Die Ötztaler Alpen dehnen sich über eine sehr große Fläche zwischen dem Inntal bei Imst und dem Etschtal bei Schlanders aus. Demnach zählt die beschriebene Runde mit 263 km zu den längsten der ausgewählten Touren. Will man bis in das Herz dieser Gebirgsgruppe eindringen, so lohnt es sich außerordentlich, auch den großartigen Abstecher über die „Kaunertaler Gletscherstraße" bis hinauf zum Großparkplatz Weißsee zu unternehmen; die gesamte Kilometerleistung würde dann allerdings stattliche 341 km betragen!

Die seit alters her unter der Bezeichnung „Oberer Weg" bekannte **Reschenstraße** erlaubt aufgrund ihres Ausbauzustandes im Allgemeinen eine flüssige Fahrweise. Zwischen der Pontlatzbrücke und der Kajetansbrücke präsentiert sie sich als kreuzungsfreie bzw. an Kreuzun-

Blick zur Scheitelhöhe des **Timmelsjoches** mit Rasthaus und Parkplatz → Runde 26 und 27.

gen durch Ampeln geregelte, breite Autostraße mit Gegenverkehr. Ihre Linienführung und Ortsumfahrungen tragen zu guten Reisedurchschnitten bei. Im Abschnitt Kajetansbrücke–Hochfinstermünz–Nauders konnte die alte Ritter-von-Ghega-Trasse aus den Jahren 1850 bis 1854 mit Verbreiterungen und dem 450 m langen Finstermünztunnel modernisiert werden. Durch Vermehrung der Lawinen- und Steinschlag-Schutzgalerien wurde die Sicherheit erhöht. Die Steigungen betragen max. 10%, was nur für den Schwerverkehr von Bedeutung ist. Von Nauders (1394) gelangt man schließlich auf den letzten sechs vorzüglich ausgebauten Kilometern zur Staatsgrenze auf der Passhöhe (1504).

Auf der Ostuferstraße des Reschensees berührt man die Orte Reschen und Graun. Der Kirchturm des alten Dorfes Graun, welches dem Stausee zum Zwecke der Stromgewinnung weichen musste, ragt

Timmelsjoch, Nordrampe → Runde 26 u. 27.

Blick von der **Kaunertaler Gletscherstraße** auf den **Gepatsch-Stausee** → Runde 27.

Kaunertaler Gletscherstraße → Runde 27.

wie ein warnender Zeigefinger weit über den Seespiegel heraus. St. Valentin a.d. Haide liegt zwischen dem Reschen- und dem Haidersee. Die großzügig angelegte Trasse hinab nach Mals im Vinschgau (1051) benützt einen riesigen, eiszeitlichen Moränenschuttkegel. Man fährt durch weit ausholende Serpentinen wie auf einer schiefen Ebene abwärts.

Der Vinschgau ist ein breites, durch weitere Schuttkegel gekennzeichnetes Tal, welches von der Etsch durchflossen wird. Er erstreckt sich von der Etschquelle am Reschenscheideck bis zum Meraner Becken in der Länge zirka 80 km. Wegen seiner ausgedehnten Obstkulturen, angebaut werden vor allem Kirschen, Aprikosen, Kiwis, Birnen und Äpfel, ist eine Fahrt durch das weite Blütenmeer des Vinschgaus während des Frühlings ein ganz besonderes Erlebnis. Im Herbst hingegen lädt auch diese Region Südtirols zum gemütlichen Törggelen ein.

Skizze 27 Rund um die Ötztaler Alpen

Die Strecke von Mals bis Meran misst 56 km und wurde nur in wenigen Abschnitten modern ausgebaut; es mangelt vor allem an Ortsumfahrungen. Stauungen bzw. Kolonnenbildungen auf der Talstufe zwischen Töll und Forst, meistens durch langsame und schwer beladene Fahrzeuge in der Steigungsstrecke ver-

Die hochalpine Region der **Kaunertaler Gletscherstraße** bietet Bilderbuchmotive und lässt kaum Wünsche von begeisterten Tourenfahrern offen → Runde 27.

ursacht, sind an der Tagesordnung. Ab Forst benützt man die Schnellstraße bis zur Marlinger AA und gelangt über die Etschbrücke in die Meraner Innenstadt.

In das Passeiertal und zum **Timmelsjoch (2509)** folgt man der vorbildlichen Beschilderung. Ausführliche Beschreibung der Strecke von St. Leonhard i.P. über das Timmelsjoch in das Ötztal → **Route 26**, Rund um die Stubaier Alpen (in umgekehrter Richtung).

Von Ötz fährt man auf breiter Straße talaus zur B 171, 5 km. Ab hier kann man wahlweise die Bundesstraße oder die Autobahn benützen. Folgt man li. der B 171 in w. Richtung, so gelangt man über die wenig ausgeprägte Karrer Höhe auf die Imster Ortsumfahrung und setzt die Fahrt auf der Bundesstraße in die Bezirksstadt Landeck fort.

Entschließt man sich für die Autobahn, so leitet eine Brücke über den Inn zum AA Ötztal. Durch den Bau dreier Straßentunnels (Roppener Tunnel 5100 m, Milser Tunnel 1911 m und Perjen-Tunnel 2880 m lang) wurde eine optimale Linienführung von den Straßenplanern gefunden. Der Perjen-Tunnel verfügt allerdings nur über eine Röhre, was wegen des Gegenverkehrs erhebliche Gefahren birgt. Vom AA Ötztal hat man bis zum AA Landeck-West/Grins 27 km zurückzulegen; verlässt man die A 12 bereits in Zams, so verkürzt sich zwar die Strecke, dafür muss man aber durch ein Siedlungsgebiet fahren. Mit dem 6955 m langen Landecker Tunnel kann die Stadt im SO umfahren werden.

Abstecher: Von Prutz (866) auf der **„Kaunertaler Gletscherstraße“** zum **Bergrestaurant „Weißsee“ (2750)**. Fährt man von Prutz in das Kaunertal, so öffnet sich bei Feichten (1273) der Blick auf die vergletscherte Weißseespitze (3518). Außerhalb von Feichten gelangt man dann zur Mautstelle. Die 21 km lange Hochtalstrecke von Prutz bis zur Dammkrone des Gepatsch-Stausees (1767) ist zweispurig ausgebaut und durchgehend asphaltiert. Hinauf zum Damm hat man die erste stärkere Steigung mit 18%. Die Mautstraße ist im Juni, Juli und August zwischen 7.00 und 18.00 Uhr, die restlichen Monate zwischen 7.00 und 17.00 Uhr geöffnet.

Die „Kaunertaler Gletscherstraße" bietet mit ihrer hochalpinen Region mehrere Bilderbuchmotive! Die Uferstrecke verläuft auf der ö. Seite des Stausees; sie ist viel gewunden, asphaltiert und durch robuste Leitplanken gegen den See hin wirksam abgesichert. Die Fahrbahnbreiten schwanken zwischen 3.5 und 7 m. Vor sehr unübersichtlichen Kurven wurden Verkehrsspiegel aufgestellt. Das Gepatschhaus (1928) bleibt re. der Straße liegen (kurze Zufahrt). Durch einen der wenigen, noch erhaltenen urigen Zirbenwälder Tirols beginnt nun der Serpentinenanstieg hinauf zur Oberen Birgalm (2185). Die gesamte, 11 km lange Bergstrecke wurde zweispurig angelegt; normalerweise hat man keine Probleme bei Begegnungen mit Linienbussen. Am EP der Gletscherstraße steht, in landschaftsverbundenem Stil errichtet, das Gletscherrestaurant „Weißsee" mit 700 Sitzplätzen. Es gibt mehrere, terrassenartig angelegte Park- und Abstellplätze im Bereich des obersten Straßenabschnittes. Hin und zurück 78 km. Fahrtechnische Beurteilung: leicht bis mittel.

Oberinntal und Samnaungruppe** 28

Route: Imst (830) – Landeck – Pontlatzbrücke – Prutz – Ried – Tösens – Pfunds – Kajetansbrücke – Spiss – Samnaun – Vinadi – Martinsbruck – Norberthöhe (1454) – Reschenpass (1504) – Reschen – Rojen – St. Valentin auf der Haide – Graun im Vinschgau – Reschen-Scheideck – Nauders – Pfunds – Prutz – Kauns – Kaunerberg – Piller Höhe (1558) – Piller – Wenns – Arzl im Pitztal – Imst. **182 km.**

Fahrtechnische Beurteilung: mittel

Zeitaufwand: Tagestour

Für diese Runde eignet sich Imst gut als Ausgangsort. Sowohl die B 171 als auch die A 12 bietet sich für eine zügige Fahrt in Richtung Landeck (816) an. Benützt man die Bundesstraße, so gelangt man in der Stadt beim Kreisverkehr auf die, zunächst als L 76, dann als B 180 bez. **Reschenstraße**. – Wer die Inntal-Autobahn wählt, verlässt diese bei der Anschluss-Stelle Reschenpass und nimmt die ebenfalls vignettenpflichtige Landecker Südumfahrung. Sie wurde mit dem Bau des 6955 m langen Landecker Tunnels durch den Venetberg realisiert und entlastet nun das staugefährdete Stadtzentrum. Der Tunnel hat aber nur eine

Blick von der **Reschner Alm** auf den lang gestreckten **Reschensee** → Runde 28.

Kurvig zur **Piller Höhe** → Runde 28.

Röhre und somit Gegenverkehr. Am Südportal wird die Umfahrung mit der L 76 zusammengeführt und setzt sich als B 180 Richtung Reschenpass fort.

Die Reschenstraße weist derzeit einen unterschiedlichen Ausbauzustand auf: von Landeck zunächst durch den vom Inn gebildeten Engpass auf normal breiter, jedoch kurvenreicher Strecke über den Neuen Zoll zur Abzw. Pontlatzbrücke. Dort beginnt der als Autostraße gut ausgebaute Abschnitt, welcher an Prutz, Ried, Tösens und dem Doppelort Stuben-Pfunds vorbeileitet.

Wenige Kilometer weiter hat man re. die Abzw. der innerstaatlichen Direktverbindung zwischen der Kajetansbrücke und dem Tiroler Bergdorf Spiss (1627). Die aufwändig ausgebaute Bergstraße gewinnt zunächst mit einer Gruppe von sieben Kehren bei max. 13% Steigung rasch an Höhe. Sie ist bis Spiss mit Ausnah-

Runde 28

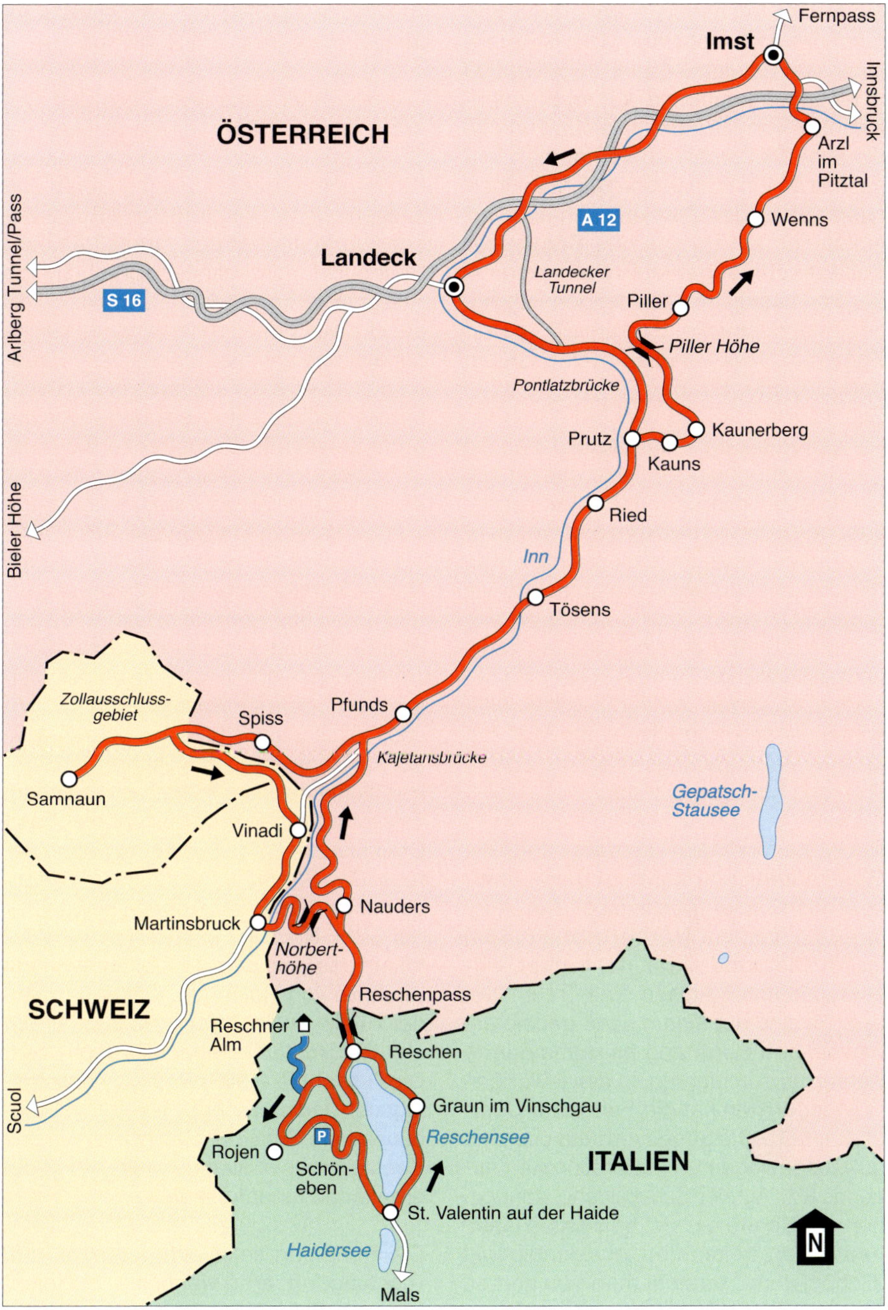

Skizze 28 Oberinntal und Samnaungruppe

me kurzer Abschnitte normal breit und durchgehend asphaltiert. Der Straßentunnel am Gstaldner Sattel (1650) ist 600 m lang, gekrümmt und war im Bj. unbeleuchtet. Von der Abzw. Kajetansbrücke bis zum ZA Spissermühle hat man insgesamt 10 km zurückzulegen. Man überquert zuletzt den Zandersbach und vereinigt sich am Beginn des **Schweizer Zollausschlussgebietes Samnaun** mit der, von Vinadi heraufziehenden Schweizer Zufahrtsstrecke. Bis zum EP im Dorf Samnaun (1835) sind es noch 6 km auf normal breiter Straße.

Für den Rückweg talaus benützt man die Straße auf Schweizer Seite hinab nach Martina/Martinsbruck (1035). Die extrem kurvige Gebirgsstrecke weist vier sehr enge, gekrümmte und unbeleuchtete Tunnels auf; die nostalgisch anmutende Val Alpetta-Galerie hat eine Mindestbreite von nur 2.3 m! Vor dem Einfahren in die unübersichtlichen Tunnels sollte man unbedingt abwarten und auf Gegenverkehr achten, in den Tunnels auf alle Fälle hupen! Im Tal angelangt, biegt man re. in Richtung Martinsbruck ab.

Bei Weiterfahrt nach Nauders erfolgt die Grenzabfertigung auf dem gegenüberliegenden Tiroler Brückenkopf. Die Bergstraße hinauf zur **Norberthöhe (1454)** ist für Motorradfahrer dank ihrer verkehrsgerechten Anlage eine Traumstrecke. Es sind auf einem sanft geneigten, bewaldeten Berghang elf nummerierte Kehren zu durchfahren. In den jeweiligen Wendepunkten hat die Fahrbahn Überbreiten. Die Steigungsverhältnisse sind gut ausgewogen und überschreiten nirgends 8%. Auf der Scheitelhöhe steht neben der Straße ein viel besuchtes Gasthaus. Den bekannten Aussichtspunkt „Schöpfwarte“ erreicht man von dort zu Fuß in wenigen Min. Die nur 8 km lange Martinsbrucker-B 185 mündet außerhalb von Nauders (1394) in die meistens stark frequentierte Reschen-B 180 ein.

Die Rundtour setzt man über den **Reschenpass (1504)** fort und verlässt die SS.40 erst im Ort Reschen, wo man in Kirchennähe der HT „Rojen“ folgt. Die ausgebaute w. Uferstraße des Reschensees verläuft über den Ortsteil Pitz zur Badebucht; dort befindet sich auch eine Anlegestelle für Windsurfer. Von der Uferstrecke aus hat man herrliche Ausblicke auf den See und die firnbedeckten Häupter der Ortlergruppe. Hinter der Pitzbachbrücke beginnt die zweispurige, vorwiegend bewaldete Bergstrecke mit max. 15% Steigung und Asphaltbelag. Rund 3 km weiter mündet die Verbindungsstraße von St. Valentin (1474) über Spinn ein.

Nach Überwindung der Bergstrecke erreicht man das Rojental mit der wichtigen Straßenteilung: re. über den Rojenbach zur Reschner Alm, li. nach Rojen, HT. Man folgt nun li. dem sanft ansteigenden Sträßchen talauf und tritt bald aus dem Wald in ein von Bergwiesen umgebenes, im Sommer blumenreiches Hochtal ein. Über dem Talschluss ragen am Horizont die „Fast-Dreitausender“ der Sesvennagruppe heraus. Das Sträßchen verläuft nur einspurig neben dem Bach; Ausweichen gibt es auf Sicht. Nach 1.7 km weist re. eine Tafel auf das, aus dem 14. Jh. stammende Kirchlein von Rojen hin. Die 400 m lange, zuletzt steile Zufahrt bis zum Alpengh. „Bergkristall“ ist ebenfalls asphaltiert. Die Rojenhöfe (1968) sind die höchstgelegenen und ganzjährig bewohnten Bergbauernhöfe Südtirols. Sehenswert ist das Kirchlein dieser Siedlung mit seinen gut erhaltenen Innenfresken.

Die Rundfahrt setzt sich nunmehr in ö. Richtung fort. Man wechselt am Rojenbach die Talseite und gelangt bei max. 12% Steigung auf zweispuriger Bergstre-

Wie zu Pionierzeiten: die nur 2.3 m breite, gekrümmte **Val Alpetta-Galerie** → Runde 28.

cke und mittels zweier Kehren hinauf zum Großparkplatz Schöneben. Das Skihaus (2087) wie auch die benachbarten Unterkunftshäuser bleiben im Sommer geschlossen. Von der Scheitelstrecke hat man nur eine beschränkte Aussicht.

Die 7.5 km lange, viel gewundene Abfahrt durch ein ausgedehntes Waldgebiet hinab nach St. Valentin ist im oberen Abschnitt knapp zweispurig, dann nur mehr einspurig mit Ausweichen; durchgehend wurde Asphalt aufgetragen. Das Gefälle beträgt max. 10%. Über die Häuser von Kaschon erreicht man den breiten Talboden und mündet n. von St. Valentin wieder in die SS.40 ein.

Die modern ausgebaute Staatsstraße verläuft auf dem Ostufer hoch über dem Reschensee. Unterhalb vom Endkopf (Jaggl) schützt eine gegliederte Galerie sowohl vor Steinschlag als auch vor Lawinenabgängen. Nach Umfahrung der

Piller Höhe (Gacher Blick) → Runde 28.

Uferorte Graun und Reschen gelangt man wieder auf den Reschenpass. Zurück bis Prutz folgt man der B 180 durch das Oberinntal wie eingangs beschrieben.

Von Prutz (864) auf guter Gemeindestraße hinauf nach Kauns (1050) und Kaunerberg (1297), einer besonders sonnenbegünstigten, ausgedehnten Streusiedlung. Mit max. 16% Steigung erreicht man auf knapp zweispuriger Bergstrecke mit Ausweichen im weiteren Anstieg das Gh. „Alpenrose“ in Puschlin (1475) und noch weiter oben die **Piller Höhe (1558)**. Die vom Volksmund abgeleitete Bezeichnung „Gacher Blick“ bezieht sich auf den eindrucksvollen Tiefblick über das fast senkrecht abfallende Gelände in das Inntal hinab. Man steht hier wie auf einer Plattform 700 m über dem Fluss! Die Ausblicke reichen von der Passeierspitze (3036) über den Furggler (3004) bis zu den Grenzbergen im Dreiländereck Österreich-Italien-Schweiz. Auf der Scheitelhöhe wurde nebenan das Naturparkhaus Kaunergrat mit Restaurant errichtet.

Norberthöhe, Westrampe → Runde 28 u. 40.

Die bewaldete Rampe hinab nach Piller (1353) weist ein Gefälle von max. 14% auf. Die Fortsetzung der Straße über den Weiler Greith (1093) nach Wenns (982) war im Bj. vorwiegend zweispurig mit nur kurzen, engen Passagen. In Wenns mündet man in die hervorragend ausgebaute Pitztaler-L 16 ein und bei zügiger Fahrweise ist nach 7 km über Arzl im Pitztal und die moderne Innbrücke der Straßenknoten Imst-Brennbichl erreicht.

Abstecher: Vom Rojental zur **Reschner Alm (2001)**. Die während des Sommers bewirtschaftete Reschner Alm ist zweifellos das lohnendste anfahrbare Ziel rund um den Reschensee! Von der erwähnten Straßenteilung am Beginn des Rojentales hält man sich re. und folgt über die Brücke der HT „Reschner Alm“. Es handelt sich um einen 5 km langen, fein geschotterten, einspurigen Fahrweg, der aus einem ehem. Militärsträßchen hervorging und daher auch festen Unterbau besitzt. Die Steigungen schwanken zwischen 12 und 15%; es gibt nur wenig Ausweichstellen.

Vom EP genießt man Prachtblicke auf den Reschensee und sein Ostufer. Im SO glitzern die firnbedeckten Berge der Ortlergruppe mit der Vertainspitze (3545) und der Tschenglser Hochwand (3375). Nach O blickt man zu den Gletscherbergen des Weißkugelkammes, welche sich über dem Langtauferer Tal erheben. Direkt im S hat man die markante Elferspitze (2926), welche aus der Sesvennagruppe hervorragt, im Blickfeld. Hin und zurück 10 km. Fahrtechnische Beurteilung: mittel.

Rund um die Lechtaler Alpen** 29

Route: Reutte (854) – Weißenbach am Lech – Stanzach – Elmen – Bschlabs – Boden – Pfafflar – Hahntennjoch (1894) – Imst – Tarrenz – Nassereith – Fernpass (1209) – Bichlbach – Heiterwang – Reutte. **104 km.**

Fahrtechnische Beurteilung: mittel

Zeitaufwand: Halbtagestour

Eine lohnende Runde, welche allerdings zu Sonn- und Feiertagen sehr stark frequentiert wird. Die landschaftlich ansprechendsten Streckenabschnitte findet man am hochalpinen Hahntennjoch, am reizvollen Fernpass und am zahmen Berwanger Sattel. Fahrtechnische Schwierigkeiten treten kaum auf, die Westrampe des Hahntennjochs erfordert in den engen Serpentinen zwischen Boden und Pfafflar allerdings entsprechende Übung. Die max. Steigungen/Gefälle betragen 14%.

Zunächst von Reutte durch das breite Lechtal nach Elmen, wo man nach O in das Bschlaber Tal nach Bschlabs (1307) abzweigt, HT. Die Hochtalstraße präsentiert sich bis knapp vor Boden in einem mit Kunstbauten versehenen, modernen Zustand. Die Serpentinenstrecke hinauf nach Pfafflar ist zwar übersichtlich, jedoch deutlich schmäler als ihre Zufahrt. Die aus dem frühen 13. Jh. stammenden Holzhäuser zählen zu den ältesten Tirols. Im weiteren Anstieg erreicht man bald den Scheitel des **Hahntennjoches (1894)**. Im Rückblick zeigen sich die Allgäuer Alpen mit der Hornbachkette (darin auch die Urbeleskarspitze), im Vorblick Heiterwand und Kienberg.

Die Abfahrt durch das wildromantische, eingerissene Salvesental gestaltet sich abwechslungsreich; der Latschenregion folgen Geröllkegel, steile Abhänge und schließlich Föhren-, Lärchen und Fichtenwälder. Bei Murengefahr wird die Strecke durch fernbediente Ampeln gesperrt. Die hoch über dem Bach verlaufende Straße wurde teilweise dem Fels abgerungen. Sie ist zwar normal breit und durchgehend asphaltiert, doch mit Vorsicht zu genießen; die schluchtartige Gefällestrecke weist etliche scharfe und unübersichtliche Kurven auf. Gefährliche Abschnitte sind mit Leitplanken gesichert.

In der Oberstadt von Imst (830) gilt ein streng überwachtes Tempolimit von 30 km/h. Man achte auf die Beschilderung „Nassereith, Fernpass“ und folgt der B 189 durch das Gurgltal nach Nassereith. Beim Schloss Fernstein leitet die B 314 unmittelbar am tintenblauen Fernsteinsee vorbei. Die Bergseen beiderseits des **Fernpasses (1209)** leuchten wie Juwelen und bilden das Charakteristische dieser durch Bergstürze entstandenen Landschaft. Während die Südrampe im oberen Abschnitt mehrere scharfe Kurven in sich birgt, ist die Nordrampe unterhalb des Blindsees hervorragend ausgebaut; ihr Kernstück ist der über 3 km lange, beleuchtete und belüftete Lermoostunnel. Die Orte Lermoos, Lähn, Bichlbach und Heiterwang werden umfahren.

Skizze 29 Rund um die Lechtaler Alpen

Die Direktverbindung nach Reutte führt, entsprechend breit ausgebaut, über Heiterwang (Umfahrung) und oberhalb der Ehrenberger Klause zum Hauptort und touristischen Mittelpunkt des Außerferns. – Unter dem Begriff „Außerfern" versteht man den n. des Fernpasses gelegenen Landesteil Tirols mit dem Loisach- und Lechtal und ihren Seitentälern. Fernpass und Hahntennjoch bilden derzeit die einzigen direkten Straßenübergänge zwischen dem Außerfern und Innertirol. Nur der Fernpass wird gj. offengehalten.

Variante: Von Bichlbach über den **Berwanger Sattel (1336)** und den **Kelmer Sattel (1342)** nach Stanzach und Reutte. Diese Variante bietet gegenüber der direkten Verbindung von Bichlbach nach Reutte landschaftliche Vorzüge. Sowohl die Berwanger als auch die Namloser Straße sind durchgehend ausgebaut und asphaltiert. In der Regel werden sie nur schwach frequentiert. Die Gefällestrecke oberhalb von Elmen konnte durch Neutrassierung und Ortsumgehung auf nunmehr 10% reduziert werden. In Stanzach (939) trifft man wieder auf die Lechtal-B 198, welche über Weißenbach am Lech und Lechaschau nach Reutte zurückleitet. Plus 32 km. Fahrtechnische Beurteilung: leicht bis mittel.

Von Boden steigt die Westrampe des **Hahntennjoches** mit mehreren engen Kehren zunächst nach Pfafflar und dann zur Scheitelhöhe an → Runde 29.

Die Imster Rampe des **Hahntennjoches** leitet durch das wildromantische, im unteren Teil schluchtartige Salvesental. Achtung vor Steinschlag und Muren! → Runde 29.

Kaum besiedelt, aber unter Motorradfahrern beliebt, ist die Strecke über den **Berwanger** und **Kelmer Sattel**; auch die Fortsetzung nach Stanzach wurde modernisiert → Runde 29.

Auf der Imster Rampe führt die **Hahntennjochstraße** knapp unterhalb der Scheitelhöhe an mächtigen Geröllabhängen vorbei → Runde 29. Foto Thanalak Denzel

Abstecher: Bei der Sommerbergbachbrücke zweigt von der Namloser Landesstraße zirka 1.5 km w. des Dorfes Namlos das nur einspurige Schotter-sträßchen zur **Fallerschein-Alpe (1302)** ab. Es gibt auf der 2 km langen Talstrecke nur wenig Ausweichen, jedoch mehrere unübersichtliche Kurven, welche eine vorsichtige, dem Streckenverlauf angepasste Fahrweise erfordern. An der Brücke unterhalb der Sommersiedlung wurde ein Parkplatz angelegt. Nur dazu Berechtigte dürfen die folgenden 400 m zur Alpe hinauffahren, da über die Auffahrt ein allg. Fahrverbot verhängt wurde. Die besuchenswerte Alpsiedlung besteht aus zirka 25 nicht in „Reih und Glied" angeordneten Blockhütten. Speis' und Trank erhält man in den beiden Jausenstationen. Hin und zurück 4 km. Fahrtechnische Beurteilung: mittel bis schwierig.

Rund um die Allgäuer Alpen* 30

Route: Sonthofen (742) – Bad Hindelang – Oberjochpass (1178) – Schattwald – Tannheim – Haldensee – Nesselwängle – Gaichtpass (1073) – Weißenbach am Lech – Stanzach – Elmen – Häselgehr – Elbigenalp – Bach – Holzgau – Steeg – Warth – Hochtannbergpass (1676) – Schröcken – Au – Schnepfau – Mellau – Egg – Hittisau – Balderschwang – Riedbergpass (1420) – Obermaiselstein – Fischen – Sonthofen. **186 km.**

Fahrtechnische Beurteilung: mittel

Zeitaufwand: Tagestour

Die Rundtour umschließt einen Teil des Oberen Allgäus, des Tiroler Außerferns und des Bregenzerwaldes (Vorarlberg) und vermittelt dadurch einen repräsentativen Querschnitt dieser drei viel besuchten Alpenregionen. Die touristischen Höhepunkte heißen auf der Hauptroute Oberjoch, Haldensee und Hochtannberg. Von den Abstechern verdienen wegen ihrer landschaftlichen Lage die kleinen Orte Kaisers und Lechleiten besondere Erwähnung. Die deutsch-österr. Staatsgrenze wird nur zweimal überschritten. Das touristische Ballungszentrum im Raum von Oberstdorf lässt sich auf guten Straßen großzügig umgehen.

Vom Garnisonsort Sonthofen fährt man zunächst auf der B 308, von der Ostrach begleitet, nach Bad Hindelang (825), das im S umfahren wird. Am ö. Ortsrand beginnt die Jochstraße, welche mittels 10 Kehren und etlichen, auch engen Kurven bis zum Ort Oberjoch (1150) einen HU von 325 m auf einer Länge von 6 km überwindet. Die durchschnittliche Steigung liegt zwischen 8 und 9%. In Oberjoch mündet die von Wertach heraufziehende B 310 in die beschriebene Route ein. Hochmoore kennzeichnen das Umfeld der Scheitelstrecke, die gut ausgebaut wurde. Nach weiteren 3 km gelangt man zum **Oberjochpass (1178)**.

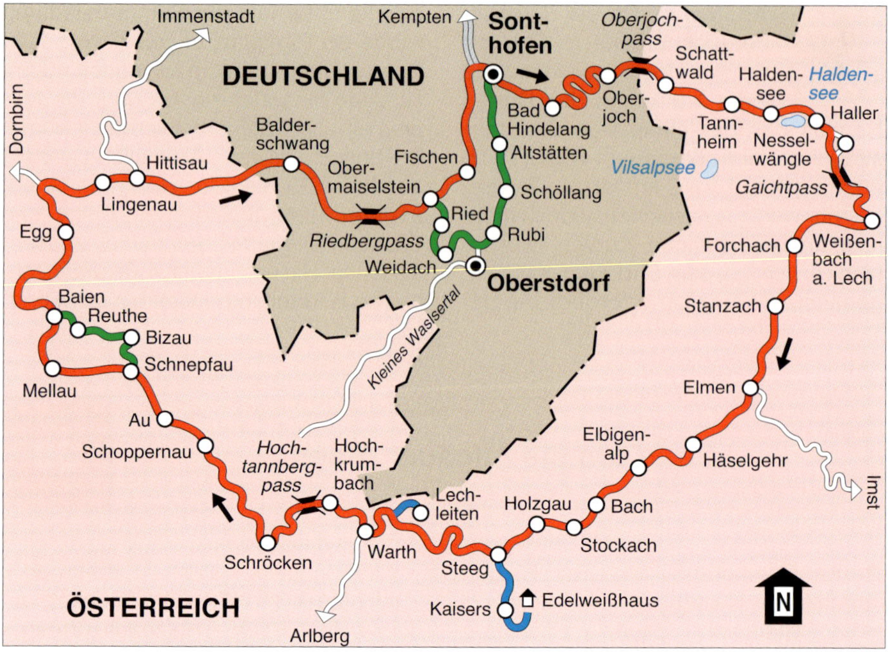

Skizze 30 Rund um die Allgäuer Alpen

Die Straße hinab nach Schattwald weist ein Gefälle von max. 12% auf. Nur wenige Kilometer sind es noch nach Tannheim, dem Hauptort des gleichnamigen Tales. Die Fahrbahnbreiten sind starken Schwankungen unterworfen. In den Ortsdurchfahrten gibt es Engstellen. – Für die Straße von Tannheim (1097) zum reizvoll gelegenen Vilsalpsee, welcher als Naturschutzgebiet ausgewiesen ist, gilt zwischen 10 und 17 Uhr ein Fahrverbot für den allgemeinen Kfz-Verkehr.

Die Tannheimer-B 199 setzt sich zum Ort Haldensee fort und leitet über das Nordufer des lieblich eingebetteten Haldensees (1124) zur Häusergruppe Haller. Wenig weiter fährt man über die Wasserscheide, den Sattel von Nesselwängle (1136). Nachdem man an der Rauthkapelle (1110) vorbeigefahren ist, verschwindet die Straße im engen Tal wie in einem Schlund. Bemerkenswert sind die Rückblicke auf die Tannheimer Berge.

Der **Gaichtpass (1073)**, eine Engstelle des Weißenbachtales, wird mit einer Straßenbrücke und Felspassage überwunden. Den HU von zirka 400 m hinab in das Lechtal bewältigt man mit nur vier Kehren; sie besitzen in den Wendepunkten einen relativ engen Kurvenradius! In Weißenbach am Lech (885) trifft man auf die modern ausgebaute B 198.

Man folgt dieser Bundesstraße talein. Forchach, Stanzach, Elmen, Häselgehr, Elbigenalp, Bach, Holzgau und Steeg werden teilweise durchfahren, teilweise nur berührt. Im Abschnitt Weißenbach–Elbigenalp erlaubt der Ausbauzustand gute Reisedurchschnitte. Lechaufwärts

Die Bergstraße über den **Gaichtpass**, einen Engpass bei Nesselwängle, wurde gut ausgebaut und teilweise in den felsigen Abhang trassiert → Runde 30 und 38.

nimmt dann die Straße einen zunehmend gewundenen Verlauf; das Fließen des Verkehrs wird durch mehrere Ortsdurchfahrten herabgemindert, so in Bach, Stockach und Holzgau. – Man begegnet im Lechtal noch manch barockem Bauernhaus, dessen Fassade durch bunte „Lüftlmalerei“ lebendig gestaltet wurde.

Hinter Steeg (1122) verengt sich das Tal schluchtartig. Hinauf nach Warth (1494) überwindet die vorzüglich ausgebaute Straße einen HU von fast 400 m! In den Kehren weist die Fahrbahn Überbreiten auf. Mehrere Kunstbauten bieten Schutz vor Steinschlag bzw. Lawinenabgängen. Mit einer letzten Steigungsstrecke erreicht man das, hinter der Tiroler Landesgrenze exponiert liegende Dorf Warth. Die Ausblicke richten sich vor allem auf die Allgäuer Alpen mit dem Biberkopf (2599) im Vordergrund. Die max. Steigung beträgt nur mehr 8%. Wegen der Länge der Steigungsstrecke wurde außerdem eine Kriechspur angelegt.

Die Straße über den **Hochtannbergpass (1676)** ist wichtiges Bindeglied zwischen dem Arlberg und dem Hinteren Bregenzerwald. Sie schließt in Warth an die B 198 an. Als Touristenstraße leitet sie durch eine landschaftlich besonders anziehende Region, welche vom Widderstein, einem nach S vorgeschobenen Doppelgipfel, beherrscht wird. Zwischen Warth und Hochkrumbach bieten mehrere Kunstbauten Schutz vor Lawinenabgängen. Von Warth bis zur Scheitelhöhe, die auch unter der Bez. „Hochkrumbach-Sattel“ bekannt wurde, ist der HU mit nur 175 m relativ gering; hingegen ist die w. Rampe stärker ausgeprägt als die ö., wobei die Talstufe hinab nach Schröcken (1269) einen HU von runden

400 m bewältigt. Die alte Straße im Abschnitt Schröcken–Neßlegg mit ihren extrem engen Kehren musste einer neuen, 3 km langen Trasse weichen. Der Hochtannbergpass ist jetzt auch absolut wintersicher. Durch diesen großzügigen Umbau konnten auch die Steigungsverhältnisse günstiger gestaltet werden. Sie betragen jetzt nur mehr max. 9%!

Der Abschnitt Schröcken–Schoppernau –Au der Bregenzerwald-B 200 und ihre Fortsetzung entlang der Bregenzerach wurde bis in den Raum von Egg stark modernisiert: neue Straßenbrücken überspannen die großen Wasserläufe und gewährleisten eine bessere Linienführung der Verkehrswege. Ein besonderer Wesenszug des Mittleren Bregenzerwaldes sind die zahlreichen Aulandschaften, was in den Orts- und Flurnamen wie Au, Schnepfau, Hirschau, Mellau, Bizau und Bezau zum Ausdruck kommt. Hierzu kann man auch die zu durchfahrenden Orte Lingenau und Hittisau rechnen. – Beim Bahnhof Schwarzenberg quert man die Trasse der an Samstagen, Sonn- und Feiertagen zwischen Bezau und Bersbuch verkehrenden Bregenzerwaldbahn. Das „Wälderbähnle“ wird mit historischen, restaurierten Dampf- und Dieselloks betrieben.

In Hittisau (790) ändert man seine Fahrtrichtung entscheidend, indem man die B 205 verlässt und der L 5 ostwärts folgt. Die Fahrbahnbreiten der Hittisauer Landesstraße schwanken bis zur Staatsgrenze bei Schönhalden bzw. Schlipfhalden zwischen 6 und 7 m; diese 9 km lange Strecke ist durchgehend asphaltiert. Die Höchststeigung auf diesem Abschnitt beträgt nur 10%. Der grenznahe Ort Balderschwang (1044) wurde früher wegen seiner Verkehrsabgeschiedenheit von den Einheimischen auch als „Bayerisches Sibirien“ bezeichnet.

Die Höhenstraße über den **Riedbergpass (1420)** erreicht oberhalb des Ränkertobels ihren Scheitelpunkt. Sie zählt zu den wenigen Hochstraßen Deutschlands, welche diese Höhe überhaupt erreichen. Die Fahrbahnbreiten schwanken auf der Westrampe zwischen 3.5 und 7 m, auf der Ostrampe zwischen 5 und 7 m. In den obersten Abschnitten wurden beiderseits Steigungsmaxima von 16% gemessen. Auf der Ostrampe ist der Besler (1680) die markanteste Erhebung. Man passiert den Ort Obermaiselstein (859) und trifft wenig weiter bei Fischen im Allgäu (761) auf die stark frequentierte B 19, welche zur Straßenvereinigung mit der B 308 am w. Ortsrand von Sonthofen zurückleitet.

Variante: Bei Schnepfau bietet sich alternativ zur B 200 eine Fahrt über das **Schnepfegg (902)** nach Bizau und Reuthe an, welche für Motorradfahrer besonders interessant ist. Das gilt sowohl für die landschaftlichen Eindrücke als auch für die meisterhafte Anlage des Bergsträßchens durch ein für den Straßenbau geologisch schwieriges Gebiet. Die Steigungen erreichen Maxima von 13%, durchgehend Asphaltbelag.

Die durch Leitplanken randgesicherte Schnepfauer Rampe wartet mit einer kurzen, aber kühnen Trassenführung auf; sie ist nur einspurig und hat wenig Ausweichstellen. Von der Scheitelhöhe hat man nach S den eindrucksvollen Blick auf die Kanisfluh mit ihren steil abfallenden Wänden. Mischwaldparzellen und Feuchtgebiete erfreuen die Sinne der Tourenfahrer auf der Bizauer Rampe; sie weist zunächst einen großzügig ausgebauten Abschnitt auf, ehe eine Gruppe enger Kehren, die durch Leitplanken abgesichert sind, nach Bizau hinableitet. – Unterhalb der Hirschberglift-Talstation findet man einen Großparkplatz

Der **Hochtannbergpass** wird auch Hochkrumbach-Sattel genannt → Runde 30 und 32.

vor. Die 1850 m lange Sommerrodelbahn überwindet mit 70 Kurven einen HU von 400 m. – Bei Baien mündet man wieder in die B 200 ein. Plus 2 km. Fahrtechnische Beurteilung: mittel.

Variante: Zwischen Obermaiselstein und Sonthofen gibt es alternativ zur Hauptroute eine verkehrsberuhigte Entlastungsstrecke, welche folgenden Verlauf nimmt: Obermaiselstein, Ried, Weidach, Breitachbrücke, Rubi im N von Oberstdorf, Reichenbach, Schöllang, Hinang, Altstädten, Sonthofen. Plus 12 km. Fahrtechnische Beurteilung: leicht bis mittel.

Abstecher: Von Steeg (1122) zum **Edelweißhaus (1530)** in **Kaisers**. Die zweispurig ausgebaute und asphaltierte Kaiserer-L 268 überwindet bei einer Streckenlänge von 4.3 km runde 400 m HU. Geschwindigkeitslimit 30 km/h! Das Steigungsmaximum beträgt 12%, der Sicherheit dient eine zirka 100 m lange

Oberjochpass, Westseite → Runde 30 u. 39

Lawinengalerie. Das einsame Dorf Kaisers befindet sich in prächtiger Aussichtslage. Vom Edelweißhaus hat man faszinierende Ausblicke durch das Almajurtal auf die meist schneebedeckte Valluga (2811) im Arlberggebiet; ihr Sendemast, welcher den Gipfel krönt, ist weithin sichtbar. Hin und zurück 9 km. Fahrtechnische Beurteilung: mittel.

Abstecher: Von der B 198 wenig ö. von Warth zum **Holzgauer Haus (1512)** in **Lechleiten**. Von der stark modernisierten Lechtalstraße zweigt in ihrem oberen Abschnitt nahe dem Waldheim nach N ein schmales Asphaltsträßchen zum bewirtsch. Holzgauer Haus ab, HT. Es wurde vollkommen mit kleinen Holzschindeln verkleidet, wie es in diesem Landstrich üblich ist. Das Sträßchen steigt bei max. 13% noch bis zum Kirchlein von Lechleiten (1540) an und endet nach 2.5 km ab der B 198 bei den letzten Häusern bzw. am Beginn des Anstiegsweges zum markanten Biberkopf (2599), einem prächtigen Aussichtsberg. Hin und zurück 5 km. Fahrtechnische Beurteilung: leicht bis mittel.

31 Rund um die Verwallgruppe**

Route: Bludenz (Ost) – St. Anton im Montafon – Gamprätz – St. Gallenkirch – Gaschurn – Partenen – Bielerhöhe (2036) – Galtür – Mathon – Ischgl – Ulmich – Lochau – Unterholdernach – See – Pians – St. Anton am Arlberg – Arlbergpass (1793) – Stuben – Langen am Arlberg – Dalaas – Innerbraz – Bludenz (Ost). **150 km.**

Fahrtechnische Beurteilung: mittel

Zeitaufwand: Tagestour

Die Silvretta-B 188 nimmt ihren Ausgang vom Knoten in Bludenz-Ost, wo die Arlberg-Schnellstraße an die A 14, welche den Walgau durchmisst, anschließt. Von der insgesamt 64 km langen B 188 verlaufen 27 km durch das Montafon (Vorarlberg) und 37 km durch das Paznaun (Tirol). Die mautpflichtige Scheitelstrecke der Vorarlberger Illwerke über die **Bielerhöhe (2036)** ist rund 22 km lang; im Bj. waren die Mautstellen zwischen 20 und 8 Uhr nicht besetzt, sodass man sie zu fortgeschrittener Stunde frei befahren konnte. Die Wintersperre dauert in der Regel von November bis Mai, der genaue Termin richtet sich nach der Schneelage.

Der Ausbauzustand der B 188 durch das Montafon ist unterschiedlich: normale, 6 bis 7 m breite Abschnitte münden in Engstellen mit nur 3 bis 4 m Breite ein. Bei Lorüns hat man einen unbeschrankten, schienengleichen Übergang zu queren, wenig weiter überwindet man eine kurze Talstufe bei max. 8% Steigung. Mehrere Orte im stark besiedelten Montafon werden umfahren, so St. Anton, Vandans, Schruns, Gaschurn und Partenen.

Die **„Silvretta-Hochalpenstraße“** ist eine der interessantesten und landschaftlich abwechslungsreichsten Touristenstraßen Österreichs. Die angrenzenden Talschaf-

Das oberste Paznauntal wird Kleinvermunt genannt. Die **Silvretta-Hochalpenstraße** kommt auf ihrer Ostrampe mit nur vier Kehren knapp unterhalb der Staumauer aus. → Runde 31.

ten, in Vorarlberg der „Naturpark Montafon", in Tirol das pittoreske Paznaun, sind durch diesen großartigen Verkehrsweg über die Bielerhöhe miteinander verbunden. Die Mautstelle West befindet sich oberhalb Partenen-Loch (1051).

Das Charakteristikum der Westrampe ist eine dichte Folge von 25 Serpentinen, mit denen man auf einer 9 km langen Strecke bis zum Vermuntsee (1747) einen HU von runden 700 m gewinnt. Der anschließende, 5 km lange Abschnitt durch das Großvermunt zur Bielerhöhe bewältigt mit fünf Kehren einen weiteren HU von 300 m. Vom w. Ufer des Silvretta-Stausees erblickt man die eisgepanzerten Dreitausender der Silvrettagruppe, welche vom Piz Buin (3312) dominiert werden. Am See verkehrt ein Motorboot. Die Ostrampe kommt mit nur 4 Kehren aus, welche den Abstieg vom Stausee ermöglichen. Dann folgt die Bergstraße der durch die Natur vorgezeichneten Furche im Kleinvermunt. Die gesamte Strecke ist asphaltiert, die Fahrbahn normal breit, Höchststeigungen bzw. Gefälle betragen 10 bis 12%. Noch vor der Abzw. zum Speicher Kops (→ Abstecher) passiert man die Mautstelle Ost (1725).

Die B 188 zieht durch Galtür (1584), das am Eingang ins Jamtal liegt und oberstes Kirchdorf im Paznauntal ist. Seit der Katastrophe im Jahr 1999 schützen hohe Mauern und Dämme den Ort vor Lawinenabgängen. Talab werden Mathon und der Hauptort Ischgl (1376) umfahren. Bei idealer Linienführung der Straße folgt man talaus der schäumenden Trisanna und berührt die Orte Lochau und See. Nachdem man unter der markanten Trisannabrücke der Arlbergbahn hindurchgefahren ist (daneben steht das

Beeindruckend ist die hochalpine Szenerie auf der **Bielerhöhe**; über den **Silvretta-Stausee** hinweg hat man eine prächtige Gipfelschau mit dem Piz Buin (3312) → Runde 31.

Schloss Wiesberg), mündet man oberhalb von Pians in die B 316 ein. – Für Vignettenbesitzer empfiehlt es sich, zwischen Pians und dem Anschluss St. Anton am Arlberg die kreuzungsfreie S 16, welche durch den 5.8 km langen, zweiröhrigen Strenger Tunnel leitet, zu benützen; sie ist bis zum Portal des Arlbergtunnels (Ausfahrt Pass) mautfrei.

In St. Anton gibt es ein Skimuseum zu besichtigen. Leidenschaftliche Pässefahrer mit Sinn für die Schönheiten der Hochgebirgslandschaft lassen sich bei günstiger Wetterlage ihr „Gipfelerlebnis" kaum nehmen und befahren statt dem mautpflichtigen, fast 14 km langen **Arlberg-Straßentunnel** mit nur einer Röhre und Gegenverkehr die prächtige Aussicht gewährende Scheitelstrecke über den **Arlbergpass (1793)**. Zudem findet man auf der B 197 bis hinab nach Langen ausgezeichnete Straßenzustandsverhältnisse vor. Man hat eine durchwegs normal breite Asphaltstraße mit Überbreiten in den Kehren. Die Höchststeigung bzw. das Gefälle konnte auf 12% reduziert werden. Galerien und Tunnels schützen vor Steinschlag und Lawinen.

Die Arlbergstraße verbindet alle touristisch bedeutenden Talorte zwischen dem Lechquellengebirge im N und der Verwallgruppe im S. Als dominierende Erhebung ragt über dem Pass-Scheitel die Valluga (2809) auf. Die Abfahrt vollzieht man über die Alpe Rauz und den alten Ort Stuben (1407), dessen Name von den seinerzeitigen „Pilgerstuben" abgeleitet wurde. Man gelangt hinab nach Langen am Arlberg (1174), wo sich sowohl das Westportal des Arlberg-Straßentunnels als auch das der Arlbergbahn befindet. Wer eine Vignette geklebt hat, kann an-

Skizze 31 Rund um die Verwallgruppe

statt der Landesstraße mit ihren verwinkelten Ortsdurchfahrten und lokalen Verkehrserregern von der Anschluss-Stelle Langen bis zur Anschluss-Stelle Bludenz-Ost die Schnellstraße benützen.

Variante: Von St. Anton im Montafon über **Bartholomäberg (1087)** nach Schruns und Gamprätz. Das Bergsträßchen von St. Anton im Montafon (651) nach Bartholomäberg stellt an das Fahrkönnen einige Anforderungen, die nur von geübten Bergfahrern erfüllt werden können. Es führt über Jetzmunt (845) hinauf zu der sonnseitig gelegenen Streusiedlung im Silbertal. Bis Bartholomäberg hat man 5 km an meist steiler Berglehne, jedoch auf durchgehend asphaltierter und randgesicherter Strecke zurückzulegen. Längere Abschnitte sind nur einspurig und weisen kaum Ausweichstellen auf. Die max. Steigung wurde mit 12% ermittelt. Bartholomäberg, ein rund 27 km^2 umfassendes Gemeindegebiet, ging aus einer uralten Streusiedlung hervor; sie wurde bereits zur Zeit der Karolinger erwähnt und gilt als älteste Niederlassung der Walser in dem einst rätoromanischen Montafon. Den Ortsmittelpunkt markiert die Kirche, ein prächtiges Barockbauwerk in einmalig schöner Aussichtslage.

Das Straßennetz durch das verstreute Siedlungsgebiet bietet sich dem Motorradfahrer förmlich an. Über das ehemals bemautete Stichsträßchen von Bartholomäberg hinauf zum Gh. „Rellseck" (1483) wurde jedoch ein allgemeines Fahrverbot verhängt, wovon nur Anrainer und Inhaber von Fahrerlaubnisscheinen ausgenommen sind. – Hinab nach Schruns (690) kann man auf zwei verschiedenen Wegen gelangen: entweder auf ausgebauter Direktverbindung von Bartholomäberg, 3 km, oder auf der Terrassenstraße nach Innerberg mit Abfahrt nach Silbertal, zirka 13 km. Plus 15 km. Fahrtechnische Beurteilung: mittel.

Der ganzjährig geöffnete **Arlbergpass** verbindet die Bundesländer Tirol und Vorarlberg; Blick vom Grenzstein in Richtung Westen → Runde 31.

Variante: Die **„Paznauntal-Höhenstraße“** verläuft zwischen den Weilern Ulmich und Unterholdernach in aussichtsreicher Terrassenlage zwischen 1250 und 1500 m. Sie ist zirka 10 km lang und verbindet die sonnseitig gelegenen Streusiedlungen mit dem Dorf Kappl (1256). Die Höfe befinden sich vorwiegend in steiler Hanglage, jedoch weit unterhalb des Hohen Riffler (3168); sie alle haben hervorragende Südlage. Die Berge der unmittelbaren Umgebung gehören der Verwallgruppe an. Das Terrassensträßchen zieht viel gewunden, nur einspurig und mit nur wenig Ausweichstellen ausgestattet, von Ulmich über Kappl nach Perpat und Inner-Langesthei (1485). Von dort stellt eine zweispurig angelegte und entsprechend ausgebaute Bergstraße die 4 km lange Verbindung mit der Talstraße B 188 her. Auf dieser Strecke ist ein HU von knapp 400 m mittels mehrerer Serpentinen zu überwinden; beim Haus „Spiss“ im SW von See mündet man in die Bundesstraße ein. Plus 4 km. Fahrtechnische Beurteilung: mittel.

Abstecher: Vom Kleinvermunt über das Zeinisjoch (1842) zum **Speicher Kops**. Die Abzw. der „Neuen Kopser Straße“ befindet sich etwas ö. der Mautstelle Galtür (1725). Sie darf ohne Maut befahren werden und misst bis zum Großparkplatz (1855) am Kopser Stausee 5.4 km. Ihre Fahrbahn ist 6 bis 8 m breit, weshalb sie auch von Bussen benützt wird. Die max. Steigung beträgt 10%. Als technische Sehenswürdigkeit gilt die 600 m lange, begehbare Krone der 122 m hohen Staumauer. Zirka 1 km vor dem EP lädt das Alpengh. „Zeinisjoch“ zur Rast. – Die einspurige „Alte Kopser Straße“, welche ö. des Zeinisbaches verläuft und beim Wirler Hof (1630) in die B 188 einmündet, ist für Kfz gesperrt. – Hin und zurück 11 km. Fahrtechnische Beurteilung: leicht.

Lechquellengebirge und Hinterer Bregenzerwald** 32

Route: Stuben (1402) – Alpe Rauz – Flexenpass (1773) – Zürs – Lech – Warth – Hochtannbergpass (1676) – Schröcken – Au – Faschinajoch (1486) – Fontanella – Sonntag – Thüringen – Ludesch – Nüziders – Bludenz – Innerbraz – Dalaas – Klösterle – Stuben. **116 km.**

Fahrtechnische Beurteilung: mittel

Zeitaufwand: Halbtagestour

Diese Rundtour zählt zu den landschaftlich reizvollsten im W Österreichs. Sie führt über drei hervorragend ausgebaute Pässe und vermittelt gute Einblicke in die Kernlandschaften des Lechquellengebietes. – Beginnt man die Runde in Stuben, so durchfährt man zunächst fünf breite Kehren und hat auf der Alpe Rauz (1620) die wichtige Abzw. der Lechtal-B 198 von der Arlberg-B 197. Die Flexenstraße leitet zunächst über den **Flexenpass (1773)** in den Hotelort Zürs (1717) und weiter hinab in den bedeutenden Fremdenverkehrsort Lech (1444).

Tunnels und Galerien gewährleisten zwischen der Rauzalpe und Lech größtmöglichen Schutz vor Lawinenabgängen bzw. Steinschlag; hingegen gilt die Strecke Lech–Warth als nicht lawinensicher und bleibt bei entsprechender Schneelage in manchen Jahren bis weit in das Frühjahr hinein gesperrt. Die Fahrbahnbreiten der Flexenstraße schwanken zwischen 5 m (vor allem in den Felstunnels) und 8 m; im Raum Zürs gibt es Überbreiten bis 14 m, welche bei Bedarf als Abstellplätze dienen. Das Steigungsmaximum beträgt auf der Südrampe 10%, auf der Nordrampe 7%. Die unübersichtlichen, engen Kurven in den alten Tunnels (Baujahr 1895!) erfordern besondere Vorsicht! Zwischen Zürs und Lech gibt es hingegen nur moderne Kunstbauten mit beleuchteten Tunnels und einer langen, geradlinig verlaufenden Galerie.

Im einsam gelegenen Kirchdorf Warth (1495) verlässt man die re. ins Lechtal

Zwischen **Au** und **Damüls** → Runde 32.

Runde 32

Tunnels und Galerien kennzeichnen die bereits im Jahr 1895 erbaute **Flexenstraße**. Vom Ort Stuben aus lässt sich ihr Verlauf durch steile Felswände gut verfolgen → Runde 32.

Auf der Nordrampe des **Faschinajochs** wurde zum Schutz vor Lawinen mit großem Aufwand die 1400 m lange Hahnenköpfle-Galerie errichtet → Runde 32 und 33.

Skizze 32 Lechquellengebirge und Hinterer Bregenzerwald

hinabführende Straße und folgt der Bregenzerwald-B 200 nach W zum **Hochtannbergpass (1676)**; sie ist wichtiges Bindeglied zwischen dem Arlberg und dem Hinteren Bregenzerwald. Ihre Scheitelstrecke wurde erst nach dem Zweiten Weltkrieg errichtet, nachdem sich die ursprünglichen Straßenbaupläne, welche aus dem Kleinen Walsertal einen Durchstich unter dem Widdersteinmassiv vorsahen, nicht mehr realisieren ließen.

Zwischen Warth und Hochkrumbach gibt es mehrere Schutzeinrichtungen in Form von Galerien und Tunnels. Auf der Scheitelstrecke durchfährt man ein liebliches Almengebiet mit saftig-grünen Matten. Während von Warth bis zum Scheitel nur 175 Höhenmeter zu überwinden sind, bewirkt die Talstufe hinab nach Schröcken (1269) einen HU von über 400 m!

Die alte Rampe zwischen Neßlegg und Schröcken musste einer 3 km langen, völlig neu trassierten Bergstrecke weichen, wobei in die Baumaßnahmen acht Brücken mit einer Gesamtlänge von 715 m, zwei Tunnels und 410 m natursteinverkleidete Stütz- und Futtermauern einbezogen wurden. Durch diesen großzügigen Ausbau ließen sich auch wesentlich günstigere Steigungsverhältnisse (Reduzierung von früher 14% auf jetzt nur noch 9%) erzielen. Die ursprünglich engen Kurven in den Wendepunkten besitzen jetzt durchwegs verkehrsfreundliche Kurvenradien! Ausgesetzte Stellen wurden durch Leitplanken abgesichert. Das reizvolle Gebiet zwischen Mohnenfluh und Widderstein wurde rechtzeitig unter Naturschutz gestellt. Ab Schröcken wird die B 200 von der schäumenden Bregenzerach begleitet.

Um durch das Argenbachtal zum **Faschinajoch (1486)** bzw. nach Fontanella zu gelangen, muss man die B 200 in Au (791) verlassen und der Faschina-B 193 folgen. Im Vorblick hat man den beeindruckenden Bergriegel der Kanisfluh. Auf der Nordrampe des Faschinajochs passiert man die stattliche 1400 m lange Hahnenköpfle-Galerie. Die Weiterfahrt verläuft vom Dorf Sonntag (888) durch das anmutige Großwalsertal und berührt die Orte Thüringen, Ludesch, Nüziders. – Hat man eine Vignette geklebt, empfiehlt es sich, das Ballungszentrum Bludenz zu meiden und von Bludenz-West bis Bludenz-Ost die Walgau-Autobahn und im Anschluss daran bis Langen die S 16 zu benützen. In Langen am Arlberg (1190) darf man die Ausfahrt zur Arlberg-B 197 nicht versäumen, wenn man auf kürzestem Weg nach Stuben zurückkehren will (Tempolimit von 80 km/h beachten!).

33 Rund um den Walgau*

Route: Bludenz (588) – Nüziders – Ludesch – Thüringen – Blons – Sonntag – Fontanella – Faschinajoch (1486) – Damüls – Furkajoch (1759) – Rankweil – Feldkirch – Frastanz – Nenzing – Bludenz. **95 km.**

Fahrtechnische Beurteilung: mittel

Zeitaufwand: Halbtagestour

Die Bezeichnung „Walgau“ geht auf die Alemannen zurück, die vom 3. bis 6. Jh. aus dem Bodenseeraum in das Tal des Alpenrheins eindrangen und für die dort ansässigen Rätoromanen die Wortbildung „Wala“ bzw. „Walen“ einführten.

Charakteristisch für die Flusslandschaft des Walgaues sind die beiderseits der Ill verlaufenden Terrassen eiszeitlichen Ursprungs, über welche das Eis strömte und die heute mehreren Siedlungen Platz in guter Mittelgebirgslage geben. Im N wird die breite Talflur vom hohen Grat des Walserkammes überragt, von S öffnen sich zwei große Rätikontäler.

Während das waldreiche Gamperdonatal bis heute ein weitgehend naturbelassener, stiller Bergwinkel geblieben ist, hat sich das Brandner Tal in den letzten Jahrzehnten zu einer viel besuchten Urlaubsregion entwickelt. Der wohl bekannteste Bergzug im Rätikon ist die Schesaplana, mit 2905 m ein „Fast-Dreisausender“.

Das Großwalsertal ist ein freundliches, sonnenreiches Hochgebirgstal. Es wurde einst von den Gletschern der Eiszeit ausgehobelt und durch die schäumenden Wasser der Lutz, welche von der Metzgertobelalpe herabziehen, ausgeprägt. In unserer Zeit werden diese sowohl im Speicher Raggal als auch im Speicher Gstins zur energiewirtschaftlichen Nutzung aufgestaut.

Durch die Talenge von Garsella wird das Großwalsertal in zwei touristische Räume geteilt. Die äußeren Talgemeinden sind

Von Damüls leitet die vorzüglich ausgebaute Ostrampe des **Furkajochs** mit gut ausgeglichenen Steigungsverhältnissen zur Scheitelhöhe → Runde 33 und 34.

Thüringerberg, St. Gerold, Blons, Raggal (einschließlich Marul), welche durch gute Straßen beiderseits des Lutzbaches miteinander verbunden sind. Dominante Erhebungen sind hier das zentrale Frassenmassiv, die Gamsfreiheitgruppe und die Kellaspitzgruppe.

Im inneren Großwalsertal sind die Gemeinden Sonntag-Buchboden und Fontanella (der Ortsname ist romanischen Ursprungs und bedeutet „kleine Quelle" im Sinne einer Heilquelle). Fontanella-Faschina bildet ein weit verstreutes Bergsiedlungsgebiet, wobei Fontanella (1445) die höchstgelegene Gemeinde des Tales ist. Faschina (1486) ist eine Hotelsiedlung auf dem Joch, welches den Übergang nach Damüls herstellt. Das Bild der Hochgebirgslandschaft wird von der Zitterklapfengruppe, der Braunarlgruppe und der Roten Wand beherrscht.

Die 95 km lange Rundtour beginnt man zweckmäßigerweise in der Bezirkshauptstadt Bludenz, welche das wirtschaftliche und kulturelle Zentrum sowohl zwischen dem Arlberg und dem Walgau als auch zwischen dem Hinteren Bregenzerwald und den Bergen der Silvretta bzw. des Rätikons bildet. Man versäume es nicht, die sehenswerte Altstadt mit ihren Laubengängen und den Resten der alten Stadtbefestigung zu besichtigen. Die Einmündung von vier Tälern (Klostertal, Montafon, Brandner Tal und Großwalsertal) in den Talkessel um Bludenz und die w. Fortsetzung der Ill durch den Walgau ließen hier einen touristisch bedeutenden Verkehrsknoten entstehen.

Die erste Etappe der Rundfahrt ist dem Großwalsertal gewidmet. Man folgt der ausgebauten Faschina-B 193 über Thüringen nach Sonntag und gewinnt auf ei-

Der hoch gelegene **Lüner See** ist in eine traumhaft schöne Gebirgslandschaft eingebettet; man erreicht ihn mit der Seilbahn in 5 Minuten → Runde 33. Foto Illwerke Tourismus

ner Serpentinenstrecke zirka 600 Höhenmeter bis zum **Faschinajoch (1486)** hinauf. Ein bemerkenswertes Bauwerk ist die rund 1400 m lange Hahnenköpfle-Galerie, welche den Anschluss an die zum Furkajoch ziehende Straße bildet. Streckenbeschreibung dieser zweiten Etappe von Damüls nach Rankweil → **Route 34**, Rund um den Bregenzerwald.

Von Rankweil empfiehlt es sich, als Fortsetzung die B 190 zu nehmen, welche auch den sehenswerten, mittelalterlichen Stadtkern von Feldkirch und die Schattenburg berührt. Die 22 km lange Bundesstraße durch den Walgau zurück nach Bludenz wird seit Fertigstellung der Rheintal-A 14 hauptsächlich vom lokalen Verkehr genutzt. Durch die Verlagerung des Schwerverkehrs auf die Autobahn wurde sie ganz wesentlich entlastet und man genießt ein rasches Vorwärtskommen.

Abstecher: Von Bludenz (588) durch das Brandner Tal nach Schattenlagant zur Talstation (1565) der **Lünerseebahn**. Die Brandner Straße nimmt in Bludenz ihren Ausgang und leitet über Bürs (570) kurvenreich nach Bürserberg (895) hinauf, wobei die Steigung auf der 5 m breiten Bergstraße nur 8% beträgt. Bürserberg liegt auf einer Terrasse hoch über dem Alvierbach; sein Siedlungsgebiet hat eine große Streuung. Auf der Weiterfahrt bietet sich nach S durch das Sarotlatal ein herrlicher Ausblick auf die steil aufragende Zimba (2643), den wohl formschönsten Berg Vorarlbergs. Man tritt aus dem Wald heraus und ist vom Szeneriewechsel überrascht: der Ort Brand (1037) liegt wie in eine Schale eingebettet, umgeben von Almmatten und bewaldeten Hängen, dessen gleißenden Hintergrund der Brandner Gletscher auf der Schesaplana-Nordseite bildet. In

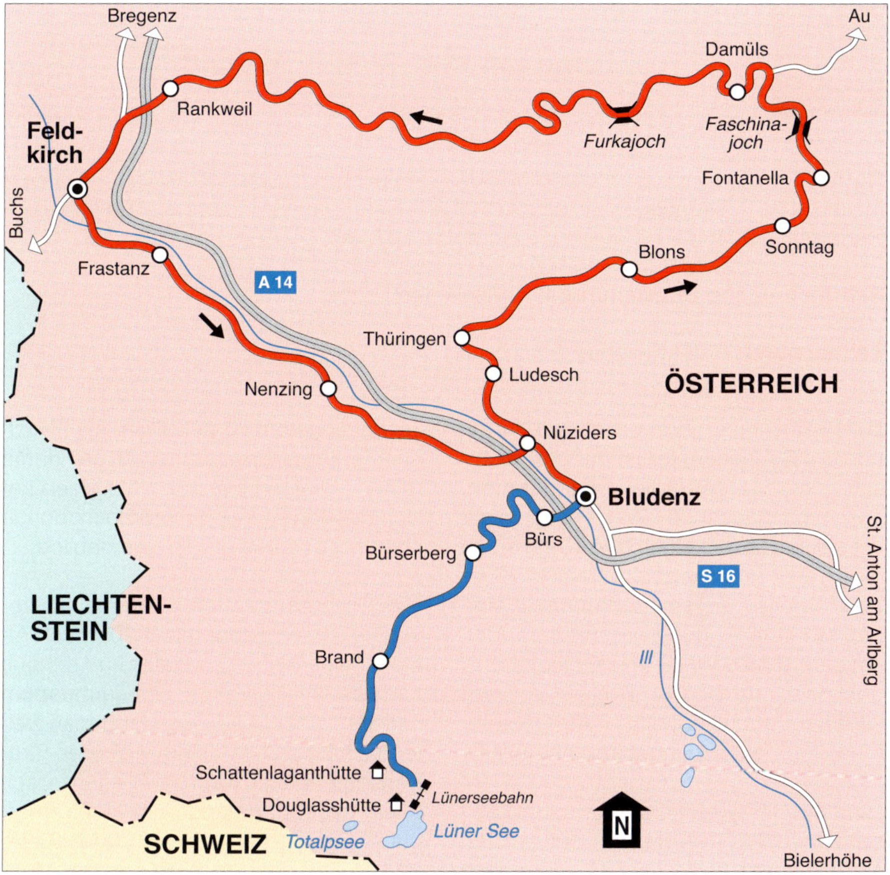

Skizze 33 Rund um den Walgau

Brand-Palüdbach (1065) endet nach 13 km die Landesstraße mit der Bez. 82.

Ihre Fortsetzung wird von der 7 km langen „Schattenlagantstraße“, einer mautfrei befahrbaren Privatstraße der Vorarlberger Illwerke AG, hergestellt. Ihre Fahrbahnbreiten schwanken zwischen 3 und 6 m; mehrere Abschnitte sind nur knapp zweispurig, vor Engstellen wurden Ausweichen angelegt. Die Steigungen betragen 12%, kurze Steilstücke erreichen jedoch Maxima von 15%. Die teilweise unübersichtliche Streckenführung erfordert eine entsprechend vorsichtige Fahrweise. Im Seetal endet die durchgehend asphaltierte Bergstraße am Großparkplatz der Lünerseebahn-Talstation. – In 5 Min. führt die Seilschwebebahn zur Bergstation (1979) am herrlich gelegenen Lüner See; direkt daneben befindet sich die imposante und auch begehbare Staumauer. Eindrucksvoll ist die Bergumrahmung, sehenswert die alpine Flora. – Hin und zurück 40 km. Fahrtechnische Beurteilung: leicht bis mittel.

34 Rund um den Bregenzerwald**

Route: Dornbirn (437) – Alberschwende – Müselbach – Egg – Bersbuch – Baien – Mellau – Au – Damüls – Furkajoch (1761) – Bad Laterns – Reuthe – Batschuns – Rankweil – Götzis – Hohenems – Dornbirn. **107 km.**

Fahrtechnische Beurteilung: leicht bis mittel

Zeitaufwand: Halbtagestour

Die Bezeichnung „Bregenzerwald" für einen großen Landesteil ist nur geschichtlich erklärbar, denn die ausgedehnten, zusammenhängenden Wälder gab es nur vor seiner Besiedlung und Nutzung durch die Grafen von Bregenz und dem Kloster Mehrerau. Es setzte dann bald eine umfassende Rodung ein mit dem Ziel, ein gemischtes Wald- und Weideland zu gewinnen. Im Begriff „Bregenzerwald" sind aber auch Hügelland, Almgebiete, Flussauen und Hochgebirge enthalten.

Eine intensive Aufschließung des Bregenzerwaldes trat erst mit der großen Motorisierungswelle zirka 10 Jahre nach Beendigung des Zweiten Weltkrieges ein. Ganz wesentlich hat dazu der Ausbau des Faschinajochs (1486) beigetragen, welcher die bedeutende Klammer zwischen Fontanella und Damüls und somit die Anbindung von zwei großen Talschaften an den internationalen Straßenverkehr erlaubte.

Der Bregenzerwald folgt im Wesentlichen dem Ober- und Mittellauf der Bregenzerach. Manchmal stehen Bergzüge quer zum Lauf des Hauptflusses, wie z.B. der mächtige Gebirgsstock der Kanisfluh und verleihen dem Landschaftsbild sein besonderes Gepräge. Der Vordere Bregenzerwald besteht vornehmlich aus Flysch und tertiärer Nagelfluh und hat damit reinen Voralpencharakter; hingegen hat sich das formenreiche Kalkhochgebirge überwiegend aus Jurakreide gebildet.

Von Dornbirn geht es zunächst auf der vorzüglich ausgebauten B 200 nach Alberschwende (721), wo sich im Arzthaus ein besuchenswertes Heimatmuseum befindet. Über Müselbach fährt man weiter nach Egg (561), einem wichtigen Straßenknotenpunkt. 6 km der Bregenzerach talein folgend, gelangt man nach Bersbuch. Die B 200 setzt sich über Baien und Mellau nach Au (791) an der Mündung des Argenbaches fort.

In Au muss man auf die li. abzw. Faschina-B 193 achten, welche als 11 km lange Bergstraße bei Steigungsmaxima von 14% nach Damüls (1428) bzw. li. abzw. auf das 3 km weiter gelegene Faschinajoch (1486) hinaufleitet. Die Strecke vermittelt bemerkenswerte Ausblicke auf den markanten Felsriegel der Kanisfluh und auf die Damülser Mittagspitze.

Die Fortsetzung von Damüls über das **Furkajoch (1761)** in das Laternser Tal stellt die Landesstraße 51 her. Das Furkajoch ist der höchste, mit Motorrad an-

Die Straße über das **Furkajoch** führt durch eine fast baumlose Almregion und entspricht ganz dem Geschmack des Tourenfahrers; im Bild die Ostrampe → Runde 33 und 34.

fahrbare Punkt des Bregenzerwaldes. Die 40 km lange Bergstrecke verbindet das Tal der Bregenzerach mit dem n. des Walser Kammes verlaufenden Laternser Tal. Als „Angelpunkte“ sind die beiden Orte Au mitten im Bregenzerwald bzw. das im Unterland gegen das Vorgebirge hingeschmiegte Rankweil zu betrachten. Auf der gut überschaubaren Ostrampe findet man einen durchwegs zweispurigen Ausbauzustand vor. Die Steigungen sind gut ausgeglichen. Das Furkajoch ist mit einer breiten Scharte vergleichbar. Die Ausblicke richten sich einerseits über das Rheintal zum Säntis, andererseits in den Nahbereich mit dem Portlerhorn (2010).

Die stark bewaldete Westrampe hinab nach Bad Laterns bietet kaum Aussicht, die Straßenbreite beträgt teilweise nur 4 m. Man berührt das „NSG Hohe Kugel-Mellental“. Erst die „Üble Schlucht“ im Raum von Reuthe beeinflusst das Bild der Landschaft wesentlich. Erwähnung verdient wegen seines vorzüglichen Säntisblickes der kleine Ort Thal. Der 550 m lange Blanken- und Schwarze-Rüfetunnel sowie der 485 m lange Suldistunnel entschärfen den früher prekären Streckenabschnitt der Laternser Straße im Bereich der „Üblen Schlucht“. – In Batschuns lohnt sich ein Besuch der Bergpfarrkirche St. Johann; es handelt sich um einen rechteckigen Bau des berühmten Tiroler Architekten Clemens Holzmeister aus dem Jahr 1923.

Von Batschuns hat man nur mehr wenige Kilometer hinab nach Rankweil zu fahren, wo man bald Anschluss an die Vorarlberger B 190 findet. Sie leitet durch den dicht besiedelten Raum über Götzis und Hohenems zurück nach Dornbirn.

Blick vom wichtigen Verkehrsknoten **Müselbach** auf das Dorf und die jenseits der Bregenzerach gelegenen Hänge von Langenegg → Runde 34.

Das frühere Haus der Vorarlberger Naturschau in Dornbirn heißt jetzt „inatura" und vermittelt durch seine berühmten Sammlungen einen umfassenden Einblick in den Natur- und Lebensraum des Landes. Es ist sowohl eine Erlebnisausstellung mit multimedialen Präsentationen als auch ein Dokomentationszentrum. Nähere Infos über das Museum im Internet unter www.inatura.at.

Variante: Von Dornbirn über **Bödele (1140)** und Schwarzenberg nach Bersbuch. Diese Straße bildet gewissermaßen die „Höhenvariante" zum untersten Abschnitt der Bregenzerwald-B 200 mit entsprechend schönen Ausblicken. Dabei überquert sie den vom Hochälpele nö. zum Brüggelekopf ziehenden Bergrücken wenig oberhalb des weiten Sattels, welcher offiziell als „Losenpass" bezeichnet wird. Bemerkenswert ist die freie Sicht auf das Mündungsgebiet des Rheins, den Bodensee, den Bregenzerwald und Teile der w. Allgäuer Alpen. Der Ausbauzustand dieser von Dornbirn (434) nach Schwarzenberg (696) ziehenden, 14 km langen Bergstraße ist als vorzüglich zu bezeichnen. Die Fahrbahnbreiten bewegen sich zwischen 6 und 7 m, die Steigungsmaxima werden mit 12% beziffert, Linienbusverkehr! Minus 9 km. Fahrtechnische Beurteilung: leicht.

Variante: Über das **Faschinajoch (1486)** und durch das Große Walsertal nach Rankweil. Die mit aufwändigen Kunstbauten ausgestattete, 13 km lange, wintersichere Verbindung von Damüls über das Faschinajoch hinab nach Fontanella (1145) und weiter hinab nach Sonntag (888) im Großen Walsertal bildet die von Motorradfahrern bevorzugte Strecke in dieser Region. Kernstück ist die große

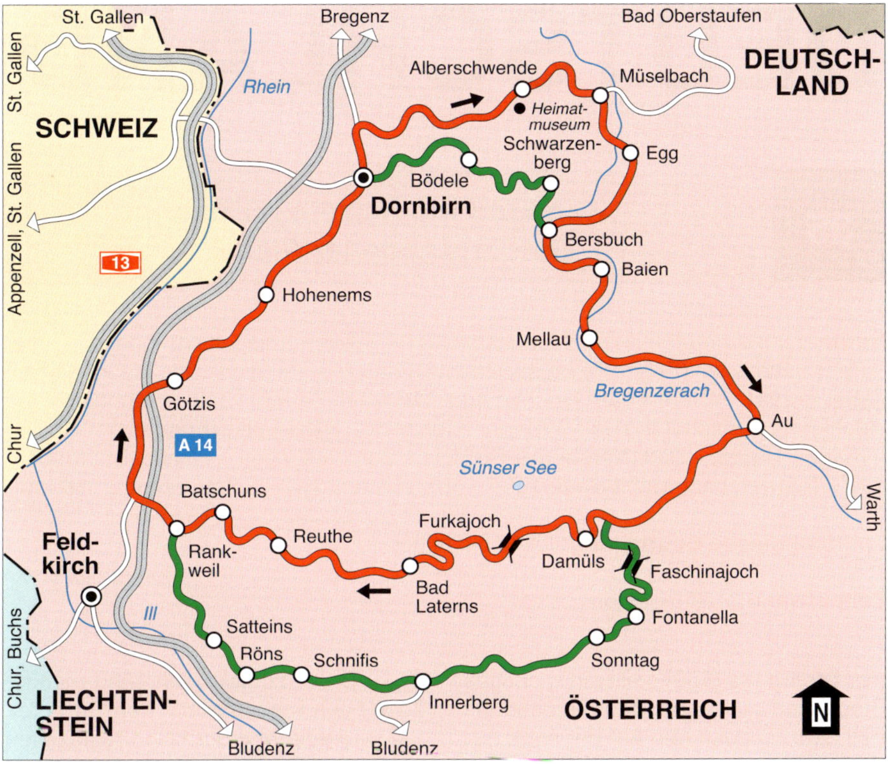

Skizze 34 Rund um den Bregenzerwald

Lawinenschutzgalerie hinauf zum Faschinajoch, welche 1152 m in offener und 225 m in geschlossener Bauweise geführt wird. Sie vermittelt auch weitere Rundfahrtmöglichkeiten durch das „Ländle". Auf der beschriebenen Variante verlässt man das Große Walsertal bei Innerberg und folgt der L 54 über Schnifis und Röns nach Satteins. Außerhalb von Rankweil trifft man auf die B 190 in Richtung Dornbirn. Plus 7 km. Fahrtechnische Beurteilung: leicht bis mittel.

Straßenkarten für Österreich: Die Karten von Freytag & Berndt, Kümmerly & Frey und Hallwag im Maßstab 1 : 500.000 geben einen guten Überblick, ebenso die Michelin-Nationalkarte 1 : 400.000. Die Freytag & Berndt Straßenkarte Steiermark-Kärnten 1 : 250.000 zeichnet sich durch eine besonders gut gelungene Reliefdarstellung der Gebirge aus. Detailreicher ist die Auto und Freizeitkarte 1 : 200.000 von Freytag-Berndt in 7 Blättern sowie die beidseitig bedruckte Marco-Polo-Karte von Mair-Dumont in 3 Blättern. Im Falk-Verlag ist eine Karten-Serie mit 6 Blättern im Maßstab 1 : 175.000 bzw. 1 : 150.000 erschienen. Freytag & Berndt ist Herausgeber der Serie Top 10 Tips mit 7 Blättern im Maßstab 1 : 150.000 bzw. 1 : 100.000.

Unseren stets aktualisierten Online-Karten-Shop finden Sie unter www.denzel-verlag.de

DEUTSCHLAND

35 Rund um die Salzburger und Berchtesgadener Alpen*

Route: Schneizlreuth (511) – Steinpass (558) – Unken – Kniepass (Engpass) – Lofer – Pass Luftenstein (Engpass) – Saalfelden – Maria Alm am Steinernen Meer – Filzensattel (1291) – Dienten am Hochkönig – Dientner Sattel (1379) – Mühlbach am Hochkönig – Bischofshofen – Werfen – Tenneck – Pass Lueg (Engpass) – Golling – Kuchl – Hallein – Bad Dürrnberg – Roßfeld – Berchtesgaden – Wimbach – Taubensee – Schwarzbachwacht-Sattel (868) – Unterjettenberg – Schneizlreuth. **166 km.**

Fahrtechnische Beurteilung: leicht bis mittel

Zeitaufwand: Halbtagestour

Der **Steinpass (558)** stellt ein wichtiges Bindeglied zwischen Bad Reichenhall und dem Pinzgau her. Auf der stark frequentierten Strecke zwischen Schneizlreuth und Unken wurde durch den 482 m langen Wendelberg-Straßentunnel eine wesentliche Entschärfung der früher extrem engen Kurven herbeigeführt. Die Fahrbahnbreite beträgt im Tunnel 8 m, die Geschwindigkeitsbeschränkung von 60 km/h ist unbedingt einzuhalten! – Die alte, schmale Straße über den Scheitel mit ihrer bemerkenswerten Aussicht von der Westrampe auf die formschönen Loferer Steinberge steht nur mehr den Anrainern von Melleck zur Verfügung.

Mit dem Bau des 1.498 m langen Achberg-Tunnels (Umfahrung von Unken) und der Verwirklichung des 1.860 m langen Lärchberg-Tunnels (Nordumfahrung von Lofer) wurde das so genannte „Kleine Deutsche Eck“ im Straßenverkehr wesentlich aufgewertet. Um auf die Pinzgauer-B 311 zu gelangen, fährt man jedoch nach wie vor durch den Ort Lofer. Sie wird während der Hauptreisezeiten überbeansprucht; ihre Fahrbahnbreiten schwanken zwischen 6 und 10 m. Im siedlungsarmen Saalachtal gibt es auf der 24 km langen Strecke zwischen Lofer und Saalfelden keine behindernden Ortsdurchfahrten, aber auch keine nennenswerten Steigungsstrecken. Südöstlich von Lofer bildet die Saalach im **Pass Luftenstein (656)** einen Engpass. Von den Sehenswürdigkeiten in der Natur ist das Lamprechtsofenloch, HT, unweit der Ruine Saaleck, zu erwähnen.

Rund 13 km n. von Zell am See in dem weiten, von der Saalach durchflossenen Talboden, über dem die schroffe Felsmauer des Steinernen Meeres aufragt, liegt der stattliche Markt Saalfelden mit rund 10.000 Einwohnern. – Am Nordufer des nahe gelegenen Ritzensees steht Schloss Ritzen mit seinem besuchens-

Von den Parkplätzen an der **Roßfeld-Ringstraße** hat man prächtige Ausblicke nach allen Himmelsrichtungen; im SO reicht die Sicht bis zum Dachsteinmassiv → Runde 35.

werten Heimatmuseum. Die berühmte Einsiedelei St. Georg am Palfen (990) hingegen liegt, wie auch Schloss Lichtenberg, im N des Marktes, Zufahrt bis Bürgerau. – In Saalfelden am Steinernen Meer verlässt man die B 311 und folgt der Straße Richtung Bischofshofen.

Die Hochkönig-B 164 tangiert den bekannten Erholungsort Maria Alm am Steinernen Meer (816) und leitet, gut ausgebaut, dicht an Hintertal (1016) vorbei. Der **Filzensattel (1291)** wartet mit max. 15% Steigung/Gefälle auf. Die Fahrbahnbreiten schwanken zwischen 4 und 6 m. Nach 19 km gelangt man zu einer wichtigen Straßenteilung, an der man sich li. hält. Die B 164 setzt sich über den **Dientener Sattel (1379)** als ö. Abschnitt der landschaftlich sehr abwechslungsreichen Bergstraße fort. Kurz vor der Scheitelhöhe am Birgkarhaus misst die Höchststeigung nur 8%. Beeindruckend ist die Aussicht von der Scheitelstrecke auf den gewaltigen Bergstock des Hochkönigs mit dem Matrashaus (2941) am höchsten Punkt des Gebirges. – Keine Probleme gibt es auf der Mühlbacher Rampe trotz des abschnittsweise starken Gefälles von 18%. Die Straße folgt von Mühlbach am Hochkönig windungsreich dem Lauf des Mühlbaches und mündet am s. Ortsrand von Bischofshofen (556) in die Salzachtal-B 159 ein.

Vorzüglich ausgebaut und fast parallel zur Tauernautobahn verlaufend, berührt sie die Orte Werfen, Tenneck, Golling, Kuchl und die alte Salzstadt Hallein. Die Strecke bietet gute Blicke auf die formenreichen Berge des Hochkönigs, des Hagen- und Tennengebirges re. und li. des Salzachtals. Zwischen Tenneck und Golling passiert man den **Pass Lueg (552)**, einen Engpass, den man nur in Form eines Tunnels wahrnimmt.

Die mautpflichtige **Roßfeld-Ringstraße** leitet vorwiegend durch Wald zu ihrem Scheitelpunkt hinauf; im Bildhintergrund re. kann man den Salzburger Flughafen erkennen → Runde 35.

Will man seine Fahrt von Hallein auf der **„Dürrnberg-Panoramastraße“** fortsetzen, so findet man am n. Stadtrand Richtung Kaltenhausen li. die Abzw. von der B 159. Sie bildet die kürzeste Verbindung mit dem benachbarten, hübschen Markt Berchtesgaden und mündet bei Oberau in die **„Roßfeld-Ringstraße“** ein. Der Tourenfahrer hält sich nun li. und benützt für seine Weiterfahrt nach Süden 15 km der insgesamt 21 km langen „Roßfeld-Ringstraße“. Diese Höhenstraße ist wesentlich attraktiver als die B 319 über Unterau hinab zur Talstraße entlang der Berchtesgadener Ache.

Die mautpflichtige „Roßfeld-Ringstraße“ hat ihren Scheitelpunkt am Hennenköpfl (1543) und ist damit die höchste, vom öffentlichen Verkehr benützbare Straße Deutschlands. Die max. Steigung beträgt 13%, die Fahrbahnbreiten schwanken zwischen 6 und 8 m. Die Ausblicke richten sich von der Ringstraße zum Hohen Göll (2522) und über das Salzachtal hinweg auf die Erhebungen der Osterhorngruppe. Den wohl besten Aussichtspunkt bildet der Ahornbüchsenkopf (1604); dieser Hügel wird s. des Roßfeldes von der Straße tangiert. Das von weither sichtbare Purtscheller Haus (1692) steht auf dem Ecker First. – An die Ringstraße schließt die Obersalzbergstraße-B 425 an, welche ein längeres Gefälle von max. 24% aufweist und in Bahnhofsnähe von Berchtesgaden in die Deutsche Alpenstraße-B 305 einmündet.

Seit ihrem Bestehen hat sich an der landschaftsverbundenen Trassenführung der „Deutschen Alpenstraße“ kaum etwas Wesentliches geändert; sie leitet am Bahnhof von Berchtesgaden vorbei und folgt der Ramsauer Ache durch ein en-

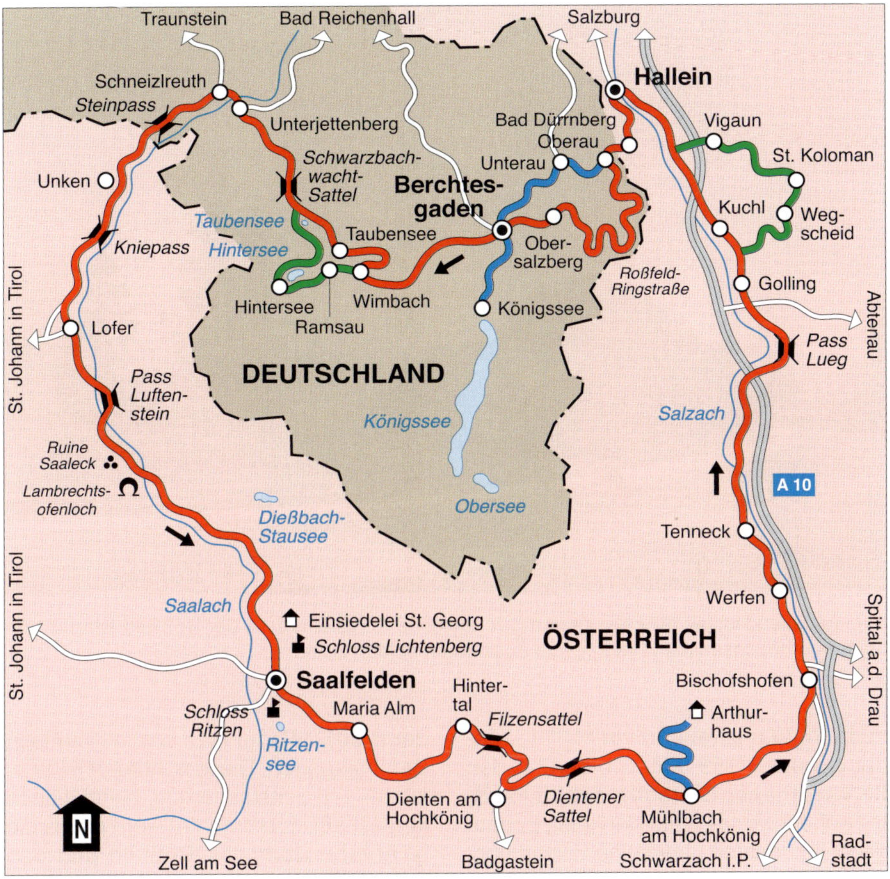

Skizze 35 Rund um die Salzburger und Berchtesgadener Alpen

ges, bewaldetes Tal zum Eingang in die besuchenswerte Wimbachklamm. Mit zwei Kehrschleifen und max. 12% Steigung überwindet man den HU bis zur Abzw. der „Schwarzeckstraße". Man genießt dabei prächtige Ausblicke auf Watzmann, Hochkalter und den Gebirgsstock der Reiteralpe. An der „Hindenburg-Linde" vorbei über den einsam gelegenen Taubensee erreicht man am **Schwarzbachwacht-Sattel (868)** den Scheitelpunkt der B 305. Schließlich fährt man durch das bewaldete Tal zwischen Reiteralpe und Lattengebirge bei einem länger anhaltenden Gefälle von 11% hinab zur Saalachbrücke bei Unterjettenberg. Normal breite, teils asphaltierte, teils mit Granitpflaster ausgestattete Fahrbahn und Bankette. Die Runde schließt sich am Ausgangsort Schneizlreuth.

Variante: 2 km n. von Golling bietet sich eine touristisch interessante Straße an, welche über Wegscheid und St. Koloman

Beeindruckend ist die teilweise gratartig verlaufende Scheitelstrecke der **Roßfeld-Ringstraße** beim Ahornbüchsenkopf, prächtig die Ausicht auf beiden Seiten → Runde 35.

nach Vigaun leitet und vor Hallein wieder auf die B 159 trifft. Sie berührt den **St. Kolomaner Gletscherschliff (692)**, ein sehenswertes Naturdenkmal; Schautafeln informieren über seine Entstehung. St. Koloman (848) ist Hauptort der terrassenartigen Taugl. Der vom Gletscher blank geschliffene Fels wurde bei Bauarbeiten 1974 zufällig entdeckt und durch Abtragen der Moräne frei gelegt. Die Straße ist durchschnittlich 5 bis 6 m breit, ihre max. Steigung beträgt 15%. Plus 8 km. Fahrtechnische Beurteilung: mittel.

Variante: Von Oberau über Unterau und auf der Talstraße 305 („Deutsche Alpenstraße") nach Berchtesgaden. Von der Einmündungsstelle in Oberau leitet der nicht bemautete n. Abschnitt der „Roßfeld-Ringstraße" nach Unterau. Auf der Talfahrt gibt es noch schmälere Abschnitte, das Gefälle beträgt max. 14%. Auf der B 305 gelangt man schließlich nach Berchtesgaden. Diese n. Abfahrt ist zwar kürzer und zeiteinsparend, bietet jedoch landschaftlich betrachtet weniger als die s. Abfahrt über das Roßfeld und den Obersalzberg. Minus 17 km. Fahrtechnische Beurteilung: leicht bis mittel.

Variante: Von Wimbach an der „Deutschen Alpenstraße" lohnt sich der Umweg durch die **Ramsau bei Berchtesgaden** zum reizvoll gelegenen **Hintersee**. Man muss nicht dieselbe Strecke zurück, sondern kann auf einer schmalen, asphaltierten Nebenstraße, welche der alten Soleleitung folgt, zum Schwarzbachwacht-Sattel gelangen. Plus 5 km. Fahrtechnische Beurteilung: mittel.

Abstecher: Von Mühlbach (860) am Hochkönig zum **Arthurhaus (1502)**. Die 7 km lange, durchgehend zweispurig ausgebaute, bemautete **„Mandlwandstraße“** erschließt vor allem dem Wanderer und Bergsteiger eine günstige Basis für seine Touren. Die Auffahrt zum Arthurhaus vollzieht sich zunächst in einigen Serpentinen an der sonnigen Südflanke des Hochkeils (1783). Man genießt die Aussicht auf die Dientener Berge und den Hochkönig. Beim Hotel „Bergheimat“ (1180) wird auch der Blick auf die zerrissene Mandlwand mit ihren rund 30 Zinnen und Türmen frei. Im Mitterberggraben folgen an der Bergstraße nacheinander das Mandlwandhaus (1330), das Mitterberghaus (1340) und das Hochkeilhaus (1383). Im Bereich des Berghotel „Arthurhaus“ findet man ausreichend Parkplätze vor. Höchststeigung 12%. Hin und zurück 14 km. Fahrtechnische Beurteilung: leicht bis mittel.

Abstecher: Von Berchtesgaden auf der B 20 zum Großparkplatz im Ort **Königssee (620)**, 5 km. Die Straße dient vor allem der Zufahrt zu den Schiffsanlegeplätzen und zum Besuch des berühmten Malerwinkels. In den Hochsommermonaten ein stark überlaufenes Touristengebiet! Hin und zurück 10 km. Fahrtechnische Beurteilung: leicht.

Rund um das Mangfallgebirge* 36

Route: Miesbach (696) – Hausham – Schliersee – Neuhaus – Aurach – Bayrischzell – Sudelfeld-Sattel (1097) – Straßendreieck Tatzelwurm – Wall – Niederaudorf – Flintsbach – Degerndorf – Brannenburg – Großholzhausen – Bad Feilnbach – Au – Hilgenrain – Leitzach – Miesbach. **82 km.**

Fahrtechnische Beurteilung: leicht bis mittel

Zeitaufwand: Halbtagestour

Von Miesbach gelangt man auf der B 307 durch das dicht besiedelte Tal zunächst nach Schliersee, 6 km. Der Ort Schliersee (731) wurde durch das „Schlierseer Bauerntheater“ auch weit über die Grenzen Oberbayerns bekannt; er breitet sich am Nordzipfel des Sees aus. Der Schliersee selbst nimmt nur einen Bruchteil der Wasserfläche des im W benachbarten Tegernsees ein, er ist nämlich nur 2500 m lang, 1250 m breit und 37 m tief. Beide Seen sind Relikte der Eiszeit und entwässern über die Mangfall zum Inn. Während der Tegernsee mit seinen bekannten Orten Tegernsee, Rottach-Egern und Bad Wiessee seit jeher ein beliebtes Ziel der Erholung suchenden Großstädter war, haben sich im Raum Schliersee, hauptsächlich durch den Bergbau in Miesbach und Hausham ausgelöst, mehrere Industrie- und Handwerksbetriebe angesiedelt; sie prägen die Talung bis Neuhaus im S des Schliersees.

Kernstück der vorgezeichneten Runde ist zwischen Bayrischzell und dem Straßendreieck Tatzelwurm das Teilstück der unvollendeten „Deutschen Alpenstraße“.

Skizze 36 Rund um das Mangfallgebirge

Die Bergstraße über den **Sudelfeld-Sattel (1097)** ist, bezogen auf ihre reizvolle Lage und ihren hervorragenden Ausbauzustand, ein Eldorado für Motorradfahrer. Sie durchzieht ein ausgedehntes Landschaftsschutzgebiet. Man könnte sie auch als „Wendelsteinstraße“ bezeichnen, nachdem sie auf einem längeren Abschnitt über den sö. Fuß dieses berühmten Aussichtsberges verläuft; zu seinem Gipfel trennt ihn allerdings noch ein HU von 741 m (dorthin führt von Osterhofen eine Seilbahn und von Brannenburg eine Zahnradbahn).

Die Fahrbahnbreiten auf der „Deutschen Alpenstraße“ schwanken zwischen 7 und 8 m, die max. Steigung bzw. das Gefälle beträgt 12%. In unmittelbarer Straßennähe findet man mehrere Abstellstreifen, größere Parkplätze wurden wenig abseits der Durchzugsstrecke angelegt. Tafeln weisen darauf hin, dass die Höchstgeschwindigkeit überwiegend mit 60 km/h limitiert ist. Die wohl eindrucksvollsten Ausblicke richten sich vom Sudelfeld-Sattel auf Teile des Zahmen und Wilden Kaisers.

Eine auf der gegenüberliegenden Talseite verlaufende Alternativstrecke zieht über das Gh. „Brenneralm“ und das Gh. „Grafenherberge“ in sö. Richtung und verbindet den Abzw. Grafenherberge mit dem Abzw. Rosengasse. Dieses über zahlreiche Weideroste geführte, schma-

Das Teilstück der Deutschen Alpenstraße über den **Sudelfeld-Sattel** zählt zu den beliebtesten Motorrad-Strecken Oberbayerns und wird entsprechend viel befahren → Runde 36.

le Sträßchen ist für Motorradfahrer nicht attraktiv. Vom Verbindungssträßchen gibt es wiederum Stichsträßchen: eines führt von der Brenneralm zur Jst. „Tiroler Stüberl" auf dem Oberen Sudelfeld bzw. zur Waller Alm (1230), 2.5 km, ein anderes aus dem Rosengasse-Graben zum Gh. „Rosengasse", nur 500 m.

Beim **Straßendreieck Tatzelwurm (800)**, wo sich im Wald ein Parkplatz befindet, hält man sich re. Nur 300 m weiter steht der bekannte Alpengh. „Feuriger Tatzelwurm". Die durch das Auerbachtal über Wall nach Niederaudorf hinableitende, 8 km lange Straße ist in ihrem unteren Abschnitt nur mehr knapp zweispurig, windungsreich und weist ein Höchstgefälle von 14% auf. In Niederaudorf mündet sie li. in die Hauptstraße ein, welche durch das Inntal nach Flintsbach führt. Die Route setzt sich auf verkehrsärmeren Landesstraßen über Degerndorf, Brannenburg, Großholzhausen, Bad Feilnbach, Au, Hilgenrain und Leitzach nach Miesbach, dem Ausgangsort, fort.

Variante: Von Bayrischzell (800) über den **Ursprungpass (849)**, den Thiersee und die **Marblinger Höhe (686)** nach Niederaudorf. – Zunächst leitet die Straße durch das Ursprungtal zum Ursprungpass und weiter über Landl nach Thiersee. Zwischen Glarch bei Landl und Vorderthiersee achte man darauf, nicht auf der zwar etwas kürzeren Talstraße weiterzufahren, sondern die weitaus schönere Höhenstraße über Hinterthiersee zu benützen, welche über die „obere Etage" leitet, HT an der Abzw. in Glarch.

Eine kurze Serpentinenauffahrt bei max. 15% und enge Kurven führen auf das Plateau hinauf. Wie auf einer schiefen

Ebene fährt man mit Vorblick auf den Thiersee und Teile des Zahmen Kaisers bei max. 11% Gefälle hinab zur Straßenvereinigung im Ort Vorderthiersee. Ebenso genussvoll ist die Weiterfahrt über die Marblinger Höhe, welche schöne Ausblicke auf das Inntal und die Festung Kufstein bietet, hinab zum Straßenknoten Kufstein.

Nun li. durch den engen Schlauch des Inntals mit den Verkehrsträgern Bahn, Bundesstraße und Autobahn nach Kiefersfelden. Die Hauptstraße führt durch das dicht besiedelte Inntal; der verwinkelte Straßenverlauf in Oberaudorf deutet darauf hin, dass dort wertvolle Bausubstanz dem modernen Straßenbau nicht weichen musste. In Niederaudorf passiert man eine sehr enge Bahnunterführung, ehe man mit Wartepflicht wieder auf die Standardroute trifft. – Sowohl auf bayerischer als auch auf Tiroler Seite befährt man zwar vorwiegend ausgebaute Strecken, doch sind diese in der Regel eher verkehrsarm. Plus 16 km. Fahrtechnische Beurteilung: leicht bis mittel.

Sudelfeld-Sattel, Westrampe → Runde 36.

Variante: Vom Straßendreieck Tatzelwurm durch das **Förchenbachtal** hinab nach Degerndorf (476). Es handelt sich dabei um eine 8 km lange, gebührenpflichtige Straße durch ein eingeschnittenes Gebirgstal mit nur wenig Aussicht. Diese direkte Verbindung kürzt zwar die Standardroute um einige wenige Kilometer ab, bietet jedoch landschaftlich nichts Bemerkenswertes. Das max. Gefälle beträgt 18%, die Fahrbahnbreiten schwanken zwischen 3 und 6 m. Der unbeleuchtete Tunnel hat eine Höhenbegrenzung von 3.3 m; die Gewichtsbegrenzung wurde mit 14 t festgesetzt. Minus 9 km. Fahrtechnische Beurteilung: mittel.

Abstecher: Von Hausham (766) über Tegernsee und Rottach-Egern zum **Wallbergmoos (1117)**. Von Rottach-Egern (Ortsteil Reitrain) leitet die bemautete Wallbergstraße bis zum Wallbergmoos, 4.5 km. Es handelt sich um eine normal breite Privatstraße mit nur zwei Kehren und einer max. Steigung von 13%. Die Aussicht beschränkt sich auf den Tegernsee. – Weit lohnender als die Wallbergstraße ist die Benützung der Wallbergbahn bis zum Restaurant „Wallberg" (1615). Ein umfassendes Panorama vermittelt der 1723 m hohe Wallberggipfel mit seiner weithin sichtbaren Kapelle. – Hin und zurück 45 km. Fahrtechnische Beurteilung: leicht bis mittel.

Abstecher: Zwischen Neuhaus und Aurach (770) zweigt von der B 307 die Bergstraße über den **Spitzing-Sattel (1128)** zum **Spitzingsee (1083)** ab, welcher der höchste, anfahrbare bayerische Alpensee ist. Es handelt sich dabei um ein

Stück der unvollendeten „Deutschen Alpenstraße". Die Fahrbahnbreiten schwanken zwischen 7 und 9 m, die max. Steigung beträgt 14%. Der EP befindet sich hinter einem zirka 100 m langen Felstunnel an der St.-Bernhard-Kapelle. Hin und zurück 11 km. Fahrtechnische Beurteilung: leicht.

Zwischen Loisach und Isar* 37

Route: Bad Tölz (659) – Schlegldorf – Lenggrieser Isarbrücke – Wegscheid – Jachenau – Niedernach – Obernach – Walchensee – Urfeld – Kesselberg (858) – Kochel – Schlehdorf – Großweil – Sindelsdorf – Penzberg – Beuerberg – Königsdorf – Aug – Huppenberg – Bad Tölz. **106 km.**

Fahrtechnische Beurteilung: mittel

Zeitaufwand: Halbtagestour

Die Route durchmisst von Bad Tölz aus den Isarwinkel, Teile des Estergebirges, tangiert den Walchen- und Kochelsee und durchquert dann die von der Loisach gebildete Filzlandschaft, um n. von Bad Tölz wieder das Isartal zu erreichen. Man bewegt sich vorwiegend auf ruhigeren Nebenstraßen, sieht man von kurzen Abschnitten auf der B 11 bzw. der B 13 ab, welche man in den Hauptreisezeiten zu den Nord-Süd-Transitstrecken zählen muss.

Von Bad Tölz zunächst li. der Isar über Schlegldorf, vorbei an der Lenggrieser Isarbrücke und hinter Wegscheid re. dem Lauf der Jachen taleinwärts folgend. Die als „Jachenau" bez. Talschaft kennzeichnen mehrere große Einödhöfe. Ab der Ortschaft Jachenau (790) hat man eine gebührenpflichtige Forststraße, welche über Niedernach am Südufer des Walchensees entlangzieht und bei Obernach in die sanierte B 11 einmündet. In unmittelbarer Ufernähe durchfährt man den Ort Walchensee und die vorwiegend aus Hotels bestehende Siedlung Urfeld.

In Urfeld beginnt die s. Rampe der Straße über den **Kesselberg (858)** mit ihren teilweise engen Kehren, die zur ausgeprägten Senke zwischen Jochberg und Herzogstand hinaufleiten. Man hat Ausblicke sowohl auf den Walchensee als auch in das Karwendelgebirge. Mit Erreichen der Scheitelhöhe ändert sich geländebedingt die Anlage der Bergstraße.

Es wurden zwar Abschnitte begradigt und mehrere Kurven entschärft, doch lässt sich ihr Alter nicht verleugnen. Nachdem die Kesselbergstraße helle Scharen von Motorradfahrern an sich zog, die sie als Rennstrecke benutzten und zahlreiche schwere Unfälle zu beklagen waren, wurde sie an Samstagen sowie an Sonn- und Feiertagen in der Fahrtrichtung Kochel–Walchensee für Motorradfahrer gesperrt; in der Gegenrichtung ist sie aber täglich frei befahrbar.

Von der Nordrampe des **Kesselberges** genießt man herrliche Ausblicke auf den **Kochelsee**; zu beachten ist das richtungsgebundene Fahrverbot → Runde 37.

Bei trockenen Straßenverhältnissen ist die Befahrung der Kesselbergstraße ohne Zweifel ein Genuss. Die Bergstrecke im engeren Sinn misst zwischen Kochel und Urfeld 9 km. Steigungen bzw. Gefälle sind hervorragend ausgeglichen und überschreiten 5% nicht. Die Fahrbahnbreiten schwanken zwischen 5 und 8 m. Auf der Nordrampe beeindrucken die Ausblicke von einer Parkbucht (gegenüber Gedenktafel in der Felswand) über den Kochelsee hinweg durch das breite Zufluss- und Abflussgebiet der Loisach bis hinüber nach Großweil bzw. Penzberg.

Von Kochel (605) folgt man li. der schmalen Landesstraße nach Schlehdorf mit dem ehem. Augustiner Chorherrenstift, einem von weither sichtbaren monumentalen Bau. Einem breiten Interesse begegnet auf dem Weg nach Sindelsdorf das Freilichtmuseum bei Großweil. Die Strecke über Sindelsdorf nach Penzberg ist durch ihre Moränenhügel gekennzeichnet.

Die für Motorradler sehr reizvolle Straße von Penzberg zurück nach Bad Tölz führt loisachabwärts zunächst nach Beuerberg. Am Nordrand des Königsdorfer Filzes gelangt man nach Königsdorf, wo man die B 11 überquert, um seine Fahrt über Aug und Huppenberg zur Isar fortzusetzen. Die gut ausgebaute, kurvige Straße leitet li. der Isar nach Bad Tölz.

Variante: Von der Lenggrieser Isarbrücke aus über den **Sylvenstein-Speicher (750)** nach Obernach. Zunächst fährt man auf der vorzüglich ausgebauten B 13 re. der Isar über Fleck und Winkel zum Stausee. Dort mündet man in die B 307 ein und gelangt über Fall nach Vorderriß. Über die Isarbrücke und die gebüh-

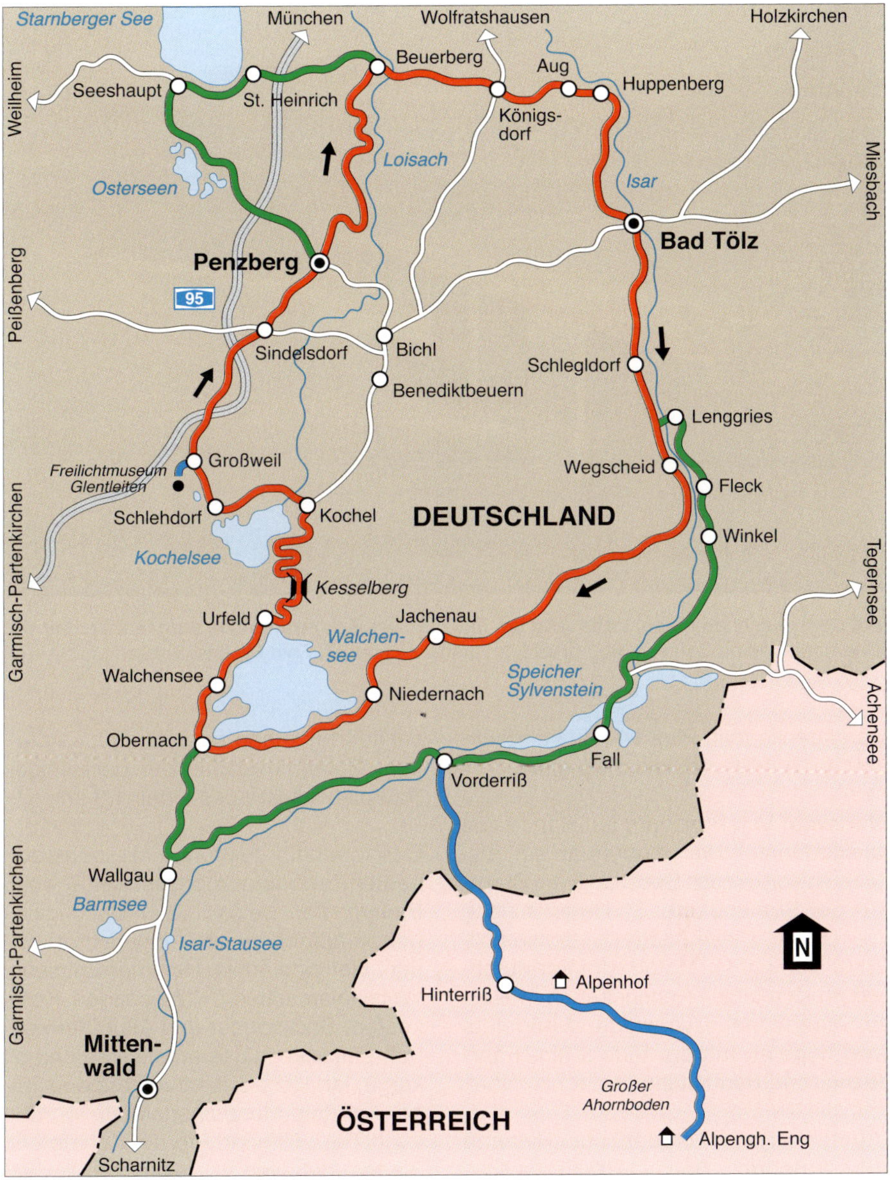

Skizze 37 Zwischen Loisach und Isar

renpflichtige, knapp zweispurige Forststraße setzt man seine Fahrt nach Wallgau fort. Zuletzt auf der ausgebauten B 11 an den Isar-Wasserfällen vorbei und, begleitet vom Obernachkanal, hinab nach Obernach, wo man wieder auf die Stan-

Auf der Deutschen Alpenstraße wird bei Fall die zum **Sylvensteinsee** aufgestaute Isar von einem markanten Bauwerk überbrückt → Runde 24 und 37. Foto Michael Braun

dardstrecke trifft. Plus 14 km. Fahrtechnische Beurteilung: leicht bis mittel.

Variante: Von Penzberg am Rande von ausgedehnten Hochmooren an den Osterseen vorbei nach Seeshaupt am **Starnberger See** und über St. Heinrich nach Beuerberg. Diese Alternativstrecke vollzieht sich auf für Motorradfahrer durchwegs akzeptablen Nebenstraßen, welche im Alpenvorland vorwiegend hügelauf und hügelab führen. Plus 5 km. Fahrtechnische Beurteilung: leicht bis mittel.

Abstecher: Von Vorderriß über Hinterriß zum **Alpengh. „Eng“ (1203)**. Beschreibung → **Route 24**, Rund um das Karwendelgebirge. Hin und zurück 50 km. Fahrtechnische Beurteilung: mittel.

Abstecher: Von Großweil zum **Freilichtmuseum an der Glentleiten**. Die gut beschilderte, knapp zweispurige, asphaltierte Zufahrt misst bis zum geräumigen Parkplatz im SW des Ortes 1.8 km.

Das lebendig gestaltete Museumsdorf besteht aus andernorts abgetragenen Bauernhöfen, welche hier wieder originalgetreu aufgebaut und eingerichtet wurden. Getreidemühle, Hammerschmiede, Wetzsteinmacherei, Kramerladen, Kornkästen, Backhäuser und Almhütten geben Einblicke in das arbeitsame und oft karge, ländliche Leben vergangener Tage. Auf dem Museumsgelände werden auch Tiere (Rinder, Pferde, Schafe und Ziegen) gehalten.

Geöffnet Ende März bis Anfang November Di bis So zwischen 9 und 18 Uhr; Juni bis September auch montags und an Feiertagen. Hin und zurück knapp 4 km. Fahrtechnische Beurteilung: leicht.

In den Ammergauer Bergen* 38

Route: Echelsbacher Brücke – Saulgrub – Unterammergau – Oberammergau – Graswang – Linderhof – Ammersattel (1082) – Plansee – Kreckelmoos – Reutte – Ehenbichl – Rieden – Weißenbach am Lech – Gaichtpass (Engpass) – Nesselwängle – Haller – Haldensee – Grän – Enge – Gh. Fallmühle – Pfronten – Zell – Eisenberg – Enzenstetten – Seeg – Sulzberg – Roßhaupten – Lechbruck – Steingaden – Kohlhofen – Echelsbacher Brücke. **130 km.**

Fahrtechnische Beurteilung: leicht bis mittel

Zeitaufwand: Halbtagestour

Diese grenzüberschreitende Rundfahrt wurde dem Kapitel Deutschland zugeordnet, weil sie vorwiegend durch das bayerische Alpenvorland verläuft. Man kann auf ihr ein Wechselspiel zwischen Natur und Kultur erleben. Die Schönheiten der Natur sind in den Tiroler Bergen und an den zahlreichen Seen und Wasserläufen im Ostallgäu besonders ausgeprägt. Unter den kulturellen Sehenswürdigkeiten ragen die Klosterkirche in Ettal, das Schloss Linderhof und die berühmte Wieskirche in der Umgebung von Steingaden hervor.

Vom Straßenknoten an der Echelsbacher Brücke über die Ammer zunächst auf modernisierter Straße nach Oberammergau. Besondere Vorsicht erfordern die beiden schienengleichen Bahnübergänge in Saulgrub und in Unterammergau. Die Durchfahrt des Passionsspielortes Oberammergau ist verwinkelt und daher unübersichtlich. – Vom s. Ortsrand zweigt re. die Direktverbindung in Richtung Graswang und Linderhof ab. Diese Straße ist an Sonn- und Feiertagen und während der Hauptreisesaison bis zu den gebührenpflichtigen Parkplätzen in Linderhof stets stark frequentiert. Das Märchenschloss Linderhof, inmitten des einsamen Ammergebirges gelegen, wurde in verschwenderischer Rokoko-Architektur für König Ludwig II. erbaut und ist samt seinen Gartenanlagen eine außerordentliche Sehenswürdigkeit, zu der auch Besucher aus fremden Kontinenten anreisen.

Die Fortsetzung der Rundfahrt durch den Lindergrieß zum **Ammersattel (1082)** ist verkehrsarm. Von Linderhof (948) hat man bis zur Wasserscheide am Ammersattel zirka 7 km, bis nach Reutte 26 km zurückzulegen. Die max. Steigung beträgt am Sattel 13%. Die Fahrbahnbreiten schwanken zwischen knapp 5 und 6 m. In der Regel bleibt der Übergang von Ostern bis Anfang November geöffnet, bei Schneelage außerhalb dieses Zeitraumes muss mit Sperren gerechnet werden. Den Plansee erreicht man beim Hotel „Forelle“ (979). Die Straße verläuft über das Nordufer des Sees zum Hotel „Seespitze“, zuletzt am Kleinen Plansee entlang, teilweise schmal hinab nach Kreckelmoos und zur Einbindung in den Straßenknoten Reutte-Ost.

Typischer Landstrich im Alpenvorland mit Blick über den lang gestreckten **Forggensee**; im Hintergrund die Erhebungen des Alpenhauptkammes → Runde 38.

Im Zentrum von Reutte (853) folgt man li. der Straße am Fuß des Sinnwag in Richtung Ehenbichl, bleibt auf dem re. Lechufer, fährt an Rieden vorbei und überquert bei Weißenbach am Lech die B 198. – Von Weißenbach gewinnt man auf der Tannheimer-B 199 mit vier, teils engen Kehren rasch an Höhe. Bis zum Scheitelpunkt bei Nesselwängle (1136) überwindet man einen HU von zirka 400 m. Die Wasserscheide bildet nicht, wie vielfach angenommen, der **Gaichtpass (1073)**, ein nach dem Weiler Gaicht benannter Engpass, sondern der etwas höher gelegene Sattel von Nesselwängle (1160).

Die Steigungen betragen auf der Bergstrecke durchschnittlich 7%. Von den Kehren hat man gute Ausblicke, vor allem hinab ins Lechtal. Der Brückenschlag der 97 m langen Bogenbrücke über die Gemstalschlucht entschärfte den eindrucksvollen, jedoch durch Felsstürze gefährlich gewordenen Streckenabschnitt unterhalb der überhängenden Felsen. – Die Fahrt durch das Tannheimer Tal bietet oberhalb der Kapelle an der Zufahrt nach Rauth herrliche Ausblicke auf Gehrenspitze, Kellesspitze, Gimpel und Rote Flüh. Nesselwängle wird umfahren, erhöhte Vorsicht ist jedoch während der engen Ortsdurchfahrten von Haller und Haldensee geboten. Der Haldensee (1124) liegt lieblich in die Talung eingebettet; die Straße führt an seinem Nordufer entlang.

Ein bedeutsamer Abschnitt der Rundfahrt ist die 12 km lange Straßenverbindung von Grän (1134) nach Pfronten-Steinach, weil sie eine kurze und direkte Zufahrt vom Tiroler Außerfern in das östliche Allgäu herstellt. Angesichts des Aggensteins fährt man durch das Engetal und passiert die Staatsgrenze. Der

Skizze 38 In den Ammergauer Bergen

modern ausgebaute Verkehrsweg, auf bayerischer Seite **„Achtalstraße“** genannt, leitet im Tal der Achen am bekannten Gh. „Fallmühle“ vorbei. Von den Brückenbauwerken besticht die mit hohem Aufwand errichtete große Achtalbrücke. Nach Überwindung eines HU von 300 m mündet der normal breite und durchgehend asphaltierte Straßenzug bei Pfronten-Steinach (850) in die B 309 ein. – Unter dem Sammelnamen „Pfronten“ wurden 13, früher selbstständige Ortsteile zusammengeschlossen.

Um auf kürzestem Weg nach Zell und Eisenberg zu gelangen, muss man nicht durch den gesamten Siedlungsraum von Pfronten fahren, sondern benutzt von Steinach die Hauptstraße nur bis Ösch, zweigt dort re. ab, quert den Bahnkörper und die Vils. Bei der Stoffelmühle hält man sich scharf li. und nimmt Kurs nach N. Die B 310 kreuzt man außerhalb von Pfronten. Auf der Strecke zwischen Zell (dort Burgmuseum, geöffnet Sa und So von 13.00 bis 16.00 Uhr) und Eisenberg hat man li. auf einem Vorberg in prächtiger Aussichtslage die Ruine Eisenberg (1055) und gleich dahinter die Ruine Hohenfreyberg (1046). Kurz vor Enzenstetten überquert man die A 7.

Von Seeg leitet eine gut ausgebaute Verbindungsstraße über Sulzberg nach Roßhaupten; man quert dort die B 16 und gelangt unterhalb von Lechbruck zur Staustufe 3 des Lechs. Dann fährt man auf guter Nebenstraße nur 6 km bis Steingaden an der B 17. Etwas bescheidener ausgebaut ist die wichtige Verbindungsstraße von Steingaden zur Echelsbacher Brücke, 9 km.

Variante: Von Oberammergau über das **Kloster Ettal** nach Linderhof. Für kulturell Interessierte lohnt es sich, einen kleinen Umweg in Kauf zu nehmen. Das Benediktinerkloster und die Wallfahrtskirche St. Maria liegen in Ettal unmittelbar an der Straße in Richtung Garmisch-Partenkirchen. Bei der sehenswerten Kirche handelt es sich um einen ungewöhnlichen gotischen Zentralbau, welcher unter Einfügung einer Mittelstütze gewölbt wurde. Der barocke Umbau fand Mitte des 18. Jh. statt, prachtvoll ist die Innenausstattung.

Die Rückfahrt zum Straßendreieck Weidmoos, welches von der Ammer diagonal durchflossen wird, erfolgt von der beschilderten Abzweigung nur wenig außerhalb von Ettal und leitet über das Gh. „Mühle“. Plus 3 km. Fahrtechnische Beurteilung: leicht.

Abstecher: Von Pfronten-Ösch auf den **Falkenstein (1268)**. Vom Zentrum Pfrontens (853) fährt man am Bahnhof vorbei und zunächst nach Meilingen hinauf. An der beschilderten Abzw. „Falkenstein“ re. abbiegen und dem geteerten Sträßchen durch ein liebliches Hügelland mit Blick zum Breitenberg und zum Kienberg folgen. Man kommt li. an einem größeren Terrassenparkplatz vorüber und setzt seine Fahrt bis an den Rand des Hochwaldes fort. Dort befindet sich eine Straßenteilung: geradeaus windet sich das Falkensteinsträßchen auf durchwegs bewaldeter Strecke und mit lang gezogenen Serpentinen auf der nö. Seite des Falkensteinkammes bis zum Burghotel (1250) empor, 9 km. Es hat vorwiegend Naturbelag, aber auch einen asphaltierten Abschnitt. Im Bj. war zwar am Beginn dieser Bergstraße eine Tafel „Allgemeines Fahrverbot“ aufgestellt, doch ist es Tagesgästen des Restaurants erlaubt, bis zum beschilderten Gästeparkplatz unterhalb des Hotels zu fahren, während Pensionsgästen die Auffahrt bis direkt zum Haus gestattet ist.

Vom Tagesgäste-Parkplatz hat man nur noch eine kurze Wegstrecke durch enge Kehren bei einem Steigungsmaximum von 15% zurückzulegen; Fußgänger hingegen erreichen ihr Ziel in zirka 15 Min. – Erwähnenswert ist die Gedenkstätte für die Gefallenen der 97., leichten Gebirgsdivision (Spielhahnfeder-Division), welches nur wenig oberhalb des Sträßchens errichtet wurde. – Auch die knapp zweispurige, kurze Zufahrt von der Straßenteilung am Beginn des Hochwaldes re. zur Schloßanger Alp (1130) wartet mit einer merklichen Steigung auf. Sie mündet in einen geräumigen Parkplatz vor dem Berghotel „Schloßanger Alp“.

Die eigentliche Attraktion ist nicht die Burgruine Falkenstein, an deren Stelle König Ludwig II. ein Prachtschloss errichten wollte und für dieses Vorhaben das Bergsträßchen bis zum heutigen Burghotel bauen ließ, sondern das umfassende Gipfelpanorama: im N und O hat man das Seengebiet des Voralpenlandes mit Weißensee, Hopfensee und Forggensee, im S den Breitenberg und die Tannheimer Berge, im O Säuling und

Im Frühling präsentiert sich die Vegetation um den **Plansee** noch relativ karg. Bänke und zum Picknick geeignete Plätze laden zum Verweilen ein → Runde 38.

Die Wallfahrtskirche **„Zum gegeißelten Heiland auf der Wies“** im so genannten Pfaffenwinkel ist eines der vollendetsten Bauwerke des deutschen Rokokos → Runde 38.

Ammergebirge. Hin und zurück 18 km. Fahrtechnische Beurteilung: mittel.

Abstecher: Von Lechbruck auf den **Auerberg (1055)**. Wählt man den Abstecher zu diesem Aussichtspunkt von S her, so verlässt man in Lechbruck die Straße nach Steingaden, fährt nicht über die Lechbrücke, sondern benützt das Sträßchen nach Bernbeuren (773). Man folgt nun der Beschilderung zum Auerberg auf einer schmalen Bergstraße (samstags, sonn- und feiertags ganztägig, werktags von 16 bis 23 Uhr für Motorräder gesperrt). Der Auerberg ist, wie auch der Peißenberg, eine weit nach N vorgeschobene Erhebung, welche durch die Gletscherströme der Eiszeit bewirkt wurde. Die Kuppe besteht vornehmlich aus Moränenschuttmaterial. Die Ausblicke richten sich vor allem nach S auf den Forggensee und die Füssener Hausberge. Hin und zurück 17 km. Fahrtechnische Beurteilung: mittel.

Abstecher: Von Kohlhofen zur **Wieskirche (870)**. Diesen relativ geringen Umweg mit Besuch des prachtvollen Gotteshauses sollte man nicht versäumen! Natur und Bauwerk sind selten so miteinander vermählt wie bei der Wallfahrtskirche „Zum gegeißelten Heiland auf der Wies“, eine der vollendetsten Schöpfungen des deutschen Rokokos aus dem Jahre 1754. Der Abzweig zu diesem äußerst besuchenswerten Kleinod befindet sich an der Verbindungsstraße von Steingaden zur Echelsbacher Brücke und wendet sich direkt nach S. Hin und zurück 6 km. Fahrtechnische Beurteilung: leicht.

39 Zwischen Iller und Bodensee*

Route: Immenstadt (728) – Zaumberg – Sibratshofen – Ebratshofen – Stiefenhofen – Genhofen – Simmerberg – Weiler – Bremenried – Bösenscheidegg – Scheidegg – Weienried – Lutzenreute – Eichenberg – Lochau – Bregenz – Fluh – Langen – Hintergschwend – Fischanger – Eschau – Schönenbühl – Oberhaus – Sulzberg – Doren – Zwing – Krumbach – Langenegg – Lingenau – Hittisau – Schlipfhalden – Balderschwang – Riedbergpass (1420) – Obermaiselstein – Ofterschwang – Bihlerdorf – Immenstadt. **136 km.**

Fahrtechnische Beurteilung: mittel

Zeitaufwand: Tagestour

Auf dieser grenzüberschreitenden Rundfahrt wird sowohl ein Teil des w. Allgäus durchfahren, wobei man nur bayerische Orte berührt, als auch ein Teil des Vorderen Bregenzerwaldes. Die Fahrt entlang der Bregenzer Bucht auf dem Ostufer des Bodensees bildet landschaftlich einen deutlichen Kontrast zum Bregenzerwald mit seinem stark gegliederten Hügelland bzw. seinen abgegrenzten Höhenzügen. Sulzberg bei Doren (1013) und Schlipfhalden (1080) bei Balder-

Unberührte, prächtige Blumenwiesen und Waldabschnitte durchfährt man auf der Westrampe des auf beiden Seiten kehrenlosen **Riedbergpasses** → Runde 30 und 39.

schwang sind die höchstgelegenen Orte, welche man durchfährt. Der höchste anfahrbare Punkt liegt auf dem Scheitel des Riedbergpasses (1420). Fast alle erfassten Straßen weisen einen guten Zustand auf, die früher berüchtigten Steigungen konnten gemildert werden. Maxima von 16% findet man noch auf beiden Rampen des Riedbergpasses; einstige Engstellen wurden dort verbreitert.

Von Immenstadt geht es zunächst auf kurvenreicher Straße hinauf zur Wasserscheide bei Zaumberg, worauf man dem Stixnerbach hinab nach Sibratshofen folgt. In weiterem Auf und Ab leitet die Landesstraße über Ebratshofen, Stiefenhofen und Genhofen nach Simmerberg und Weiler im Allgäu. Über die Nachbarorte Bremenried und Bösenscheidegg gelangt man zum bayerischen Grenzort Scheidegg.

Bei Weienried fährt man durch die „Eingangspforte" des Bregenzerwaldes. Die Straße führt neben dem Rieder Bach zur Wegevereinigung Lutzenreute hinab und man setzt seine Rundfahrt auf aussichtsreichen Serpentinen über Eichenberg nach Lochau fort. Auf der stark frequentierten Uferstraße erreicht man den Stadtkern von Bregenz. – Der Transitverkehr, vor allem der Schwerverkehr, wurde im Abschnitt Lochau–Wolfurt auf den 6719 m langen, mautfreien Pfändertunnel verlagert, dessen Südportal sich in Weidach unweit der Bregenzerach befindet. – Für den Autobahnabschnitt Hörbranz–Hohenems kann man mit Kfz bis 3.5 t eine günstige Korridor-Vignette erwerben.

Aus dem Zentrum von Bregenz leitet die Schlossbergstraße in Richtung Gebhardsberg. Man steigt auf einer Kammstrecke der Fluher Straße weiter an. Der

Blick von der Scheitelhöhe des **Riedbergpasses** in Richtung Süden; seine nach Obermaiselstein hinabführende Ostrampe wurde etwas verbreitert → Runde 30 und 39.

Ort Fluh (743) befindet sich in guter Aussichtslage mit Blick auf den Säntis. Beim Abstieg in den Wirtatobel hat man ein stärkeres Gefälle von max. 19% auf einem nur knapp zweispurigen Abschnitt zu bewältigen. 6 km ab Bregenz mündet die Fluher Straße in die vorzüglich ausgebaute Langener Straße ein. Um nach dem hoch gelegenen Sulzberg zu gelangen, verlässt man diese bei Fischanger und nimmt re. die Straße über Eschau, Tobel, Schonenbühl und Oberhaus auf die Sonnenterrasse von Sulzberg.

Nun strebt man nicht einem der nahen Grenzübergänge zu, die in den Raum Oberstaufen hinüberleiten, sondern fährt nach Doren hinab und überbrückt bei Zwing die Weißach. Von Krumbach unternimmt man den kleinen Umweg über Langenegg und Lingenau nach Hittisau. Dort folgt man der Bolgenach zur wichtigen Straßenteilung beim Gh. „Tannenbaum“: den re. Zweig über das Gh. „Waldrast“ (1030) hinab nach Sibratsgfäll (929) befährt man nicht; hingegen benützt man die linke, 7 m breite Straße durch das Balderschwanger Tal, welche nur mäßig nach Schlipfhalden ansteigt. Im Ort Balderschwang (1044) hat man bei manchen Bauern Gelegenheit, Bergkäse aus eigener Produktion zu erstehen.

Die erst im Jahr 1961 fertig gestellte Bergstraße über den **Riedbergpass (1420)** verbindet Balderschwang mit Obermaiselstein. Sie trennt zwei geologisch recht gegensätzliche Gebirgsformationen: den Schrattenkalk mit den bizarren Gottesackerwänden im S von den, im N sanft geschwungenen Höhenzügen mit den fruchtbaren Flyschböden rund um das Riedberger Horn (1786). Die Fahrbahnbreiten schwanken zwischen 4 und 7 m,

Skizze 39 Zwischen Iller und Bodensee

die Höchststeigungen erreichen 16%. Die Pass-Straße weist auf beiden Seiten mehrere Brücken auf. Von Obermaiselstein verläuft die Route in Terrassenlage über Ofterschwang nach Bihlerdorf. Von dort hat man bis Immenstadt nur noch 5 km auf einer relativ verkehrsarmen Nebenstraße zurückzulegen.

Variante: Vom Grenzort Weienried auf der viel gewundenen **„Rucksteigstraße“** bei ausgewogenem Gefälle von 11% hinab nach Leutenhofen und über Maria Stern nach Lochau. Plus 1 km. Fahrtechnische Beurteilung: leicht.

Abstecher: Von der Fluher Straße, wenige Kilometer außerhalb von Bregenz, zweigt re. die 400 m lange Zufahrt zum **Gebhardsberg (590)** ab, grüne HT. Die kleine Kirche neben der ehem. Burg Hohenbregenz ist ein beliebter Wallfahrtsort der Bodenseegemeinden. Sie ist dem hl. Gebhard, dem ehem. Bischof von Konstanz und Schutzpatron des Bodensees, geweiht. Die ehem. Burg beherbergt ein Restaurant, von dem aus man, wie von einer Kanzel, hervorragende Tiefblicke auf die Bregenzer Bucht genießen kann. Hin und zurück 800 m. Fahrtechnische Beurteilung: leicht.

Abstecher: Von Bihlerdorf bei Sonthofen nach Bad Hindelang (825) und über die Jochstraße mit ihren 107, teilweise engen Kurven hinauf zum Ferienort **Oberjoch (1150)**. Diese Bergstraße wurde bereits im Mittelalter als Saumweg angelegt, um das Salz von Hall in Tirol zum Bodensee zu transportieren; heute wird sie auch als „Deutschlands kurvenreichste Straße“ betitelt. Sie weist normale Fahrbahnbreiten auf und hat ausgewogene Steigungsverhältnisse von zirka 8%. Als Aussichtskanzel dient eine bez. Felspassage; Parkmöglichkeiten findet man gegenüber. Hin und zurück 32 km. Fahrtechnische Beurteilung: mittel.

SCHWEIZ

40 Rund um den Schweizer Nationalpark Ofenpass**

Route: Martina (1035) – Norbert-Sattel (1454) – Reschenpass (1510) – Graun – St. Valentin auf der Haide – Mals – Laatsch – Taufers – Müstair – Sta. Maria im Münstertal – Ofenpass (2149) – Il Fuorn – Munt la Schera (Straßentunnel) – Livigno – Forcola di Livigno (2315) – La Motta – Berninapass (2328) – Bernina Suot – Pontresina – San Gian – Samedan – Cinuos-chel – Brail – Zernez – Susch – Ardez – Scuol – Ramosch – Martina. **205 km.**

Fahrtechnische Beurteilung: mittel

Zeitaufwand: Tagestour

Die vom österr. ZA Martinsbruck durch lichte Lärchenwälder hinaufführende, nur wenig frequentierte Bergstraße zur Norberthöhe weist in elf nummerierten Kehren Überbreiten auf; die Steigungsverhältnisse sind gut ausgewogen und betragen im Durchschnitt 8%. Ihre Scheitelhöhe, der **Norbert-Sattel (1454)**, befindet sich nahe dem bekannten Oberinntaler Aussichtspunkt Schöpfwarte. Am s. Ortsrand von Nauders (1394) mündet die vorzüglich ausgebaute, 8 km lange B 185 in die Reschen-B 315 ein und verbindet somit das Untere Engadin mit dem Oberen Vinschgau. Bis zur Wasserscheide Reschen-Scheideck (1510), über welche die Grenze zwischen Österreich und Italien verläuft, hat man von Nauders nur noch 4 km zurückzulegen.

Der Verkehrsweg über den **Reschenpass (1510)** wurde bereits seit alters her als so genannter „Oberer Weg" im Gegensatz zum Brenner als „Unterer Weg" benützt. Er ist nach dem Brenner der bedeutendste Übergang zwischen Nord- und Südtirol und während der Reisesaison viel befahren. Die Südtiroler Rampe ist weit weniger ausgeprägt als die Nordtiroler, weil sie auf einem riesigen, eiszeitlichen Schuttkegel erbaut wurde; dieser zog vom Becken, welches Reschen- und Haidersee bildeten, bis in den Raum Mals–Schluderns–Glurns herab. Die ausgedehnte Malser Haide durchfährt man dabei in sechs bequemen Kehren wie auf einer schiefen Ebene.

Auf dem ö. Ufer des Reschensees passiert man mehrere Galerien, die gegen Steinschlag und Lawinenabgänge schützen. Die Fahrbahnbreiten schwanken zwischen 6 und 8 m, das Steigungsmaximum beträgt auf der Südtiroler Seite nur 7%. Die Bergstrecke von St. Valentin auf der Haide hinab nach Mals misst 11 km. Kurz vor Mals hat man re. die hell leuchtenden Fassaden der Benediktiner-

Vom Scheitel der **Berninastraße** wenig weiter fällt der Blick über den hellgrünen Lago Bianco hinweg auf den Gletscher des Piz Cambrena → Runde 40.

abtei Marienberg im Blickfeld; sie erhebt sich hoch über dem Dorf Burgeis.

Von Mals benützt man den Abkürzer über Laatsch hinab zur Calvenbrücke über den Rambach. Taufers (1240) ist das letzte Südtiroler Dorf vor der schweizerischen Grenze, Müstair der erste Bündner Ort der hier rätoromanischen Bevölkerung. 4 km weiter findet man in Sta. Maria im Münstertal li. die Abzw. der Bergstraße zum Umbrailpass, welcher auf der Grenze zu Italien liegt.

Die Straße über den **Ofenpass/Passo dal Fuorn (2149)** hingegen stellt die direkte, innerstaatliche Verbindung mit dem Unterengadin her. Sie verläuft mitten durch den Schweizer Nationalpark, wird gj. offen gehalten und ist durchgehend asphaltiert. Ihre Fahrbahnbreite beträgt 6 m, ihre max. Steigung 10%. Von Sta. Maria bis Zernez hätte man 35 km zurückzulegen, doch führt unsere Runde bereits nach 23 km bei Il Fuorn li. durch den **Munt-la-Schera-Straßentunnel** in das ital. Zollausschlussgebiet von Livigno.

Die mautpflichtige Privatstraße durch den 3.5 km langen Tunnel ist im Besitz der Engadiner Kraftwerke AG. AP ist Punt la Drossa (1706) an der Ofenpass-Straße; dort befindet sich am n. Tunnelportal das Schweizer Zollamt. Der Richtungsverkehr durch den nur einspurig befahrbaren Tunnel wird durch Ampeln geregelt, es besteht eine Geschwindigkeitsbegrenzung von 60 km/h. Die Durchfahrt ist gj. täglich von 8 bis 20 Uhr möglich.

Nach Verlassen des Südportals ist man am Lago di Gallo, einem lang gestreckten Speichersee, welcher aus dem aufgestauten Spöl und anderen Zuflüssen im

Talbecken entstanden ist. Die Mauteinhebung findet am Ponte del Gallo/Punt dal Gall (1806) statt; man fährt über die Dammkrone der Staumauer und nach 500 m gelangt man zum ital. Grenzbalken.

Nun verläuft die vorwiegend zweispurig ausgebaute Straße am w. Ufer des Stausees und nach 11 km erreicht man den Ortsrand des weit verstreuten Livigno (1816). Einst als „weltabgeschiedenes Nest hinter den Bergen“ bezeichnet, hat das gesamte Tal in den vergangenen Jahren einen enormen wirtschaftlichen Aufschwung genommen. Livigno profitiert vor allem von seinem Status als ital. Zollausschlussgebiet.

Hinter dem Ort setzt sich die normal breite Asphaltstraße in dem monoton wirkenden Hochtal nach SW fort. Nach einer längeren Hangstrecke mit Höchststeigungen von 9% ist die **Forcola di Livigno (2315)**, Wasserscheide zwischen Spöl (Inn) und Poschianvino (Adda) erreicht. Die anschließende Talfahrt vermittelt gute Blicke auf die s. Ausläufer der Berninagruppe. Die Fahrbahnbreite auf der 4 km langen Bündner Rampe beträgt 6 m, das Gefälle max. 12%. Bei der schweizerischen Zollstation La Motta (2054) trifft man, 20 km von Livigno entfernt, auf die Südrampe der Berninastraße.

Um aus dem Puschlav in das Oberengadin zu gelangen, fährt man re. die obersten Kehren zum Scheitel des **Berninapasses (2328)** hinauf, welcher eindrucksvolle Ausblicke auf den Piz Cambrena (3604) mit seinem zerschrundenen Gletscher vermittelt. Die Wasserscheide wird vom fast 3 km langen, aufgestauten Lago Bianco (2234) gebildet. Das Hochtal auf der Nordseite des Passes wirkt anfangs recht öde bis man hinab zur Talstation der Diavolezza-Seilbahn kommt. Zur Rechten hat man die felsdurchsetzte Südflanke des Piz Albris (3166), ein bekanntes Steinwildrevier.

Unterhalb von Bernina Suot bietet sich vom Parkplatz oberhalb der beiden Montebello-Kehren ein faszinierender Ausblick auf die hochalpine Szenerie: die von der Bellavista (3922), vom Piz Zupo (3996), vom Piz Bernina (4049) und vom Piz Morteratsch (3751) herabziehenden Gletscher vereinigen sich zum gewaltigen Eisstrom des Vadret da Morteratsch. Auf der Weiterfahrt kommt man am bekannten Ferienort Pontresina (1805) vorbei, das von der Durchzugsstraße talseitig umgangen wird. Ein nur kurzer Blick fällt durch das Rosegtal zum Piz Corvatsch (3451). Bei San Gian, unweit der Muottas-Muragl-Standseilbahn, gelangt man zu einer wichtigen Straßenteilung: li. entlang des St. Moritzer Sees nach Silvaplana, 10 km, geradeaus durch den Boden des breiten Hochtals zum Straßenknoten Samedan (1721), 1.5 km.

Die meisten Orte des Oberengadins werden von der Hauptstraße 27 umfahren. Nach 14 km ab Knoten Samedan nimmt der Verkehrsweg geländebedingt einen gewundenen Verlauf. Bei Cinuos-chel kommt man in eine Talenge, welche die Grenze zwischen dem Oberengadin und dem nun folgenden Unterengadin markiert. Die Straße durch das Untere Engadin folgt dem Inn abwärts. Der Flussname leitet sich aus dem rätoromanischen „En“ ab, die Silbe „gadin“ vom italienischen „giardino“; Engadin heißt deshalb nach seinem ursprünglichen Sinn „Garten des Inn“. – Man passiert die hoch über der Innschlucht liegende Häusergruppe Brail (1638). Die Talstufe hinab nach Zernez (1472) bewirkt einen HU von runden 200 m.

Neben den freskenverzierten Engadiner Häusern ist in Zernez das Informations-

Skizze 40 Rund um den Schweizer Nationalpark Ofenpass

zentrum im Nationalparkhaus von Interesse, welches sich direkt an der Ausfahrt zum Ofenpass befindet. Nach Einbindung der Ofenpass-Straße 28 fährt man 6 km weiter innabwärts nach Susch (1426). Die normal breite Hauptstraße 27 begleitet den windungsreichen Inn nach Ardez, welches mit wuchtigen Häusern im Sgraffitoschmuck aufwartet. Hinab zum Kurort Scuol/Schuls (1244) bewältigt die Straße erneut eine Talstufe mit zirka 200 m HU. Der Streckenabschnitt von Scuol nach Ramosch (1174) und hinaus zur Grenzübertrittsstelle Martina (1035) bringt kaum fahrtechnische Probleme mit sich.

Variante: Von Sta. Maria im Münstertal über den **Umbrailpass (2501)**, **Foscagnopass (2291)** und **Eirapass (2208)** nach Livigno. Die Umbrailstraße hat ihren AP in Sta. Maria (1375). Auf der 14 km langen Bergstraße bis zur Passhöhe bzw. 500 m weiter bis zur Einmündung in die SW-Rampe der Stilfser-Joch-Straße hat man 34 Kehren zu passieren. Die Höchststeigungen liegen bei 12%, die Fahrbahnbreiten schwanken zwischen 4 und 6 m. Im Bj. endete der Asphalt wenig oberhalb vom Gh. „Alpenrose" (1788); darauf folgten 2.6 km Naturfahrbahn, dann wieder Teerbelag. Zahlreiche unübersichtliche Kurven erfordern eine vorsichtige Fahrweise. Es gibt auch Passagen, welche steinschlaggefährdet sind. Während der Auffahrt durch das Muraunzatal bieten sich Tiefblicke in das Münstertal. Furkelspitz (3004) und Piz Umbrail (3031) sind die herausragenden Erhebungen in dieser Hochregion.

In der schneefreien Jahreszeit ist der Pass von Anfang Juni bis Ende Oktober geöffnet. Die schweizer.-ital. Grenzübertrittsstelle ist nachts geschlossen (Sperrzeiten im Juli und August zwischen 22.00 und 6.00 Uhr, sonst zwischen 20.00 und 6.00 Uhr, Auskünfte erteilt das ZA Müstair, Tel. 081-85851 DW 14 oder 15).

Im obersten Brauliotal fährt man zunächst auf einer sanften Gefällestrecke neben dem Bach bis zu einer Talstufe am Fuße des Monte Radisca hinab. Die nun folgende Serpentinenstrecke gewährt nach SO bemerkenswerte Ausblicke auf die Hohe Schneide/Monte Cristallo (3434) mit ihrem Gletscher. An der re. Bergflanke stürzt sich ein tosender Wasserfall mit mehreren Kaskaden über die Felsen; an Kehre Nr. 22 steht ein Gh. Dann setzt sich die Fahrt durch die wilde Braulioschlucht fort. Sechs Tunnels und zwei Felsgalerien wurden zum Schutz gegen Steinschlag und Lawinenabgänge errichtet; sie sind unbeleuchtet und teilweise nur einspurig, weshalb bei Gegenverkehr Vorsicht geboten ist. Unterhalb eines Straßenwärterhauses (1716) hat man einen guten Ausblick in das Fraeletal, wo die Adda entspringt. Vor dem letzten Tunnel ist re. die Zufahrt zu den Bagni Vecchi (in den Fels gehauene Römerbäder), die unterhalb der SS.38 liegen. Um in Richtung Livigno weiterzufahren, muss man nicht ins Zentrum von Bormio hinab, sondern biegt von einer Linkskehre re. ab, HT.

Von Premadio setzt man seine Fahrt durch das Val Viola Bernina auf der SS. 301 fort, indem man der HT „Passo di Foscagno" folgt. Von der 38 km langen, durchwegs asphaltierten Gesamtstrecke Bormio–Livigno war im Bj. nur der 24 km lange Abschnitt bis hinauf zum Foscagnopass (2291) 6 m breit ausgebaut. Es folgten schmälere Abschnitte mit Fahrbahnbreiten zwischen 3.5 und 6 m. Die Steigungen überschreiten nirgends 12%, wobei die Bergstrecke bei Isolaccia (1350) beginnt. Auf dem Scheitel des Passes, welcher gute Ausblicke auf die Ortler-Cevedale-Gruppe bietet, befindet sich die ital. Zollstation. Man fährt dann hinab nach Trepalle (2079), dem höchsten Kirchdorf in den Alpen.

Bevor man in das wannenartige Hochtal von Livigno hinabsteigt, ist mit dem Pas-

Bleibende Eindrücke hinterlässt eine Fahrt über den **Berninapass**; sowohl die Scheitelhöhe selbst als auch das Gasthaus kurz danach eignen sich für eine Rast → Runde 40.

Von der Südrampe des **Berninapasses** genießt man eine bemerkenswerte Aussicht auf die Dreitausender über dem Val da Camp → Runde 40. Foto Margit und Thomas Titscher

Blick vom Südportal des **Munt-la-Schera-Tunnels** auf den fjordartigen **Lago di Gallo**; er wird auch als Lago di Livigno bezeichnet → Runde 40. Foto Margit und Thomas Titscher

so d'Eira (2208) eine letzte Hürde zu nehmen. Der Abstieg vollzieht sich in mehreren Aussicht gewährenden Schleifen auf einer Gefällestrecke von max. 12%. Plus 31 km. Fahrtechnische Beurteilung: mittel bis schwierig.

Abstecher: Vom Umbrailpass (2501) zum **Stilfser Joch (2758)**. Von der Einmündung in die SS.38 an der Cantoniera 4a lohnt es sich, den kurzen Abstecher hinauf zum Stilfser Joch zu unternehmen; man gewinnt dabei mit mehreren weit ausholenden Kehren einen HU von 260 m. Die Jochstraße ist in diesem Abschnitt 6 bis 7 m breit. Der Scheitel des Stilfser Joches wird von zahlreichen bunten Andenkenläden flankiert. Über das Joch verläuft die deutsch-ital. Sprachgrenze. Einen bemerkenswerten Akzent setzt die Jochkapelle mit ihrem offenen Glockenstuhl in die sonst herbe Hochgebirgslandschaft. Nach O richtet sich die Aussicht auf die beeindruckende Kehrenanlage der Südtiroler Rampe und auf den Ortler (3905), der dominierenden Erhebung in dieser stark vergletscherten Gebirgsgruppe. Im S der Scheitelhöhe zieht vom Monte Livrio und von der Naglerspitze (3259) ein viel besuchtes Sommerskigebiet herab. Hin und zurück 6 km. Fahrtechnische Beurteilung: leicht bis mittel.

Abstecher: Von La Motta (2054) über San Carlo (1093) an der Berninastraße nach **Aurafreida (2160)**. Dieses Ziel ist ohne Zweifel einer der schönsten Aussichtspunkte im Puschlav. Man zweigt am n. Ortsausgang von San Carlo im spitzen Winkel von der Berninastraße ab. Das kehren- und kurvenreiche Sträßchen ist ab Km 2 geschottert, aber in gutem Zustand. Es wurde nur einspurig mit wenig

Ausweichstellen angelegt. Kräftig steigend (Maximum 14%) gewinnt es an der ö. Bergflanke rasch an Höhe, wozu mehrere Serpentinen beitragen. Von Curvera (1299) genießt man eindrucksvolle Blicke über das Haupttal mit der kühn trassierten Berninabahn. Bei Scelbez hat man eine zweite Serpentinengruppe zu überwinden, ehe das Ende des Fahrweges in Aurafreida erreicht wird. Nur wenige Schritte weiter fasziniert im W die Aussicht auf die Berninagruppe mit dem Piz Palü (3905) und seinem mächtigen Gletscher, im N wird das Val da Camp vom Piz Paradisin (3302) überragt.

Eine alternative Auffahrt von der Berninastraße aus bietet sich bereits 200 m oberhalb vom ehem. Ristorante Pozzolascio (1577), zirka 5.5 km n. San Carlo, an; es handelt sich dabei um einen 3 m breiten, nicht asphaltierten Güterweg in gutem Zustand; seine max. Steigung beträgt 13%. Nach 3 km trifft er mit der von San Carlo heraufziehenden Auffahrt zusammen; von dort sind es dann noch 3.7 km bis Aurafreida. Diese sowohl zeitlich als auch distanzmäßig kürzere Alternativstrecke werden jene benutzen, die von N kommen oder in diese Richtung fahren wollen. – Hin und zurück 44 km. Fahrtechnische Beurteilung: mittel bis schwierig.

Abstecher: Von La Motta (2054) nach Poschiavo und über Cologna nach **Albertüsc (2089)**. Ein weiteres anfahrbares Hochziel im Puschlav ist die, in prächtiger Aussichtslage befindliche Alp Albertüsc. In Poschiavo (1014) verlässt man die Hauptstraße 29 und fährt am Spital vorbei zunächst auf asphaltiertem Sträßchen zum Weiler Cologna (1111). Von dort steigt man mit neun Serpentinen zur Wegteilung bei der Häusergruppe Cansumé (1548) an, 6 km. Der einspurige Fahrweg weist max. 12% Steigung auf. Man hält sich dort re. und gewinnt auf der nun geschotterten Fortsetzung in ordentlichem Zustand mit vier Kehren durch den Wald weiter an Höhe. In der engen Sassiglian-Kehre (1910) öffnet sich ganz unvermittelt ein eindrucksvoller Tiefblick auf den dunkelgrünen Puschlavsee (962). Den EP bilden die Alphütten von Albertüsc. Man hat gute Ausblicke auf die Ostflanke der Berninagruppe mit Piz Varuna (3453), Piz Palü (3905) und Piz Cambrena (3604). Hin und zurück 50 km. Fahrtechnische Beurteilung: mittel.

Abstecher: Von Scuol/Schuls (1244) zur Sommersiedlung **S-charl (1810)**, einem der schönsten Ausflugsziele im Unterengadin. Das bei Scuol einmündende Tal markiert die ö. Begrenzung des 160 km² großen Schweizer Nationalparks. Erschlossen wurde das romantische Hochtal durch eine zu zwei Drittel asphaltierte, knapp zweispurige Straße. Sie umgeht mit fünf Kehren die Clemgiaschlucht; die max. Steigung beträgt nur 9%. Dann wendet sie sich weiter talein. An der Mündung des Trigaltales ist eine breite Furt zu überwinden, welche nach starken Regengüssen durch Geschiebe blockiert sein kann. Nach 12 km findet man vor der Sommersiedlung (bewirtsch. Alm) genügend Abstellplätze. Hin und zurück 24 km. Fahrtechnische Beurteilung: mittel.

Für die Benützung der **Schweizer Autobahnen** braucht man auch mit dem Töff eine Vignette. Es gibt nur eine Jahresvignette; sie gilt vom 1. Dezember des Vorjahres bis zum 31. Jänner des darauf folgenden Jahres, also 14 Monate. Grundsätzlich können damit außer den Autobahnen auch die Tunnelstraßen befahren werden; die einzige Ausnahme bildet der 5.8 km lange Große St. Bernhard-Tunnel, welcher von einer schweizer.-ital. Privatgesellschaft betrieben wird.

41 Östliche Bündner Pässe-Runde**

Route: Landquart (530) – Küblis – Umfahrung Saas im Prättigau – Umfahrung Klosters – Wolfgangpass (1626) – Davos-Dorf – Tschuggen – Flüelapass (2383) – Susch – Zernez – Brail – Cinuos-chel – Zuoz – La Punt – Albulapass (2312) Preda – Bergün – Filisur – Alvaneu-Bad – Tiefencastel – Schinschlucht – Thusis-Sils – Thusis – Reichenau – Chur – Landquart. **186 km.**

Fahrtechnische Beurteilung: leicht bis mittel

Zeitaufwand: Tagestour

Die Standardroute erfasst mit ihren Varianten große Teile der Ostschweiz. Sie verläuft zunächst aus dem Rheintal durch den Prättigau, welcher durch die Kammlinie des Rätikon und der Silvretta vom angrenzenden Montafon getrennt ist. Es gibt in diesem Raum keinen Straßenübergang mit Österreich, gleichwohl seit vielen Jahren mehrere Projektstudien vorliegen. So befasste sich z.B. eine mit dem Bau eines Scheiteltunnels in etwa 1700 m Seehöhe unter dem Schlappiner Joch (2203). Eine solche Verbindung, ausschließlich als Touristenstraße konzipiert, wäre geeignet, große Umwege einzusparen. In der gegenwärtigen Situation ist das Bündner Land jedoch gegen NO barrierenhaft abgeschlossen.

Auf der 42 km langen Hauptstraße 28 von Landquart nach Davos umfährt man Saas im Prättigau mit einem 2577 m langen Tunnel, Klosters mit der eleganten Sunnibergbrücke und dem 4207 m langen Gotschnatunnel; hingegen befand sich der Umfahrungstunnel von Küblis im Bj. noch in Bau. Oberhalb von Klosters (1206) verlässt man das Landquarttal und wendet sich der Wasserscheide am zahmen **Wolfgangpass (1626)** zu, wobei auf normal breiter Bergstraße mit max. 11% Steigung ein HU von 425 m zu überwinden ist. Auch die Abfahrt nach Davos-Dorf bringt keinerlei Probleme mit sich.

Die Hauptstraße 28 führt von Davos (1560) in das, gegen O ansteigende Flüelatal. Auf ausgebauter Strecke fährt man, zunächst von schönem Nadelwald begleitet, bergan. Mit zunehmender Höhe wird das Landschaftsbild unwirtlicher. Rasch ist die Baumwuchsgrenze passiert. Zwischen Tschuggen (1938) und dem **Flüelapass (2383)** hat man sechs Kehren zu durchfahren; im Vorblick dominiert die mächtige Berggestalt des Schwarzhorns (3147). Schwarzsee und Schottensee beleben die öde Passregion mit ihren ausgedehnten Geröllfeldern.

Die Ostrampe senkt sich mit einigen Kehren in das Tal der Susasca. Prächtig ist der Ausblick durch das Val Grialetsch auf den vergletscherten Piz Vadret (3229), Tiefblicke eröffnen sich in das Unterengadin. Im Abstieg folgen nach einer längeren Flachstrecke erneut mehrere, teilweise kühn angelegte Serpentinen. Oberhalb von Susch erreicht das Gefälle max. 10%. Seit Eröffnung des 19.1 km langen Vereina-Eisenbahntunnels Ende 1999 bleibt die Pass-Straße im Winter gesperrt.

Die Straße über den **Flüelapass** verbindet den Prättigau mit dem Unterengadin; Blick auf die Scheitelhöhe mit dem Schottensee li. und dem Schwarzsee re. → Runde 41.

Die Westrampe des **Flüelapasses** nimmt ihren Ausgang in Davos und leitet gut ausgebaut mit mehreren Kehren in eine herbe Hochgebirgslandschaft hinauf → Runde 41.

Während die Scheitelstrecke des **Albulapasses** durch Geröllfelder einen eher unwirtlichen Eindruck macht, zeigt sich die Westrampe mit schönem Zirbenbestand → Runde 41.

In Susch (1426) mündet man in die teilweise modernisierte Hauptstraße 27 ein, welche innaufwärts Richtung La Punt leitet. Das Informationszentrum des „Nationalparks Ofenpass" befindet sich in Zernez. Auf dem Weg zur Häusergruppe Brail (1638) überwindet man eine Talstufe mit einem HU von rund 200 m. Bei Cinuos-chel bildet eine Talenge die Grenze zwischen Unter- und Oberengadin.

Von La Punt aus verbindet die landschaftlich äußerst attraktive Strecke über den **Albulapass (2312)** das Oberengadin mit dem Oberhalbstein. Berühmter als die Straße ist allerdings die großartige Albulabahn, welche den Pass-Scheitel auf einer Seehöhe von rund 1800 m in einem 5.9 km langen Tunnel unterfährt. Vor allem die NW-Rampe, auf der sich Straße und Bahn mehrmals kreuzen, beeindruckt durch die außergewöhnliche Kühnheit ihrer, aus dem Ende des 19. Jh. stammenden Anlage. Der Aufstieg von La Punt (1687) bis zur Scheitelhöhe ist relativ kurz und vollzieht sich durch das Tal der Ova d'Alvra mit einer Gruppe von zehn Kehren. Die 40 km lange Pass-Straße ist von La Punt bis Tiefencastel durchgehend asphaltiert, die Fahrbahnbreiten schwanken zwischen 5 und 7 m . Die Höchststeigungen betragen auf beiden Rampen 12%. In den Wintermonaten ist zwischen Samedan und Thusis ein Autoverlad eingerichtet.

Von der Scheitelhöhe hat man gegen W einen bemerkenswerten Blick auf den Piz Ela (3339). Oberhalb von Preda zieht die Straße am stimmungsvollen Lai da Palpuogna vorüber. Zwischen Preda (1789) und Bergün (1367) lässt sich die aufregende Trasse der Albulabahn gut verfolgen; sie meistert mit mehreren Brücken

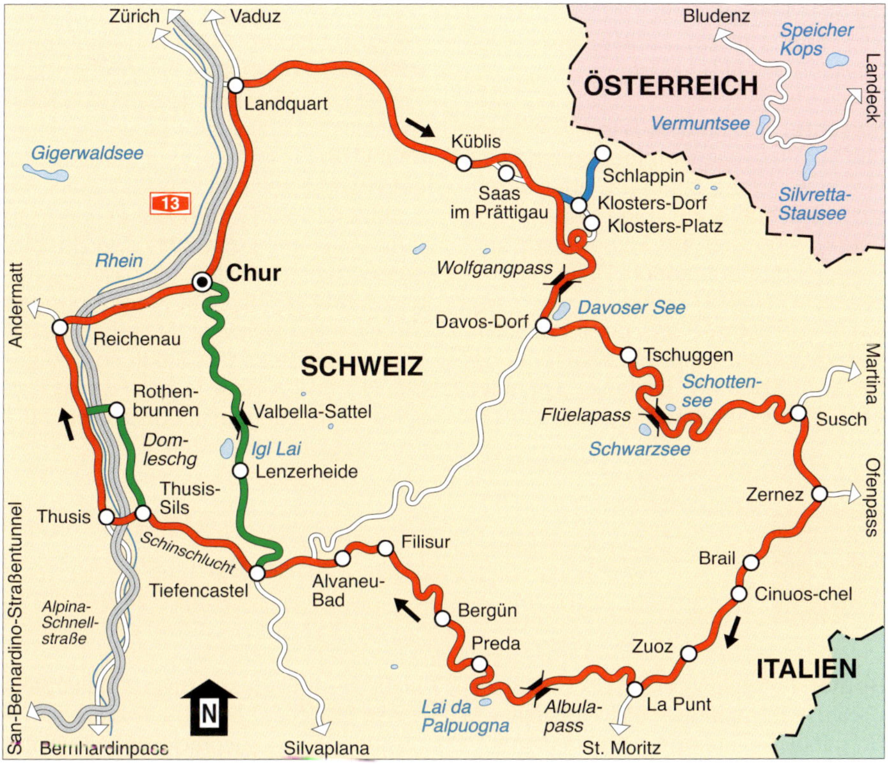

Skizze 41 Östliche Bündner Pässe-Runde

und vier Kehrtunnels ein schwieriges Gelände mit 400 m HU. Die erkergeschmückten Steinhäuser in Filisur verraten in ihrer Baugesinnung den Einfluss des benachbarten Engadins. Hinter Alvaneu-Bad vereinigt man sich mit der „Zügenstraße“ aus Richtung Davos und erreicht wenig weiter den Straßenknoten Tiefencastel (851).

Während die Hauptstraße 3 sich von Tiefencastel auf kürzestem Weg in Richtung Chur über den Valbella-Sattel (1547) fortsetzt, benützt die vorgegebene Rundtour die jetzt hervorragend ausgebaute Straße durch die romantische **Schinschlucht**. In Thusis (723) findet man Anschluss an die N 13 (Alpina-Schnellstraße), welche den Motorradfahrer problemlos durch das Rheintal über Reichenau und die Umfahrung der Kantonshauptstadt Chur zum Ausgangsort Landquart zurückleitet oder man benützt die dazu parallel verlaufende Hauptstraße 13.

Variante: Von Tiefencastel (851) über den **Valbella-Sattel (1547)** nach Chur. Die Hauptstraße 3 stellt zwar die kürzere Verbindung zwischen den beiden Orten her, doch ist die verlorene Höhe mit 700 m nicht unbeträchtlich. Diese Pass-Straße wird hauptsächlich im Winter benützt, weil das Umfeld von Lenzerheide ein ausgezeichnetes Skigebiet ist. Die max. Steigungen bzw. Gefälle betragen 11%. Minus 10 km. Fahrtechnische Beurteilung: leicht bis mittel.

Variante: Von Thusis-Sils (683) durch das burgenreiche **Domleschg** führt eine viel gewundene schmale, aber durchwegs geteerte, 9 km lange Nebenstraße über das re. Ufer des Hinterrheins zum Bahnhof Rothenbrunnen. Diese Alternative kann vor allem historisch Interessierten empfohlen werden, denn das Domleschg ist eine wahre Fundgrube an Sehenswürdigkeiten. Distanz gleichbleibend. Fahrtechnische Beurteilung: mittel.

Abstecher: Von Klosters-Dorf (1140) nach **Schlappin (1658)**. Das einspurige Mautsträßchen gewinnt zunächst asphaltiert mit einigen Kehren an Höhe; danach folgt es wie eine Direttissima dem Bach durch den Schlappintobel. Als Schottersträßchen erreicht es ein Steigungsmaximum von 30%. Die Strecke gehört zu den steilsten, öffentlich befahrbaren und für alle Fahrzeuge offenen Strecken der Schweiz. Malerisch ist die im Hochtal gelegene Siedlung Schlappin. Hin und zurück 11 km. Fahrtechnische Beurteilung: mittel bis schwierig.

42 Westliche Bündner Pässe-Runde**

Route: Tiefencastel (851) – Savognin – Tinizong – Mulegns – Bivio – Julierpass (2284) – Silvaplana – Sils – Maloja – Malojapass (1815) – Löbbia – Vicosoprano – Borgonovo – Stampa – Castasegna – Chiavenna – San Giacomo-Filippo – Cimaganda – Campodolcino – Pianazzo – Splügenpass (2113) – Splügen – Roflaschlucht – Andeer – Zillis – Via Mala – Thusis – Thusis-Sils – Schinschlucht – Tiefencastel. **162 km.**

Fahrtechnische Beurteilung: leicht bis mittel

Zeitaufwand: Tagestour

AP dieser Rundfahrt ist das verkehrsgeografisch gut erreichbare Tiefencastel am Albulabach; es liegt nur 28 km s. von Chur. Die Bergstrecke über den **Julierpass (2284)** stellt eine ganzj. offen gehaltene Verbindung zwischen dem Oberhalbstein und dem Oberengadin her. Sie wurde wie der benachbarte Septimerpass schon von den Römern als Alpenübergang benützt, was Münzfunde und Überreste einer alten Trasse belegen. Während man im Aufstieg von Tiefencastel bis zur Wasserscheide am Julier beachtliche 1433 Höhenmeter gewinnt, beträgt der HU beim Abstieg vom Pass bis Silvaplana lediglich 469 m.

Typisch für die 35 km lange Nordrampe ist ihr treppenartiges Profil. Steigungen, deren Maxima mit 10% gemessen wurde, werden jeweils von längeren, fast flachen Strecken unterbrochen. Die Fahrbahnbreiten schwanken zwischen 5 und 7.5 m. Man passiert die Orte Savognin

Eine wahre Augenweide für den leidenschaftlichen Motorradfahrer ist die Serpentinengruppe auf der Nordrampe des **Splügenpasses**; darüber steht das Schweizer Zollhaus → Runde 42.

Besonders farbenprächtig zeigt sich die Nordrampe des **Julierpasses** im Herbst; Blick auf den tiefblauen **Marmorerasee** → Runde 42. Foto Margit und Thomas Titscher

Skizze 42 Westliche Bündner Pässe-Runde

(1207), Tinizong (1232) und Mulegns (1486), ehe man das Ostufer des schön gelegenen Marmorerasees (1680) entlangfährt. Zu den landschaftlich hervortretenden Abschnitten der Nordrampe zählt die Serpentinenstrecke zwischen Bivio und der Scheitelhöhe, welche bemerkenswerte Rückblicke auf den mächtigen Piz Platta (3392) bietet. Am Scheitel selbst stehen beiderseits der Straße die Reste zweier römischer Säulen.

Die Ostrampe des Julierpasses senkt sich durch das Hochtal der Ova dal Vallun nach Silvaplana (1815) hinab, 8 km. Nach einer Linkskurve öffnet sich ganz überraschend ein fantastischer Blick nach S auf die Gletscherwelt der Berninagruppe mit dem Piz Bernina (4049); im Tiefblick zeigen sich die Oberengadiner Seen, welche von dunklen Wäldern umrahmt, die blauen Augen dieser einzigartigen Landschaft sind.

Während einer Fahrt über den **Julierpass** gewinnt man grandiose landschaftliche Eindrücke; re. und li. vom Scheitel stehen die Reste römischer Säulen → Runde 42.

Beim **Malojapass (1815)** handelt es sich um ein topografisches Kuriosum, denn der Pass hat im NO (Engadiner Seite) so gut wie keine Rampe. Während im SW das Bergell bzw. das Tal der Mera zwischen dem Scheitel und Chiavenna 1500 m tief abfällt, schließt sich in der Gegenrichtung die vom Gletschereis gebildete Seenplatte des Oberengadins an. So liegt der Abfluss des St. Moritzer Sees (1768), 16 km von der Wasserscheide entfernt, lediglich 47 m tiefer, der Ort Zuoz, 30 km von der Scheitelhöhe entfernt, nur 100 m tiefer!

Der Tourenfahrer durchmisst zwar eine alpine Bilderbuchlandschaft mit besonders reizvollen Seen und schneebedeckten Bergen, doch braucht er keine Rampe mit Kehren zu meistern. Diese gibt es am Malojapass nämlich nur auf der Bergeller Seite (SW-Rampe).

Vom Straßenknoten Silvaplana fährt man zunächst über das NW-Ufer des Silvaplaner Sees, dann auf dem Schwemmboden, welcher die beiden größten Engadiner Seen, den Silvaplaner und den Silser See trennt, zum Ort Sils (1809). Vom vermoorten SW-Zipfel des rund 5 km langen Silser Sees steigt die Hauptstraße 27 kaum merklich zum Ort Maloja und zur Passhöhe an.

Von der felsigen Plattform des Hotels „Kulm“ genießt man eindrucksvolle Tiefblicke in das, von steilen Bergflanken umschlossene Bergell/Val Bregaglia. Die vom Wetter begünstigste Reisezeit ist vor allem der Herbst; hier sind im September und Oktober, manches Mal auch noch in der ersten Novemberhälfte, die oberen Schichten der kalten Luft so stabil, dass sie eine ungetrübte Fernsicht vermitteln können.

Die kehrenreiche, gut ausgebaute Nordrampe des **Julierpasses** → Runde 42.

Julierpass, Nordrampe → Runde 42.

Der Abstieg vollzieht sich über mehrere Talstufen. Man durchfährt zunächst eine Gruppe von 13, dicht aufeinander folgenden Serpentinen, mit denen die Pass-Straße den ersten Steilabfall überwindet. Unterhalb der Häusergruppe Löbbia (1436) folgen weitere neun Kehren; einen schönen Blick hat man durch das von S mündende Albignatal hinauf zur Staumauer des Lago da l'Albigna (2163). Über Vicosoprano (1067), Borgonovo (1043) und Stampa (994) setzt sich die Hauptstraße Nr. 3 talauswärts fort. Promontogno, Spino und Bondo werden durch einen Tunnel umfahren. Bei Castasegna (686) erreicht man schließlich die Grenze zu Italien. Nach Chiavenna (325) sind es auf der SS.37 noch 10 km.

Die nächste Etappe unserer Rundfahrt führt von Chiavenna über den **Splügenpass/Passo dello Spluga (2113)** nach Splügen; sie misst insgesamt 39 km und ist durchgehend asphaltiert. Die Fahrbahnbreiten schwanken zwischen 4 und 7 m, Engstellen trifft man noch in den Tunnels und Galerien der Südrampe an, welche auf 30 km Distanz einen HU von 1800 m aufweist. Die Maximalsteigung überschreitet an keiner Stelle 10%. Die Strecke ist für Fahrzeuge mit einer max. Breite von 2.30 m und einer max. Höhe von 3.50 m sowie für Busse bis 10 m Länge zugelassen.

Zunächst steigt man durch das wildromantische Tal des Liro über San Giacomo-Filippo (522) und Cimaganda (900) nach Campodolcino (1066) an. Dann folgt der bautechnisch interessanteste Streckenabschnitt, welcher in seiner kühnen Anlage durchaus einen Vergleich mit der Stilfser-Joch-Straße zulässt. Über Pianazzo hinauf zum Splügensee sind mehrere Tunnels und Galerien sowie 20, teilweise ins steilste Gelände trassierte Serpentinen zu durchfahren. Man genießt prächtige Tiefblicke auf Isola und in das Valle San Giacomo. Am Fuß der Staumauer hat man nochmals zwei Kehren. Die SS.36 zieht nun am Ostufer des Lago di Monte Spluga (1901) entlang, ehe man bei der Häusergruppe Montespluga (1908) die ital. Zollstation passiert.

Die Straße windet sich bis zur Scheitelhöhe noch weiter bergauf. Am Splügenpass überschreitet man die ital.-schweizerische Grenze. Der Übergang ist im Juli und August zwischen 24.00 und 5.00 Uhr geschlossen, das übrige Jahr dauert die Nachtsperre von 22.00 bis 6.00 Uhr. Vom Pass hat man einen schönen Blick nach O auf das Surettahorn (3027) und seine Trabanten.

Die Nordrampe leitet erst zum Schweizer Zollamt (2022) und senkt sich dann mit 14 dicht aufeinander folgenden Kehren in das Tal des Häusernbachs hinab. Nach einem kurvenarmen Streckenabschnitt durchfährt man eine Gruppe von fünf Kehren, die gute Aussicht auf den Rheinwald vermitteln. Im Ort Splügen (1457) mündet man schließlich re. in die San-Bernardino-Route ein.

Für die Fahrt hinab nach Thusis kann man nun entweder die als N 13 bez. **„Alpina-Schnellstraße“**, welche eine wintersichere aber auch viel befahrene Verbindung zwischen dem Bodenseeraum und der Lombardei bildet, oder die Hauptstraße 13 benützen; wir wählen letztere, um die anschließenden Schluchtstrecken voll genießen zu können. Die Straße leitet zunächst am aufgestauten Sufner See (1401) vorbei und durch die bewaldete **Roflaschlucht** nach Andeer (982). Hinter dem Dorf Zillis (945) verengt sich das Tal des Hinterrheins erneut und man durchfährt die **Via Mala**, eine düster-grandiose Felsschlucht. Bei der dritten Brücke führt ein Treppenweg tief in die fast beklemmend wirkende Klamm hinab. Der Streckenabschnitt durch die beiden Tunnels Rongellen I und II ist unübersichtlich und steinschlaggefährdet. – Von Thusis (723) gelangt man zuletzt auf hervorragend ausgebauter Straße durch die romantische **Schinschlucht** zurück nach Tiefencastel.

Straßenkarten für die Schweiz: Freytag & Berndt gibt die Auto + Freizeitkarte 1 : 400.000 heraus. Im Maßstab 1 : 303.000 ist die empfehlenswerte Straßenkarte mit e-Distoguide bei Hallwag erschienen. Von Kümmerly & Frey gibt es die TCS-Karte im Maßstab 1 : 301.000 und die ACS-Karte im Maßstab 1 : 275.000. Alle Karten eignen sich sowohl für Details als auch für eine klare Übersicht. – Im Maßstab 1 : 200.000 leisten die vierteilige Neue Reisekarte von Hallwag, die beiden doppelseitigen Blätter der Marco-Polo-Karte von Mair-Dumont sowie die drei handlich geschnittenen Blätter Nr. 551, 552 und 553 der Regionalkarte von Michelin gute Dienste.

SLOWENIEN

43 Karawanken-Panoramastraße*

Route: Bad Eisenkappel (556) – Gh. Rastotschnik – Luschasattel (1249) – Podrain/Podroje – Globasnitz – St. Stefan – St. Michael – Gonowetz – Loibach – Mežica – Žerjav – Črna – Sleme-Sattel (1254) – Wallfahrtskirche Sveti Duh – Paulitschsattel/Pavličevo Sêdlo (1338) – Bad Eisenkappel. **99 km.**

Fahrtechnische Beurteilung: mittel

Zeitaufwand: Halbtagestour

Eine kleine Runde im österr.-slowenischen Grenzgebiet, bei der Schotterfahrer im Ausmaß von zirka einem Drittel der Gesamtstrecke auf ihre Kosten kommen. Sie führt über zwei Übergänge, die früher nur dem kleinen Grenzverkehr vorbehalten waren; seitdem Slowenien im Dezember 2007 dem Schengenraum beigetreten ist, dürfen sie jedoch von jedermann rund um die Uhr benützt werden. Während der Grenzübergang „Raunjak" ganzjährig befahren werden kann, gibt es für die Bergstrecke über den Paulitschsattel von Anfang November bis Ende März eine Wintersperre.

Am s. Ortsende von Bad Eisenkappel biegt man von der B 82 li. ab und folgt der HT „Leppen, Luschaalm". Die asphaltierte und zweispurig breite L 130 leitet zunächst am Leppenbach entlang talein, ehe hinter dem Gh. „Rastotschnik" (820) die Bergstrecke zum **Luschasattel (1249)** beginnt. Mit engen Kurven und Steigungsmaxima von 14% gewinnt man rasch die Scheitelhöhe; die Abzw. mit HT „Peršman" lässt man li. liegen. Das aussichtsreich am Sattel stehende Alpengh. „Riepl-Lenzhofer" (1222), welches man 11.3 km ab der B 82 erreicht, wurde nach jahrelangem Stillstand 2010 wieder eröffnet.

Kurz nach der kleinen Friedenskirche endet der Asphaltbelag und man legt die folgenden 8.6 km auf einem feinschottrigen Natursträßchen in gutem Zustand zurück. An der Weggabelung 12.5 km ab der B 82 hält man sich li., denn re. geht es zur Luschaalm (1250), dem AP des Wanderweges zur Petzen (2114).

Die Abfahrt auf der Nordseite des Luschaberges hinab Richtung Globasnitz verläuft nun bei mäßigem Gefälle vorwiegend durch Buchenwald und bietet nur wenig Aussicht. Der obere Teil des Schottersträßchens ist einspurig, der untere abschnittsweise auch zweispurig. Vor dem Weiler Podrain/Podroje hat man wieder Asphalt unter den Rädern. Man durchfährt Globasnitz und mündet in St.

Fahrt auf der asphaltierten Westrampe zum Gh. Riepl am **Luschasattel** → Runde 43.

Stefan re. in die Grenzland-B 81 Richtung Bleiberg ein. – Über St. Michael gelangt man nach Gonowetz, wo man die Bundesstraße wieder verlässt, um sich dem Ort Loibach zuzuwenden. Vom Loibachtal hinauf zur österr.-slowenischen Grenzübertrittsstelle „Raunjak" hat man eine kurze Steigung von 18% zu überwinden.

In Mežica kann man ein ehem. Blei- und Zinnbergwerk im Rahmen einer knapp zweistündigen Führung besichtigen. Vom Ort folgt man dem schluchtartig eingeschnittenen Tal der Meža nach Žerjav und Črna. Am Hauptplatz, wo linker Hand Relikte aus vergangenen Bergwerkszeiten aufgestellt wurden, weist re. eine HT „Koprivna, 10 km" den richtigen Weg.

Wegen der spärlichen Beschilderung auf dem anschließenden Abschnitt über den Sleme-Sattel bis zum Paulitschsattel stellen wir zur besseren Orientierung hier unseren Kilometerzähler auf 0.

Karawanken-Panoramastraße → Runde 43.

Die **Karawanken-Panoramastraße** führt nur an wenigen Gehöften vorbei → Runde 43.

Karawanken-Panoramastraße → Runde 43.

Bei Km 4.1 und Km 8.0 auf dem einspurigen Asphaltsträßchen darf man li. die hölzerne HT „Logarska Dolina" nicht versäumen. Nach 8.6 km ab Črna setzt die teilweise ruppige Schotterstrecke hinauf zum **Sleme-Sattel (1254)** ein; 400 m weiter hält man sich an der Weggabelung li. (re. Abzw. Jansek). Während des gesamten Anstieges auf der Nordrampe kommt man nur an einem einzigen, einsam gelegenen Bergbauernhof vorbei. Der wenig benützte Fahrweg leitet vorwiegend durch Wald, durchsetzt von ein paar kleinen Wiesenflächen. – Die Südrampe zeigt sich bei ausgeglichenem Gefälle in etwas besserem Zustand.

Bei Km 20.3 folgt man den HT „Sv. Duh" und „Panoramska Gesta" geradeaus. Kurz darauf muss man die von einer Mure schwer beschädigte und jetzt schiefe, mit Holzplanken gedeckte Brücke passieren (Gewichtsbeschränkung 1.5 t, max. Breite 2 m), ehe man bei Km 24 die Wall-

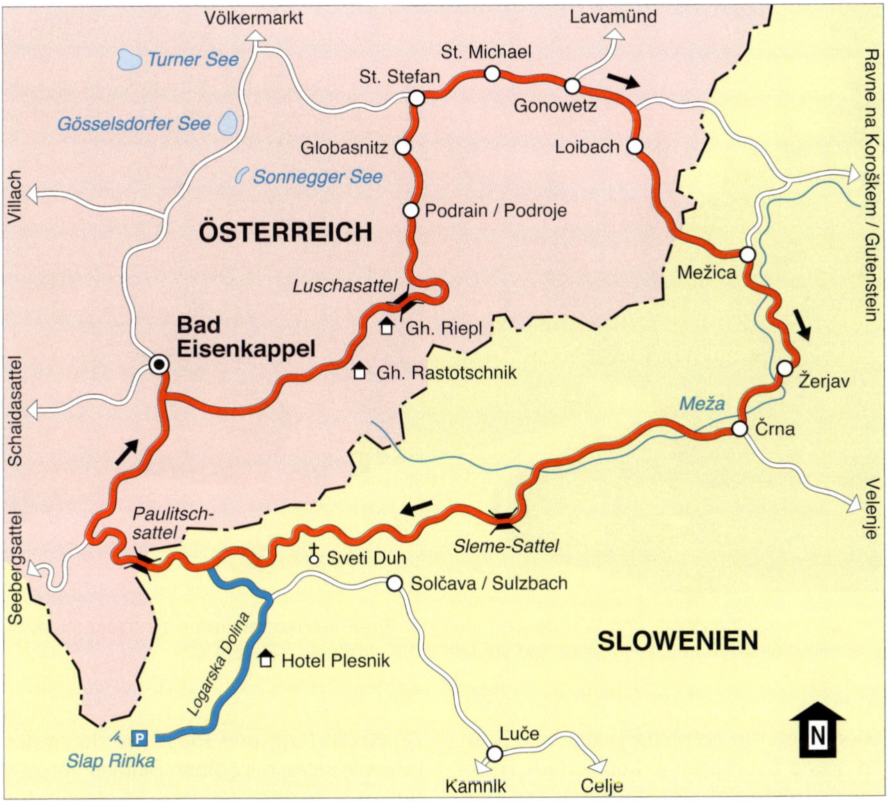

Skizze 43 Karawanken-Panoramastraße

fahrtskirche Sveti Duh (1232) erreicht; daneben lädt eine Jausenstation mit Gastgarten unter einem Schatten spendenden Baum zur wohlverdienten Rast ein.

Von der Panoramastraße hat man gute Aussicht auf die zerklüfteten Gipfel der Steiner Alpen; imposant sind auch die Blicke auf die zwischen steilen Bergflanken tief eingeschnittenen, engen Täler. Bei Km 31.2 mündet man in die, vom Logartal/Logarska Dolina heraufziehende, zweispurige Asphaltstraße ein. Auf ihr hat man bis zum Paulitschsattel noch knapp 2 km zurückzulegen; die Höchststeigung beträgt dabei 12%.

Die heute sowohl von Einheimischen als auch Touristen gern angenommene Route über den **Paulitschsattel (1338)** war früher nur ein Wander- bzw. Forstweg und wurde erst in jüngerer Vergangenheit zur Straße ausgebaut; im Juli 2001 konnte der Grenzübergang für den Kfz-Verkehr frei gegeben werden. Auf slowenischer Seite besteht ein Fahrverbot für Busse.

Die windungsreiche österr. Rampe misst 7.7 km bis zur Einmündung in die B 82, ist knapp zweispurig und ebenfalls asphaltiert. Für sie gilt eine Geschwindigkeitsbegrenzung von 30 km/h, gefährliche Stellen sind mit Leitplanken abgesi-

Der ursprüngliche Forst- und Wanderweg über den **Paulitschsattel** wurde zu einem ordentlichen Asphaltsträßchen ausgebaut und im Jahr 2001 eröffnet → Runde 43.

chert. Mehrere hölzerne Tische und Bänke sowie Brunnen mit köstlichem Trinkwasser fordern die Vorbeiziehenden zum Verweilen auf. Während der Abfahrt genießt man gute Tief- und Ausblicke auf den gegenüberliegenden Seebergsattel (Kärntner Seeberg). – Auf der B 82 ist es zuletzt nur mehr ein „Katzensprung" zurück nach Bad Eisenkappel.

Abstecher: Von der Einmündung der Karawanken-Panoramastraße in die Südrampe des Paulitschsattels durch das **Logartal** zum **Rinka-Wasserfall**. – Auf der Straße Nr. 12 geht es zunächst mit etlichen Kurven bei mäßigem Gefälle hinab zur Talsohle (zirka 730), wo man sich re. hält. Das 7 km lange und durchschnittlich 250 m breite Logartal/Logarska Dolina zählt zu den schönsten Alpentälern Sloweniens und wurde 1987 zum Naturpark erklärt. Im vorderen und mittleren Abschnitt (Log und Plest) werden saftig grüne Wiesen mit gelben Blumen von den hellen, schroff abfallenden Felswänden der über 2000 m hohen Steiner Alpen umrahmt; der hintere Teil ist vorwiegend bewaldet. Für eine motorisierte Befahrung der durchwegs asphaltierten Privatstraße ist eine Gebühr zu entrichten. Fast eben leitet sie durch das entlegene Trogtal mit nur vier Bauernhöfen und steigt erst im Talschluss etwas an. Den EP bildet ein Parkplatz, von dem man in zirka 15 Min. zum malerischen Rinka-Wasserfall (Slap Rinka) wandern kann; dieser ist zugleich Quelle der Sann/Savinja. Das Wasser stürzt in freiem Fall aus fast 90 m Höhe in eine felsige Mulde, von der die Gischt weit aufsteigt. Ein steiler Pfad führt zu einer bewirtsch. Holzhütte, die in etwa halber Höhe wie ein Adlernest am Felsen klebt. – Hin und zurück 21 km. Fahrtechnische Beurteilung leicht bis mittel.

Über die Karawanken in die Julischen Alpen** | 44

Route: Villach (501) – Riegersdorf – Wurzenpass (1073) – Podkoren – Kranjska Gora – Mihovhaus – Vršič-Sattel (1611) – Na Logu – Trenta – Kal-Koritnica – Log pod Mangartom – Strmec na Predelu – Predilpass (1156) – Lago del Predil (Raibler See) – Tarvis – Arnoldstein – Riegersdorf – Villach. **135 km.**

Fahrtechnische Beurteilung: leicht bis mittel

Zeitaufwand: Halbtagestour

Diese äußerst empfehlenswerte Rundtour vermittelt den Einstieg in die Julischen Alpen und kann auch gut während eines Aufenthaltes im Kärntner Seengebiet unternommen werden. AP und EP ist die Stadt Villach. Zunächst fährt man auf der hervorragend ausgebauten Kärntner-B 83 zur wichtigen Straßenteilung nach Riegersdorf, 9 km.

Dort findet man Anschluss an die B 109 über den **Wurzenpass (1073)**. Dieser Übergang nach Slowenien wird nur mehr wenig frequentiert, denn seit Inbetriebnahme des rund 8 km langen, mautpflichtigen Karawanken-Autobahntunnels im Jahr 1991 hat sich der Großteil des Transitverkehrs auf die benachbarte A11 verlagert. Später ist Slowenien der EU und dem Schengenraum beigetreten, weshalb auf der Passhöhe keine Grenzkontrollen mehr durchgeführt werden. Deshalb gehören früher gefürchtete Staus und lange Wartezeiten auf dieser Route der Vergangenheit an.

Bis zur Scheitelhöhe sind auf einer Strecke von 8 km 532 m HU zu überwinden. Die Kärntner Rampe ist normal breit ausgebaut und hat eine länger andauernde, kräftige Steigung mit max. 18%; sie setzt oberhalb Riegersdorf ein und hält bis zum Mauthner Eck (990) an. Während der Auffahrt bieten sich nach W über das Gailtal hinweg bemerkenswerte Ausblicke auf den Dobratsch mit seinem markanten, als „Rote Wand" bez. Südabsturz; seinen Gipfel krönt der 164 m hohe Fernsehturm. Die Pass-Straße ist zumeist be-

Vršič-Sattel, Südrampe → Runde 44.

Der **Wurzenpass** verbindet Kärnten mit Slowenien; im Bild die Südrampe → Runde 44.

Hängebrücke im **Trentatal** → Runde 44.

waldet, ihr Scheitel befindet sich auf einer ausgedehnten Blöße in den w. Karawanken. Die breite Verkehrs- bzw. Abstellfläche am Kulminationspunkt diente einst der Grenz- und Zollabwicklung.

Auf der 6 km langen Südrampe senkt sich die Straße mit nur einer, weit ausholenden Schleife hinab nach Podkoren/Unterwurzen (850), max. 14% Gefälle. Im Ort hält man sich an der Kreuzung mit der Staatsstraße 1-2 li., wenig weiter hat man re. die Abzw. nach Kranjska Gora (810), dem Basisort der landschaftlich großartigen Bergstraße über den **Vršič-Sattel (1611)**. Sie führt in das Herzstück der Julischen Alpen und ist zweifellos die eindrucksvollste Pass-Straße in Slowenien.

Von Kranjska Gora folgt man der HT „Vršič" durch das eingeschnittene Tal der Pišnica in s. Richtung aufwärts. Fast unvermittelt dringt man in das Hochgebirge ein. Vom Mihovhaus (1180) genießt

Skizze 44 Über die Karawanken in die Julischen Alpen

man einen herrlichen Blick auf die fast senkrecht abfallende Südwand der Škrlatica (2740). Wenig weiter erinnert eine Kapelle an 10.000 russische Kriegsgefangene, die beim Bau der Straße eingesetzt waren und von denen an dieser Stelle 100 durch eine Lawine ums Leben kamen. Bis zur Scheitelhöhe des Passes sind nur 12 km auf teilweise bewaldeter Strecke zurückzulegen.

Die Fahrbahnbreiten schwanken zwischen 4 und 6 m; vor Engstellen wurden Ausweichen angelegt. Die Steigungen erreichen auf der Nordseite max. 14%, im S 12%. Die Bergstraße ist durchgehend asphaltiert und in den Wendeplatten der n. Serpentinen wurde ein Kopfsteinpflaster ausgelegt (Vorsicht bei Nässe!). Auf der Nordrampe zählt man 24, auf der Südrampe 25 Kehren; beide Seiten sind für geübte Motorradfahrer sowohl ein landschaftliches als auch ein sportliches Erlebnis! In der Regel ist die Pass-Straße von Mai bis November geöffnet; sie überwindet im N einen HU von 800 m, im S bis Trenta (620) einen solchen von rund 1000 m. Ausgesetzte Passagen wurden randgesichert. Drei bewirtsch. Hütten laden entlang der Nordrampe zur Rast ein.

Auf der Südrampe des **Vršič-Sattels** kann man eine imposante Bergkulisse bewundern. Vorsicht ist angebracht, da hier auch unvermutet Reisebusse fahren dürfen → Runde 44.

Angesichts gewaltiger Bergformationen durchfährt man auf der Nordrampe des **Vršič-Sattels** 24 Kehren; diese sind nummeriert und meist mit Kopfsteinpflaster ausgelegt. → Runde 44.

Der Vršič-Sattel ist die Wasserscheide zwischen der Adria (Isonzo) und dem Schwarzen Meer (Save). Vom Scheitel hat man einen prächtigen Tiefblick hinab in das bewaldete Trentatal; im SO zeigt sich der Prisojnik (2547) mit dem berühmten Felsenfenster an seinem Westgrat, dahinter der Razor (2601). Von der Passhöhe sind es nur wenige Schritte zu den Schutzhäusern „Tičarjev dom“ und „Poštarski dom“.

Die Fahrbahnbreiten schwanken auf der durchwegs asphaltierten Südrampe zwischen 5 und 7 m. Eine kurze Zufahrt leitet zur bewirtsch. Hütte „Koča pri izviru Soče“ im Qellgebiet der Soča. Beachtung verdient bei der Häusergruppe Na Logu (620) das am Berghang angelegte „Alpinum Juliana“, welches in den Monaten Juni und Juli die mannigfache, hochalpine Flora während der Hauptblütezeit präsentiert. Das Denkmal für den bekannten Erschließer und Schriftsteller der Julischen Alpen, Dr. Julius Kugy, findet man in Trenta neben der untersten Kehre.

Die Strecke durch das Trentatal nach Kal-Koritnica (460) bzw. in die Beckenlandschaft von Bovec weist ein sanftes Gefälle auf. Bemerkenswert sind mehrere schmale und schwankende Hängebrücken, die Fußgängern, Schafen und Ziegen das Überqueren der türkisfarbenen Soča mit ihrem klaren, kalten Gebirgswasser ermöglichen.

Ö. von Bovec trifft man auf die, zum **Predilpass (1156)** führende Bergstraße, welche im Raum von Log pod Mangartom (651) mit einer kurzen Steigungsstrecke von max. 14% aufwartet. Sie ist durchgehend asphaltiert, die Fahrbahnbreiten bewegen sich zwischen 4 und 6 m. Zwischen dem Bergdorf Strmec na Predelu und der Passhöhe hat man re. die Abzw. der Mangartstraße und gleich darauf das jüngst wieder etwas sanierte altösterr. Sperrwerk Hermann. Die slowenisch-ital. Grenze verläuft direkt über den Pass.

Genussreich ist die Abfahrt im Spätsommer oder Herbst in Richtung Tarvis, wenn man zwischen den verfärbten Buchen und Bergahornen auf den Raibler See blickt, dessen seichte Stellen in Türkis, seine Tiefen aber tintenblau leuchten. Den Hintergrund hierzu bilden dunkle Nadelwälder und an manchen Stellen die grellen Töne des Kalksteingebirges. Vom Lago del Predil (959), an dessen Ostufer man eine 180 m lange Tunnelgalerie passiert, sind nach Tarvis 13 km auf guter Straße zurückzulegen.

Für den Abschnitt von Tarvis zurück zum AP Villach kann man sowohl die ital. Staatsstraße und österr. Bundesstraße als auch die Autobahn wählen. Letztere bietet ohne Zweifel ein rascheres Vorwärtskommen, wenn sich kein Stau bildet. Touristische Höhepunkte gibt es bis in den Raum von Villach keine.

Abstecher: Vom Predilpass (1156) auf der **„Mangartstraße“** zur **Lahnscharte (2055)**. Auf der Südrampe des Passes gelangt man zirka 1 km unterhalb der Scheitelhöhe zur Abzw. der Mangartstraße; sie befindet sich direkt neben der Beton-Bogenbrücke, HT. Diese insgesamt rund 12 km lange und besonders im oberen Abschnitt kühn angelegte Bergstraße leitet zum höchsten, mit Kfz anfahrbaren Punkt Sloweniens. Sie führt zur bewirtsch. Mangarthütte (1906), die man über eine kurze, steile Zufahrt erreicht.

Die Mangartstraße ist ein- bis knapp zweispurig und durchwegs asphaltiert mit Steigungsmaxima von 16%. Es gibt einige enge und ausgesetzte Stellen. Auf der Bergstrecke wurden etliche Ausweichen und 10 Parkplätze neben der Fahrbahn angelegt. Man passiert insgesamt fünf

Die **Mangartstraße** leitet insgesamt durch fünf unbeleuchtete Felstunnels; im Hintergrund erhebt sich majestätisch der Mangartgipfel → Runde 44. Foto Thanalak Denzel

Im oberen Teil der **Mangartstraße** ist man von der imposanten Felsenarena überwältigt; am re. Bildrand erkennt man die steile Auffahrt zur Mangarthütte/Koča na Mangartskem → Runde 44.

unbeleuchtete Felstunnels, wovon vier Längen zwischen 100 und 300 m aufweisen. Die Mauteinhebestelle befindet sich bei Km 1.9 an der Abzw. zu einer Schafskäserei; die relativ geringe Benützungsgebühr dient dem Erhalt der Straße.

Fährt man von der Mangarthütte noch ein Stück weiter, so schließt sich eine 1.8 km lange, ebenfalls asphaltierte Schleife in Richtung **Lahnscharte** an; für sie gilt eine Einbahnregelung gegen den Uhrzeigersinn. Dort wurden Rastplätze mit hölzernen Tischen und Bänken aufgestellt; an Schönwettertagen herrscht reger Ausflugsverkehr. Von der Lahnscharte hat man eindrucksvolle Tiefblicke nach N auf die beiden Weißenfelser Seen.

Am 17. November 2000 ging von der Westflanke des Mangarttälchens ein gewaltiger Felssturz ab. Die Geröll-Lawine riesigen Ausmaßes verwüstete den untersten Teil der Mangartstraße, zerstörte die alte Brücke der Predilstraße und erstreckte sich bis weit hinunter ins Tal der Koritnica. In den Folgejahren wurde die Bergstraße wieder frei geräumt und im untersten Abschnitt etwas umtrassiert. Aufwändige Sicherungsmaßnahmen wurden durchgeführt und für die Predilstraße anstelle der schmalen Pionierbrücke, welche lange Zeit als Provisorium diente, eine neue Bogenbrücke aus Beton errichtet. Heute ist die Mangartstraße wieder gut befahrbar. – Hin und zurück 21 km. Fahrtechnische Beurteilung: mittel.

In den Karnischen und Julischen Alpen* 45

Route: Bovec (460) – Log pod Mangartom – Strmec na Predelu – Predilpass (1156) – Lago del Predil (Raibler See) – Cave del Predil – Tarvis – Pontebba – Sella di Cereschiatis (1066) – Moggio Udinese – Resiutta – Lischiazze – Sella Carnizza (1092) – Uccea – Učja-Pass (600) – Žaga – Bovec. **122 km.**

Fahrtechnische Beurteilung: mittel

Zeitaufwand: Tagestour

Das verkehrsmäßig günstig am Rande des „Triglav-Nationalparks“ gelegene Bovec/Flitsch verfügt über zahlreiche Unterkunftsmöglichkeiten, darunter auch zwei Campingplätze, Restaurants und Cafés, weshalb es sich gut als AP für diese Rundfahrt eignet. Seinen touristischen Aufschwung verdankt es hauptsächlich dem Wassersport (Kajak fahren, Rafting, Cañoning und Fischen). Am w. Ortsrand befindet sich die Talstation der Gondelbahn auf den aussichtsreichen Kanin (2587); im Winter bildet sie den Zugang zum Skigebiet, ist aber auch im Sommer in Betrieb (in der zweiten Junihälfte und im September an Wochenenden, im Juli und August täglich).

Auf gut ausgebauter, zweispurig breiter Asphaltstraße über Log pod Mangartom (651) wendet man sich zunächst dem **Predilpass (1156)** zu; die Höchststei-

Skizze 45 In den Karnischen und Julischen Alpen

gung beträgt auf seiner Südrampe 14%. Man passiert das kleine Bergdorf Strmec na Predelu und die Abzw. der Mangart-Bergstraße → **Route 44**, Über die Karawanken in die Julischen Alpen. Gleich darauf hat man eine besonders unübersichtliche Engstelle in Form einer S-Kurve, denn beim altösterr. Sperrwerk Hermann schlängelt sich die Straße zwischen den Mauerresten hindurch (Achtung auf den Gegenverkehr!). Die slowenisch-ital. Grenze verläuft direkt über die Scheitelhöhe des Passes; auf ital. Seite steht die Ruine der Batteria Sella Predil.

Wald- und kurvenreich mit Gefälle bis max. 10% präsentiert sich die Nordrampe. Am Ostufer des Raibler Sees/Lago del Predil (959) durchfährt man eine 180 m lange Tunnelgalerie. Das helle Kalkgestein verleiht dem klaren Wasser des Sees seine türkise bis dunkelblaue Farbe. Durch den kaum mehr bewohnten Ort Cave del Predil (900) leitet die SS.54 talaus nach Tarvis (732).

Sowohl die A 23 als auch die SS.13 verbindet das nahe der österr. Grenze gelegene Tarvis in kurzer Zeit mit Pontebba (568). Von dort wählt man die Bergstrecke über die **Sella di Cereschiatis (1066)** und durch das Aupatal nach Moggio Udinese (337), 25 km. Diese landschaftlich lohnende Pass-Straße bietet sich speziell jenen Motorradfahrern an, welche weniger frequentierte Ausweichrouten suchen. Mit Vorzug wird man sie auch als logische Anschluss-Strecke auffassen, wenn man vom Naßfeld herunterkommt. Sie ist ganzj. geöffnet und durch-

Blick vom **Predilpass** auf Werk Hermann und den Felskoloss des Mangart → Runde 44 und 45.

gehend geteert. Die Fahrbahnbreiten variieren zwischen 4 und 7 m. Die Nordrampe weist einen windungsreichen Verlauf auf, die Steigungsmaxima betragen auf beiden Rampen 11%.

Am Ponte Moggio biegt man nach O in die SS.13 ein, der man bis Resiutta folgt. Im Ort findet man re. die beschilderte Abzw. des durchgehend asphaltierten Sträßchens durch das Résiatal, welches sich nach 7 km teilt. Man hält sich re. und fährt über Lischiazze auf teilweise bewaldeter Bergstrecke mit 11 steilen, engen Serpentinen hinauf zur **Sella Carnizza (1092)**. Die Höchststeigungen der knapp zweispurigen Westrampe messen 16%. Die vorwiegend einspurige, aber ebenfalls asphaltierte Ostrampe hinab nach Uccea (661) hat ein ausgeglichenes Gefälle von 12%. Hinter dem Ort befindet sich die Vereinigung mit der normal breiten, vom Passo di Tanamea (851) herab-

Der **Boka-Wasserfall** → Runde 45.

Ausgesprochen ruhig gestaltet sich eine Fahrt über die **Sella di Cereschiatis** → Runde 45.

Sella Carnizza → Runde 45. Foto Th. Denzel

ziehenden Straße zur italienisch-slowenischen Grenze auf dem wenig ausgeprägten **Passo Uccea/Učja-Pass (600)**; er hat lediglich eine Ostrampe.

Die zweispurige Asphaltstraße senkt sich bei mäßigem Gefälle mit etlichen Windungen hoch über der vom Učja-Fluss gebildeten Schlucht in das Tal der Soča (Isonzo) hinab und mündet nach 5.4 km im Ort Žaga (346) in die Talstraße ein.

Auf der Fahrt nach Bovec sollte man es nicht versäumen, zirka 4 km ö. von Žaga anzuhalten (kleiner Parkplatz vor der Steinbrücke), um den imposanten Boka-Wasserfall li. der Straße zu betrachten; aus einer Höhle in der Felswand kommend, stürzt sich das Wasser 104 m in die Tiefe. Leider ist er nicht durch einen regulären Fußweg erschlossen; das was anfangs so aussieht, endet schon bald, für Motorradstiefel unzugänglich, im Geröll des Bachbettes.

Slowenische Grenzkammstraße** | 46

Route: Kobarid (234) – Idrsko – Livek – Livške Ravne – Srednje – Kambreško – Lig – Vrhovlje – Gonjače – Kojsko – Hum – Nova Gorica/Neu-Görz – Plave – Deskle – Kanal – Ročinj – Volče – Idrsko – Kobarid. **106 km.**

Fahrtechnische Beurteilung: mittel

Zeitaufwand: Halbtagestour

Kobarid/Karfreit, inmitten des üppig grünen Sočatales, ist AP unserer Runde. Hotel-, Privatzimmer und der reizvoll an der Sočaschlucht gelegene Campingplatz „Koren“, welchen man über die aus Natursteinen erbaute Napoleonbrücke erreicht, bieten sich zum Übernachten an; mehrere Gaststätten, Bars und Cafés sorgen für das leibliche Wohl.

Wer sich für die zwischen Österreich-Ungarn und Italien ausgetragenen Isonzo-Schlachten, bei denen mehr als 1 Million Menschen ihr Leben lassen mussten, informieren möchte, dem sei ein Besuch des Museums Erster Weltkrieg angeraten. Es ist besonders anschaulich gestaltet; u.a. gibt eine nachgebaute Kaverne Einblicke in das Soldatenleben, ein Raum füllendes Relief zeigt den Frontverlauf. Das Museum befindet sich in der Ortsmitte an der Hauptstraße; eine Kanone vor dem Haus dient als Wegweiser.

Vorbei an der Petrol-Tankstelle am s. Ortsrand (dort übrigens auch gutes Sortiment slowenischer Landkarten) gelangt man nach Idrsko, wo man nahe der Kirche die Staatsstraße 10-10 verlässt und re. nach Livek abbiegt, HT. Zweispurig ausgebaut und asphaltiert windet sich die Straße mit max. 14% Steigung bergwärts. Nach 5.2 km kommt man in Livek zu einer Straßenteilung, an der man sich li. hält und der HT „Kambreško, Livške Ravne, Kuk“ folgt (der re. Zweig führt zu einem kleinen Grenzübergang, den meist nur Slowenen und Italiener benützen).

Napoleonbrücke in **Kobarid** → Route 46.

Die **Slowenische Grenzkammstraße** vermittelt großartige Ausblicke; über Kobarid kann man das achteckige Beinhaus der Soldaten ausmachen → Runde 46.

Hier nimmt nun die rund 39 km lange **„Slowenische Grenzkammstraße"** ihren Anfang; sie ist eine ehem. Militärstraße und verläuft stets parallel zur slowenisch-ital. Grenze diesseits und jenseits des Kolovrat-Kammes. Die Aussicht richtet sich deshalb abwechselnd auf das Sočatal (Isonzotal) mit den slowenischen Karstbergen im O und auf das italienische Hügelland im W.

Fast zwei Drittel der Strecke von Livek nach Vrhovlje waren im Bj. bereits asphaltiert, ein Drittel bestand aus geschotterten Abschnitten. Die Fahrbahnbreiten schwankten zwischen 2 und 5 m. Mit weiteren Ausbaumaßnahmen (insbesondere einer durchgehenden Asphaltdecke) ist zu rechnen. Wird man von einem Gewitter überrascht, das auf dem ungeschützten Kamm recht heftig ausfallen kann, bieten sich drei Abfahrten zur „Flucht" an: nach Rocinje, Kanal und Plave. Von der Kammstraße zweigen auch mehrere, nach Italien führende Sträßchen ab; diese Übergänge des früheren (vor EU und Schengen) kleinen Grenzverkehrs können heute auch von Touristen benützt werden. Die nächsten größeren Übertrittsstellen befinden sich im N in Robič, im S in Neblo.

Von der erwähnten Straßenteilung in Livek (690) fährt man zunächst mit max. 15% an der Berglehne des Kuk zum Weiler Livške Ravne hinauf, ehe man den mit 1160 m höchsten Punkt der gesamten Grenzkammstraße erreicht. Die asphaltierte Fahrbahn ist in diesem Abschnitt mit Leitplanken abgesichert. Im Rückblick hat man Kobarid und die hohen, meist schneebedeckten Gipfel der Julischen Alpen; gut zu erkennen ist die Kirche auf einem bewaldeten Hügel im N des Ortes mit dem achteckigen, in drei

Skizze 46 Slowenische Grenzkammstraße

Blick von der einst aus strategischen Gründen errichteten **Slowenischen Grenzkammstraße** auf das hügelige Nachbarland Italien mit seinen weit verstreuten Dörfern → Runde 46.

Die aussichtsreiche **Slowenische Grenzkammstraße** gewinnt von ihrem Ausgangsort Livek anfangs merklich an Höhe; Abschnitt bei Livške Ravne → Runde 46.

Terrassen angeordneten Beinhaus für die gefallenen ital. Soldaten des Ersten Weltkrieges. Grelltürkis schillert in der Tiefe das Band der Soča.

Im weiteren Verlauf senkt sich die Straße sanft in Richtung S. Die Steigungen bzw. Gefälle der Zwischenanstiege bzw. Abstiege überschreiten 12% nicht. An der Weggabelung 9.2 km ab Livek biegt man scharf nach li ab; das bald darauf folgende geschotterte Teilstück weist nur anfangs grobe, lose Steine auf und führt einspurig breit an den Felsen des Ježa entlang. Die übrigen Schotterstrecken befanden sich im Bj. alle in gutem Zustand. Seine Fahrtrichtung durch die einsame Region im Großen und Ganzen beibehaltend, passiert man die Dörfer Srednje und Lig, dessen Kirche reizvoll auf einem Hügel steht. Auf der letzten Etappe nach Vrhovlje reicht die Sicht bei klarem Wetter über die Weinberge bis zur Adria. In Vrhovlje (361) mündet man schließlich in die von Plave heraufziehende, zweispurige Asphaltstraße ein, der man re. nach Gonjače folgt.

Die Route setzt sich über Kojsko, Hum und die ehem. Korridorstraße durch ital. Staatsgebiet (damals war anhalten und fotografieren verboten) mit 10% Gefälle hinab zur Bogenbrücke im N von Nova Gorica/Neu-Görz fort; sie bildet den Wendepunkt unserer Rundfahrt. Die verkehrsreiche Hauptstraße schlängelt sich dem Fluss entlang durch das zunächst von sattgrün bewachsenen Erhebungen stark eingeengte Sočatal. Man durchfährt die Orte Deskle und Kanal mit seiner alten Brücke, ehe es bei Ročinj wieder weiter wird. Tolmin lässt man re. liegen; bis nach Kobarid sind dann noch 14 km auf der 10-10 zurückzulegen.

Abstecher: Von Gonjače auf kurviger Straße nach Dobrovo. Von Gonjače aus lohnt es sich, noch weiter in das Wein- und Obstanbaugebiet der **Goriška Brda** vorzudringen. Die hügelige Gegend mit vielen kleinen Dörfern ist vom mediterranen Klima geprägt, sodass neben den Trauben auch Kirschen, Pfirsiche, Aprikosen, Kaki und Feigen gedeihen. Über die Landesgrenzen hinaus bekannt ist das traditionelle Kirschenfest am ersten Sonntag im Juni. Besonders malerisch mutet Smartno mit seinen engen Gassen und Resten einer Befestigungsmauer an; empfehlenswert ist dort das Gasthaus im Turm. Im Schloss von Dobrovo wurde eine Gemäldesammlung und in seinem Gewölbekeller ein Restaurant untergebracht. Bei zahlreichen Weinbauern kann man weißen und roten Rebensaft verkosten oder eine Flasche mitnehmen. Hin und zurück 9 km. Fahrtechnische Beurteilung: leicht bis mittel.

Straßenkarten für Slowenien: Es gibt nur wenige Karten, die Slowenien in seiner Gesamtheit darstellen; dazu zählen die bei Freytag & Berndt in Wien erschienene Autokarte im Maßstab 1 : 200.000 und das Blatt aus der Serie Top 10 Tips im detaillierten Maßstab 1 : 150.000. Mehrere Friaul-Venetien-Karten erfassen jedoch den alpinen Landesteil: das Blatt 4 der TCI-Karte von Kümmerly & Frey im Maßstab 1 : 200.000, das von Freytag & Berndt herausgegebene Blatt Nördliche Adria-Venedig 1 : 150.000 und die Autokarte Friuli-Venezia-Giulia 1 : 150.000 von Tabacco in Tavagnacco; letztere besticht durch ihre exakte Darstellung des Gebirgsreliefs in unaufdringlicher Farbgebung, viele Details und die verlässliche Klassifikation der Straßen. Für Einzelheiten bieten sich schließlich noch Wanderkarten im Maßstab 1 : 50.000 an: das Blatt Julische Alpen von Freytag & Berndt oder das Blatt Posočje, erschienen bei Geodetski Zavod Slovenije in Ljubljana. Vorort verfügen Petrol-Tankstellen meist über ein gutes Sortiment slowenischer Landkarten. Besuchen Sie unser Karten-Shop www.denzel-verlag.de

Der sich zwischen den mit Buschwald bewachsenen Karstbergen dahinschlängelnde, türkise Fluss heißt in Slowenien **Soča**, in Italien **Isonzo** → Runde 46.

Auf der **Slowenischen Grenzkammstraße** wechseln sich asphaltierte Abschnitte mit geschotterten ab; mit weiteren Ausbaumaßnahmen ist zu rechnen → Runde 46.

ITALIEN

Kleine Karnische Runde** 47

Route: Comeglians (548) – Mieli – Tualis – Casera Chiadinis (1967) – Sella Valcalda (958) – Cercivento – Sutrio – Baita da Rico – Rif. Enzo Moro – Monte Zoncolan (1730) – Liariis – Ovaro – Comeglians. **71 km.**

Fahrtechnische Beurteilung: mittel bis schwierig

Zeitaufwand: Halbtagestour

Der Routentitel mag zwar bescheiden klingen, der tatsächliche Routenverlauf ist jedoch für Motorradfahrer wesentlich anspruchsvoller! Die alpine Region ist charakteristisch für den N Friauls: dort bildet der schwer zu überwindende Karnische Kamm, welcher in der Hohen Warte/Monte Coglians (2780) kulminiert, die natürliche Grenze zum n. Nachbarland Kärnten; im W begrenzen die Pesariner Dolomiten und im O Teile der Julischen Alpen den hier erfassten Raum.

Die gesamte Rundstrecke lässt sich in zwei voneinander unabhängige Schleifen gliedern: die n. Schleife beinhaltet die „Panoramica delle Vette" mit ihrem höchsten Punkt (1967) oberhalb der Casera Chiadinis alta, wenig unterhalb des Monte Crostis (2250). Die s. Schleife bezieht sich auf die aussichtsreiche Höhenstraße über den Monte Zoncolan (1730). Zwischen beiden Schleifen zieht die SS.465 von Comeglians über die Sella Valcalda (958) nach Sutrio bzw. Paluzza hindurch, welche auch als Basisstrecke für die beschriebenen Hochpunkte fungiert.

Die fast 29 km lange **„Panoramica delle Vette"** besteht aus zwei asphaltierten

M. Zoncolan → Runde 47. Foto Th. Denzel

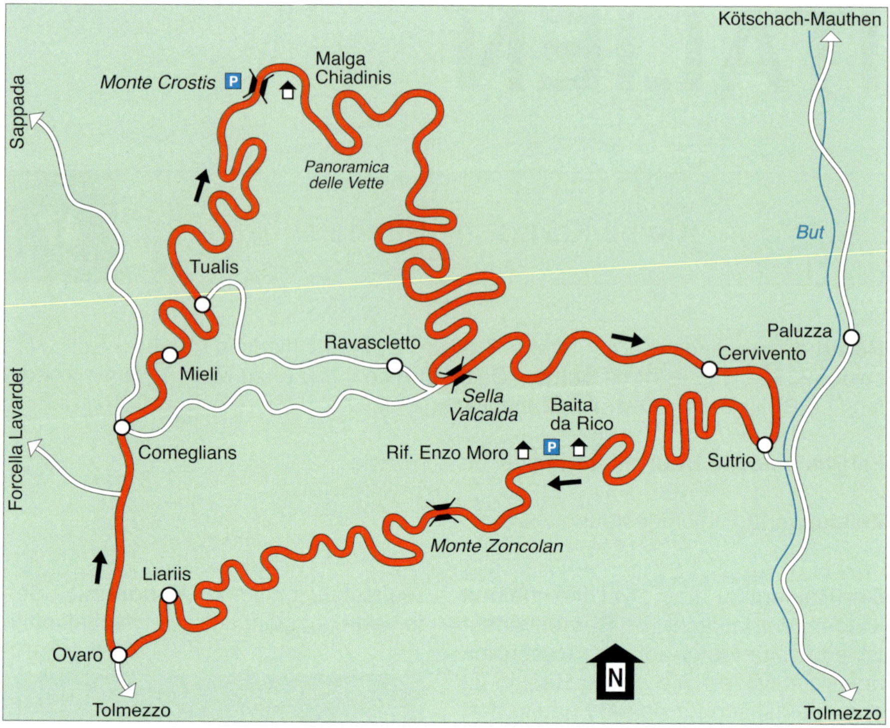

Skizze 47 Kleine Karnische Runde

Rampen mit Steigungen bis zu 14% und einer 7.9 km messenden Scheitelstrecke, die sie wie eine Spange verbindet. Beide Rampen sind einspurig und mit Stützmauern sowie Wasserablaufrinnen ausgestattet. Sie werden gut instand gehalten, bewaldete Fahrbahnränder hat man ausgeholzt. Anlässlich des Giro d'Italia im Mai 2011 wurde auch die Scheitelstrecke durchgehend asphaltiert. Die Panoramastraße ist abschnittsweise ausgesetzt und vorwiegend ungesichert. Aus diesem Grund erfolgt die Benützung auf eigene Gefahr. Bei Nebel muss von einer Befahrung dringend abgeraten werden!

Wählt man Comeglians zum AP für eine Befahrung, so leitet zunächst eine zweispurige Asphaltstraße durch einen kurzen Tunnel und über Mieli hinauf nach Tualis (898). Im Ort nimmt man nicht die re. in Richtung Ravascletto abzweigende Straße, sondern fährt am Dorfbrunnen vorbei geradeaus weiter; dort beginnt die eigentliche Bergstrecke.

Auf der Westrampe hat man 27, teilweise sehr enge Kehren zu bewältigen. Erwähnenswert ist die Aussicht auf die Felsgipfel der Pesariner Dolomiten im W. Nach 10.6 km erreicht man den mit 1967 m höchsten Punkt der Straße; an dieser Stelle wurde sie auffällig verbreitert. Es folgt eine dicht am steilen Hang entlangführende, mit Leitschienen gesicherte Gefällestrecke. Nach der Malga Chiadinis (1900) verläuft das Höhensträßchen, stets der Kammlinie folgend, nahezu eben,

Die **Panoramica delle Vette** erreicht ihren höchsten Punkt mit 1967 m oberhalb der bewirtsch. Casera Chiadinis alta; dort gibt es eine breite, asphaltierte Abstellfläche → Runde 47.

Die am grasigen Bergkamm fast flach verlaufende Scheitelstrecke der **Panoramica delle Vette** ist zwar durchwegs asphaltiert, aber schmal → Runde 47. Foto Thomas Titscher

Die aussichtsreiche **Panoramica delle Vette** bietet eine beeindruckende, fast 29 km lange PS-Höhenwanderung; Blick auf die Abfahrt zur Sella Valcalda → Runde 47.

aber exponiert. Fahrbahnbreite zwischen 3 und 4 m, Ausweichen gibt es kaum.

Auf dem obersten Abschnitt der 10.1 km langen Ostrampe wurden hölzerne Leitplanken angebracht. Es bieten sich bemerkenswerte Ausblicke in die Julischen Alpen, ehe sich die Straße mit zahlreichen engen, unübersichtlichen Kurven (hupen!) durch den Wald hinabsenkt und in Ravascletto bei einem Marterl in die SS.465 einmündet. Schaut man zurück, so nimmt man die braune HT mit weißer Schrift „panoramica vette, monte crostis" und ein als Haftungsausschluss zu deutendes Fahrverbotsschild mit dem Zusatz „strada senza barricada" (Straße ohne Randsicherung) wahr.

Von der **Sella Valcalda (958)** setzt sich die Runde über Cercivento (Umfahrung im S) nach Sutrio (570) fort. Noch vor dem Ort biegt re. die 24 km lange, durchgehend asphaltierte Höhenstraße über den Rücken des **Monte Zoncolan (1730)** nach Ovaro (525) ab, HT. Zweispurig breit und modern trassiert, was auch eine zügige Fahrweise ermöglicht, leitet die Bergstraße mit neun Kehren in ein gut erschlossenes Skigebiet hinauf. Die Steigungen sind ausgewogen und betragen max. 10%. Der vorzügliche Ausbauzustand endet nach 10 km bei den riesigen Parkflächen der Baita da Rico bzw. dem Rif. Enzo Moro in 1320 m Seehöhe.

Die restliche, 5 km lange Strecke über den Pian di Val bis zur Scheitelhöhe ist vorwiegend einspurig und weist Maxima von 18% auf. Von dort gelangt man mit nur wenigen Schritten auf die Gipfelkuppe des Monte Zoncolan, welche ein 360°-Panorama auf die Pesariner Dolomiten und den Karnischen Kamm mit der Ho-

Auffahrt vom Rif. Enzo Moro über den Pian di Val zum **Monte Zoncolan** mit teils merklichen Steigungen; im Rückblick reicht die Sicht bis weit in die Julischen Alpen → Runde 47.

Auf der Westseite des **Monte Zoncolan** überwindet das kurvenreiche, ehem. Militärsträßchen bis hinab nach Liariis einen beachtlichen HU von über 1000 m → Runde 47.

hen Warte (2780) bietet. Gut einzusehen ist auch der serpentinenreiche Verlauf der „Panoramica delle Vette“ an der Südflanke des Monte Crostis. – Die in zahlreichen Windungen verlaufende Westrampe wurde ebenfalls einspurig angelegt. Zwischen dem Scheitel und Liariis überwindet das ehem. Militärsträßchen mit 19 Kehren einen HU von über 1000 m auf einer Länge von nur 9 km! Das max. Gefälle beträgt 14%. Im oberen Abschnitt passiert man drei beleuchtete Tunnels mit Betonboden, die nur 3 m hoch und 2.50 m breit sind. – Von Ovaro fährt man schließlich auf der SS.355 durch den Canale di Gorto zurück nach Comeglians.

48 Rund um den Karnischen Kamm**

Route: Lienz i.O. (669) – Oberdrauburg – Gailberg-Sattel (982) – Kötschach-Mauthen – Ederwirt – Plöckenpass (1362) – Paluzza – Sutrio – Monte Zoncolan (1730) – Ovaro – Abzw. Comeglians – Prato Carnico – Crostas – Forcella Lavardet (1542) – Campolongo – S. Stefano di Cadore – Campitello – Kreuzberg-Sattel (1636) – Moos – Sexten – Innichen – Vierschach – Sillian – Mittewald – Lienz i.O. **212 km.**

Fahrtechnische Beurteilung: mittel bis schwierig

Zeitaufwand: Tagestour

Diese Runde holt gegenüber dem beschriebenen kleinen Giro wesentlich weiter durch die Region der Karnischen Alpen aus. Mit ihr werden fünf, für Motorradlenker fahrtechnisch und auch landschaftlich interessante Pässe bzw. Hochpunkte „aufgefädelt“. – Als AP wählt man mit Vorzug Lienz i.O. In rascher Fahrt gelangt man drauabwärts nach Oberdrauburg, 21 km. Einen fortschrittlichen Ausbau weist die B 110 über den **Gailberg-Sattel (982)** auf; ihre Steigungen sind gut ausgeglichen (Nordrampe 10%, Südrampe nur 8%). Ausgesetzte Stellen wurden durch Leitplanken abgesichert.

Im Rathaus des Doppelortes Kötschach-Mauthen wurde das besuchenswerte Museum der Gebirgsfront 1915-1918 (Plöckenmuseum) eingerichtet. Es zeigt außer Fotos, Karten und Originalskizzen auch zahlreiche Fundgegenstände; sie dokumentieren das Schicksal der Soldaten an der hochalpinen Front und tragen zum näheren Verständnis der Geschichte in diesem umkämpften Grenzraum bei. Weitere Infos gibt es im Internet unter www.dolomitenfreunde.at. – Eine ähnliche Ausstellung, das Museo Storico, befindet sich auf italienischer Seite in Timau, 10 km vom Plöckenpass entfernt.

Von Kötschach-Mauthen folgt man, begleitet vom Valentinsbach, der zweispurig ausgebauten Straße über den „Ederwirt“ (959) und das Plöckenhaus (1215) hinauf zum **Plöckenpass/Passo di Monte Croce Carnico (1362).** Die Bergstrecke wurde in den vergangenen Jahren laufend begradigt und verbreitert. Aufwändige Kunstbauten wie Brücken und

Auf der Südrampe des **Plöckenpasses** passiert man mehrere Kehrtunnels → Runde 48.

Lawinenschutzgalerien wurden errichtet. Auf der Nordrampe betragen die Steigungen durchschnittlich 8 %, nur im Bereich der beiden oberen Kehren trifft man Maxima von 13% an. Kurz vor der Scheitelhöhe passiert man eine zirka 700 m lange Tunnel-Galerien-Kombination.

Nahe der Passhöhe ist am Kleinen Pal ein Freilichtmuseum des Gebirgskrieges entstanden. Für die Begehung des Rundweges, welcher mittels Holztreppen und Seilen gesichert wurde, einschließlich der Besichtigung von MG-Nase, Artilleriestellungen, Deckungskavernen, Beobachtungsbunkern, tief in den Fels gesprengten Gräben und hoch aufgemauerten Gewehrgalerien ist mit einem Zeitaufwand von mindestens 1 1/4 Std. zu rechnen. – Auf der serpentinenreichen Südrampe hinab nach Timau (Tischlwang) erfordern die zu durchfahrenden Kehrtunnels bzw. Galerien besondere Vorsicht.

Der Ort Paluzza (602) wird im W umfahren; knapp 2 km weiter s. zweigt man re. über die Butbrücke nach Sutrio ab, wo die **„Zoncolan-Höhenstraße“** ihren Ausgang nimmt → **Route 47**, Kleine Karnische Runde. – 2.5 km n. von Ovaro biegt man li. ab und folgt der SS.465 durch das anmutige Pesarinatal, welches im N von den Pesariner Dolomiten (Monte Terza grande, 2586) begrenzt wird. Eine besondere Sehenswürdigkeit dieses Tales ist der „Schiefe Turm“ in Prato Carnico (663). Die Bergstraße steigt oberhalb von Crostas (1036) merklich an und hat auf der **Forcella Lavardet (1542)** ihren höchsten Punkt.

Seit Jahren steht an der Straßengabelung SP.619/SP.465 eine große blaue Tafel mit einem Fahrverbotszeichen und dem sinngemäßen Hinweis „Straße nach 2.5 km gesperrt“, was meistens nicht zutreffend ist; deshalb kann diese nur so

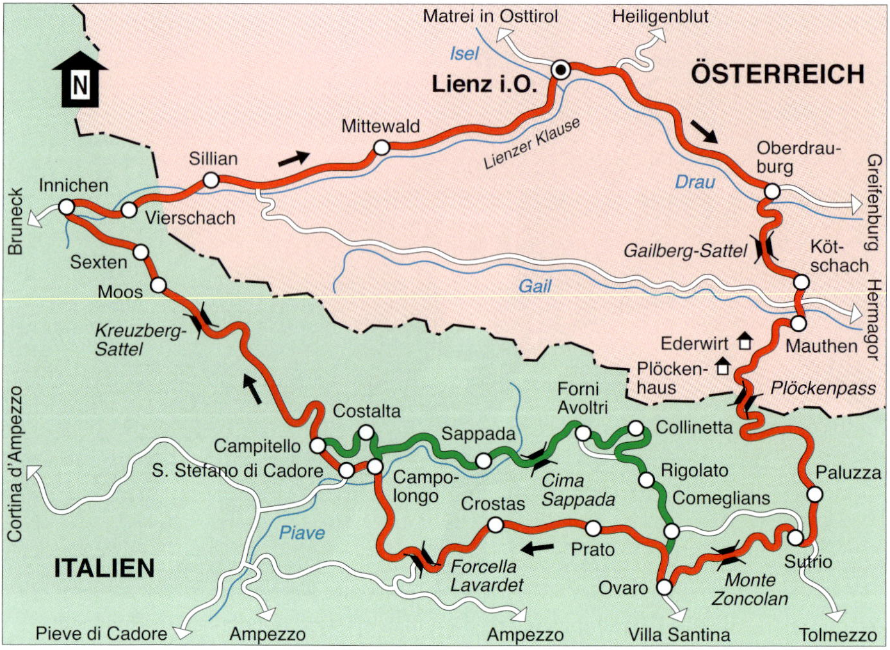

Skizze 48 Rund um den Karnischen Kamm

gedeutet werden, dass das Befahren der nicht ausgebauten Nordrampe aus Haftungsgründen auf eigene Gefahr erfolgt. Die dort befindliche Schranke ist normalerweise immer geöffnet.

Prinzipiell ist die Schotterstrecke bis nach Campolongo hinab nur für Enduros wirklich geeignet; Fahrer anderer Maschinentypen müssen mangelnde Bodenfreiheit und Federwege sowie unzweckmäßige Bereifung durch viel Geschick und große Erfahrung wettmachen. Der Streckenzustand ändert sich häufig und schnell!

Die Fahrbahnbreiten schwanken auf der Nordrampe zwischen 3 und 7 m. Den oberen Abschnitt kennzeichnen teilweise grob geschotterte Passagen und stärkere Auswaschungen. Eine Bachfurt wird mittels Behelfsbrücke, die aus fünf Betonröhren und darüber gemauerten, dicken Steinplatten besteht, überquert; manchmal werden die Röhren durch Geschiebe verlegt, sodass der Weg durchs Wasser führt. – Nicht außer Acht lassen sollte man, dass der durch das urige Gebirgstal fließende Frisonbach zur Zeit der Schneeschmelze aber auch nach heftigen Regengüssen zu einem reißenden Wildbach werden kann, der schon in vergangenen Jahren wiederholt Schäden am Fahrweg verursacht hat. Bei Unwettern ist auch immer wieder mit Behinderungen durch Wegspülungen der Trasse und hangseitigen Abrutschungen zu rechnen.

Nach 5.7 km setzt bei einer kleinen Kapelle vollkommen unvermittelt ein kurzer, asphaltierter und zweispurig ausgebauter Abschnitt ein. Mit einer interessanten Anlage von 14 dicht aufeinander

Ziemlich unmotiviert wurde auf der Nordrampe der **Forcella Lavardet** inmitten der Schotterstrecke eine Gruppe von 14 asphaltierten Kehren angelegt → Runde 48 und 49.

Die 5-rohrige Steinbrücke auf der Nordrampe der **Forcella Lavardet**, welche im oberen Teil über den Frisonbach führt, weist häufig einen veränderten Zustand auf → Runde 48 und 49.

Auf der Nordrampe der **Forcella Lavardet** wechselt man mehrmals die Seite des Frisonbaches, teils auf alten, von den Jahren gezeichneten Stein- bzw. Betonbrücken → Runde 48 und 49.

folgenden Kehren und einer modernen Brücke überwindet die Straße eine Talstufe; das max. Gefälle beträgt dabei 12%. Die schmalen Brücken auf der restlichen Schotterstrecke waren im Bj. alle intakt. Die unterste Pionierbrücke wurde durch eine komplett neu errichtete ersetzt; nach jahrelangen Bauarbeiten war sie nun endlich fertig gestellt. Eventuell ist mit weiteren Ausbaumaßnahmen wie z.B. Asphaltierung zu rechnen. Nach insgesamt 9 km hat man wieder eine gute Asphaltstraße unter den Pneus. Am n. Ortsrand von Campolongo (940) steht in der Gegenrichtung übrigens auch die oben erwähnte blaue Tafel. In der Ortsmitte trifft an der Piavebrücke die SP.465 auf die Sappada-Route; dort hält man sich li.

Auf der 37 km langen Strecke von S. Stefano di Cadore (908) über den **Kreuzberg-Sattel (1636)** bis hinab nach Innichen (1174) gibt es kaum fahrtechnische Schwierigkeiten. – Die Italiener kennen zwei Pässe unter dem Namen „Monte Croce“. Zur Unterscheidung fügen sie beim Kreuzberg-Sattel die Bezeichnung „Comelico“ hinzu, wogegen der Plöckenpass den Beinamen „Carnico“ trägt.

Beim Kreuzberg-Sattel handelt es sich um einen relativ niedrigen und schwach frequentierten Übergang zwischen dem Comelico und dem Hochpustertal. Der HU beträgt von S. Stefano bis zur ausgedehnten Scheitelhöhe 730 m, talwärts bis Innichen nur 465 m.

Die Südrampe wartet mit max. 8% Steigung auf, die Nordrampe oberhalb von Moos mit 12% und einem günstigen Straßenverlauf. – Die zahlreichen Felsnadeln, Türme und Spitzen hat man in den Sextener Dolomiten li. der Fahrtrichtung;

sie sind für manche der Inbegriff einer Dolomitenlandschaft. Re. der vorgegebenen Fahrtrichtung erheben sich die Karnischen Alpen mit wesentlich sanfteren Zügen. Bei Innichen findet man Anschluss an die SS.49, welche windungsreich zur ital.-österr. Grenze leitet.

Die B 100 über Sillian, das im Bj. noch ohne Umfahrung war, ist gut ausgebaut und erlaubt entsprechende Reisedurchschnitte. Das Tal der Drau verengt sich hinter Mittewald zusehends und weitet sich erst wieder hinter der Lienzer Klause, wo das Pustertal im O endet. Lienz ist mit dem Schloss Bruck eine sehenswerte Kleinstadt, welche am Zusammenfluss von Isel und Drau liegt. In der Hauptreisezeit wird sie allerdings von einer Verkehrslawine förmlich überrollt.

Variante: Von Comeglians (553) über die **Cima Sappada (1286)** nach Campolongo. Diese Variante bzw. die SS.355 bietet sich all jenen Motorradfahrern an, die prinzipiell Schotterwege meiden, dient aber auch den Enduristen als Ausweichstrecke, wenn die Route über die Forcella Lavardet kurzfristig gesperrt oder unpassierbar ist.

Zunächst leitet die SS.355 durch den Canale di Gorto aufwärts. Oberhalb von Rigolato kann man den Abstecher durch ein Seitental hinauf zu den Häusern von Collinetta und zu den winzigen „Bergnestern" Sigilletto und Frassenetto (1089) machen. Der geringe Umweg lohnt sich wegen der Ausblicke auf die Hohe Warte (2780), welche sich im Talhintergrund aufbaut, und in der Gegenrichtung in die Pesariner Dolomiten. Mit einem Gefälle von 15% auf asphaltierter, knapp zweispuriger Straße gelangt man in Forni Avoltri wieder auf die SS.355.

Im erneuten Anstieg mit max. 15% kommt man nach Cima Sappada/Oberbladen (1286) und über Sappada (1217), einer kleinen, noch verbliebenen deutschen Sprachinsel, durch das Tal des jungen Piave auf vorzüglicher Straße hinab nach Campolongo. Dort treffen SR.355 und SP.465 zusammen. Plus 6 km. Fahrtechnische Beurteilung: mittel.

Variante: Von Campolongo über **Costalta (1303)** nach Costalissoio und Campitello an der SS.52. Für besonders unternehmungslustige Tourenfahrer bietet sich im Raum von S. Stefano di Cadore eine fahrtechnisch interessante Alternative an: sie leitet als schmale, aber durchwegs asphaltierte Höhenstraße von Borgata Mare ö. Campolongo über die Aussicht bietenden Abhänge des Monte Zovo hoch über S. Stefano nach Costalissoio und mündet wenig weiter in die Kreuzberg-Pass-Straße ein. Plus 1 km. Fahrtechnische Beurteilung: mittel.

Kreuzberg-Sattel, Süd → Runde 48 und 52.

49 Rund um die Pesariner Dolomiten**

Route: S. Stefano di Cadore (908) – Campolongo – Forcella Lavardet (1542) – Sella di Razzo (1760) – Sauris – la Maina – Passo del Pura (1428) – Ampezzo – Villa Santina – Ovaro – Comeglians – Rigolato – Collinetta – Sigilletto – Frassenetto – Forni Avoltri – Cima Sappada (1286) – Sappada – Campolongo – S. Stefano di Cadore. **122 km.**

Fahrtechnische Beurteilung: mittel bis schwierig

Zeitaufwand: Halbtagestour

Diese Rundtour umfasst vor allem die Pesariner Dolomiten, doch wartet sie auch mit weiteren touristischen Höhepunkten auf; zu ihnen zählen Sauris, die deutsche Sprachinsel Zahre, die Variante über die Malga Losa und schließlich der Abstecher durch das Zötztal zu den Piavequellen. – Von S. Stefano di Cadore geht es zunächst über Campolongo hinauf zur **Forcella Lavardet (1542)** → Route 48, Rund um den Karnischen Kamm (in umgekehrter Richtung).

Auf der breit ausgebauten, asphaltierten Verbindungsspange fährt man nur 4 km weiter bergan zum **Razzo-Sattel/Sella di Razzo (1760)**. Dort biegt man von der SP.619 li. ab und nimmt das mit SP.33 bez. Sträßchen nach Sauris. Sowohl die knapp zweispurige Scheitelstrecke, welche keine nennenswerten Steigungen aufweist, als auch die Ostrampe wurden vor ein paar Jahren durchgehend asphaltiert. Die Geschwindigkeitsbeschränkung beträgt 30 km/h, gefährliche Passagen sind mit Leitschienen gesichert. Nach 3 km genießt man von der Bergflanke des Monte Pezzocucco eine herrliche, weite Aussicht Richtung O und Tiefblicke auf den türkisfarbenen Lago di Sauris.

Es folgt ein stark steinschlaggefährdeter Abschnitt mit einer Serpentinengruppe. Stützmauern aus Stein und Maschendrahtnetze sollen die Straße vor Geröll schützen. Hinab nach Sauris di sopra/ Oberzahre (1394) überwindet man mit acht Kehren einen beachtlichen HU, wobei das max. Gefälle 18% beträgt. Im unteren Teilstück quert man eine Bachrinne mittels Natursteinbrücke. An den Hängen errichtete Holzplanken sollen Murenabgänge verhindern.

Kurz vor dem Dorf befindet sich die Provinzgrenze zwischen Belluno und Udine. Von Sauris di sotto/ Unterzahre (1214) führt die zweispurige Bergstraße windungsreich hinab zum aufgestauten Lago di Sauris (977) und leitet an seinem Ostufer entlang.

Man tangiert die Häusergruppe la Maina, umfährt die Plottempochbucht und gelangt zur Krone der Staumauer: dort hat man an der Gabelung die Wahl zwischen der Straße durch die enge Lumieischlucht direkt nach Ampezzo (559) hinab, 10 km, oder der Seeuferstraße, welche den See bald verlässt, um in 18 Serpentinen zum **Passo del Pura (1428)** mit dem Rif. Tita Piaz anzusteigen. Diese, für

Ohne große Steigungen bzw. Gefälle kommt die Scheitelstrecke des **Razzo-Sattels** aus. Tiefblick vom Kulminationspunkt auf den türkisfarben leuchtenden Lago di Sauris → Runde 49.

den Motorradfahrer interessantere Straße senkt sich im S mit neun Spitzkehren zur Mauriapass-SS.52 hinab, in die sie nach 19 km ab Straßenteilung bei der Osteria al Pura (726) einmündet. Die Pass-Straße ist durchgehend asphaltiert, ihre Steigungen bzw. Gefälle betragen max. 12%. Während die Nordrampe hauptsächlich durch Wald verläuft und kaum Aussicht bietet, gewährt die Südrampe Blicke auf Monte Rest (1780) und Monte Verzegnis (1915) sowie auf das Tagliamentotal.

Von Ampezzo bleibt man bis zum Straßenknoten Villa Santina (363) auf der SS.52. Dort trifft man auf die SS.355 und folgt dieser li. durch den Canale di Gorto nach Comeglians, 13 km. Für die Rückfahrt nach S. Stefano di Cadore benützt man die Sappada-Route → **Route 48**, Rund um den Karnischen Kamm, wie als Variante beschrieben.

Variante: Von la Maina (1020) über die **Malga Losa (1765)** und den **Passo della Forcella (1824)** nach Ovaro. Der 19 km lange Almfahrweg leitet durch eine einsame Bergregion und kann wegen seiner steilen Abfahrt nur geübten Enduristen empfohlen werden! – Von der Plottempochbucht des Lago di Sauris zweigt spitzwinkelig eine zweispurige Asphaltstraße ab, HT „Lateis“. Sie gewinnt mit drei Kehren an Höhe und führt dann durch den Ort (1274). Oberhalb der letzten Häuser verengt sie sich und setzt sich als einspuriger Fahrweg fort.

Auf der Forca Frameibn (1408) kommt man an einem hölzernen Kruzifix vorbei, ehe sich der Weg durch den Wald leicht bergab senkt. Nach 500 m hat das Sträßchen einen ordentlichen Naturbelag. An der Weggabelung am Temberlebach hält

Auf der Ostrampe des **Razzo-Sattels** zählt man acht Kehren. Mit Stützmauern und Fangnetzen versucht man die Erosion an der Bergflanke in den Griff zu bekommen. → Runde 49.

Grobschotterig ist der Abschnitt zwischen **Malga Losa** und **Passo della Forcella**. Im Hintergrund der Anstieg von der Malga Forchia zum Pass → Runde 49. Foto Thomas Titscher

Runde 49

Skizze 49 Rund um die Pesariner Dolomiten

man sich re., denn li. geht es zum Rif. Eimblatribm (1441). Die folgenden 3 km sind wieder asphaltiert. Sogleich setzt eine Steigungsstrecke mit max. 15% ein. Vorsicht ist bei den breiten und tiefen, mit Steinen betonierten Wasserablaufrinnen geboten. Bei Km 8.1 findet man einen kleinen Parkplatz vor; die dort abzw. Zufahrt zur Malga Pieltinis (1739) bzw. die daran anschließende ruppige Abfahrt ins Pesarinatal lässt man li. liegen. Von nun an verläuft der Almweg in s. Hanglage und steigt kaum merklich bergan. Ab Km 9.5 ist der Weg geschottert, weist aber einen guten Zustand auf. 12 km vom Lago di Sauris entfernt, erreicht man die Malga Losa (1765); 500 m vorher wurde in exponierter Lage ein Picknickplatz mit Holztisch und Bänken angelegt. Wer ein ruhiges Plätzchen auf der Alm sucht, der findet es hier, umgeben von sanften, grasigen Bergkuppen. – Der Fahrweg leitet hinter dem Almhaus am Stall vorbei und weiter zur kleinen Malga Forchia (1739), welche in einer Senke liegt. Man bleibt auf dem geradeaus führenden Weg und nimmt die letzte Steigung zum Passo della Forcella (1824) in Angriff. Dieses Teilstück weist groben, losen Schotter auf. Bei Erreichen der Anhöhe öffnet sich eine herrliche Aussicht nach O auf Villa Santina, Monte Zoncolan (1759) und die

Landschaftlich lohnend ist der kurze Abstecher zur **Sella di Ciampigotto**; die Ostrampe gewährt prächtige Ausblicke auf die benachbarten Berge → Runde 49.

Gipfel der Julischen Alpen. – Die darauf folgende, 6.5 km lange Abfahrt nach Mione (710) sei nur berggewohnten Endurofahrern angeraten; für die ist sie aber ein Leckerbissen: 28% Gefälle, loses Gestein und Geröllbrocken. Der nur mit ein paar Holzplanken spärlich gesicherte Fahrweg hat keinen festen Unterbau. Beim Queren der rund 50 cm breiten, trogartig betonierten Wasserablaufrinnen besteht die Gefahr des Aufsitzens, besonders mit Sozius. Bergwärts bilden sie ein zusätzliches Erschwernis, da sie ein Befahren mit Schwung verhindern. Der oberste Abschnitt bis zur Baumgrenze (zirka 1 km) weist das stärkste Gefälle auf; die allersteilsten Passagen sind aber betoniert. Nach 3 km ab dem Pass beginnt der Asphaltbelag. Mit einer fast endlosen Folge von extrem engen Kurven und Kehren windet sich das schmale Sträßchen nach Mione hinab. Über das Dorf Luint (621) gelangt man schließlich zur Talsohle und mündet im N von Ovaro in die SS.355 ein. Minus 16 km. Fahrtechnische Beurteilung: schwierig.

Variante: Die Direktverbindung von la Maina (1020) hinab nach Ampezzo (560) führt durch die wildromantische **Lumieischlucht** und wurde teilweise in den Felsen gehauen. Man passiert fünf längere Tunnels mit Kopfsteinpflaster. Minus 9 km. Fahrtechnische Beurteilung: mittel.

Abstecher: Von der Sella di Razzo (1760) zur **Sella di Ciampigotto (1790)**. Auf der zweispurig breit ausgebauten und asphaltierten SP.619 fährt man leicht bergan zum aussichtsreichen Sattel mit dem bewirtsch. Rif. Fabbro. Hin und zurück 8 km. Fahrtechnische Beurteilung: leicht.

Abstecher: Von Cima Sappada/Oberbladen (1286) zum **Rif. Sorgenti del Piave (1830)**. Vom Scheitelpunkt der Sappada-

Ein stiller Rastplatz in exponierter Lage nahe der **Malga Losa**; im Hintergrund li. erkennt man die teilweise ruppige Anschluss-Strecke über den Passo della Forcella → Runde 49.

Vom **Passo della Forcella** hat man eine grandiose Aussicht: Tiefblicke auf Villa Santina und Fernblicke in die Julischen Alpen; die folgende Ostabfahrt ist sehr steil → Runde 49.

Route führt nach N ein geteertes Sträßchen durch das Zötztal/Valle di Sesis, welches am Rifugio, wenig unterhalb des Canevapasses (1842), endet. Es ist zweispurig, abschnittsweise nur einspurig mit Ausweichen, die max. Steigung beträgt 18%. Kaum hat man die erste Talstufe mit sechs steilen Kehren bewältigt, gelangt man zum Rif. Piani del Cristo/Keeser Hütte (1410), das von Wald umgeben ist. Wenig weiter, am Eingang in das Vallone Rio della Miniera steht die Baita del Rododendro (1460). Nun führt die Straße mit sechs weiteren Kehren zu einem Almgebiet in Terrassenlage hinauf. An ihrem EP befindet sich neben dem Gasthaus eine Kapelle; am Parkplatz wurden Rastbänke und Tische aufgestellt. Der Talschluss mit den Piavequellen ist sehenswert. Vom oberen Zötztal hat man eindrucksvolle Blicke auf den Monte Peralba/ Hochweißstein (2694); dort befand sich im Ersten Weltkrieg die höchste Geschützstellung der österr. Artillerie in den Karnischen Alpen. – Hin und zurück 18 km. Fahrtechnische Beurteilung: mittel.

50 Forcella di Monte Rest und Forcella di Pala Barzana*

Route: Ampezzo (560) – Forc. di Priuso (660) – Forc. di Monte Rest (1052) – Tramonti di sopra – Ponte Racli – Navarons – Poffabro – Pian d. Merie – Forc. di Pala Barzana (842) – Bosplans – Val Cellina – Maniago – Lestans – Pinzano al Tagliamento – Abzw. Flagogna – Casiacco – Anduins – S. Francesco – Pozzis – Sella Chianzutan (954) – Verzegnis – Tolmezzo – Socchieve – Ampezzo. **159 km.**

Fahrtechnische Beurteilung: mittel

Zeitaufwand: Tagestour

Diese Rundfahrt ist auf die Erwartungen des Tourenfahrers wie zugeschnitten: verkehrsarme, abwechslungsvolle Routenführung mit sehr kurvenreichem Straßenverlauf. Sie wird im W von der Cellina, im O vom Tagliamento begrenzt. Zu den beiden, im Titel genannten Pässen ist als „Zuckerl" noch die serpentinenreiche Sella Chianzutan (954) zuzuzählen.

Im Lumieital zweigt 4 km sö. von Ampezzo die ausgebaute SS.552 von der SS.52 ab. Über den zahmen Sattel von Priuso (660) gelangt man bald in das Tal des Tagliamento. Nach Überquerung des Flusses gewinnt man bei max. 12% Steigung die Scheitelhöhe der **Forc. di Monte Rest (1052)** mit dem Rifugio. Die asphaltierte Bergstraße leitet zwar vorwiegend durch dichten Mischwald, doch gewährt sie wiederholte Male gute Ausblicke in das Tal des Tagliamento. Straßenbautechnisch interessant ist ein stark gekrümmter Kehrtunnel durch den felsigen Steilhang. – Der Abstieg vom Passo Rest hinab nach Tramonti di sopra (426) vollzieht sich über 20, zum Teil enge Kehren. An ausgesetzten Stellen wurden Leitschienen zur Absicherung angebracht. – Am Ortsbeginn von Tramonti hält man sich li. und benützt die Umfahrung. Auf dem Ostufer des lang gestreckten Lago di Tra-

Fahrt entlang dem Ostufer des schön gelegenen **Lago di Tramonti** → Runde 50.

monti gelangt man zum Ponte Racli und wenig weiter re. zur gelb beschilderten Abzw. der Pala Barzana-Touristenstraße. Von Navarons setzt man seine Fahrt über Poffabro (455) und Pian d. Merie fort, wo der Anstieg zum Pass beginnt, max. Steigung 12%, 23 Serpentinen. Als strategisch wichtige Verbindung nach Cimolais wurde die Straße über die **Forc. di Pala Barzana (842)** während des Ersten Weltkrieges erbaut; auf der Scheitelhöhe hat man eine Gedenkstätte für die Gefallenen der Alpinitruppe angelegt. Die Abfahrt zum Weiler Bosplans erfolgt über 16 Kehren auf durchwegs asphaltierter Straße, welche im Bj. verwahrlost wirkte, Frostaufbrüche und Senkungen aufwies, max. 10%. Zirka 3 km ö. von Barcis (409) mündet man li. in die breit ausgebaute Tunnelstrecke Richtung Montereale ein. Leider war im Bj. die alte Straße durch die wildromantische, enge Schlucht des Val Cellina für jeglichen Verkehr gesperrt; statt-

Sella Chiampon → Runde 50. Foto Th. Denzel

Kehrtunnel mit kleinem Radius auf der Nordrampe der **Forcella di Monte Rest** → Runde 50.

Forcella di Pala Barzana, West → Runde 50.

dessen musste man den 3964 m langen, beleuchteten Tunnel unter dem Monte Fara benützen. Die Geschwindigkeitsbegrenzung beträgt 70 km/h. Montereale Valcellina (317) lässt man re. liegen und folgt der vorgegebenen Route über Maniago in Richtung Sequals und Lestans am Südrand der Alpen weiter bis man bei Pinzano den Tagliamento erreicht.

Landschaftlich und auch fahrtechnisch anspruchsvoller verläuft nun die Strecke über Casiacco nach San Francesco. Man verlässt das breite Tagliamentotal über einen Sattel, der in das vom Arzino durchflossene Nebental hinüberleitet. Auf der Bergstrecke bei Anduins sind mehrere, dicht übereinander angeordnete Kehren zu bewältigen, weiter n. schließt eine Strecke mit Tunnels bzw. Galerien an. – In Pozzis, am Fuße des Monte Verzegnis (1915), gelangt man zu einer Straßenteilung: li. geht es über die Sella Chiampon (790) nach Socchieve; man hält sich

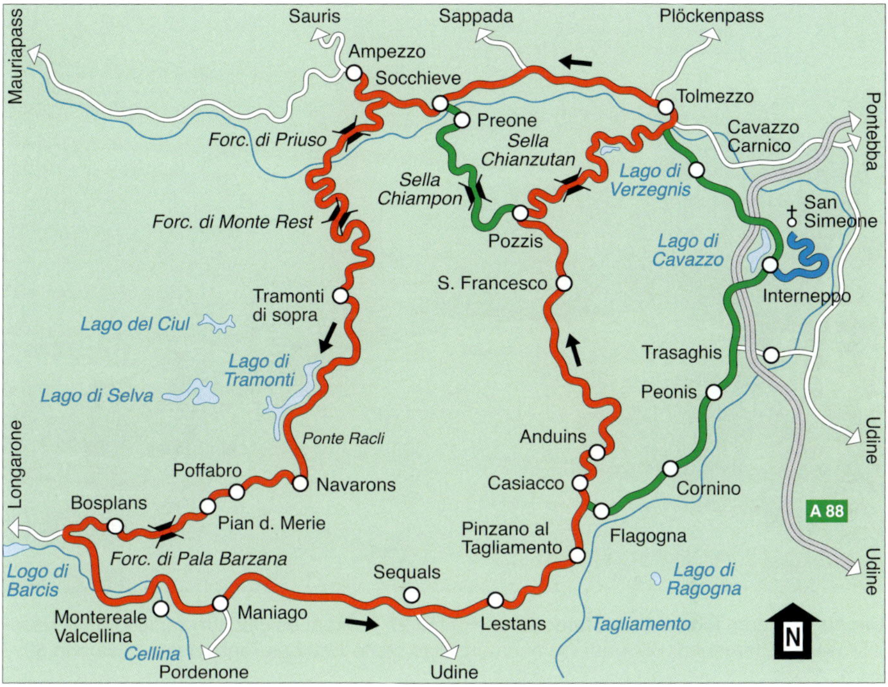

Skizze 50 Forcella di Monte Rest und Forcella di Pala Barzana

jedoch re., will man als letzten touristischen „Leckerbissen" der beschriebenen Runde noch die **Sella Chianzutan (954)** mit der lohnenden Abfahrt bei 11% Gefälle miteinbeziehen. Die vorzüglich ausgebaute Bergstrecke durch das Verzegnis (ein Brunnen neben der Straße spendet herrlich kühles Trinkwasser) wird allerdings auch gerne von einheimischen Kurvenwetzern zu Trainingszwecken benützt; entsprechende Bremsspuren und verbeulte Leitschienen zeugen von überhöhter Selbsteinschätzung. Eine kurze Zufahrt zweigt re. zum Lago di Verzegnis ab, ehe man hinab in das Tagliamentotal kommt. Die breite, durch ihre umfangreichen Schotterablagerungen gekennzeichnete Talsohle überquert man im S von Tolmezzo (323). Auf der SS.52 kehrt man nach Ampezzo zurück.

Variante: Von Flagogna über den **Lago di Cavazzo** nach Tolmezzo. 4 km n. von Pinzano al Tagliamento zweigt man re. nach Flagogna ab und folgt der Straße über Cornino und Peonis flussaufwärts. Kurz vor Trasaghis wechselt man die Talseite und mündet in die SS.512 nach li. ein. Man folgt ihr über das Ostufer des Lago di Cavazzo (195) nach Interneppo und über den Ort Cavazzo Carnico (280) nach Tolmezzo. Minus 4 km. Fahrtechnische Beurteilung: mittel.

Variante: Von Pozzis über die **Sella Chiampon (790)** nach Socchieve. Biegt man an oben erwähnter Straßenteilung in der Kehre li. ab, so leitet ein einspuriges Asphaltsträßchen zur Sella Chiampon. Man durchfährt dabei eine Passage mit überhängenden Felsen; die Strecke führt vor-

Die Auffahrt zum **Monte San Simeone** erfolgt mit 27 Kehren; es gibt nur wenige, meist desolate Randsicherungen. Blick auf Gemona und das breite Bett des Tagliamento → Runde 50.

Das ehem. Militärsträßchen auf den **Monte San Simeone** wurde in steilstes Gelände trassiert; es überwindet einen beachtlichen HU von rund 1000 m → Runde 50.

wiegend durch Laubwald und ist steinschlaggefährdet. Die Abfahrt durch das Val di Preone wartet mit einem Gefälle von 20% auf. Vor unübersichtlichen Kurven unbedingt hupen! In Socchieve mündet man in die SS.52 ein. Minus 19 km. Fahrtechnische Beurteilung: mittel.

Abstecher: Von Interneppo (195) zur **Kapelle San Simeone (1215)**. Fährt man von Interneppo, das am reizvollen Ostufer des Cavazzosees liegt, in Richtung Bordano, so zweigt vom höchsten Punkt dieser Verbindungsstraße li. ein interessantes, einspuriges Bergsträßchen ab, HT „Monte S. Simeone". Das ehem. Militärsträßchen überwindet mit 27 Serpentinen (davon sind 9 Kehrtunnels) durch Buschwald und steilstes Gelände einen beachtlichen HU von rund 1000 m. Es ist bis zum Abzweig zur Gedenkkapelle durchgehend asphaltiert bzw. betoniert. Bereits am Streckenbeginn warnt eine Tafel vor fehlenden Randsicherungen, die wenigen vorhandenen sind ältere Eisengeländer. Die Geschwindigkeit wurde auf 10 km/h beschränkt, die Höchststeigung beträgt 12%. Vor unübersichtlichen Stellen unbedingt hupen! An einer Weggabelung im unteren Abschnitt hält man sich re., denn li. geht es zum Fort auf dem Monte Festa (Fahrverbot). Von der 2. Kehre, wo auch ein Windsack hängt, hat man einen besonders schönen Blick auf die breite Furche des Tagliamentotales mit der Stadt Gemona del Friuli. Während des weiteren Serpentinenanstieges genießt man immer wieder atemberaubende Tiefblicke und kommt an einem Marterl vorbei. Bei Km 10.9 biegt li. ein unscheinbarer Wiesenweg ab, auf dem man nach 100 m die Kapelle San Simeone erreicht; Holztische und -bänke laden zur Rast ein. – Die geschotterte Fortsetzung des Sträßchens leitet nur noch zu einem Plateau mit ein paar privaten Hütten; für den Gipfelfahrweg, der knapp unterhalb des Monte San Simeone (1506) endet, besteht ein striktes Fahrverbot. – Hin und zurück 24 km. Fahrtechnische Beurteilung: mittel.

Rund um den Col Visentin* — 51

Route: Belluno (383) – Ponte nelli Alpi – Lago di S. Croce – Sella di Fadalto (488) – Lago Morto – Lago del Restello – Longhere – Revine-Lago – Tovena – Sant' Ubaldopass/Passo di San Boldo (706) – San Antonio Tortal – Pranolz – Valmorel – Tassei – Piandelmonte – le Ronce – Nevegal – Belluno. **85 km.**

Fahrtechnische Beurteilung: mittel

Zeitaufwand: Halbtagestour

Von Belluno folgt man der gut ausgebauten, li. des Piave verlaufenden Straße, um s. von Ponte nelli Alpi in die SS.51 einzumünden. Sie leitet am Westufer des Lago di S. Croce (386) entlang und über die zahme Sella di Fadalto (488) zum Lago Morto (274) und Lago del Restello hinab. Fast parallel dazu wird die Alemagna-A 27 durch Tunnels und über Brücken in schwindelnder Höhe geführt; man kreuzt

Blick von der **Forcella Zoppei** auf den Antennenwald am Gipfel des **Col Visentin** → Runde 51.

Sant'Ubaldopass, Süd → Runde 51.

ihre Trasse mehrmals, biegt aber noch vor Vittorio Veneto re. nach Longhere ab. Über den Doppelort Revine-Lago gelangt man zur Abzw. nach Tovena (272).

Dort nimmt die kuriose Straße über den **Sant'Ubaldopass/Passo di San Boldo (706)** ihren Ausgang; sie wurde im Kriegsjahr 1918 von österr. Pionieren errichtet und ist von ihrer Anlage her einzigartig! Dieser kühne Straßenbau verdient auch heute noch wegen seiner genialen Planung und schwierigen Ausführung höchste Bewunderung; er ist für Tourenfahrer ein echter „alpiner Leckerbissen".

Im steilen Fels eines engen Talschlusses gewinnt die knapp zweispurige, asphaltierte Bergstraße durch fünf übereinander liegende Kehrtunnels bis zur Scheitelhöhe einen HU von ungefähr 400 m. Die max. Steigung beträgt 12%, gefährliche Stellen sind mit Leitschienen abgesichert. Es gilt eine Geschwindigkeitsbe-

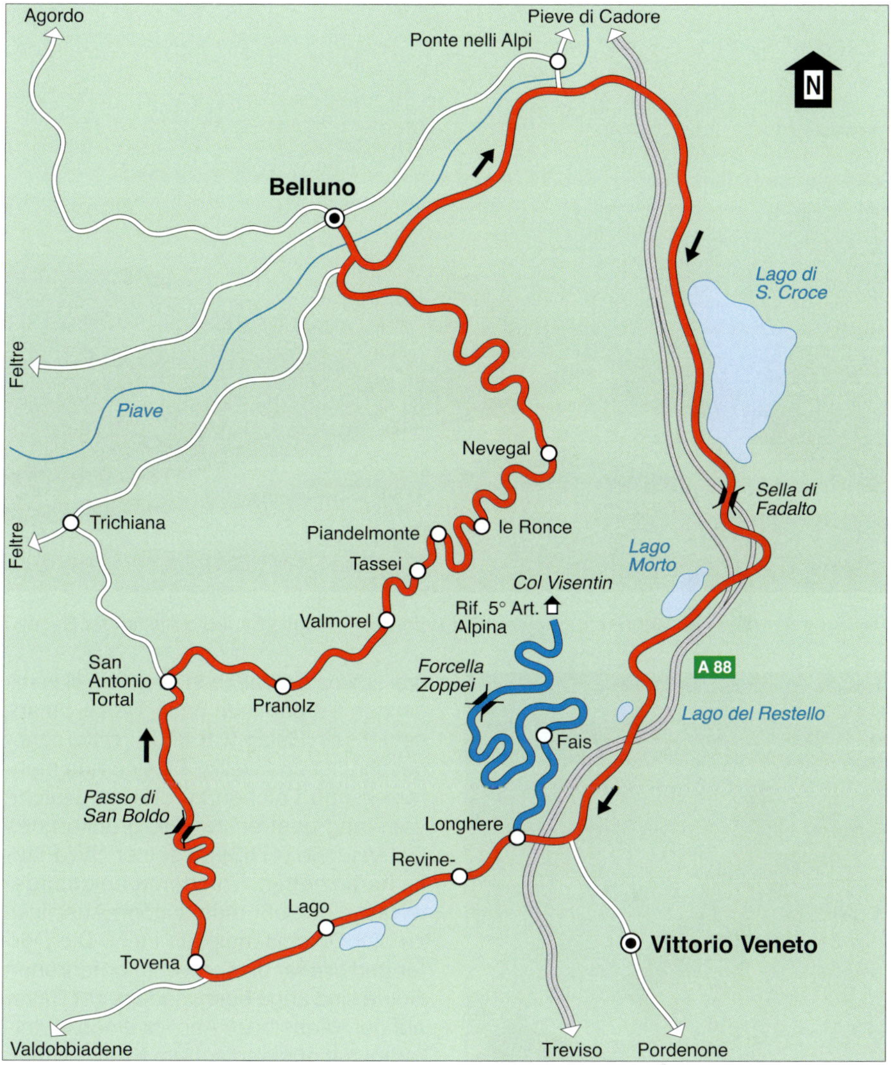

Skizze 51 Rund um den Col Visentin

schränkung von 30 km/h. Die Befahrung der engen, aber beleuchteten Tunnels mit ihren vorgezogenen Portalen wird durch Einbahnverkehr per Ampeln in kurzen Intervallen geregelt. Die Nordrampe weist nur wenige Kehren, dafür aber unübersichtliche S-Kurven auf. – Um die rund 20 km lange Verbindung zur Streusiedlung Nevegal zu benützen, biegt man bereits in San Antonio Tortal (568) gegenüber einer kleinen Trattoria re. ab und folgt der normal breiten Asphaltstraße hinauf nach Pranolz und weiter nach Valmorel (792). Am Dorfplatz nimmt man re.

Blick von der obersten Kehrengruppe des **Col Visentin** → Runde 51. Foto Alexander Seger

Auffahrt zum **Col Visentin** → Runde 51.

das schmale Sträßchen, welches sich mit einigen Serpentinen nach Tassei hinabsenkt; sein Belag war im Bj. witterungsgeschädigt und wellig. Es sind nun mehrere kleine Tälchen zu queren, welche vom lang gestreckten Bergrücken des Col Visentin (1763) an seiner NW-Flanke herabziehen. Von der Mittelgebirgsterrasse genießt man schöne Ausblicke zu den Dolomitengipfeln im N. Die Dörfer und Weiler dieser wenig befahrenen Route sind abgelegen, sodass der Bauer auf der Wiese beim Anblick eines Motorrades mit ausländischem Kennzeichen schon einmal den Rechen fallen lässt.

In Piandelmonte darf man das re. spitzwinkelig abzweigende Sträßchen nach le Ronce nicht versäumen! Es gewinnt mit mehreren Kehren wieder langsam an Höhe. Von der einspurigen, vorwiegend durch Laubwald verlaufenden Strecke bis zum Wintersportzentrum Nevegal sind 1.7 km nicht asphaltiert. Die feinschottri-

Einspurige Verbindungsstraße von **Piandelmonte** zur Streusiedlung **Nevegal** → Runde 51.

gen Abschnitte waren im Bj. aber gut instand gehalten und frisch gewalzt, sodass es auch für Straßenmaschinen keinerlei Hindernisse gab. Beim Kreisverkehr mündet man schließlich in die talwärts führende, normal breite Asphaltstraße ein; gut ausgebaut leitet sie mit mehreren Serpentinen und einem Gefälle von max. 14% hinab nach Belluno.

Abstecher: Von Longhere (165) auf den **Col Visentin (1763)**. Aufgrund seiner Lage unmittelbar am Alpenrand vermittelt der Col Visentin, höchste Erhebung der Belluneser Voralpen, ein großartiges, an gegensätzlichen Bildern reiches Panorama. Während die Aussicht bei günstigen Witterungsbedingungen im S bis zur Lagunenstadt Venedig reicht, umfasst sie im NW und N zahlreiche Dolomitengruppen wie le Vette, Pala, Monti del Sole, Marmolada, Schiara, Civetta, Pelmo, Tofane, Cristallo, Antelao und Marmarole; am fernen Horizont sind mitunter sogar die Firngipfel der Hohen Tauern auszumachen. In ö. Richtung blickt man auf den Monte Pizzoc.

Im Ort Longhere folgt man re. der blauen HT „Fais“ bzw. der gelben, sehr klein geschriebenen HT „Rif. 5° Art. Alp. Col Visentin“. Auf der ein- bis nur knapp zweispurigen Asphaltstraße durchfährt man 18 Kehren, wobei die Höchststeigung bis Fais 20% beträgt. Nach 8.5 km setzt die durchwegs zweispurig angelegte Schotterstrecke ein; sie wurde in früheren Jahren vom Militär benützt und zeitweise gesperrt, heute ist sie hingegen ständig und wegen ihrer ausgeglichenen Steigungen von max. 11% problemlos befahrbar.

Man passiert zunächst 3 Kehren und hat dann einen übersichtlichen Straßenverlauf an den Südhängen des baumlosen Bergkammes. Wegen der lockeren Beschaffenheit des auffällig quer geschichteten Gesteins wird vor Steinschlag gewarnt. Mit zunehmender Höhe steigert sich die Aussicht auf das fruchtbare Hinterland von Venedig. Bei Km 14.9 wird an der Forcella Zoppei (1417) auch der Blick nach N auf den Monte Schiara (2563) frei. Ein letzter Anstieg mit 11 Serpentinen leitet schließlich auf die Gipfelregion des Col Visentin mit dem bewirtsch. Rif. 5° Artiglieria Alpina und einem Wald von diversen Antennen. Hin und zurück 36 km. Fahrtechnische Beurteilung: mittel.

52 Rund um die Sextener Dolomiten**

Route: Innichen (1174) – Sexten – Moos – Kreuzberg-Sattel (1636) – Padola – S. Anna – Zovopass (1489) – S. Caterina – Auronzo di Cadore – Ansieital – Bivio Dogana Vecchia – Misurinapass/Col Sant'Angelo (1757) – Schluderbach – Neutoblach – Innichen. **89 km.**

Fahrtechnische Beurteilung: mittel

Zeitaufwand: Halbtagestour

Die Runde ist geeignet, gute Einblicke in ein touristisch hoch bedeutsames Gebiet mit den östlichen Dolomiten zu gewinnen. AP ist Innichen/S. Candido. Als weitere AP bieten sich aber auch alle an der Rundfahrt gelegenen Orte an, besonders jene im Puster- und Sextental.

Der **Kreuzberg-Sattel/Passo M. Croce di Comelico (1636)** bildet einen relativ niedrigen und schwach frequentierten Übergang vom Hochpustertal in das Comelico. Weit mehr besucht werden die Seitentäler, wie das Innerfeldtal und das Fischleintal. Im S des Passes gibt es nur einige wenige Ziele, welche eine Anfahrt lohnen; zu ihnen zählt die Bergstraße von Campitello über den Col Cestella hinauf nach Danta di Cadore (1398). Im Durchzugsverkehr stellt der Kreuzberg-Sattel die wichtige Verbindung vom Pustertal Richtung SO nach Friaul (Udine), Julisch-Venetien sowie zu den Zielen an der nördlichen Adria her.

Die Steigungen erreichen auf der Nordrampe wenig oberhalb von Moos 12%, auf der Südrampe nur 8%. Der Straßenzug ist ausgebaut und überall mit Randsicherungen versehen. Die durchgehend asphaltierte Fahrbahn ist zwischen 5 und 8 m breit. Felsnadeln, Türme und Spitzen charakterisieren die Sextener Dolomiten, welche immer wieder faszinieren. Während der Pass-Scheitel (dort befindet sich die deutsch-ital. Sprachgrenze) freie Aussicht über die Almböden zu den ihn umrahmenden Bergen bietet, leiten die Rampen auf beiden Seiten durch ausgedehnte Waldgebiete. Die Karnischen Alpen weisen, entwicklungsgeschichtlich bedingt, wesentlich sanftere Züge auf als die vielgezackten Dolomiten.

Von Innichen sind es bis zum Kreuzberg-Sattel nur 15 km. Nach weiteren 10 km zweigt man im Comelico Superiore re. ab und folgt der SP.532 über Padola und S. Anna hinauf zum **Zovopass (1489)** in

Kurvenreich senkt sich die gut ausgebaute Südrampe des **Misurinapasses** vorwiegend durch Lärchen- und Fichtenwald hinab ins wenig frequentierte Ansieital → Runde 52.

In Schluderbach nimmt die auf den **Misurinapass** führende Nordrampe ihren Ausgang; vom Hochplateau des Passes zweigt die Drei-Zinnen-Straße ab → Runde 52.

Skizze 52 Rund um die Sextener Dolomiten

guter Aussichtslage. Diese Pass-Straße ist wesentlich schmäler als die Durchgangsstraße in Richtung S. Stefano di Cadore. Die Steigungsverhältnisse sind unterschiedlich: im N 12%, im S 15% auf windungsreicher und teilweise unübersichtlicher Rampe mit 16 Kehren.

Mitten in der Waldeinsamkeit steht auf der Nordrampe die St.-Anna-Kapelle aus dem 17. Jh. Bevor man die Scheitelhöhe erreicht, kommt man dicht am Laghetto Sant'Anna vorüber. Auf dem Scheitel befindet sich die, dem hl. Antonius geweihte Kapelle, weshalb dieser Übergang auch unter dem Namen St.-Antonius-Höhe/Passo San Antonio bekannt ist. Im Juni breitet sich in dieser Höhenlage ein wunderbarer Teppich hochalpiner Flora aus. Am s. Ende des lang gestreckten Lago di San Caterina mündet man in die SR.48 ein. – Der Zovopass lässt sich bei widrigen Straßenzustandsverhältnissen im S durch einen zirka 4 km langen Tunnel umfahren; ab Dosoledo bleibt man dabei auf der SS.52 und folgt in S. Stefano kurz dem Piave flussabwärts, um dann beim Ponte d. Lasta re. den Straßentunnel nach S. Caterina zu benützen.

Blick über den schön gelegenen **Misurinasee** auf die berühmten Drei Zinnen → Runde 52.

Die SR.48, welche normal ausgebaut ist, führt durch das stark bewaldete Ansieital zur Straßengabelung „Bivio Dogana Vecchia“ (1641) hinauf, 22 km. Sie überwindet zuletzt einen HU von 300 m mit max. 14% Steigung. Am Bivio zweigt man re. auf die SP.49 ab. Zum **Misurinapass/ Col Sant'Angelo (1757)** hat man dann nur knappe 2 km zurückzulegen.

Die landschaftliche Beurteilung des Misurinasees mit seinem Umfeld ist bei Touristen unterschiedlich: auf manche mag der erste Eindruck etwas enttäuschend wirken, andere Besucher wiederum begeistern sich auf Anhieb für diese Hochregion! Es kommt sehr darauf an, zu welcher Tageszeit, bei welcher Beleuchtung und vor allem von welcher Seite her man ihn betrachtet. Von seinem Südufer hat man zwar den Blick auf die Drei Zinnen, doch haben sie von dieser Seite nicht ihre charakteristische Form von drei frei stehenden Berggestalten; vielmehr er-

Misurinapass, Nordrampe → Runde 52.

Mit neun Kehren leitet die mautpflichtige **Drei-Zinnen-Straße** zur **Auronzohütte** → Runde 52.

Am **Lago d'Antorno** → Runde 52.

wecken sie den Eindruck eines Felsmassivs mit Doppelgipfel.

Bei einem durchschnittlichen Gefälle von 11% fährt man nun hinab zum Ponte delle Marogna, über welchen die Provinzgrenze zwischen Belluno und Bozen verläuft, und gelangt wenig weiter zum aufstrebenden Hotelort Schluderbach/Carbonin (1438). Auf der stark frequentierten „Strada d'Alemagna" fährt man durch das meist düstere und auch enge Höhlensteintal auf einem schmalen Korridor zwischen zwei Naturparks. Man gelangt über den Dürrensee, welcher teilweise verlandet ist, und den Toblacher See hinaus in das Hochpustertal, wo man bei Neutoblach in die SS.49 re. einmündet und 5 km weiter wieder in Innichen ankommt. Nicht versäumen sollte man den faszinierenden Blick vom w. Ufer des Dürrensees auf die vielgezackte Cristallogruppe, eines der typischen und meistfotografierten Dolomitenmotive.

Abstecher: Zwischen Innichen und Sexten zweigt von der SS.52 re. das asphaltierte Sträßchen ins **Innerfeldtal** ab, HT „Dreischusterhütte“. Das nur einspurig mit Ausweichen auf Sicht angelegte Hochtalsträßchen leitet zunächst durch lichten Lärchenwald und üppige Wiesen geradlinig und dabei sanft ansteigend talein. Im weiteren, nunmehr kurvigen Anstieg mit Maxima von 16% hat man zwei Bachfurten und eine Serpentinengruppe mit engen Kurven zu überwinden. Die Geschwindigkeit ist mit 30 km/h beschränkt. Nach 4 km stellt man vor einem Sperrschranken beim Antoniusstein (1500) seine Maschine auf einem Parkstreifen neben der Fahrbahn ab. Zur Dreischusterhütte hat man dann noch einen Fußweg von 30 Min. Hin und zurück 8 km. Fahrtechnische Beurteilung: mittel.

Abstecher: Von Moos (1337) zum **Fischleinboden (1454)**. Mit Superlativen soll man zwar sparsam umgehen, aber das Fischleintal ist halt eine dolomitische Bilderbuchlandschaft: die berühmte Sextener Sonnenuhr mit dem Neuner, dem Zehner, der Rotwandspitze, dem Elfer (3092) und dem Zwölfer (3094) sowie dem Einser ist im Alpenraum einmalig. Auffällig ist auch der Kontrast zwischen dem üppigen, lärchenbestandenen Wiesengrund des Fischleinbodens und den wild zerklüfteten Felszinnen, die über den steilen, von Geröllreißen durchzogenen Hängen aufragen. Das Talinnere wurde für den öffentlichen Verkehr gesperrt, sodass sich die landschaftlichen Schönheiten nur jenen erschließen, welche die Motorradstiefel gegen Wanderschuhe tauschen. Ein Großparkplatz befindet sich in Bad Moos an der Talstation des Rotwiesen-Kabinenliftes, ein weiterer nur wenig talein; diese Plätze werden vorwiegend von Bergwanderern bzw. Hüttenbesuchern benützt. Hin und zurück 6 km. Fahrtechnische Beurteilung: leicht.

Abstecher: Vom Misurinapass auf der **„Drei-Zinnen-Straße“** zum **Rif. Auronzo (2320)**. Diese Bergstraße zählt zu den landschaftlich schönsten Touristenstraßen in den Dolomiten. – AP ist der Misurinapass/Col Sant'Angelo (1757). Zunächst kommt man an der Abzw. des für Kfz gesperrten Monte-Piana-Sträßchens und am Lago d'Antorno vorbei, ehe die eigentliche Bergstrecke beginnt.

Die bis 8 m breite Asphaltstraße überwindet einen HU von zirka 600 m bis zur Auronzohütte. Dazwischen gibt es neun Kehren und Steigungsmaxima bis 16%. Ausgesetzte Wendepunkte wurden mit Leitplanken abgesichert. Die 7.5 km lange Bergstraße wird auch von Omnibussen stark befahren, daher muss man erhöhte Aufmerksamkeit walten lassen!

Die Einhebung der nicht gerade bescheidenen Maut erfolgt nach 2.4 km beim Rif. Lago d'Antorno (1866), kurz hinter dem gleichnamigen, idyllisch gelegenen See. Die Geschwindigkeit wurde mit 40 km/h begrenzt. Von der Bergstrecke bieten sich bemerkenswerte Ausblicke auf den Misurinasee und auf die Cadinigruppe. In mehreren Etagen wurden Parkplätze sowohl unter- als auch oberhalb der Auronzohütte angelegt. – Eine Weiterfahrt auf dem schmalen, ehem. Militärsträßchen über die Alpinikapelle in Richtung Paternsattel (2454) ist strikte verboten! Ein kleiner Spaziergang lohnt sich aber allemal um die mächtigen Zinnen zu bestaunen.

Mit dem Ausbau der „Drei-Zinnen-Straße“ hat der Massentourismus am Fuß des weltberühmten Felsensembles endgültig Einzug gehalten. An sommerlichen Schönwettertagen zirkulieren dort oben ganze Heerscharen von Ausflüglern, die allerdings vergeblich „Erholung in den Bergen“ suchen. Hin und zurück 15 km. Fahrtechnische Beurteilung: mittel.

53 Rund um den Monte Pelmo**

Route: Cortina d'Ampezzo (1211) – Pocol – Giaupass (2233) – Selva di Cadore – Costa – Pescul – Forc. Staulanza (1766) – Zoldo Alto – Dont-Villa – Forno di Zoldo – Sommariva – Fornesighe – Forc. Cibiana (1536) – Cibiana – Venas – Vodo – Borca – S. Vito di Cadore – Cortina d'Ampezzo. **96 km.**

Fahrtechnische Beurteilung: mittel

Zeitaufwand: Halbtagestour

Von Cortina d'Ampezzo zunächst 6 km auf der „Großen Dolomitenstraße" hinauf nach Pocol (1527); dort nimmt die als SP. 638 bez. Straße zum **Giaupass (2233)** li. ihren Ausgang, HT. In mäßigem Gefälle fährt man kurz hinab zum Falzáregobach. Hinter der Brücke beginnt die stark bewaldete Anstiegsstrecke. Die NO-Rampe präsentiert sich bis zum Scheitel als modern ausgebaute, 10 km lange Bergstraße mit normalen Fahrbahnbreiten. Bis zur Waldgrenze zählt man 31 nummerierte Kehren. Die durchwegs asphaltierte Straße überwindet einen HU von rund 700 m, wobei die Steigungen 12% nicht überschreiten. Auf der Scheitelstrecke hat man die markanten Felsgestalten von Gusela, Nuvolau und Averau im Blickfeld.

Vom Pass leitet die Durchgangsstraße bei nur mäßigem Gefälle vorbei am Hotel „Enrosadira" zunächst in w. Richtung. Die generelle Trassenführung ändert sich ab dem Rif. Fedare (2000) bei km 13 von W nach S. Eindrucksvoll ist der Tiefblick durch das steil herabziehende Codalongatal auf die zahlreichen, übereinander angeordneten Serpentinen der Südrampe, welche eine Meisterleistung ital. Straßenbaukunst darstellen. Drei Lawinengalerien sorgen für die Sicherheit der Straßenbenützer. Auf der 7 km langen, hervorragend ausgebauten Bergstrecke hat man bis zur Einmündung in die SP.251 im N von Selva di Cadore (1335) 24 Kehren zu durchfahren und überwindet dabei einen HU von 922 m. Das Gefälle wird mit 12% angegeben. Die gesamte Strecke von Pocol nach Selva misst 22 km.

Den Straßenzug der SP.251 durch das Fiorentinatal über die **Forcella Staulanza (1766)** in das Zoldotal kann man als touristisch bedeutsame Alternative zur stark frequentierten Olympiastraße durch das Ampezzotal auffassen. Die beiden Routen werden durch eine Kette hoher Berge, deren hervorragendste Erhebungen Croda da Lago, Monte Pelmo und Monte Rocchetta sind, voneinander geschieden. Im landschaftlich ansprechenden Fiorentinatal berührt man die Orte Selva di Cadore, Costa und Pescul, im jenseits des Staulanzapasses sich erstreckenden Zoldotal das aufstrebende Zoldo Alto mit seinen Fraktionen Pecol, Mareson, Pianaz und Fusine.

Die Nordrampe präsentiert sich gut ausgebaut, die Südrampe wurde zwar in einigen Abschnitten modernisiert, doch ist sie windungsreich geblieben. Die Fahrbahnbreiten schwanken zwischen 6 und 8 m, durchwegs Asphaltbelag. Die max.

Hochalpine Eindrücke und viel Fahrvergnügen vermittelt die Nordrampe des **Giaupasses**; Blick gegen Lastoni di Formin mit Croda da Lago → Runde 53 und 54.

Ständiger Motorradtreff am **Giaupass**; die Felskolosse Gusela, Nuvolau und Averau bilden eine spektakuläre Kulisse auf der Scheitelhöhe → Runde 53 und 54. Foto Gottfried Loy

Südrampe der **Forcella Staulanza** mit dem Monte Pelmo → Runde 53. Foto Thanalak Denzel

Forcella Cibiana, Ostrampe → Runde 53.

Steigung beträgt im N 9%, im S hat man beim Abstieg vom Col di Vallon (1522) nach Pecol ein kurzes Gefälle von 14%. – Kommt man von N und fährt die Scheitelhöhe an, so hat man im Vorblick den Felskoloss des Monte Pelmo. Nun glaubt man, dass die Straße im Talschluss endet, weil das Gelände keinerlei Fortsetzung erkennen lässt und ist dann überrascht, wie sie unvermittelt hinter einem bewaldeten Rücken nach re. abbiegt und sich in einem Seitental zwischen Monte Crot und dem imposanten Pelmomassiv einen kehrenarmen Übergang in das obere Zoldotal verschafft.

Während die Nordrampe von einer streng dolomitischen Landschaft geprägt wird, durchmisst man im S der Forc. Staulanza einen mehr lieblichen als großartigen Landstrich. Am Zusammenfluss von Duran und Maè erreicht man den Doppelort Dont-Villa (935), 3 km weiter den Straßenknoten Forno di Zoldo (810).

Skizze 53 Rund um den Monte Pelmo

Die Rundtour setzt man von Forno di Zoldo über die **Forcella Cibiana (1536)** nach Venas di Cadore fort, 21 km. Es ist zweckmäßig, zunächst der SP.251 1.5 km bis zu den Häusern von Sommariva zu folgen, will man die verwinkelte Durchfahrt der weit verstreuten Siedlung von Forno di Zoldo meiden. Eine Straße in Bachnähe verbindet mit Fernesighe (977) an der SP.347. Knapp zweispurig und asphaltiert windet sich das Pass-Sträßchen durch lichten Lärchenwald zur Scheitelhöhe hinauf, ohne nennenswerte Ausblicke zu bieten. Erst die Passhöhe gewährt beschränkte Aussicht auf die Erhebungen um den Monte Rocchetta (2468). – Das vom Rif. Remauro ausgehende, 7.5 km lange Serpentinensträßchen auf den aussichtsreichen Monte Rite (2181) ist seit Errichtung des „Museums in den Wol-

Genussvoll ist eine Fahrt über die **Forcella Staulanza**; beiderseits der Straße erheben sich wuchtige Felsgestalten wie der Monte Pelmo oder der Monte Civetta→ Runde 53.

ken" im ehem. Fort am Gipfelplateau für Kfz nicht mehr öffentlich befahrbar.

Die NO-Rampe zeigt sich kehrenreich, das Gefälle beträgt 15%. Auch auf dem Abschnitt unterhalb des Kasernenortes Cibiana di Cadore talaus über die Boitebrücke sind die Straßenverhältnisse akzeptabel. Am w. Ortseingang von Venas di Cadore (775) mündet man scharf li. in die SS.51 (Alemagna) ein. Man berührt im Anschluss daran die Terrassenorte Vodo, Borca und S. Vito di Cadore, ehe man nach 22 km auf der überbreiten Olympiastraße Cortina d'Ampezzo (1211) erreicht.

Variante: Von Selva di Cadore über den **Belvedere Colle S. Lucia (1475)** hinab in das Cordevoletal und rund um die Civetta nach Dont-Villa. Von besonderem touristischen Interesse ist die 13 km lange Bergstrecke über den berühmten Aussichtspunkt mit dem grandiosen Blick auf die NW-Wandflucht der Civetta (3220). In der Tiefe glitzert der Wasserspiegel des Sees von Alleghe. Die Bergstraße wurde teilweise recht kühn in die steil abfallenden Hänge trassiert; sie ist durchgehend zweispurig, hat aber einige enge Kurven, ihr Gefälle erreicht 9%. An der Straßenteilung nach 7 km hält man sich scharf li., denn geradeaus würde man zum Falzáregopass gelangen.

Die Talstraße SR.203 über Alleghe und Cencenighe bietet bis Agordo kaum Nennenswertes. Erst die 21 km lange Verbindungsspange SP.347 über den wenig frequentierten **Passo Duran (1601)** ist wieder eine „Augenweide" mit echtem Fahrvergnügen. Während die SW-Rampe einen HU von rund 1000 m bewältigt, reduziert sich der HU im NO des Passes auf „nur" 650 m. Bemerkenswert sind die

Ausblicke auf die Palagruppe und zur Moiazza (2878). Auf der Scheitelhöhe steht das gj. bewirtsch. Rif. San Sebastiano. Der Ausbauzustand der Pass-Straße ist unterschiedlich: SW-Rampe gut, NO-Rampe weist Engstellen in den Ortschaften auf. Steigungen bzw. Gefälle sind mit max. 15% angegeben. In Dont-Villa mündet man in die SP.251 ein. Plus 36 km. Fahrtechnische Beurteilung: mittel.

Abstecher: Von Forno di Zoldo (840) nach **Zoppè di Cadore (1461)**. Die 9 km lange Bergstraße nimmt im ö. Ortsteil Soccampo ihren Ausgang von der SP. 251, HT. Sie führt über Bragarezza (sehr enge Ortsdurchfahrt) zunächst in das vom Rutorto eingeschnittene Hochtal auf meist bewaldeter, zweispuriger Strecke; die Steigungsmaxima erreichen 15%. Die besten Ausblicke, sowohl auf die Südseite des Monte Pelmo als auch auf die vielgezackten Zoldiner Dolomiten, hat man von der obersten Kehre bei der Locanda Belvedere. Der Anblick des Monte Pelmo, mit einer Felsenburg vergleichbar, ist faszinierend! Hin und zurück 18 km. Fahrtechnische Beurteilung: leicht bis mittel.

Im Banne der Marmolada*** — 54

Route: Canazei (1465) – Pecol – Pordoijoch (2239) – Arabba – Buchenstein – Salesei – Andraz – Cernadoi – Falzáregopass (2105) – Pocol – Giaupass (2233) – Selva di Cadore – Caprile – Rocca Pietore – Malga Ciapela – Fedaiapass (2056) – Penia – Alba – Canazei. **111 km.**

Fahrtechnische Beurteilung: leicht bis mittel

Zeitaufwand: Tagestour

Die **„Große Dolomitenstraße“** steigt hinter Canazei zuerst in einer weit ausholenden Schleife, dann in sechs dicht aufeinander folgenden Kehren auf der li. Seite des Antermonttales empor. Man gelangt zur Capanna Lupo Bianco (1715) mit den Talstationen zweier Kabinenbahnen. Am Rande des Pian Schiavaneis hat man eine Straßenteilung: geradeaus zum Sellajoch, scharf re. über Pecol hinauf zum „Albergo Pordoi“ (2117).

Fast jede Wegbiegung eröffnet eine andere, faszinierende Aussicht; besonders imposant baut sich die himmelstürmende Felsbastion der Sella mit ihren markanten Querbänderungen auf. Mit neun weiteren von insgesamt 25 Kehren auf der Westrampe erreicht man das **Pordoijoch (2239)**, den höchsten Pass im Zuge der „Großen Dolomitenstraße“ Bozen–Cortina. Steigungen bzw. Gefälle betragen nur 8%. Man hat grandiose Ausblicke auf den Rosengarten, die Langkofelgruppe und den Sellastock.

Die kühne, ohne Zwischenpfeiler errichtete Großkabinen-Seilbahn auf den Sass Pordoi bringt den Fahrgast in nur 4 Min. auf die Pordoispitze (2950), wobei sie

Westrampe und belebte Scheitelhöhe des **Falzáregopasses** mit der Abzw. zum Valparolajoch; nach SO richten sich die Ausblicke auf Monte Averau und Monte Nuvolau → Runde 54.

Abfahrt vom **Falzáregopass** auf der **Großen Dolomitenstraße** ostwärts in Richtung Cortina d'Ampezzo; den Hintergrund bilden die mächtigen Tofane → Runde 54.

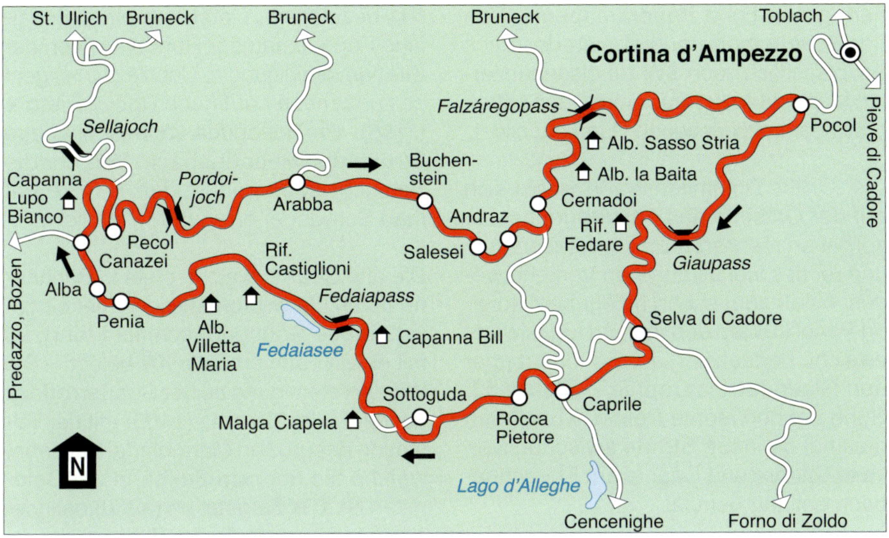

Skizze 54 Im Banne der Marmolada

einen HU von 720 m überwindet. Von der Bergstation bietet sich ein umfassendes Panorama, welches von der Bernina bis zu den Julischen Alpen reicht! Im SO beherrscht die majestätisch aufragende Marmolada das Blickfeld.

Die ö. Passrampe hinab nach Arabba zählt 33 nummerierte Kehren, die sich wie auf einer schiefen Ebene gut überblicken lassen. Vor sich hat man den im Ersten Weltkrieg heiß umkämpften Col di Lana (2452), welcher ein Eckpfeiler der damaligen Dolomitenfront war. Die Spitze dieser „Blutberg" genannten Erhebung wurde von den Italienern gesprengt, wobei es zahlreiche Menschenopfer gab; zurück blieb von ihr nur ein gähnender Krater.

Bei sanftem Gefälle leitet die SR.48 über Arabba (1601) hinab nach Pieve di Livinallongo/Buchenstein (1470). Das benachbarte Salesei wurde durch seinen schön gelegenen Soldatenfriedhof auf dem Pian di Salesei bekannt; er erstreckt sich wenig oberhalb des Cordevole. Andraz (1414) lässt man re. unterhalb der Durchzugsstraße liegen.

Die gut ausgebaute, normal breite Straße zum **Falzáregopass (2105)** setzt sich mit einer Steigung von 8% oberhalb von Cernadoi (1512) fort. Durch ein von Lärchenwäldern umgebenes Hochtal schraubt sie sich, rasch an Höhe gewinnend, mit 17 Kehren empor. Oberhalb vom „Albergo la Baita" (1600) hat man li. die Häuser von Castello (1726) mit der Burgruine Buchenstein, dahinter ragt der Hexenstein/Sasso di Stria (2477) auf.

Die SR.48 tangiert den Pian di Falzárego, auf dem das „Albergo al Sasso di Stria" steht, beschreibt dann eine ausgeprägte Haarnadelkurve und verschwindet wenig oberhalb in einem Kehrtunnel. Vom Ausgangsportal hat man nur mehr wenige hundert Meter bis zum Pass-Scheitel mit der Talstation der Seilschwebebahn zum Kleinen Lagazuoi (2778), einem großartigen Panoramapunkt. Von der Scheitelhöhe richtet sich der Blick hauptsächlich nach SW zur eisgepanzerten Marmolada (3343), welche den Mittelpunkt der beschriebenen Rundtour bildet.

Die „Große Dolomitenstraße" senkt sich auf der Ostseite des Falzáregopasses, vorbei an mehreren Einkehrstationen li. und re. des viel befahrenen Verkehrsweges, hinab zum schön gelegenen Hotelort Pocol (1530), den man 10 km talwärts erreicht. Fortsetzung der Rundfahrt über den Giaupass bis Caprile → **Route 53**, Rund um den Monte Pelmo, wobei man diesmal die neue Straße zwischen Selva di Cadore und Caprile am Fiorentinabach entlang benützt.

Mit der durchgehenden, 29 km langen Verbindung Caprile–Canazei über den **Fedaiapass (2056)**, als SP. 641 bzw. SS. 641 bezeichnet, bietet sich eine hochalpine Fortsetzung der Runde an. Von der Straßenvereinigung n. Caprile (1014) geht es zunächst hinauf nach Rocca Pietore (1156). Vor Sottoguda verlässt die neue Straße den Pettorinabach. Von der die Schlucht überspannenden Brücke hat man Schwindel erregende Tiefblicke.

Falzáregopass, Westrampe → Runde 54.

Die alte Straße, welche stets in Bachnähe durch die wildromantische, tief eingeschnittene Sottogudaschlucht führt, ist mit einem Fahrverbot für Kfz belegt. – Die Wiedervereinigung beider Straßen erfolgt auf der Malga Ciapela (1450) mit der Talstation der großen Marmolada-Seilbahn, welche die höchste Seilbahn der Dolomiten ist. Die Bergstation (3270) befindet sich knapp unterhalb der Punta di Rocca.

Von der Malga Ciapela fährt man auf der ausgebauten Hochtalstraße, an zahlreichen Heuhütten vorbei, hinauf zur Capanna Bill. Über den Pian de Lobbia (1943) kommt man weiter zum Kleinen Fedaiasee (2028) und über das Nordufer des Großen Fedaia-Stausees zum Rif. E. Castiglioni (2054) am w. Seespitz. Die alte, s. Uferstraße wurde gesperrt, doch kann man die Zufahrt bis zur Marmolada-Kabinen-Seilbahn (Bergstation beim Rif. Pian dei Fiacconi in 2625 m) benützen.

Die Abfahrt durch das Tal des Avisio leitet auf einer Hangstrecke mit mehreren Kunstbauten, zuletzt mit vier Kehren, hinab zum Pian Trevisan mit dem „Albergo Villetta Maria" (1681). Talaus führt die Straße, meist in Bachnähe, nach Canazei (1440), um in die „Große Dolomitenstraße" durch das Fassatal einzumünden. Die Orte Penia und Alba werden dabei von der SS.641 umgangen. Die Neubaustrecken weisen kaum mehr als 10% Steigung bzw. Gefälle auf, die Fahrbahn ist normal breit; Wendepunkte in den Kehren wurden mit Überbreiten versehen.

Der türkisfarbene **Fedaia-Stausee** breitet sich am Fuß der vergletscherten Marmolada aus. Die Staumauer darf als Zufahrt benützt werden; im Hintergrund li. der **Fedaiapass** → Runde 54.

Auf der Westrampe des **Pordoijoches** durchfährt man 25 Kehren; dabei hat man die gewaltigen Felswände der gegenüber aufragenden Sellagruppe im Blickfeld → Runde 54 und 55.

55 Rund um die Sella***

Route: Wolkenstein/Selva di Val Gardena (1563) – Plan – Plan de Gralba – Grödner Joch (2121) – Kurfar/Corvara in Badia – Campolungopass/Passo di Campolongo (1875) – Arabba – Pordoijoch (2239) – Pecol – Sellajoch (2244) – Plan de Gralba – Plan – Wolkenstein. **64 km.**

Fahrtechnische Beurteilung: mittel

Zeitaufwand: Halbtagestour

Diese sehr empfehlenswerte Rundtour führt über vier der bekanntesten Dolomitenpässe und vermittelt einen repräsentativen Querschnitt der formenreichen Bergwelt. Mit Ausnahme des Campolungopasses befinden sich die Scheitelpunkte der großen Pässe alle in Höhenlagen von über 2000 m. Die gesamte Rundstrecke ist eine einzigartige Panorama-Route mit stets wechselnden Hochgebirgs-Szenerien; sie durchmisst das faszinierende Kerngebiet der westlichen Dolomiten. Die empfohlene Fahrtrichtung verläuft im Uhrzeigersinn.

Grödner Joch, Westrampe → Runde 54.

Von Wolkenstein im Grödner Tal geht es zunächst zur Straßenteilung am Plan de Gralba (1831), wo man sich scharf li. hält. Die weitere Auffahrt zum **Grödner Joch (2121)** vollzieht sich n. der gewaltigen Steilabstürze des Sellamassivs; die Murfreit-Türme und die Tschierspitzen sind besonders markante Berggruppen. Bis zur Scheitelhöhe hat man auf 6 km fünf Kehren zu bewältigen, die Straße ist 6 bis 7 m breit ausgebaut. Die Steigungen wurden gut ausgeglichen und betragen max. 8%. – Die kehrenreiche Ostrampe vom Scheitel hinab nach Kurfar/Corvara misst knapp 10 km und weist ein Gefälle von 12% auf. Es gibt dort teils enge Kehren und einige steinschlaggefährdete Stellen.

Landschaftlich bietet die Fahrt talwärts manche Reize. Man wird einerseits von der zerklüfteten Flanke des Sellastockes, andererseits von der Felsbastion des Sass Songher (2665) beeindruckt, der im O das Blickfeld beherrscht. Die anfangs

Von der Westrampe des **Grödner Joches** genießt man herrliche Ausblicke auf die dominierende Langkofelgruppe (re.) und die Steilabstürze des Sellastockes (li.) → Runde 55 und 57.

Auf der Ostrampe des **Pordoijoches** hat man als li. Eckpfeiler der zerklüfteten Bergkette den Sass Pordoi im Vorblick; zu erkennen ist die Bergstation der Seilbahn → Runde 55 und 57.

Zweifellos gehört eine Fahrt über das **Sellajoch** zu den Highlights einer Dolomiten-Tour; im Bild die Scheitelhöhe mit dem Albergo Maria Flora vor der Langkofelgruppe → Runde 55 und 57.

Auf der SO-Rampe des **Sellajoches** beeindruckt die wuchtige Felsbastion der Sella; aber auch die Kurvenfreuden kommen auf dieser herrlichen Strecke nicht zu kurz → Runde 55 und 57.

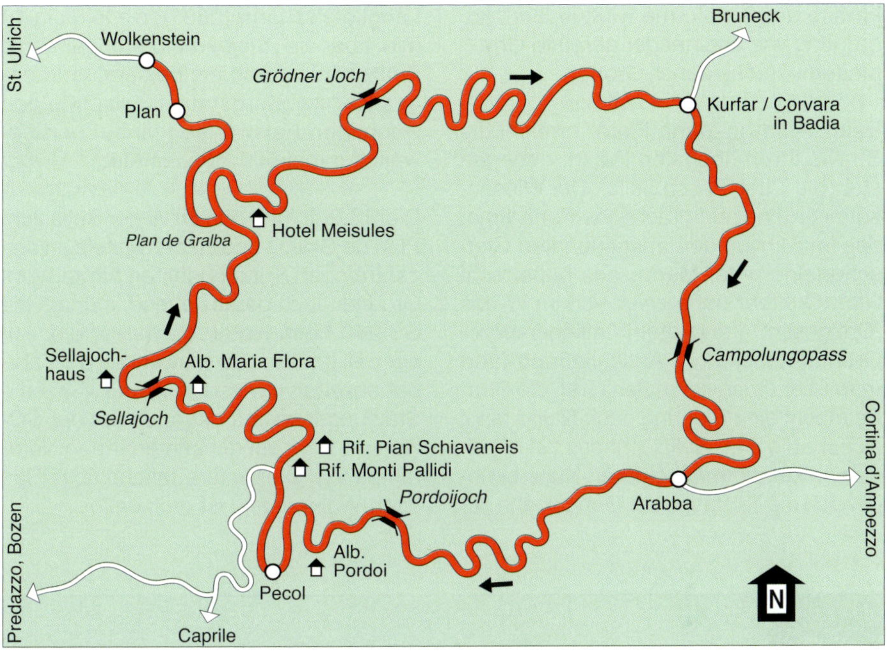

Skizze 55 Rund um die Sella

herbe Landschaft wird von lichten Lärchenwäldern und freundlichen Matten sowie von schmucken Siedlungen abgelöst. An der Einmündung des Colfuschger Baches in das Gadertal trifft man auf eine Straßengabel: re. nach Corvara in Badia (1555) und zum Campolungopass, geradeaus nach St. Lorenzen im Pustertal.

Der **Campolungopass (1875)** verbindet als schwach frequentierter Übergang das Hochabtei mit dem Buchenstein, wo man Anschluss an die „Große Dolomitenstraße" findet. Die SP.244 ist normal breit, ihre Steigung erreicht nur kurze Maxima von 10%. Während der Auffahrt von Corvara hat man auf der Nordrampe, die mit elf Kehren aufwartet, bemerkenswerte Rückblicke in den Talkessel um Corvara und auf den markanten Sass Songher. Die Südrampe bietet gleich jenseits der Scheitelhöhe Prachtblicke auf die eisgepanzerte Marmolada (3343), die hinter dem dunklen Padonkamm (Gestein vulkanischen Ursprungs) aufragt. Distanz Corvara–Arabba 11 km. Beschreibung der Strecke auf der „Großen Dolomitenstraße" von Arabba über das Pordoijoch bis zur Straßenteilung beim Pian Schiavaneis → **Route 54**, Im Banne der Marmolada (in umgekehrter Richtung).

An der Straßengabelung zu Beginn der fast ebenen Bergweidenregion fährt man geradeaus weiter und kommt an der Jausenstation „Monti Pallidi" und am Rif. Pian Schiavaneis (1850) vorbei, ehe man re. den Eingang in das Val Lasties hat. Nach Überbrückung des Baches erfolgt angesichts der Sellagruppe der Anstieg zum **Sellajoch (2244)** über zehn lang gezogene Serpentinen. Die formschöne Felskulisse der Sellatürme wirkt in ihrer Anordnung wie aneinander gereihte Orgelpfeifen verschiedener Größen.

Beim „Albergo Maria Flora“ erreicht die Straße ihren höchsten Punkt; nebenan steht die Tafel „Passo Sella“. Der Wiesensattel eröffnet ein prächtiges Panorama, das im SO von den ausgedehnten Gletscherfeldern der Marmolada beherrscht wird. Greifbar nahe zeigt sich im W das „Dreigestirn“ Langkofel-Fünffingerspitze-Grohmannspitze. – Anschließend fährt man über einen schmalen Grat, die Straße macht eine Biegung nach N und neigt sich mäßig zum Sellajochhaus (2176) hinab. In seiner unmittelbaren Nähe befindet sich die Talstation der Gondelbahn zur Langkofelscharte (2681); sie leitet in 14 Min. über die „Steinerne Stadt“ genannte Felswildnis durch ein beklemmend enges Kar zur Bergstation zwischen den wuchtigen Felswänden hinauf und bewältigt dabei 500 Höhenmeter.

Die SS.242 führt nun im W der Sella zum Plan de Gralba und zu den Hotels an den zahlreichen Aufstiegshilfen hinab. Vom Grödner Joch herabziehend, mündet die SS.243 beim Hotel „Meisules“ ein. Auf der Sellajochstraße schwanken die Fahrbahnbreiten zwischen 5 und 7 m, die Steigungsmaxima betragen auf der SO-Rampe 11%, auf der kehrenarmen Nordrampe 9%. Die weitere Talfahrt über Plan nach Wolkenstein ist problemlos.

56 Rund um die Plose*

Route: Brixen (570) – Lüsen – St. Nikolaus – Petschied – Hinterlüsen – Lasankenbachtal – Gungganwiesen – Halsl (1863) – Gh. Vallazza – Afers – St. Andrä – Milland – Brixen. **52 km.**

Fahrtechnische Beurteilung: mittel

Zeitaufwand: Halbtagestour

Diese Rundtour zählt zwar zu den kürzesten aller beschriebenen, doch bietet sie unter Einschluss der vorgeschlagenen Abstecher viel Abwechslung. Die Plose ist ein lang gestreckter Gebirgszug zwischen dem Lüsener und Aferer Tal einerseits und dem Eisacktal bzw. dem Tal der Rienz andererseits. Plosegipfel (Telegraph, 2487) und Großer Gabler (2576) sind ihre höchsten Erhebungen. Das abgeschiedene Lüsener Tal begrenzt die Plose im N.

Die durchgehend ausgebaute L 30 nimmt in Brixen beim Hotel „Senoner“ ihren Ausgang und endet nach 12 km windungsreicher Strecke in Lüsen (960). Die Auffahrt bietet bemerkenswerte Ausblicke zu den Tuxer und Pfunderer Bergen sowie auf die vergletscherten Zillertaler Alpen. Die max. Steigungen auf der Serpentinenstrecke hoch über der Rienzschlucht betragen 10%. – Von Lüsen talein leitet eine normal breite Asphaltstraße bis nach St. Nikolaus (1107), welche sich dann zu-

Runde 56

Auf der Westrampe des **Würzjoches** zieht der wuchtige Bergstock des Peitlerkofel alle Blicke auf sich; im Bild seine mächtige Nordwand → Runde 56. Foto Thomas Titscher

Im Bereich der Gungganwiesen trifft das aus dem Lasankenbachtal heraufziehende Sträßchen auf eine Gabelung: re. geht es zum **Halsl**, li. zum **Würzjoch** → Runde 56.

Die Auffahrt zum **Würzjoch** ist ganz nach dem Geschmack des Tourenfahrers: kurvig und wenig befahren, weshalb man diesen Abstecher auf alle Fälle machen sollte → Runde 56.

Die markante Berggestalt des Peitlerkofels im Rücken, fährt man durch lichten Zirben-, Tannen- und Fichtenbestand Richtung **Würzjoch** bergan→ Runde 56.

Runde 56

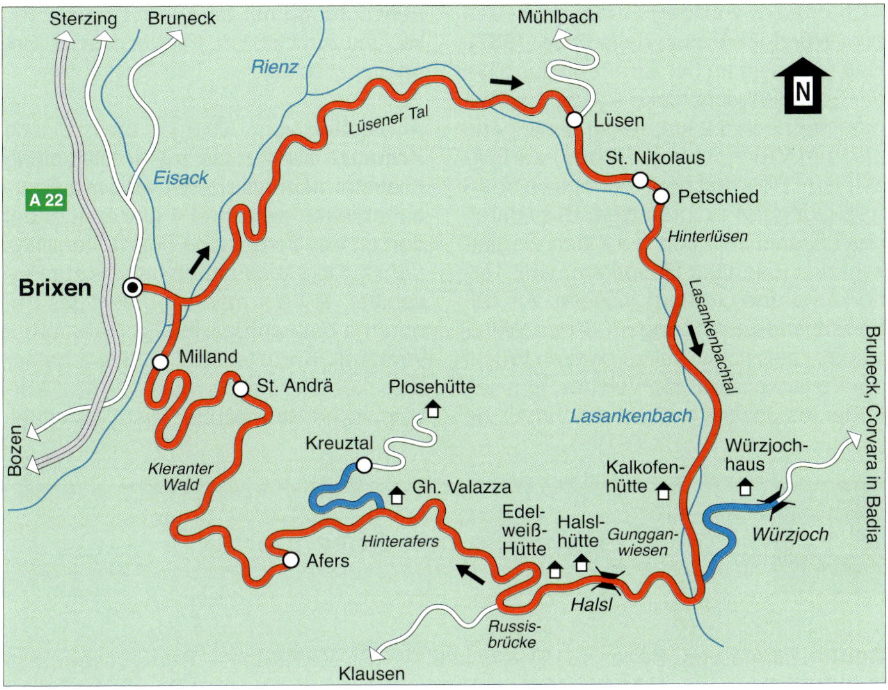

Skizze 56 Rund um die Plose

sehends verschmälert und bei Petschied in ein vorwiegend einspuriges, aber ebenfalls asphaltiertes Sträßchen überleitet. Es ist mit Ausweichstellen versehen und weist max. 12% Steigung auf. Ab Hinterlüsen fährt man am Lasankenbach entlang und überquert diesen mehrmals mit kleinen Holzbrücken. Im sich weitenden Hochtal kommt man an der Jausenstation „Kalkofenhütte“ vorbei. Nach 13.3 km mündet man bei den reizvollen Gungganwiesen re. in die Würzjochstraße ein.

Nachdem man den Schartenbach oberhalb der Gungganwiesen überbrückt hat, fährt man in nw. Richtung über das auch als Kofeljoch bez. **Halsl (1863)** weiter, tangiert die Halsl- und Edelweißhütte und gelangt zur Straßenteilung vor der Russisbrücke, wo man sich scharf re. hält. Auf mehrfach gewundener Asphaltstraße gelangt man nun oberhalb des Russisbaches an den verstreuten Höfen von Hinterafers vorbei zur Einmündung in die Plosestraße beim Gh. „Vallazza“ (1697).

Auf normal breiter Straße setzt sich die Runde über die aussichtsreiche Berglehne, welche Blicke auf die vielgezackten Aferer Geisler bietet, mit sanftem Gefälle nach Afers (1503) fort. Durch den Kleranter Wald geht es hinab nach St. Andrä (961), das sich weithin sichtbar auf einer Mittelgebirgsterrasse ausbreitet. Die 8 km lange Bergstrecke hinunter nach Milland und Brixen leitet kurvenreich durch Wiesen und Wald. In den Kehren gibt es verbreiterte Fahrbahnen.

Abstecher: Von den Gungganwiesen zum **Würzjoch/Passo delle Erbe (1987)**. Hält man sich an der Straßenteilung bei der Schartenbachbrücke scharf li., so hat man nur noch 3.2 km mäßig ansteigend bis zum Würzjochhaus (2006) zurückzulegen. Überraschend öffnet sich oberhalb Gunggan ein prächtiger Blick durch das Lüsener Tal nach N auf den vergletscherten Zillertaler Hauptkamm mit Turnerkamp und Großem Möseler. Als beherrschende Erhebung im S des Würzjoches zeigt sich in seiner ganzen Wucht der Peitlerkofel (2875). Von der Scheitelhöhe des Joches erblickt man im O die Fanesgruppe mit dem Heiligkreuzkofel. Hin und zurück 6 km. Fahrtechnische Beurteilung: mittel.

Abstecher: Vom „Albergo Vallazza" nach **Kreuztal**. Die nur bis zur Hotelsiedlung Kreuztal asphaltierte Straße mit Fahrbahnbreiten zwischen 4 und 8 m endet dort an der Bergstation des Gondelliftes (2030). Über die Fortsetzung bis zur Plosehütte, von der man ein prächtiges Panorama hat, wurde ein allg. Fahrverbot verhängt. Kreuztal liegt auf etwa halber Strecke. Hin und zurück 10 km. Fahrtechnische Beurteilung: leicht bis mittel.

57 Rund um den Rosengarten**

Route: Blumau bei Bozen (315) – Fausthof – St. Katharina – Tiers – Nigerpass (1688) – Karerpass (1745) – Vigo di Fassa – Pozza di Fassa – Pera – Mazzin – Campitello di Fassa – Canazei – Sellajoch (2213) – Plan – Plan de Gralba – Wolkenstein – St. Ulrich – Panider Sattel (1437) – St. Michael – Kastelruth – Seis – Völs am Schlern – Fausthof – Blumau. **108 km.**

Fahrtechnische Beurteilung: leicht bis mittel

Zeitaufwand: Halbtagestour

Auf dieser Runde lernt man die wesentlichen Facetten dolomitischer Landschaften kennen: Talschaften, Mittelgebirge, Hochalmen und charakteristische Berggestalten. Von Blumau im Eisacktal nimmt man nicht die alte Tierser Talstraße über Breien nach Tiers, sondern die neue Höhenstraße vom Fausthof (475) Richtung Prösels und biegt an der Straßenteilung vor dem Ort re. ab! Oberaicha, Völser Aicha und die einsame Kirche St. Katharina bleiben mit ihren Zufahrten unterhalb der Höhenstraße. Man fährt durch einen kurzen Kehrtunnel mit stärkerem Krümmungsradius. Die Aussichtsstraße leitet oberhalb St. Katharina weiter talein, wobei die Blicke auf die bizarren Spitzen des Rosengartens besonders beeindrucken. Die Steigungsverhältnisse sind ab dem Fausthof gut ausgeglichen und überschreiten kaum 9%. Nach Vereinigung der alten mit der neuen Straße gelangt man schließlich in den touristisch bedeutsamen Ort Tiers.

Im 17 km langen Abschnitt Tiers–Nigerpass–Karerpass hat man eine 5 bis 6 m breite, viel gewundene Asphaltstraße,

Herzstück dieser Runde ist der **Rosengarten**, ein lang gestreckter Gebirgsstock mit unzähligen Nadeln, Zacken, Spitzen und Türmen, umgeben von Wäldern und Almen → Runde 56.

Der türkisfarbene **Karersee** liegt zwischen Rosengarten und Latemar reizvoll in dunklem Fichtenwald eingebettet, ein wenig abseits der Großen Dolomitenstraße → Runde 57.

Von der **Rosengartenstraße** hat man eine weit reichende Fernsicht → Runde 57.

welche zwischen der Kapelle St. Cyprian und dem Cyprianer Hof Steigungsmaxima von 20% aufweist. Im weiteren Verlauf ist der Anstieg zum Nigerpass mit nur 8% gut ausgeglichen. Nicht der **Nigerpass (1688)**, welcher von der Straße nur tangiert, aber nicht überschritten wird, ist höchster Punkt der Route, sondern die Scheitelhöhe bei der Tscheiner Hütte (1774). Die Abfahrt nach S bietet Ausblicke auf die Rotwand und den Latemar, gegen SW zeigen sich am Horizont Zanggenberg, Schwarzhorn und Weißhorn. In sanftem Gefälle strebt man dann auf der „Rosengartenstraße", an der Bungalowsiedlung vorbeiziehend, dem Karerpass zu; die Einmündung in die „Große Dolomitenstraße" befindet sich unterhalb des Hotels „Latemar".

Mit nur wenigen Straßenwindungen erreicht man die Scheitelhöhe des **Karerpasses (1745)**, welche gute Aussicht nach SO auf die Fassaner Berge, bei optimalen Sichtverhältnissen sogar bis zur Palagruppe bietet. Nach NW reicht der Blick bis zu den Ötztaler Gletschern, im W bis zur Ortler-Cevedale-Gruppe.

Die auch weiterhin gute Ausblicke gewährende Trasse nimmt auf der Ostrampe zunächst einen fast flachen Verlauf, dann steigt sie viel gewunden in das Fassatal hinab. Im N zeigen sich Langkofel und ein Teil des Sellastockes.

Unterhalb von Vigo di Fassa mündet die Pass-Straße in die SS.48 ein. Angesichts des Col de Mesdi und des Bel Col auf der einen Seite bzw. den Bergen der Larsec auf der anderen Seite folgt man der sanft ansteigenden Straße durch die Orte Pozza und Pera, vorbei an Campitello das Fassatal aufwärts nach Canazei (1465). Dort setzt man seine Runde mit der 6 km langen Auffahrt durch zahlreiche Serpentinen bis zur Vereinigung mit der SS.242 am Rande des Pian Schia-

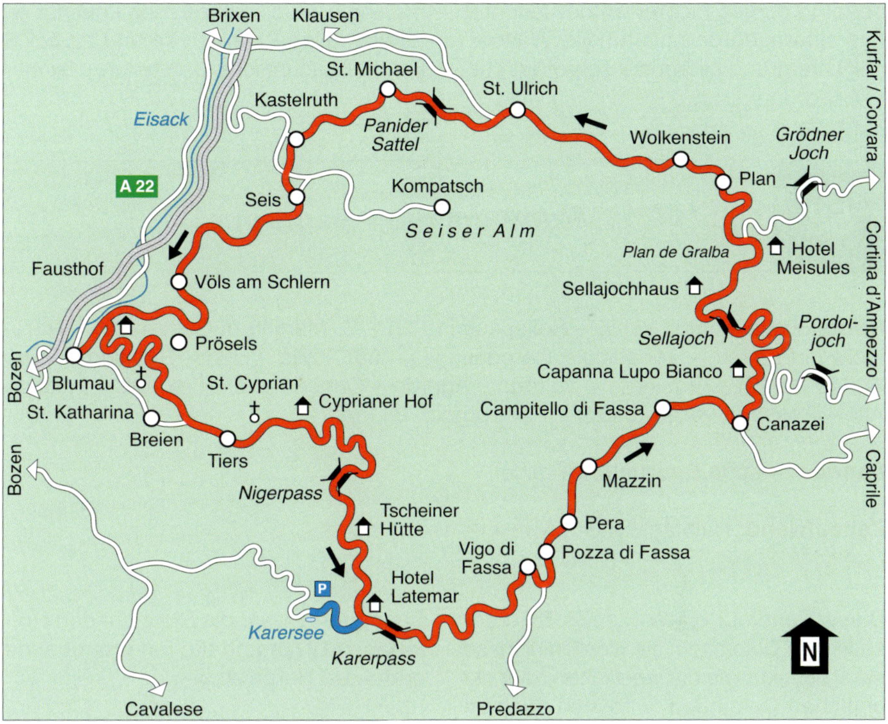

Skizze 57 Rund um den Rosengarten

vaneis fort. Anschluss-Strecke über das **Sellajoch (2213)** hinab in das Grödner Tal → **Route 55**, Rund um die Sella.

Von Wolkenstein/Selva di Gardena hat man noch weitere 7 km bis St. Ulrich/ Ortisei (1236). Die asphaltierte, normal breite L 64 zweigt außerhalb des Ortes li. nahe der Esso-Tankstelle ab und stellt die 11 km lange Straßenverbindung mit Kastelruth (1060) und dem Schlerngebiet her. Die windungsreiche, bis 15% Steigung aufweisende Auffahrt zum **Panider Sattel (1437)** beginnt im Ortsteil Überwasser und bietet bemerkenswerte Tiefblicke in die Furche des Grödner Tales. Die Scheitelstrecke ist größtenteils bewaldet und vermittelt daher nur eine beschränkte Aussicht.

Auf der Westrampe ändert sich das Landschaftsbild ganz wesentlich: ab St. Michael (1282) fährt man bei sanftem Gefälle über eine Feld-Wiesen-Hochfläche und hat den Ritten im Vorblick. Will man von Kastelruth zurück zum AP Blumau, so benützt man die 18 km lange, aussichtsreiche Terrassenstraße über Seis und Völs am Schlern hinab in das Eisacktal. – Eine andere gute Straße verbindet Kastelruth mit Waidbruck.

Abstecher: Vom Hotel „Latemar“ zum **Karersee (1519)**. Folgt man an der Einmündung in die „Große Dolomitenstraße“ dieser nach re., so gelangt man hinab zum Parkplatz beim See. Der märchenhaft schöne Bergsee zählt zu den beeindruckendsten Dolomitenmotiven: eingebettet in dunkle Fichtenwälder leuchtet das smaragdgrüne bis türkise Wasser; im Hintergrund bilden die schroffen Türme und bizarren Spitzen des Latemar eine einmalige Kulisse. Hin und zurück 6 km. Fahrtechnische Beurteilung: leicht.

58 Rund um die Palagruppe*

Route: Paneveggio (1515) – Rollepass (1972) – S. Martino di Castrozza – Siror – Fiera di Primiero – Tonadico – Ceredapass (1369) – Mis – Don – Gosaldo – Forc. Aurine (1299) – Frassene – Voltago – Agordo – Cencenighe – Falcade – Falcade Alto – Passo di Valles (2032) – Paneveggio. **98 km.**

Fahrtechnische Beurteilung: mittel

Zeitaufwand: Halbtagestour

Diese Rundtour erfasst große Teile der südlichen Dolomiten; sie werden nicht so stark besucht wie die westlichen oder die östlichen Dolomiten, was sich auch im Straßenverkehr entsprechend auswirkt. Hervorragend ausgebaut sind die Scheitelstrecke der Rollepass-Straße, der kurze Abschnitt zwischen Agordo und Cencenighe im Cordevoletal und die SW-Rampe des Vallespasses. Die Trassierungen aller übrigen Bergstrecken gehen zwar auf eine längere Vergangenheit zurück, doch sind sie dank ständiger Verbesserungsarbeiten durchaus akzeptabel.

Paneveggio, eine vorwiegend aus Forsthäusern und Sägebetrieben bestehende Siedlung, liegt inmitten eines ausgedehnten Waldgebietes. Das Nutzholz aus den umliegenden Wäldern gilt seit jeher als eines der besten im Trentino. Eine naturkundliche Sammlung nebst Holzmuseum wurde im Centro Visitatori eingerichtet. Durch hochstämmigen Nadelwald führt die SR.50 mit max. 9% Steigung an der Berglehne empor. Oberhalb der Baumgrenze wird die Sicht auf den **Rollepass (1972)** und die ihn umgebende grandiose Bergwelt frei.

Die Scheitelstrecke und kurze Abschnitte der Südrampe wurden in den vergangenen Jahren modernisiert; dort schwanken die Fahrbahnbreiten zwischen 6 und 8 m. Steigungen bzw. Gefälle sind durch nahezu 30 Kehren gut ausgeglichen und überschreiten 11% nicht. Auf der meist bewaldeten Südrampe laden neben der Straße an geeigneten Plätzen aufgestellte hölzerne Tische und Bänke den Vorüberziehenden zur Rast ein. Stets wechselnde Ausblicke auf die vielgestaltigen Türme, Spitzen und Wände der Pala erhöhen den Fahrgenuss auf dieser landschaftlich besonders reizvollen Route.

Der bedeutendste Fremdenverkehrsort an ihr ist das terrassenartig angeordnete San Martino di Castrozza (1467). Die Fortsetzung hinab nach Fiera di Primiero (717) benützt im Tal des Cismon die meist bewaldete Seite und verläuft bei

Die von Fiera di Primiero ausgehende, kehrenreiche Südrampe des **Rollepasses** ist wesentlich länger als die Nordrampe. Im Hintergrund die Spitzen der Palagruppe → Runde 58 und 59.

Eine hölzerne Kapelle ziert die landschaftlich ansprechende Scheitelhöhe des **Passo di Valles**; auf der anderen Straßenseite steht das gleichnamige Rifugio → Runde 58.

Skizze 58 Rund um die Palagruppe

mäßigem Gefälle entlang der Berglehne über Siror in die altösterr. Kleinstadt Primör, das jetzige ital. Fiera di Primiero.

Als Verbindung zwischen den großen Dolomitentälern des Cismon und des Cordevole ist die SP.347 von erhöhtem touristischen Interesse. Sie überquert im S der Pala zwei kleine Wasserscheiden, den **Ceredapass (1369)** und die **Forcella Aurine (1297)**. Die weite Wiesensenke des Ceredapasses bietet nach beiden Seiten Aussicht, im W bis zur Cima d'Asta (2847), deren hoher Granitrücken die umliegenden Berge der Lagoraikette deutlich überragt, im O die Monti del Sole mit dem Piz di Mezzodi (2240). An der Strecke, die in einem steten hügelauf und hügelab verläuft, berührt man die kleinen Orte Mis, Don, Gosaldo, und Frassene.

Eine bemerkenswerte Aussicht vermittelt die Forc. Aurine auf die Bergketten im O mit Civetta, Moiazza und Schiara, im S erblickt man die Feltriner Dolomiten. Voltago wird umfahren ehe man in den Etappenort Agordo (611) gelangt. – Der Zustand der zwischen Primiero und Agordo 33 km messenden Strecke ist im Allgemeinen akzeptabel; lediglich zwischen dem Ceredapass und dem Ort Don traf man im Bj. noch mehrere Engstellen

Während die Scheitelhöhe der **Forcella Aurine** kaum als solche wahrgenommen wird, hat man auf den Zulaufstrecken ein ständiges Auf und Ab und viele Kurven → Runde 58.

an. Mit 15% sind die Steigungsverhältnisse auf der Westrampe des Ceredapasses ganz beachtlich, im weiteren Verlauf überschreiten sie kaum 10%.

Von Agordo auf der viel befahrenen SR. 203 nach Cencenighe und weiter nach Falcade (1297) sind es rund 21 km. Die 14 km lange Touristenstraße von Falcade Alto (1400) nach Paneveggio (1515) über den **Passo di Valles (2032)** ist eine landschaftlich ansprechende Bergstrecke im Rahmen einer Umrundung der großartigen Palagruppe. Hervorzuheben sind vor allem die Ausblicke von der Scheitelhöhe nach S und SO auf die vielgestaltigen Erhebungen des Pala-Nordzuges mit der Cima Venegiotta (2401).

Die meist nur wenig frequentierte Provinzstraße 25 zieht zunächst hoch über dem Vallesbach durch dichten Wald bis zur großen Schleife im Gebiet der Vallesalmen empor. Dann auf breit ausgebautem, übersichtlichem Streckenabschnitt, von farbenfrohen Bergblumen gesäumt, weiter bergan zur Scheitelhöhe mit ihrer weithin sichtbaren Holzkapelle. Die Fahrbahnbreiten schwanken zwischen 5 und 7 m, in den Kehren gibt es Überbreiten. Die max. Steigung beträgt 13%. Auf dem Scheitel verläuft die Provinzgrenze zwischen Belluno und Trento.

Die nach SW gerichtete Trentiner Rampe, als Provinzstraße 81 bez., ist kehrenarm. Man fährt durch das ausgedehnte Forstgebiet von Paneveggio, welches als Naturpark ausgewiesen ist. Im unteren Abschnitt wird man vom kristallklaren Wasser des Travignolobaches begleitet und gelangt bei sanftem Gefälle von max. 10% hinab zur Einmündung in die Rollepass-Straße im W von Paneveggio.

Abstecher: Vom Rollepass zur **Segantini-Hütte (2174)**. Dieses Ziel mit dem vorgelagerten kleinen Bergsee, in welchem sich der Cimon della Pala (3185) spiegelt, zählt zweifellos zu den beeindruckendsten Dolomitenmotiven: das elegant gegen den Himmel geschwungene Felshorn des Cimone wird auch das „Matterhorn der Dolomiten“ genannt. Seine Spitze ist allerdings häufig von Wolken umgeben. – Das 3 km lange Serpentinensträßchen nimmt sö. der Scheitelhöhe in der obersten Kehre der Rollepass-Straße seinen Ausgang. Es ist knapp zweispurig, seine Dauersteigung beträgt 14%. Die Geschwindigkeitsbegrenzung wurde mit 20 km/h festgesetzt. Ein striktes Fahrverbot besteht für alle nicht berechtigten Kraftfahrzeuge vom 1. Juli-Wochenende bis zum 1. September-Wochenende zwischen 9 und 18 Uhr! Während dieser Zeit verkehrt stündlich ein Pendelbus. – Als Alternative zum Fahrweg bietet sich der Costazza-Sessellift an. – Hin und zurück 6 km. Fahrtechnische Beurteilung: mittel.

59 Rund um die Cima d’Asta*

Route: Cavalese (1000) – Castello Molina – Molina – Passo Manghen (2047) – Telve – Strigno – Castello Tesino – Broconpass (1615) – Canal San Bovo – Gobbera-Sattel (988) – Imer – Mezzano – Fiera di Primiero – Siror – S. Martino di Castrozza – Rollepass (1972) – Paneveggio – Bellamonte – Predazzo – Cavalese. **166 km.**

Fahrtechnische Beurteilung: mittel

Zeitaufwand: Tagestour

Im S der Lagoraikette erhebt sich die Cima d’Asta (2847) als höchste Erhebung der Region und ist weithin sichtbar. Straßenmäßig ist dieser Gebirgszug kaum erschlossen. Im W bildet der **Passo Manghen (2047)** den einzigen befahrbaren Übergang zwischen dem Fleimstal und der Valsugana. Diese nur wenig frequentierte Nord-Süd-Verbindung, welche durch ausgedehnte Wald- und Almgebiete zieht, ist vom n. AP Cavalese über Molina (857) bis zum s. Basisort Castelnuovo (361) 46 km lang und durchgehend asphaltiert. Die Fahrbahnbreiten schwanken zwischen 3 und 6 m, die Steigungsmaxima erreichen 16%. Auf der Nordrampe des Passes zählt man 13, auf der Südrampe nur 10, vorwiegend enge Kehren. Vor unübersichtlichen Kurven unbedingt hupen!

Die Scheitelhöhe bietet Aussicht bis zum Mendelgebirge. Nach S blickt man auf eine Serpentinengruppe mit sechs Kehren hinab; diese Strecke ist besonders steinschlaggefährdet. Ein kleiner Weiher belebt die einsame Passregion neben der bewirtsch. „Baita Manghen“. Der landschaftlich ansprechendste Abschnitt leitet aus dem Val Cadino vom Ponte delle Stue über den Scheitel in das Val Calamento. Wald, Almen, Alpenrosen und zerklüftete Felsen befinden sich in einem

Problemlos befahrbar sind die asphaltierten Rampen des **Broconpasses** → Runde 59.

Zonenwechsel, im S wird man von einer klimatisch begünstigten Vegetation mit Nuss-, Maulbeerbäumen und Edelkastanien empfangen. – Die langwierige Fahrt durch das untere Calamentotal bietet dann allerdings keine touristischen Höhepunkte. Zwischen Telve (600) und Strigno (463) leitet eine Terrassenstraße über das eingeschnittene Tal des Maso.

Die alte **Brocon-Südrampe** → Runde 57.

Die Route setzt sich über Castello Tesino (871) und den **Broconpass (1615)** nach Canal San Bovo (757) fort. Sowohl fahrtechnisch als auch landschaftlich ist die rund 48 km lange Strecke interessant und abwechslungsvoll. Infolge günstiger Trassierungen halten sich Steigungen bzw. Gefälle in engen Grenzen und überschreiten nirgends 8%.

Die SW-Rampe weist den etwas besseren Ausbauzustand auf als die nur knapp zweispurige, aber ebenfalls durchgehend asphaltierte NO-Rampe, welche vorwie-

Schmal und kurvig, aber in ausgezeichnetem Zustand präsentiert sich die Nordrampe des **Passo Manghen**; auf der reizvollen Almregion wachsen viele Alpenrosen → Runde 59.

gend durch Wald leitet. Motorradfahrern kommt auf dieser Bergstraße ein schwaches Verkehrsaufkommen entgegen.

Um ins Cismontal zu gelangen, benützt man von Canal San Bovo aus bei Schönwetter nicht den unterhalb des Monte Totoga verlaufenden Tunnel, sondern vorzugsweise die viel gewundene Strecke über den **Gobbera-Sattel (988)**. Sowohl die Auf- als auch die Abfahrt hat ausgeglichene Steigungen bzw. Gefälle. Bei Imer mündet man in die zeitgemäß ausgebaute SR.50 ein.

In Mezzano (637) öffnen sich die Ausblicke auf die Südseite der Palagruppe. Fast flach verläuft die Straße durch das Cismontal nach Fiera di Primiero (717) mit den beiden Ortsteilen Transacqua und Tonadico. – Abschnitt von Primiero über den **Rollepass (1972)** nach Paneveggio → **Route 58**, Rund um die Palagruppe (in umgekehrter Richtung). Auf der SR.50 berührt man das Ufer des Lago di Forte Buso, einen Stausee des Travignolo, und zieht dann durch das reizvoll gelegene Bellamonte bei max. 5 m breiter Fahrbahn hinab nach Predazzo, das im S parallel zum Travignolo umfahren wird. Auf den folgenden 13 km durch das Fleimstal fehlen bis Cavalese die Ortsumfahrungen. Die SS.48 verläuft über das re. Hochufer des Avisio und durchmisst wenig außerhalb von Cavalese einen längeren Tunnel. Im SW prägen die Erhebungen der Lagoraikette das Landschaftsbild.

Variante: Von Castello Tesino (871) nach San Donato und auf der alten Trasse zum **Broconpass (1615)**. Die Schotterstrecke der ursprünglichen Südrampe ist eine Herausforderung für Enduristen, bei der das fahrerische Interesse im Vordergrund steht. – Ö. von Castello Tesino

Skizze 59 Rund um die Cima d'Asta

biegt man re. in Richtung Roa ab und kommt am „Parco la Cascatella“ mit dem Acopan-Wasserfall vorbei. Auf kurvenreicher Strecke gelangt man nach Ronche und erreicht über die im SW von Lamon gelegenen Dörfer Rugna und Costa den eigentlichen AP der Pass-Straße: kurz hinter San Donato (869) beginnt die 12.5 km lange, einspurige „strada bianca“. Sie führt im engen Tal des Torrente Senaiga zunächst fast flach verlaufend an steilen Felswänden entlang (Steinschlaggefahr); eine kurze Zufahrt leitet li. zur Grotta di Castello Tesino hinab. Zwischen dem Monte Agaro (2062) und dem Monte Coppolo (2069) gewinnt man dann mit einer Gruppe von 8 Kehren merklich an Höhe. Im dicht bewaldeten oberen Abschnitt verringert sich die Fahrbahnbreite und der Wegzustand verschlechtert sich erheblich; es gibt ausgespülte Passagen, grobe Gesteinsbrocken, Felsplatten, Wurzeln und auch seitlich zugewachsene Stellen. Weitere 15, teils enge Kehren und eine kleine Bachfurt sind zu bewältigen. Die Steigungen betragen max. 15%.

Schließlich mündet man direkt auf der Scheitelhöhe in die asphaltierte Pass-Straße SP.79 ein. Plus 17 km. Fahrtechnische Beurteilung: schwierig.

Abstecher: Von Canal San Bovo (757) zum **Lago di Calaita (1605)**. Man zweigt ö. des Ortes von der Bergstrecke zum Gobbera-Sattel li. ab. Eine zweispurige Asphaltstraße leitet über Prade durch das Tal des Rio Lozen mit max. 15% bis zum See bzw. Rif. Miralago. Der Lago di Calaita liegt sehr malerisch in den Bergen eingebettet und bietet Prachtblicke auf die Pala. Hin und zurück 22 km. Fahrtechnische Beurteilung: leicht bis mittel.

60 Rund um die Sarntaler Alpen*

Route: Sterzing (948) – Elzenbaum – Gh. Schönblick – Penser Joch (2215) – Pens – Weißenbach – Astfeld – Nordheim – Sarnthein – Bundschen – Wangen – Oberinn – Klobenstein – Lengmoos – Maria Saal – Lengstein – Saubach – Barbian – Stofels – Villanders – Klausen – Feldthurns – Tschötsch – Brixen – Vahrn – Franzensfeste – Sterzing. **132 km.**

Fahrtechnische Beurteilung: leicht bis mittel

Zeitaufwand: Tagestour

Eine Fahrt über das **Penser Joch (2215)** ist mit der Bewältigung eines beachtlichen HU verbunden, gleichwohl die Basisorte wie Sterzing und Bundschen bereits Höhenlagen von mehr als 900 m aufweisen. Die Straße über das Joch in das Penser Tal und durch das Sarntal führt in das Herz der Sarntaler Alpen, welche von N her erst sehr spät durch den Bau einer strategischen Verbindung erschlossen wurden. Der Pass ist von Juni bis zum Wintereinbruch offen.

Die SS.508 beginnt sw. der AA Sterzing und überquert den Ridnaunbach. Über der Eisackniederung thront auf einem isoliert aufragenden Felsrücken Schloss Reifenstein, eine der besterhaltenen Burgen Südtirols. Beim Weiler Elzenbaum (975) beginnt die windungsreiche Bergstrecke mit einer lange anhaltenden Dauersteigung. Vom Gh. „Schönblick“ sieht man hinab nach Mauls sowie durch die „Sachsenklemme“ in das Pustertal bis zum Kronplatz bei Bruneck. Hoch über dem Egger Tal erreicht man die Waldgrenze und dann die freie Scheitelhöhe des Penser Joches mit dem Berggh. „Alpenrose“. Von dort hat man eine bemerkenswerte Gipfelschau auf die Stubaier Alpen mit Zuckerhütl und Pflerscher Tribulaun sowie auf die Zillertaler Berge mit Hochfeiler und Möseler. – Die Steigungen betragen auf der Nordrampe max. 13%, auf der Südrampe 12%. Die Fahrbahnbreiten schwanken auf der Nordrampe zwischen 4 und 7 m, auf der Südrampe zwischen 5 und 7 m.

Durch ein ausgedehntes Almengebiet fährt man in einer großzügig angelegten Schleife hinab zur Brücke über die hier

Hochalpinen Charakter hat die übersichtliche Scheitelstrecke auf dem **Penser Joch**. Fangnetze schützen vor Geröll, Leitplanken dienen der seitlichen Absicherung. → Runde 60.

noch junge Talfer und folgt dem einförmig wirkenden Penser Tal abwärts. Man berührt die Orte Pens, Weißenbach, Astfeld und Nordheim. Der Hauptort Sarnthein (967) erstreckt sich auf der gegenüberliegenden Talseite. Man folgt der gut ausgebauten Straße über Bundschen (924) noch ein kurzes Stück hinab bis li. die Bergstrecke hinauf nach Wangen und Oberinn abzweigt, HT.

Der Ritten ist nicht nur von Bozen über Rentsch durch eine vorzügliche Straße erschlossen, sondern auch vom Sarntal aus auf einer schmäleren Bergstraße; letztere steigt in Serpentinen durch den Wald an. Sie ist durchgehend zweispurig und asphaltiert, ausgesetzte Stellen wurden durch Leitplanken abgesichert. Die max. Steigung beträgt 16%. Auf kurvenreicher Strecke erreicht man nach 9 km die Kirche von Oberinn.

Im Abstieg bieten sich Prachtblicke auf die Dolomiten mit Schlern und Rosengarten, im SW erhebt sich das Mendelgebirge. Man fährt nun durch das Rittner Gemeindegebiet bis Klobenstein (1154) weiter und biegt dort li. in die Straße nach Lengmoos ein. Zwischen Lengmoos und Maria Saal lassen sich im Finsterbachgraben die berühmt gewordenen Erdpyramiden bewundern. In Lengstein (972) endete im Bj. die vorzüglich ausgebaute Rittner Straße.

Im Anschluss daran verläuft in Höhenlagen zwischen 950 und 850 m ein schmales Asphaltsträßchen über die aussichtsreiche Terrasse am sö. Fuße des Rittner Horns. Es hat ein Gefälle von max. 13% und berührt die weit verstreuten Höfe sowie den Weiler Saubach. Auch vermittelt es den Zugang zum besuchenswerten Kirchlein St. Verena (889), welches

Gespaltener Fels auf der abwechslungsreichen Nordrampe des **Penser Jochs** → Runde 60.

Penser Joch, Nordrampe → Runde 60.

weithin sichtbar auf einem Hügel hoch über dem Eisacktal thront. Die bis Barbian 7 km messende Strecke hat mehrere sehr unübersichtliche Kurven, welche erhöhte Aufmerksamkeit erfordern!

Von Barbian (730) bildet ein knapp zweispuriges, mit Ausweichbuchten versehenes, 5 km langes Sträßchen die Verbindung mit Villanders bzw. Klausen. Im Dorf fährt man um die Kirche und die Friedhofsmauer herum, dann direkt in n. Richtung. Das Panoramasträßchen mit herrlichen Ausblicken auf den Schlern und hinab in das Eisacktal führt über die Pension „Kircher". Unterhalb von Bad Dreikirchen kommt man in das bewaldete, enge Tal des Zargenbaches.

Über eine mit Leitschienen abgesicherte Brücke gelangt man auf die gegenüberliegende Talseite und erreicht nach einer kurzen Steigung von 12% den Weiler Stofels (1001) mit dem Gh. „Winterlehof". Un-

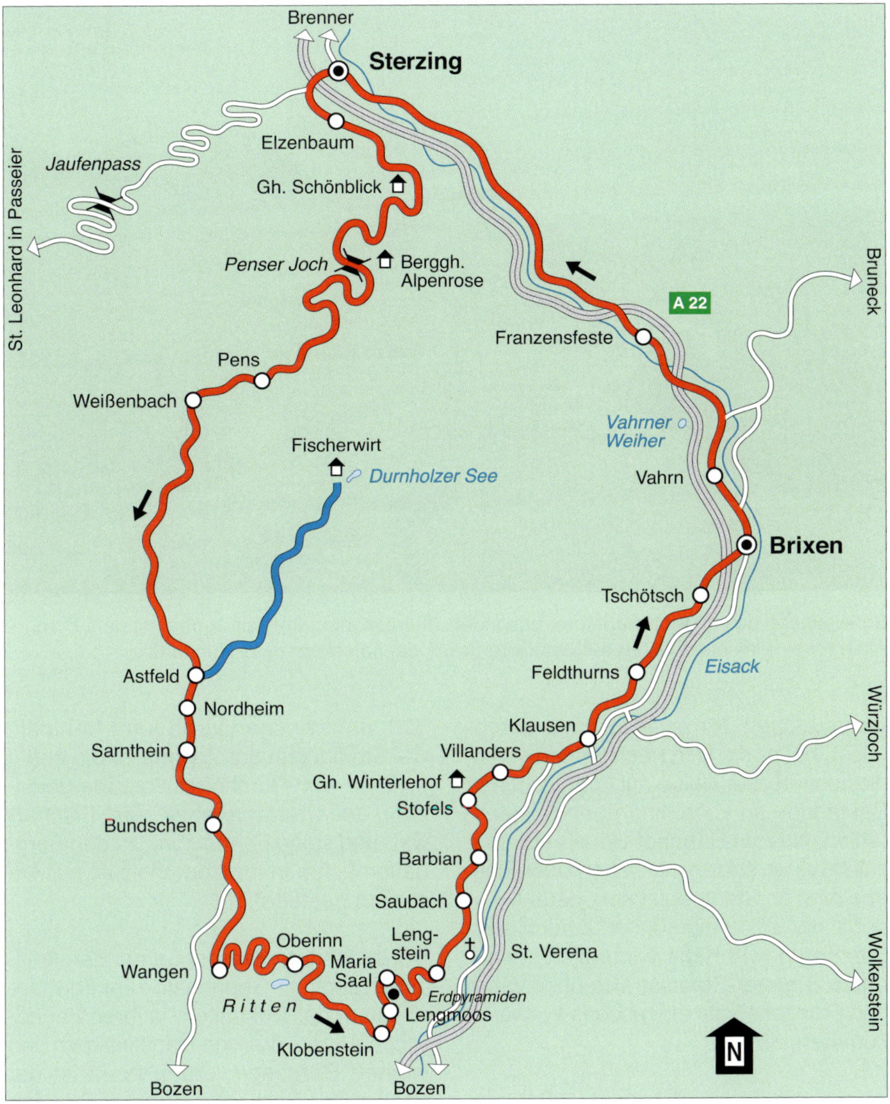

Skizze 60 Rund um die Sarntaler Alpen

weit von Schloss Pardell mündet man in die vom Samberger Hof nach Villanders herabziehende, normal breite Straße ein. Vorzüglich ausgebaut ist die faszinierende Serpentinenstrecke hinab zur SS.12. Man folgt der Brenner-Staatsstraße nur bis zum auffallenden Rundbau des romanischen Kirchleins S. Sebastian auf der Umfahrung von Klausen. Dort hat man li. die beschilderte, 4 km lange Auffahrt nach Feldthurns. Hoch über dem Eisacktal setzt man die Route auf einer aus-

Scheitelhöhe des für Motorradfahrer besonders interessanten **Penser Jochs** mit dem Berggh. Alpenrose; Blick nach Osten auf den Bergrücken der Tatschspitze → Runde 60.

sichtsreichen Terrasse fort; sie durchmisst, bevor sie sich nach Brixen senkt, die Tschötscher Heide mit ihren seltenen Beständen an alten, knorrigen Edelkastanien. N. vom Bahnhof Brixen hat man zuletzt einen schienengleichen Übergang, ehe man im Stadtgebiet kurz darauf wieder in die SS.12 einmündet. Zurück nach Sterzing gewährt die vorzüglich ausgebaute Brenner-Staatsstraße über Vahrn und Franzensfeste ein rasches Vorwärtskommen, 30 km.

Abstecher: Vom Ort Astfeld (1021) zum **Durnholzer See (1540)**. Die 5 bis 6 m breite Asphaltstraße nimmt von der SS. 508 ihren Ausgang und führt bei max. 6% Steigung in das Talinnere. Sie endet kurz vor dem Durnholzer See. Die Benützung des Uferfahrweges zum „Fischerwirt“ und seine Fortsetzung zu den Bergbauernhöfen in Innerdurnholz ist nur Anrainern gestattet.

Der besondere Reiz der Sarner Berglandschaft liegt, im Gegensatz zum Formenreichtum der Dolomiten, in ihren freundlichen Almen, dunklen Nadelwäldern und kleinen Bergseen; unter ihnen ist der fischreiche Durnholzer See der größte und auch bekannteste. Hin und zurück 22 km. Fahrtechnische Beurteilung: leicht.

Autobahngebühren: Auf österr. Seite ist für die Brennerautobahn A13 eine Maut zu entrichten. Eine Autobahnvignette wird nicht benötigt; dies gilt für den Abschnitt zwischen Innsbruck-Süd und dem Brennersee. Die Mauteinhebestelle befindet sich in Schönberg. – Auf ital. Seite (A 22) wird hingegen die Gebühr nach Kilometern berechnet. Für Autobahnen, die durch das Gebirge führen, kommt ein höherer Tarif zur Anwendung. Die Zahlstelle befindet sich in Sterzing.

Rund um den Salten* 61

Route: Bozen (266) – Reichriegler Hof – Jenesien – Gh. Tomanegger – Flaas – Schermoos-Sattel (Parkplatz Lafenn, 1449) – Mölten – Verschneid – Terlan – Siebeneich – Bozen. **47 km.**

Fahrtechnische Beurteilung: mittel

Zeitaufwand: Halbtagestour

Der Salten bildet die Kernlandschaft des Tschögglberges, welcher durch das Sarntal im O, das Etschtal im SW und das Passeiertal im NW abgegrenzt wird. Dieses Mittelgebirge kulminiert in Höhenlagen von fast 2000 m, wenn man das Möltner und Vöraner Joch in die Betrachtung miteinbezieht. Der Salten ist in seiner ganzen Pracht und Ausdehnung ein Reich für sich mit spezifischem Kolorit. Einen Höhepunkt bildet zweifellos der Gang zum Kirchlein St. Jakob auf der Lafenn.

In Bozen hat man für die Auffahrt nach Jenesien die Wahl zwischen der alten (Jenesier Weg) → Variante und der neuen **Jenesier Straße**. Die neue, knapp 10 km lange Straße, als SP.99 bez., zweigt am Fagenbach von der Sarntaler Straße nach N ab und benützt die Fagenschlucht hinauf zum Reichrieglerhof; ihre max. Steigung beträgt in diesem Abschnitt 18 %. Auf der Schluchtstrecke gibt es ein Geschwindigkeitslimit von 50 km/h.

Ab dem Reichrieglerhof wurde die zweispurige Asphaltstraße meisterhaft und unter weitestgehender Schonung der Kulturgründe dem schwierigen Gelände angepasst. Zur Trassierung wurden mehrere Brücken, Galerien und Tunnels errichtet. Mit einem bautechnisch interessanten Tunnel in Form einer Schleife gewinnt man merklich an Höhe. Die Fahrbahnbreite misst 6 m, unübersichtliche Krümmungen und ausgesetzte Stellen wurden mit Leitschienen ausgestattet. Die Steigung ist ausgeglichen, ihr Maximum erreicht 9%.

Die hervorragende Aussichtsstraße bietet Prachtblicke auf den Schlern, Rosengarten und Latemar. Im SO zeigen sich Zanggen, Weißhorn und Schwarzhorn. Im Tal breitet sich die Talferstadt aus; der Name kommt vom Fluss Talfer, der am Penser Joch entspringt. Weit nach S lässt sich das glitzernde Band der Etsch verfolgen.

In Jenesien (1089) schließt das Sträßchen nach Flaas an. Es führt auf der ö. Seite des Saltner Höhenrückens, welcher im Kirchhügel von Lafenn (1527) gipfelt, talein. Ohne nennenswerte Steigungen auf knapp 10 km langer, meist bewaldeter Strecke gelangt man am reizvoll gelegenen Gh. „Tomanegger" (1329) vorbei und strebt auf der Schattseite der Flaaserbach-Brücke zu. Die Straße ist einspurig und mit Ausweichen versehen, abschnittsweise auch knapp zweispurig. Nach Überquerung des Baches bewältigt man eine kurze Steigung von 18% hinauf zum entlegenen Bergdorf Flaas (1357). Bemerkenswert sind die Ausblicke auf Ritten und Rosengarten.

Skizze 61 Rund um den Salten

Bei den letzten Häusern hält man sich li. und fährt ein teilweise schmales Sträßchen zum **Schermoos-Sattel (1449)** hinauf. Vom großen Wanderer-Parkplatz Lafenn führt ein kurzer Weg, über den ein allgemeines Fahrverbot verhängt wurde, zum Gh. „Lafenn" und zum Kirchlein St. Jakob. Beide sind in wenigen Gehmin. erreichbar. Auf dem Sattel findet man Anschluss an die ausgebaute Rampe hinab nach Mölten; sie weist ein Gefälle von max. 14% auf.

Von Mölten (1142) setzt man seine Rundfahrt über Verschneid (1076) in Richtung Terlan fort und hat bergab ein Meisterwerk ital. Straßenbaukunst. Abschnittsweise wurde die Bergstraße hinab in das Etsch-

Mit aufwändigen Kunstbauten wie Brücken, Galerien und Tunnels wurde die **Neue Jenesier Straße** angelegt; sie ersetzt die extrem steile Alte Jenesier Straße → Runde 61.

tal dem Porphyrfels abgerungen. Mittels mehrerer Kunstbauten, darunter ein 250 m langer Tunnel, hat man eine ideale Linienführung der Aussicht bietenden Strecke verwirklicht. Das max. Gefälle bewegt sich zwischen 12 und 14%. Im SO von Terlan, unweit der Genossenschaftskellerei, mündet man in die stark frequentierte Staatsstraße nach Bozen ein; die Schnellstraße Meran–Bozen wurde am re. Etschufer gebaut.

Variante: Von Bozen nach Jenesien auf dem **Jenesier Weg** (alte Straße). Sie zählt zu den steilsten und schwierigsten Bergsträßchen Südtirols und kann daher nur berggewohnten Fahrern empfohlen werden. Der AP befindet sich im N der Stadt am Fagenbach nahe dem „Gscheibten Turm"; das dort irreführenderweise angebrachte Sackgassenschild konnte im Bj. getrost außer Acht gelassen werden. Die nur 6 km lange, asphaltierte Strecke hat eine Dauersteigung von 22% und Maxima bis 30%. Die engste Stelle misst nur 2 m, das Geschwindigkeitslimit beträgt 20 km/h. Ein zusätzliches Erschwernis bilden Regenrinnen, deren Abdeckungen ein höheres Niveau haben. Ausgesetzte Stellen wurden mit Leitplanken abgesichert. Es gibt nur wenig Ausweichmöglichkeiten. Bei St. Georgen fährt man abschnittsweise mitten durch die „Weinpergeln" (= Rankhilfe für Weinstöcke).

Der mittlere Abschnitt der alten Jenesier Straße darf zwischen den beiden Kreuzungen mit der neuen Jenesier Straße nicht mehr öffentlich befahren werden (Privatstraße). Im oberen Streckenteil dominieren Laub- und Nadelbäume; sie zeigen das Erreichen einer höher gelegenen Vegetationszone an. Minus 3 km. Fahrtechnische Beurteilung: schwierig.

Das schmale Sträßchen zum **Schermoos-Sattel** verläuft teilweise durch Wald, bietet aber auch eine gute Fernsicht auf Schlern, Rosengarten und Latemar → Runde 61.

Die aussichtsreiche Abfahrt von **Verschneid** hinab nach **Terlan** erfolgt auf einer straßenbautechnisch bestens trassierten, breit ausgebauten Bergstraße → Runde 61.

Rund um den Gantkofel* | 62

Route: Nals (331) – Prissian – Tisens – Naraun – Gh. Tschengg – Gfriller Hof – Bad Gfrill – Gampenjoch (1518) – St. Felix – Fondo – Malosco – Hotel Waldkönigin – Hotel Waldruhe – Hotel Paradiso – Mendelpass (1363) – Schloss Matschatsch – Kalterer Höhe (670) – Kreuzweg – St. Michael (Eppan) – Schloss Warth – Pillhof – Unterrain – Andrian – Nals. **70 km.**

Fahrtechnische Beurteilung: leicht bis mittel

Zeitaufwand: Halbtagestour

Im NW von Nals folgt man zunächst an der Stachelburg vorbei der Serpentinenstraße hinauf nach Prissian (610) im Tisenser Mittelgebirge. Fallburg und Werburg wurden jeweils zu Hotels umgewidmet; das ehem. Schloss Katzenzungen ist leider dem Verfall preisgegeben wie auch die ehem. Zwingenburg und das ehem. Schloss Holz in der Umgebung des Ortes. Die gedeckte Steinbogenbrücke blieb dem malerischen Ort Prissian erhalten. Unterhalb des Ortes wird Wein- und Obstanbau betrieben. Die Landesstraße leitet über Tisens zu den Häusern von Naraun weiter, wo sie in die Gampenjochstraße einmündet.

Man hält sich beim Straßenwärterhaus scharf li. und folgt der gut ausgebauten Straße über den Gh. „Tschengg" und den Gfriller Hof (1061) bergan nach Bad Gfrill. Mit einer großen Schleife durch ein Seitental gewinnt man auf der vorwiegend dicht bewaldeten Strecke bis zum **Gampenjoch (1518)** weiter an Höhe. Die Steigungsverhältnisse sind gut ausgeglichen und überschreiten 9% nicht.

Man setzt seine Fahrt durch die insgesamt vier Deutschgemeinden am Oberen Nonsberg fort. Unsere Liebe Frau im Walde wird umfahren, St. Felix nur tangiert. – Laurein und Proveis liegen weit abseits und sind entweder über das Brezer Joch (1398), wobei man den Umweg über Fondo in Kauf nehmen muss, vom Lago di San Giustina aus oder vom Ultental her auf einer Tunnelstrecke erreichbar.

Von Fondo (991) setzt man seine Rundfahrt auf der Verbindungsstraße über Malosco bis zur Einmündung in die SS.42 beim Hotel „Waldkönigin" fort; dieses liegt oberhalb von Ronzone. Auf viel gewundener Strecke gelangt man über die Hotels „Waldruhe" und „Paradiso" hinauf zum **Mendelpass (1363)**. Über die Scheitelhöhe verläuft die Provinzgrenze Südtirol-Trentino, welche zugleich auch deutsch-ital. Sprachgrenze ist.

Die Bergstrecke der Ostrampe zeugt von altösterr. Straßenbaukunst; ihre Schlüsselstelle befindet sich an der steil abfallenden Mendelwand: dort wurde die Trasse in das rötlich leuchtende Porphyrgestein gehauen. An dieser Stelle beeindrucken vor allem die Tiefblicke auf die „Überetsch" genannte, wellige Hochfläche. Aus dem Grün der Landschaft hebt sich das Blau des Kalterer Sees deutlich ab. Auf leicht gewundener Strecke

Skizze 62 Rund um den Gantkofel

traversiert man die Aussicht bietende Mendelwand, ehe eine Gruppe von dicht aufeinander folgenden Serpentinen zu bewältigen ist. Die Fahrbahnbreiten variieren geländebedingt zwischen 5 und 8 m, in den 15 nummerierten Kehren gibt es meist Überbreiten. Ausgesetzte Stellen wurden mit Leitplanken abgesichert, das max. Gefälle beträgt 12%.

Man fährt hinab nach Schloss Matschatsch, zieht durch weitere Kehren über die **Kalterer Höhe (670)**, tangiert Oberplanitzing und mündet bei Kreuzweg in die Hauptstraße ein, welche nach St. Michael (Eppan) führt. Die weitere Strecke leitet, dicht an Schloss Warth vorbei, mitten durch ein bekanntes Weinbaugebiet: Rebstöcke so weit das Auge reicht. An

Blick vom Aussichtsturm auf dem **Penegal** Richtung Bozen und Dolomiten → Runde 62.

der Gabelung beim Pillhof biegt man li. ab und erreicht über Unterrain und Andrian den Ausgansort Nals.

Abstecher: Vom Mendelpass (1363) auf den **Penegal (1737)**. Der Penegal zählt zu den großartigsten, anfahrbaren Aussichtsplätzen im Grenzbereich zwischen Südtirol und dem Trentino. Der Berg wurde durch eine 4 km lange Gipfelstraße erschlossen, welche von der Scheitelstrecke des waldreichen Passes ihren Ausgang nimmt. Die im Bj. frei befahrbare Privatstraße ist zweispurig und durchgehend asphaltiert. Die Steigungen erreichen max. 17%. Den HU von runden 400 m gewinnt man mittels mehrerer Serpentinen. Unterhalb des Gipfelplateaus mit dem Hotel Belvedere wurden drei Großparkplätze terrassenartig angeordnet. Ein 25 m hoher Aussichtsturm, eine schon etwas in die Jahre gekommene Eisen-Holz-Konstruktion, kann auf eigene Gefahr bestiegen werden; er vermit-

Mendelpass, Ostrampe → Runde 62.

Kernstück der Ostrampe auf den **Mendelpass** ist der in die steil abfallende Mendelwand trassierte, aussichtsreiche Abschnitt → Runde 62. Foto Thanalak Denzel

Die waldreiche Strecke über das **Gampenjoch** stellt eine wichtige Verbindung zwischen Meran und dem Lago di San Giustina her → Runde 62 und 63.

telt ein perfektes Rundumpanorama u.a. mit dem vergletscherten Zillertaler Hauptkamm, den Dolomiten, Adamello, Presanella, der Brenta und Ortler-Cevedale-Gruppe. Hin und zurück 8 km. Fahrtechnische Beurteilung: mittel.

Durch die Ortler-Cevedale-Gruppe*** 63

Route: Spondinig (886) – Prad – Gomagoi – Trafoi – Stilfser Joch (2758) – Abzw. Umbrailpass (2501) – Bormio – S. Nicolo – Santa Caterina Valfurva – Gaviapass (2621) – Ponte di Legno – Tonalepass (1883) – Cusiano – Dimaro – Malè – Ponte Mostizzolo – Dres – Cagno – Revo – Romallo – Brez – Fondo – Gampenjoch (1518) – Lana – Umfahrung Meran – Forst – Töll – Naturns – Schlanders – Spondinig. **247 km**.

Fahrtechnische Beurteilung: mittel bis schwierig

Zeitaufwand: Tagestour

Mit dem Stilfser Joch und dem Gaviapass werden von dieser Runde die beiden höchsten Durchgangspässe in den ital. Alpen erfasst. AP ist Spondinig im Vinschgau, an der SS.38 gelegen.

Trotz ihres Alters zählt die Straße über das **Stilfser Joch (2758)** zu den anlagemäßig interessantesten und landschaftlich attraktivsten Hochalpenstraßen, was ihr den Beinamen „Königin der Alpenstraßen" einbrachte. Seit ihrer Eröffnung im Jahre 1826 ist ihr diese unbestrittene Auszeichnung geblieben, wobei bis zum heutigen Tag die Trasse kaum verändert wurde. Lediglich Engstellen hat man verbreitert und überhängende Felsbalmen wurden durch Stützmauern abgefangen.

Die Fahrbahnbreiten schwanken zwischen 4 und 7 m, in den Kehren gibt es fallweise auch Überbreiten. Steigungen bzw. Gefälle haben auf beiden Seiten des Passes max. 12%, auf der Ostrampe gibt es beim „Weißen Knott" einen kurzen Abschnitt mit 15%. Die gesamte Strecke von Spondinig bis Bormio misst 50 km und ist durchgehend mit Asphaltbelag versehen. Auf der Ostrampe durchfährt man zwischen Gomagoi und der Jochhöhe 48 nummerierte Kehren, auf der Westrampe hinab nach Bormio sind es deren 40. Die Bergstrecken verlangen Ausdauer sowohl vom Lenker als auch vom Motorrad. Sichtverhältnisse wie in „Waschküchen" und Nässe erhöhen die Rutschgefahr. In der Regel ist die Stilfser-Joch-Straße von Anfang Juni bis Ende Oktober, je nach Schneelage, geöffnet.

Die NO-Rampe im engeren Sinn beginnt oberhalb Gomagoi (1266). Knapp vor Trafoi (1543) gibt eine Talweitung den Blick auf die Madatschspitzen, die Trafoier Eiswand, die Schneeglocke und das Nashorn frei. Mit zunehmender Höhe steigert sich das Fahrerlebnis, wobei man auf kurze Distanz an den Madatschferner herankommt. Eine erste Kehrengruppe leitet hinauf zur Jst. „Weißer Knott" (1876) in guter Aussichtslage. Es folgt eine noch kühnere Kehrenanlage auf einer langen

Hangstrecke hinauf zur Franzenshöhe (2189), wo der Blick auf die Ortlerspitze frei wird. Stereotyp folgt nunmehr Kehre auf Kehre, womit man rasch an weiterer Höhe gewinnt. Besonders beeindrucken die an den Fels gemauerten, engen Kehren, welche, aus der Distanz gesehen, mit Schwalbennestern vergleichbar sind.

Der Übergang Stilfser Joch wird auf den Streifen neben der Straße von zahlreichen bunten Andenkenläden flankiert. Einen besonderen Akzent setzt die Jochkapelle mit ihrem offenen Glockenstuhl in die herbe Hochgebirgslandschaft. Nach O richten sich die Ausblicke hauptsächlich auf den Ortler (3905), der höchsten Erhebung Südtirols; noch bessere Aussicht genießt man von der nahe gelegenen Dreisprachenspitze (2843), auf welcher bis 1919 die Grenzen Österreichs, Italiens und der Schweiz zusammenliefen. Über das Stilfser Joch verläuft auch die deutsch-ital. Sprachgrenze. Auf einem nur wenige hundert m langen Stichsträßchen gelangt man vom Scheitel zum markanten Rundbau der Tibethütte (2771).

Auf der SW-Rampe senkt sich die Straße in großen Schleifen. An der Abzw. der Straße über den Umbrailpass hinab nach Santa Maria im Münstertal (1375) befindet sich die ital.-schweizerische Zollstation. Im obersten Brauliotal fährt man zunächst auf sanfter Gefällestrecke neben spärlichen Almböden und begleitet vom Brauliobach eine Talstufe hinab. Im Rückblick zeigen sich mehrere Kaskaden eines hohen Wasserfalles. Die nun folgende Serpentinenstrecke vermittelt nach SO bemerkenswerte Ausblicke auf die Hohe Schneide/Monte Cristallo (3434) mit ihren Gletscherfeldern.

Dann folgt die Fahrt durch die wilde Brauloschlucht. Zum Schutz gegen Lawinenabgänge und Steinschlag wurde die Strecke mit sechs Tunnels und zwei Galerien, ausgestattet; sie sind allerdings unbeleuchtet und teilweise einspurig (Vorsicht bei Begegnungen!). Unterhalb des letzten Straßenwärterhauses (Cantoniera) öffnet sich der Blick in das Fraeletal, wo die Adda entspringt. Vor dem letzten Tunnel zweigt die Zufahrt zu den in den Fels gehauenen Römerbädern ab. Bormio (1222) liegt an der Einmündung des Valfurva und des Val Viola in das Addatal, welches im S Veltlin genannt wird.

Für den leidenschaftlichen Tourenfahrer ist die Fortsetzung der Route über den **Gaviapass (2621)** ein hochalpiner Leckerbissen, der wegen seiner landschaftlichen Vielfalt und relativen Unberührtheit entsprechend hoch zu bewerten ist. Auf beiden Rampen durchfährt man große Teile des „Nationalparks Stilfser Joch". – Die Scheitelstrecke erfordert nach wie vor fahrerisches Können und Ausdauer, gleichwohl jetzt Leitplanken den Straßenbenützer vor abgründigen Tiefen schützen. Die gesamte Pass-Strecke ist asphaltiert. Auf der Südrampe gibt es noch etliche Engstellen. Erhöhte Vorsicht ist beim Durchfahren des Lärchenwaldes im unteren Teil geboten, wenn nasse Nadeln die Fahrbahn extrem rutschig machen. Der stark ausgesetzte, früher gefürchtete Abschnitt, von dem im Jahr 1954 ein Militär-Lkw abstürzte, wobei 18 Alpini-Soldaten ihr Leben lassen mussten, wird heute durch einen zirka 200 m langen Tunnel umfahren. Auf beiden Rampen erreichen die Steigungen max. 16%, die HU von den Basisorten zur Scheitelhöhe betragen jeweils zirka 1400 m. Während die Nordrampe mit nur 10 Kehren ihr Auskommen findet, benötigt die Südrampe zur Bewältigung des HU insgesamt 15 Kehren, welche in zwei Gruppen bei dichter Folge angeordnet sind. Die gesamte Pass-Strecke von Bormio bis Ponte di Legno misst 43 km.

Blick von der SW-Rampe des **Stilfser Joches** auf den **Umbrailpass**; li. geht es Richtung Braulioschlucht, re. hinab nach Sta. Maria im Münstertal → Runde 40 und 63.

Auf der Südrampe des **Gaviapasses** leitet eine Gruppe von dicht übereinander angelegten, engen Kehren zunächst hinab zum dunkelblauen Lago Nero → Runde 63.

Blick von der NO-Rampe des **Stilfser Joches** hinauf zur Scheitelhöhe → Runde 63.

Die SP.300 folgt von Bormio zunächst dem Valfurva 13 km talein nach Santa Caterina Valfurva (1734). Eine anschließende Serpentinengruppe tangiert die Plaghera-Hochfläche (2138). Es bietet sich ein bemerkenswerter Ausblick in das Forno- und Cedectal zum Monte Cevedale (3769). Die nur mehr von Latschen gesäumte Straße leitet in eine hochalpine Region. Das viel Glimmer enthaltende Gestein blinkt in tausend kleinen Irrlichtern auf. Über eine lang gestreckte, fast ebene Mulde, in der das Rif. Berni (2541) und eine Bergkapelle liegen, erreicht man nach weiteren 13 km die Scheitelhöhe (2621) mit dem Lago Bianco. Dort steht, den rauen Winden ausgesetzt, das Rif. Bonetta; gegenüber wurde ein geräumiger Parkplatz angelegt. Die Ausblicke richten sich hauptsächlich auf die Punta S. Matteo (3678) mit dem eindrucksvoll herabziehenden Dosegugletscher und auf den pyramidenförmigen Pizzo Tresero (3594), welchen man bereits während der Bergfahrt im Auge hat. Nach S reicht der Blick zu den ausgedehnten Gletscherfeldern der Adamello-Presanella-Gruppe.

Die Straße senkt sich auf der Südrampe mit vier Kehren zum Lago Nero (2386) hinab. Dann folgen weitere elf, teilweise enge Serpentinen an einer felsigen Hangstrecke. Auf den Bergflanken mit dürftiger Grasnarbe finden große Schafherden in ihrem genügsamen Verhalten ausreichend Nahrung. Beim kleinen Bad Sant' Apollonia (1585) im Val delle Messi endet die Bergstrecke. Man fährt nun im freundlichen Wiesental des jungen Oglio hinab zur Straßengabelung: li. zum Tonalepass, re. hinab nach Ponte di Legno (1257).

Der **Tonalepass (1883)** stellt den Übergang aus dem Valcamonica in das Nonstal her. Die Steigungen erreichen auf der mit neun Kehren großzügig ausgebauten

Skizze 63 Durch die Ortler-Cevedale-Gruppe

Westrampe nur 8%, auf der kurvenreichen Ostrampe max. 10%. Die Fahrbahnbreiten schwanken zwischen 5 und 8 m, durchwegs Asphaltbelag. – Eine Gondelbahn leitet von der Scheitelhöhe zum Passo Paradiso (2580) hinauf, eine andere zum Presena-Schutzhaus (2750). Der Presenagletscher ist ein viel besuchtes Sommerskigebiet. – Die SS.42 zieht am ehem. Fort Strino (1530), in dem ein Museum eingerichtet wurde, vorbei und mit drei breiten Lawinenschutzgalerien durch das Val Vermiglio hinab nach Cusiano, welches an der Mündung des Pajotales liegt. Im Nonstal (Val di Sole) abwärts berührt man Dimaro und Malè.

Beim Ponte Mostizzolo (593) folgt man zunächst re. der SS.43 bis Dres (661) in s. Richtung. Dort zweigt man scharf li. im spitzen Winkel ab, fährt durch einen kurzen Tunnel und benützt die Brücke über den fjordartigen Stausee von S. Giustina zum n. Ufer, das man beim Castel Cagno erreicht. Auf der sowohl landschaftlich lohnendsten als auch fahrtechnisch interessantesten Strecke berührt man die Orte Cagno (675), Revo, Romallo und Brez, ehe die steinerne Brücke über die Novellaschlucht den kurzen Anstieg nach Fondo (988) vermittelt. Der kürzeste Weg in das Obere Etschtal führt von Fondo (988) auf der SS.238 über das **Gampenjoch/Passo della Palade (1518)** hinab nach Lana (316).

Um dem verkehrsreichen Ballungszentrum von Meran auszuweichen, empfiehlt es sich, von Oberlana auf der Straße entlang dem Falschauer Bach zur Industriezone Lana hinabzufahren, wo man Anschluss an die kreuzungsfreie Schnellstraße „Mebo“ findet. Der Abschnitt vom Schnellstraßenende bei Forst bis Töll ist auf der SS.38 wegen des gemischten Verkehrs (mit Schwerfahrzeugen) über eine gewundene Talstufe kritisch. Flüssiger gestaltet sich dann die Fahrt durch den Vinschgau über Naturns und Schlanders zum EP Spondinig.

Abstecher: Von Gomagoi (1266) nach **Innersulden (1925)**. Das Suldental zieht, wie auch das benachbarte Trafoier Tal, aus der Gletscherwelt des Ortlers nach N herab, um sich in Gomagoi zu vereinigen. Niemand sollte es versäumen, in den großartigen Talschluss von Sulden zu fahren, um den Ostabsturz des Ortler mit seinen Fernern anzusehen. – Die SS. 622 zweigt in Gomagoi von der Stilfser-Joch-Straße scharf li. ab, HT „Sulden“, und überbrückt den Suldenbach. Mit einer ausgeprägten Talstufe und max. 13% Steigung gelangt man hinauf nach Außersulden. Dann verläuft die Straße, von Wiesen und Wald reizvoll umgeben, über das Gh. „Gand“ (1684) zur Karnerbrücke. Hinter ihr beginnt erneut ein Anstieg. Nach Bewältigung der zweiten Talstufe leitet die durchwegs asphaltierte Straße fast flach durch das anmutige Hochtal des Suldenbaches. Die Fahrbahnbreiten schwanken zwischen 4.5 und 7 m, in Außersulden misst sie bei einem Torbogen nur 2.3 m. Der Vorrang für Bergauffahrende ist ausgeschildert. Ausgesetzte Passagen wurden mit Leitplanken abgesichert. Genügend Abstellplätze findet man am Straßenende nahe der Suldenbahn-Talstation. Hin und zurück 24 km. Fahrtechnische Beurteilung: mittel.

Stilfser Joch, SW-Rampe → Runde 40 u. 63.

Abstecher: Vom Ort Bormio (1222) nach **Bormio 2000**. Im S von Bormio zieht eine 6 bis 7 m breite und nur auf den ersten Kilometern asphaltierte Serpentinenstraße bergwärts; der Rest der insgesamt 8 km langen Strecke bis Bormio 2000 war im Bj. eine staubige und wellige Piste. Von ihr genießt man sowohl Ausblicke in das Zebrutal als auch Tiefblicke in den Talkessel von Bormio. Die Höchststeigung beträgt 14%. – Eine Befahrung der ehem. Baustraße, welche dem Materialtransport für die zu errichtende Seilbahn diente, ist nur ein kurzes Stück möglich, eine Weiterfahrt strikte verboten! Durch Beschluss der Gemeinde Bormio ist das ehem. Werksträßchen ab einer Höhenlage von zirka 2200 m für Motorfahrzeuge jeglicher Art gesperrt. Diese Verordnung wird durch ein nicht zu übersehendes Schild kundgemacht. – Bereits die Rumpfstrecke bietet jedoch Ausblicke auf die Erhebungen der Ortler-Cevedale-Gruppe und auf die Bernina sowie in das oberste Addatal (Fraeletal) mit den bei-

Auf der Nordrampe des hochalpinen **Gaviapasses** fährt man knapp unterhalb der Scheitelhöhe am Ufer des türkis leuchtenden Lago Bianco entlang → Runde 63.

Einmalig in den Alpen ist die faszinierende Kehrenanlage auf der NO-Rampe des **Stilfser Joches**; Blick hinab Richtung Franzenshöhe und in das Trafoier Tal → Runde 63.

den Stauseen. Von Bormio bis zur Sperre und zurück sind es insgesamt zirka 18 km. Fahrtechnische Beurteilung: mittel.

Abstecher: Von Santa Caterina Valfurva (1734) durch das Fornotal hinauf zur **Buzzihütte (2176)**. Der bekannte Fremdenverkehrsort liegt zwischen Bormio und dem Gaviapass. Auf knapp zweispurigem, anfangs asphaltiertem Sträßchen kann man das Tal bis zum Albergo „Ghiacciaio dei Forni", welches besser unter dem Namen „Buzzihütte" bekannt ist, hinauffahren. Die Steigungen sind gut ausgeglichen und überschreiten 10% nicht. Im Bj. befanden sich die letzten 1500 m nicht asphaltierter Straße in einem miserablen Zustand mit zahlreichen Schlaglöchern. – Eine Speicheranlage sammelt das Wasser von Cevedale- und Fornogletscher und leitet es zur Energiegewinnung weiter, die Staumauer darf nicht angefahren werden. Die Fahrwege zum Rif. Pizzini (2706) bzw. zum Rif. Cesare Branca (2493) am Rand der Sommerskigebiete dürfen nur von dazu berechtigten Jeep-Taxis benützt werden. – Hin und zurück 10 km. Fahrtechnische Beurteilung: leicht bis mittel.

64 Rund um die Brentadolomiten**

Route: Ponte Mostizzolo (594) – Malè – Dimaro – Pian di Campiglio (1681) – Madonna di Campiglio – Pimonte di sotto – Carisolo – Pinzolo – Spiazzo – Tione di Trento – Ponte Arche – Dorsino – S. Lorenzo in Banale – Molveno – Andalo – Santel – Fai della Paganella – Rocchetta – Denno – Tuenno – Cles – Ponte Mostizzolo. **145 km.**

Fahrtechnische Beurteilung: leicht bis mittel

Zeitaufwand: Tagestour

Diese Tour erfasst den größten Teil des westlichen Trentinos. Ihr verkehrsgünstig gelegener AP ist Ponte Mostizzolo an der Zusammenführung der SS.42 mit der SS.43. Bis Malè wird die Straße von der Schmalspurbahn Trento–Malè begleitet. Im darauf folgenden Ort Dimaro (772) verlässt man das Tal des Noce (Sulzberg) und zweigt li. in das Val Meledrio ab.

Die 32 km lange Bergstrecke über den **Pian di Campiglio (1681)**, welcher auch Campo Carlo Magno genannt wird, nach Pinzolo (770) bildet sowohl die Zufahrt in das Herz der Brenta als auch die landschaftlich eindrucksvollste Strecke zum Gardasee, wenn man von N kommt.

Diese relativ schwach frequentierte Route nach S wird durch Schwerverkehr kaum belastet. Die SS.239 ist normal breit ausgebaut und durchwegs asphaltiert; auf der Südrampe hat man Überbreiten bis 8 m. Die Hangstrecken sind mit Leitplanken gut abgesichert. Auf der Nordrampe erreichen die Steigungen max. 9%, auf der Südrampe max. 11%. Beide Rampen zählen sieben übersichtliche Kehren.

Nimmt man von Tuenno den Abstecher zum **Lago di Tovel**, so passiert man zunächst eine Schluchtstrecke und anschließend ein ausgedehntes Bergsturzgebiet → Runde 64.

Blick vom Nordufer des **Lago di San Giustina** zum Ponte Viadotto; der weiter w. liegende Ponte Mostizzolo bildet einen wichtigen Straßenknoten → Runde 63 und 64.

Zwischen S. Lorenzo in Banale und dem **Molvenosee** wurde die Straße teilweise kühn in die steil abfallenden Felswände der Cima Chez trassiert → Runde 64.

Madonna di Campiglio (1514) ist sowohl von freundlichen Almböden als auch von dunklen Nadelwäldern umgeben. Das landschaftliche Paradestück bildet zweifellos der aussichtsreiche Streckenabschnitt zwischen dem Pian di Campiglio und dem Eingang in das Nambronetal bei Pimonte di sotto (950).

Die stark gegliederten Brentadolomiten mit ihren senkrechten Türmen, Nadeln, Zacken und Spitzen zeigen sich von dort auf besonders eindrucksvolle Weise. Aus dem wild zerklüfteten Gebirgsstock ragen als dominante Erhebungen die Cima Brenta (3150) und die Cima Tosa (3173) auf. Carisolo (818) ist als Ausgangsort in das Val Genova für Wanderer von Bedeutung. Von Pinzolo hat man abwärts durch das Rendenatal noch weitere 17 km bis zum Straßenknoten Tione di Trento (565) zurückzulegen.

Durch das schluchtartige Sarcatal setzt man die Rundfahrt auf der SS.237 bis zum Straßenknoten Ponte Arche (398) fort, um dort das Ufer der Sarca zu wechseln und auf gewundener Bergstrecke über Dorsino (636) nach S. Lorenzo in Banale (758) hinaufzufahren. Die SS.421 überwindet mit einer Tunnelpassage den felsigen Steilabfall der Cima Chez und leitet über das Ostufer des Molvenosees mit Blick durch das Seghetal auf die Cima Brenta nach Molveno (868).

Im Nachbarort Andalo hält man sich an der Straßenteilung re. und folgt der Straße nach Fai della Paganella (985). Der Ort liegt wie auf einem Aussichtsbalkon hoch über dem Zusammenfluss von Noce und Etsch. Im S hat man die Paganella (2124) im Blickfeld, die man von Santel (1033) auch mit einem Sessellift in mehreren Sektionen erreichen kann.

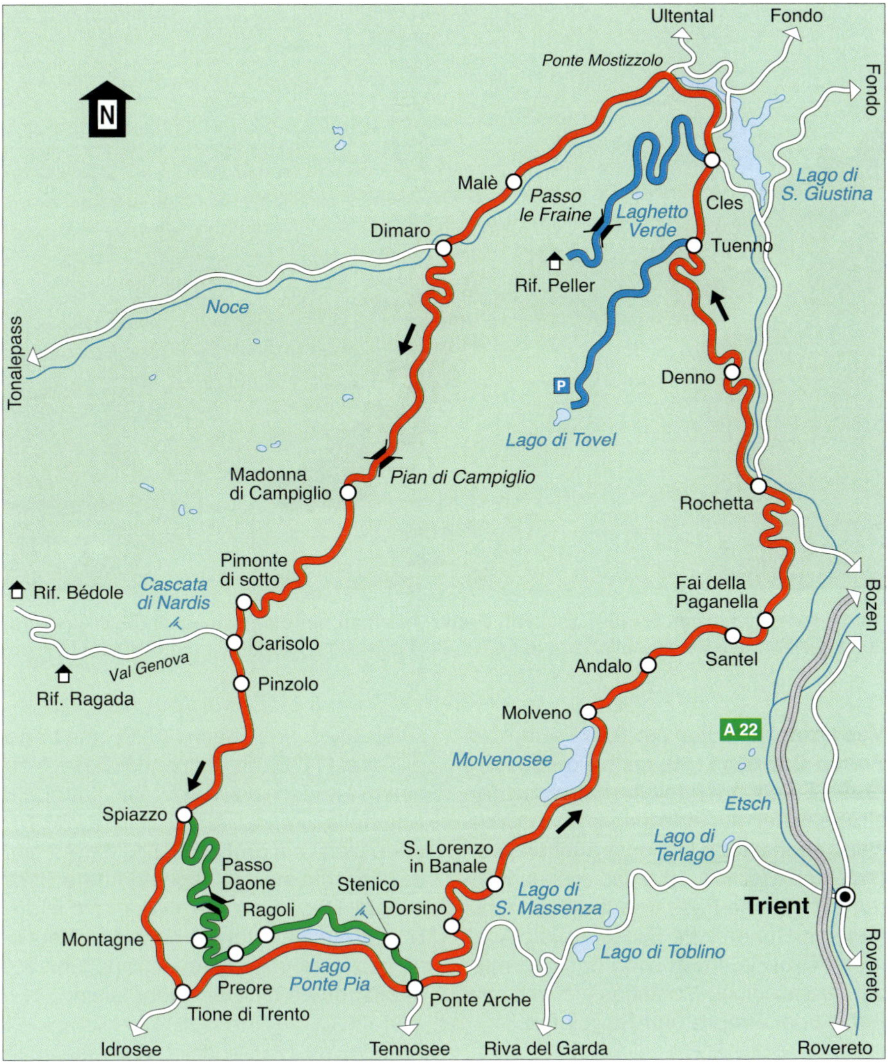

Skizze 64 Rund um die Brentadolomiten

Besonders aussichtsreich und auch fahrtechnisch interessant gestaltet sich die Abfahrt ins Nocetal. – An der spitzwinkeligen, nicht ungefährlichen Einmündung in die SS.43 hält man sich li. In Rocchetta (292) verlässt man die Staatsstraße wieder und kehrt über Denno und die auf einer Terrasse gelegenen Orte Tuenno (629) und Cles (658) zum Ponte Mostizzolo zurück, 27 km ab Rocchetta. Der Streckenabschnitt zwischen Denno und Cles führt durch ein ausgedehntes Apfelanbaugebiet, weshalb eine Befahrung zur Blütezeit sehr reizvoll ist.

Vom EP der staubigen Straße, dem **Rif. Peller**, hat man nur eine eingeschränkte Aussicht, doch gewährt bereits die Auffahrt gute Fern- und Tiefblicke → Runde 64. Foto Rainer Ohlsen

Variante: Von Spiazzo (651) über den **Passo Daone (1168)** nach Ponte Arche (398). Eine lohnende Alternative zur Talstraße bildet das einspurige, aber durchwegs asphaltierte Höhensträßchen, welches sich mit max. 10% und einigen Kehren zum Daone-Pass hinaufwindet; dabei bieten sich herrliche Blicke auf die Adamello-Gruppe. Im Abstieg passiert man die Streusiedlung Montagne und setzt die Fahrt über Preore und Ragoli fort.

Man überbrückt im N des Stausees Ponte Pia den durch das tief eingeschnittene Tal fließenden Algone. Kurz vor Stenico mit seiner weithin sichtbaren Burg kommt man an den Weißen Quellen vorbei; das aus Karsthöhlen stürzende Wasser speist die schäumenden Wasserfälle. Zuletzt leitet die Variante in die Schlucht zur Archebrücke hinab. Plus 1 km. Fahrtechnische Beurteilung: leicht bis mittel.

Abstecher: Von Tuenno (629) zum **Lago di Tovel (1178)**. Ein lohnender Besuch zu einem Landschaftswunder im „Naturpark Adamello-Brenta“! Am Ortsende von Tuenno weist ein großes Schild darauf hin, dass für die steinschlaggefährdete Strecke bei Regen, starkem Wind und in der Nacht ein Fahrverbot besteht. Die anfangs zweispurige Asphaltstraße führt zunächst durch eine Schlucht talein.

Ab dem Alb. „Al Capriolo“, das man nach 6.2 km passiert, ist sie nur mehr knapp zweispurig und leitet durch ein Felssturzgebiet bergauf. Die max. Steigung mit 20% befindet sich im oberen Abschnitt der Hochtalstraße. Bei km 10.7 wurde im Wald ein Parkplatz angelegt; von dort sind es nur noch knapp 300 m zu Fuß zum See mit dem Alb. „Miralago“. An heißen Sommertagen ist eine auffällige Rotfärbung des Gebirgssees zu beobachten, welche auf ein massenhaftes Vorkommen von Mikroorganismen zurückzuführen ist. Hin und zurück 22 km. Fahrtechnische Beurteilung: leicht bis mittel.

Abstecher: Von Cles (658) zum **Rif. Peller (2022)**. Das 17 km lange, staubige Bergsträßchen hat seinen AP in Cles. Die Fahrbahndecke besteht aus Naturbelag; bis zur Baita della Milizia (1737) wurde es knapp zweispurig angelegt. Der Laghetto Verde ist im Sommer eine ausgetrocknete Mulde, es gibt aber wenig weiter eine Quellfassung mit köstlichem Trinkwasser. Die Fortsetzung zum Passo le Freine (1705) und bis zum EP ist einspurig und hat nur wenig Ausweichen. An der Abzw. in Höhe des Lago Durigal hält man sich re., denn li. leitet der Brenta-Höhenweg mit Bez. 351 zur anfahrbaren Malga Tassule (2090), am s. Fuße des Monte Peller gelegen. Zuletzt hat man eine kurze, steile Zufahrt (mit Enduro problemlos) zur bewirtsch. Schutzhütte der S.A.T., Sektion Cles.

Die Aussicht zu den Brentadolomiten ist allerdings von diesem Standort aus durch das Croce Peller (2208) verstellt, hingegen bieten sich bereits während der Auffahrt vom unteren Streckenteil gute Tiefblicke in die vom Noce durchflossene Talung mit dem Lago di San Giustina im NO. Die Steigungsverhältnisse betragen im unteren Streckenabschnitt durchschnittlich 10%, die letzten 250 m zur Hütte muss man mit 20% einschätzen. Hin und zurück 34 km. Fahrtechnische Beurteilung: mittel bis schwierig.

Zwischen der Val Sugana und den Sieben Gemeinden* 65

Route: Primolano (220) – Enego – Bivio Dori – Rif. Tombal – Alb. Tribuna – Enego 2000 – Rif. Val Maron – Rendale – Bivio Campo Cavallo – Rif. Campomulo – Gallio – Campanella – Foza – Osteria Piangrande – Valstagna – Cismon del Grappa – Primolano. **83 km.**

Fahrtechnische Beurteilung: mittel

Zeitaufwand: Halbtagestour

Fahrtechnische Höhepunkte der Hauptroute sind die beiden attraktiven Serpentinenstraßen aus dem Brentatal hinauf nach Enego bzw. von Foza hinab nach Valstagna. Von landschaftlichem Interesse ist der Blick nach O auf den Monte Grappa und seine, im Ersten Weltkrieg heiß umkämpften Vorberge. Im N gingen der Monte Ortigara und der Monte Lozze, welche sich beide im Karstgebirge erheben, in die Kriegsgeschichte ein. Die einst als Kriegsfahrwege mit meist festem Unterbau angelegten Straßen dieser Region wurden in der Nachkriegszeit für zivile Zwecke entsprechend ausgebaut. Sie sind nur schwach frequentiert und werden deshalb von Motorradfahrern mit Vorzug gewählt.

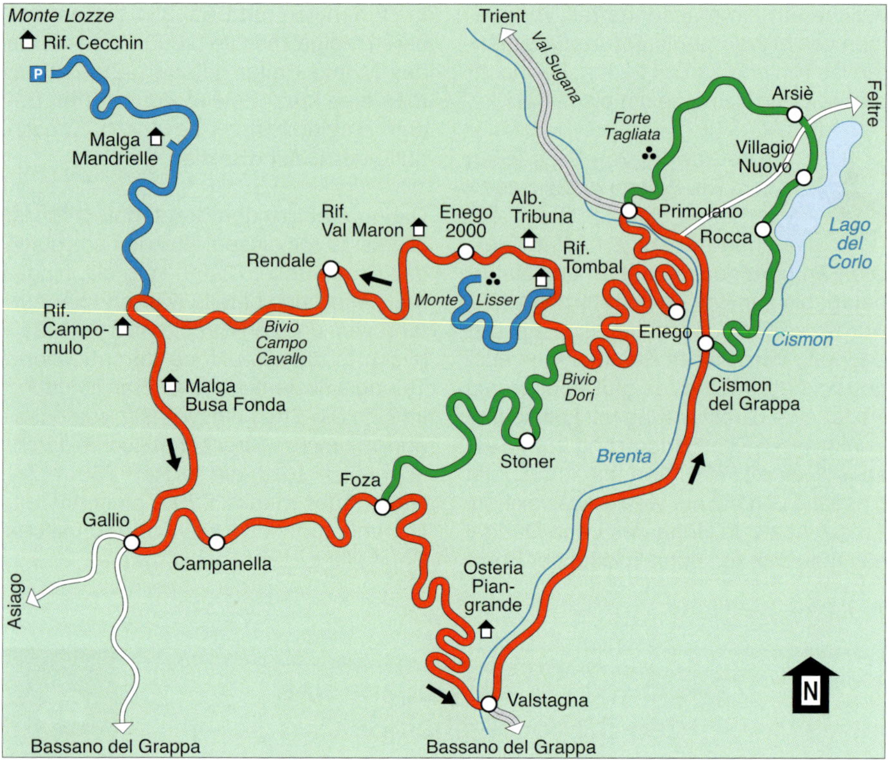

Skizze 65 Zwischen der Val Sugana und den Sieben Gemeinden

AP ist der Straßenknoten Primolano am Ausgang der Val Sugana. Der Anstieg nach Enego (768) beginnt unvermittelt vom re. Brentaufer aus. Die zweispurige Bergstraße windet sich mit 19, meist dicht übereinander angelegten Kehren, teilweise auf bewaldeter Strecke, zur Hochfläche hinauf. Die Steigungsverhältnisse sind gut ausgeglichen und überschreiten kaum 10%. Man gewinnt bei merklicher Steigung noch weiter an Höhe und erreicht, 6 km von Enego entfernt, die Straßengabelung Bivio Dori.

Dort folgt man re. der windungsreichen Straße über das Rif. Tombal (1300) und das Alb. „Tribuna“ zum Wintersportort Enego 2000, welcher am Fuße des ehem. befestigten Monte Lisser (1634) liegt. Über das Rif. Val Maron (1344), wo der vom Colle di Val d'Antenne herabziehende Fahrweg einmündet, gelangt man zu den Baracken von **Rendale (1319)**. Zirka 500 m weiter, noch vor der Malga di Ronchetto, darf man re. die Abzw. Richtung Casera di Campomulo nicht versäumen. Der anfangs knapp zweispurige Schotterweg verläuft bis zum Bivio Campo Cavallo (1364) fast flach, seine einspurige Fortsetzung steigt dann durch den Wald stets bergan und ist teilweise etwas ruppig. Nach 6.4 km trifft man knapp oberhalb des Rif. Campomulo auf die asphaltierte Straße.

Der **Monte Lisser** ist ein lohnendes Ziel für alle Schotterfreunde; die Auffahrt leitet an Teilen des ehem. Forts aus dem Ersten Weltkrieg vorbei → Runde 65. Foto Thanalak Denzel

Man hält sich li. und fährt an der Malga Busa Fonda vorbei. Bei mäßigem Gefälle geht es nun durch das Campomulotal in s. Richtung. Nach 6.7 km erreicht man Gallio (1090), das zu den Sieben Gemeinden zählt. Die Rundfahrt findet ihre Fortsetzung in der Aussicht vermittelnden **Höhenstraße** nach **Foza**. In Campanella fährt man geradeaus weiter, denn die re. abbiegende Straße leitet in das Frenzelatal nach Stoccareddo.

Eindrucksvoll ist die Talfahrt am steil abfallenden Fels; über 20 Kehren leitet die nur knapp zweispurige Straße nach Valstagna (147) hinab. Auf der 11 km langen Bergstrecke gilt eine Geschwindigkeitsbeschränkung von 50 km/h. Vor unübersichtlichen Stellen unbedingt hupen! Im oberen Abschnitt schützen zwei Tunnels vor Steinschlag. Bei Kehre 17 kommt man an der Osteria „Piangrande“ vorbei.

Von der untersten Kehre der Straße durch das Val Vecchia führt ein kurzer Weg zur sehenswerten und gut erhaltenen „Cala del Sasso“. Der mit 4422 Stufen angelegte Steig (Steinerne Stiege) durch die Frenzelaschlucht hinauf nach Sasso wurde im Mittelalter viel benützt, weil er die kürzeste Verbindung zwischen Valstagna und Gallio herstellte. – Von Valstagna kehrt man auf der Schnellstraße SS.47 rasch nach Primolano zurück.

Variante: Von Enego (768) auf der **Höhenstraße** nach **Foza** (1083). Wer nicht die komplette Runde fahren, jedoch die Höhepunkte auf den beiden kehrenreichen Bergstraßen aus dem Tal der Brenta hinauf zur Hochebene erleben möchte, der kann sich auf die 17 km lange Verbindungsspange von Enego über Stoner nach Foza beschränken und zuletzt die Abfahrt nach Valstagna unternehmen.

Zum **Monte Lozze** hinauf wechseln asphaltierte mit geschotterten Abschnitten → Runde 65.

Von **Valstagna** nach **Foza** → Runde 65.

Durch den Bau des Viaduktes über das Val Grande, einer hohen Bogenbrücke mit zwei schlanken Pfeilern, konnte die windungsreiche Höhenstraße etwas verkürzt werden. Minus 24 km. Fahrtechnische Beurteilung: mittel.

Variante: Von Cismon del Grappa (210) über den **Lago del Corlo (260)** nach Primolano. Ein abenteuerliches Sträßchen leitet von der Val Sugana in schwindelnder Höhe durch die enge Cismonschlucht hinauf zum Corlosee. Es ist einspurig mit nur wenigen Ausweichstellen, aber asphaltiert; seine Steigungen überschreiten 12% nicht. Die in den fast senkrecht abfallenden Fels gehauenen Passagen sind mit einem Geländer abgesichert. Am Westufer des lang gestreckten Sees leitet die nun knapp zweispurige Straße über Rocca und vorbei an den Zufahrten zweier Campingplätze nach Arsiè. Anstatt der Tunnelstrecke auf der SS.50bis wählt man für den Abstieg nach Primolano mit Vorzug die gut ausgebaute, alte Straße, welche direkt am ehem. Fort Tagliata vorbeizieht. Plus 14 km. Fahrtechnische Beurteilung: mittel.

Abstecher: Vom Rif. Tombal (1300) zum ehem. Fort am **Monte Lisser (1634)**. Direkt neben der Trattoria nimmt der einspurige Schotterweg mit max. 10% Steigung seinen Anfang. Er diente im Ersten Weltkrieg dem Transport schwerer Geschütze sowie militärischem Nachschub, weshalb er entsprechend stabil gebaut wurde. Auch heute befindet sich der Fahrweg noch in gutem Zustand, im oberen Teil können sich nach starken Regenfällen allerdings große Wasserpfützen bilden. Achtung vor losem Schotter in den Kehren.

Bei Km 2.5 kommt man zu einer Weggabelung, an der man sich re. hält; bald darauf folgt ein Schranken, der als Viehgatter dient und deshalb nach Passieren unbedingt wieder geschlossen werden sollte. Hier gibt es auch ein allg. Fahrverbotsschild mit dem Zusatz „strada privata“, das als Haftungsausschluss für den Genossenschaftsweg zu verstehen ist. Mit drei Kehren erreicht der Gipfelfahrweg die ehem. Festung in herrlicher Aussichtslage. Sie wurde bereits 1910 errichtet; deutlich zu erkennen sind noch die Panzerkuppen. – Im Bj. waren umfangreiche Freilegungs- und Instandsetzungsarbeiten am gesamten Fort im Gange. – Hin und zurück 11 km. Fahrtechnische Beurteilung: mittel bis schwierig.

Abstecher: Vom Rif. Campomulo (1550) über die Malga Mandrielle (1562) zum **Monte Lozze (1920)**. Für kriegsgeschichtlich Interessierte ist ein kurzer Ausflug in die einst heiß umkämpfte Karstregion um den Monte Lozze ein besonderes Erlebnis. – Man folgt stets der gelben HT „Ortigara“. Bereits nach 2.1 km auf asphaltierter Straße setzt die knapp zweispurige, windungsreiche Schotterstrecke ein; sie war im Bj. mit Schlaglöchern übersät, stellenweise ragten Steine des Unterbaus hervor. Bei Km 5 zweigt li. die 200 m lange Zufahrt zur Malga Mandrielle ab. Von der Alm hat man bis zum großflächigen Parkplatz „Piazzale Lozze“ (1771) noch 7.5 km zurückzulegen; wider Erwarten befindet sich das letzte Stück der Auffahrt in asphaltiertem Zustand.

Vom EP führt der Wanderweg Nr. 840 zur kleinen Cecchin-Hütte (1900) bzw. zur Gedächtniskapelle, die den Gipfel krönt, rund 30 Gehmin. Charakteristisch für diese wasserarme Bergregion sind die zahlreichen trichterförmigen Vertiefungen im Karst. – Hin und zurück 25 km. Fahrtechnische Beurteilung: mittel.

Über der **Cismonschlucht** → Runde 65.

66 Durch die Hochebene der Sieben Gemeinden*

Route: Trient (194) – Calliano – Folgaria – Francolini – Passo Coe (1610) – Valbona-Scharte (1782) – Bocchetta degli Alpini (1496) – Tonezza del Cimone – Arsiero – Barcarola – Pedescala – Castelletto – Rotzo – Albaredo – Mezzaselva – Roana – Alb. Ghertele – Vezzena-Sattel (1402) – Alb. Monte Rovere – Caldonazzo – Calceranica al Lago – Pergine Valsugana – Trient. **142 km.**

Fahrtechnische Beurteilung: leicht bis mittel

Zeitaufwand: Tagestour

Aus dem wegen seines dichten Straßennetzes nur schwer überschaubaren Gebiet wurden sowohl touristische als auch fahrtechnische Höhepunkte gewählt und wie Perlen an einer Schnur zu einer erlebnisreichen Runde aneinandergereiht. Man verlässt die quirlige Stadt Trient vom Straßenknoten an der Etschbrücke auf der Umgehungsstraße. Von der Etsch begleitet, findet man im S der Stadt bald die Einbindung in die SS.12, der man bis Calliano (187) folgt.

Die ausgebaute Bergstraße SS.350 nach Folgaria beginnt in Calliano unterhalb des Kastells Beseno. Folgaria (1166) wird im S umfahren. Die Abzw. zum **Passo Coe (1608)** findet man am ö. Ortsende re. der Sommostraße. Die SP. 143 leitet über den Erholungsort Francolini (1216) und erreicht nach 7 km den Pass. Im Rückblick hat man das Forte Sommo Alto und das Rif. Stella d'Italia auf einem sanft verlaufenden Höhenrücken. Der Pass-Scheitel liegt im Schnittpunkt mehrerer Wanderwege und bietet genügend Abstellplätze.

Die Bergstraße steigt weiter zur **Valbona-Scharte (1782)** an. Von ihr fährt man nun auf der Südseite des lang gestreckten Campomolon-Rückens in weiten Schleifen bergab. Den Tunnel, welcher mit der Straße hinab zum Sommopass verbindet, lässt man li. liegen. Geradeaus kommt man zur **Bocchetta degli Alpini (1496)** mit dem Rif. Melegnon. Anschließend senkt sich die SP.64 mit einem Gefälle von durchschnittlich 10% an den steilen Nordflanken des Monte Spitz zur Hochfläche von Tonezza. Vorsicht ist hier in den fünf gekrümmten Tunnels geboten.

Über das alte, geschotterte Serpentinensträßchen hinab nach Barcarola im Asticotal wurde ein allg. Fahrverbot verhängt! Die neue, normal breite Asphaltstraße vom Luftkurort Tonezza del Cimone (992) nach Arsiero (343) ermöglicht durch 11 Tunnels eine großzügige Linienführung und flüssige Fahrweise. Die Strecke bietet großartige Ausblicke auf die gegenüberliegende Talseite; dort beeindruckt besonders die kühne Straßenanlage von Pedescala hinauf nach Castelletto.

Von Arsiero nimmt man die Hauptstraße durch das Asticotal bis zur Abzw. nach Pedescala (324) bei Barcarola. Mit zwölf Kehren gewinnt die 10 km lange Bergstraße hinauf nach Castelletto 500 Höhenmeter. Sie wurde knapp zweispurig angelegt und ist durchgehend asphal-

Mehrere Lawinenschutzgalerien gibt es auf der Ostrampe der **Valbona-Scharte** → Runde 66.

tiert; auf ihr gilt ein Geschwindigkeitslimit von 50 km/h. Nach oben und unten gut einsehbar, verläuft sie entlang dem steil abfallenden Fels und erreicht in Castelletto die Hochebene. In der Fortsetzung passiert man die Orte Rotzo, Albaredo, Mezzaselva und Roana (990). Eine direkte Verbindung leitet unter Umgehung von Asiago (999) in das obere Assatal, wo man s. des Gh. „Ghertele" (1130) in die SS.349 einmündet. Ihren höchsten Punkt gewinnt die gut ausgebaute Straße auf dem **Vezzena-Sattel (1402)**.

Vom Sattel sind es dann noch 3.6 km bis zum Albergo „Monte Rovere" (1255). Dort nimmt re. die als SP.133 bez. **„Kaiserjägerstraße"** ihren Ausgang; sie bildet, nur 12 km lang, die direkte und daher kürzeste Verbindung sowohl hinab nach Caldonazzo (480) als auch mit einem ö. Ast nach Levico (506). Die von Tiroler Kaiserjägern im Ersten Weltkrieg erbaute, spektakuläre Straße ist heute durchgehend

Von **Pedescala** nach **Castelletto** → Runde 66.

Von den felsigen Passagen der **Kaiserjägerstraße** hat man gute Tiefblicke auf den Caldonazzosee; einspurige Tunnels und scharfe Kurven erfordern erhöhte Vorsicht → Runde 66.

asphaltiert. Der obere und untere Teil wurde zweispurig ausgebaut; der mittlere, zirka 2 km lange Abschnitt ist hingegen vorwiegend einspurig und wurde teilweise mühsam in den steil abstürzenden Fels gehauen. Er weist auf etwa halber Höhe zwei schmale Tunnels auf. Zahlreiche Spitzkehren, enge und unübersichtliche Passagen erfordern eine behutsame Fahrweise, denn es erfolgen nicht selten Begegnungen, wo geeignete Ausweichstellen fehlen. Das Gefälle beträgt max. 12%, die Geschwindigkeitsbegrenzung 30 km/h. Die Strecke bietet Prachtblicke auf Caldonazzo- und Levicosee.

Gute Anschlüsse an die Schnellstraße SS.47 gewährleisten die beiden Uferstraßen, unter denen die westliche über Calceranica die reizvollere ist. An Pergine vorbei, zieht die Schnellstraße durch das Fersental hinab nach Trient.

Variante: Von Folgaria über das **Fort Sommo Alto (1613)** zum Passo Coe. Wenig unterhalb des Sommo-Pass-Scheitels (1341) zweigt von der Südrampe ein Schottersträßchen re. ab, das mit max. 10% Steigung durch den Wald zum Rif. Stella d'Italia (1536), 3.7 km, hinaufzieht. 500 m weiter hat man die kurze Zufahrt zum zerschossenen Fort Sommo Alto; es ist dreistöckig und zirka 100 m lang. Am Dach sind noch die drei Geschütztürme erkennbar. Vom Keller aus können Wagemutige mit Taschenlampe eine Poterne (= unterirdischer Gang) erkunden, welche über 195 Stufen zu einem fast 200 m entfernten Bunker hinabführt. – Die Fortsetzung des ehem. Militärsträßchens ist bis zum Rif. Camini (1625) bei Km 6.5 schmäler, grobschottrig und ausgefahren (große Pfützen bei Regen). – Plus 2 km. Fahrtechnische Beurteilung: mittel bis schwierig.

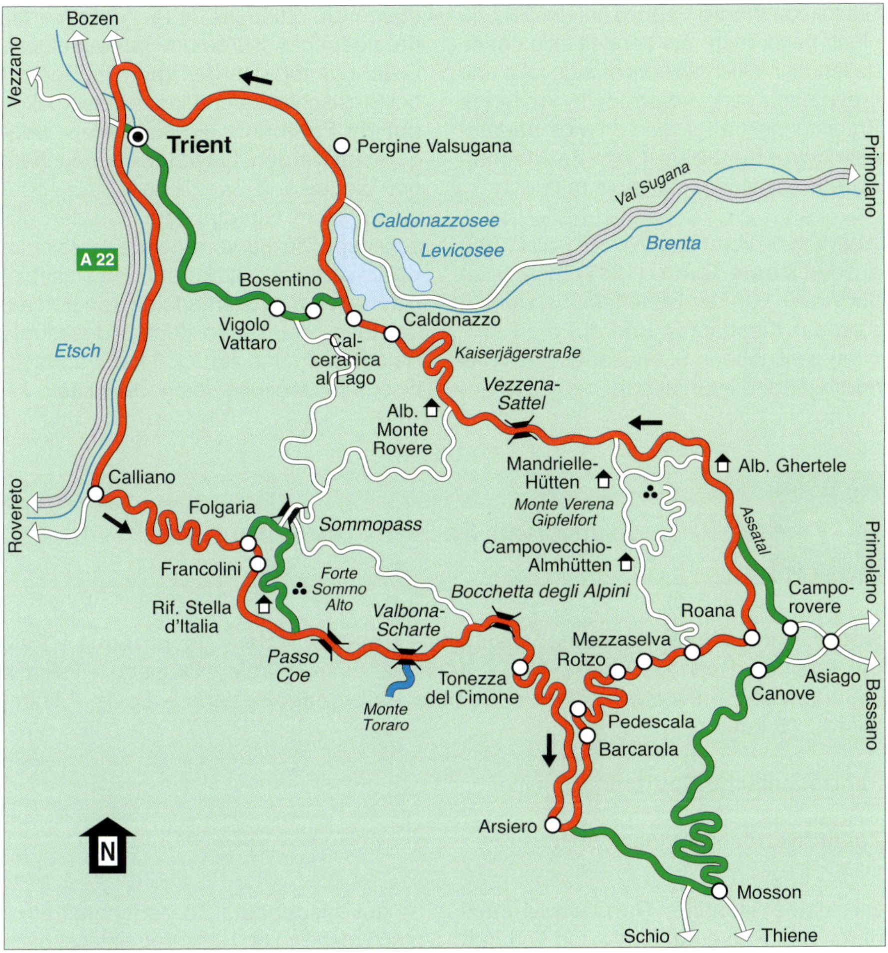

Skizze 66 Durch die Hochebene der Sieben Gemeinden

Variante: Von Arsiero über **Mosson** und **Canove** in das Assatal. Die Bergstrecke von Mosson mit ihren zehn Kehren misst bis zur Abzw. „Monte Pau", HT, 13 km. Sie ist durchwegs 8 m breit und asphaltiert. Ungetrübte Ausblicke in die venezianische Ebene hat man recht selten, weil diese meist von einer Dunstglocke eingehüllt ist. Von Canove fährt man direkt nach Camporovere weiter und lässt Asiago re. liegen. Wenig unterhalb vom Alb. „Ghertele" trifft man auf die Zusammenführung unserer über Roana leitenden Hauptroute mit der SS.349. Plus 7 km. Fahrtechnische Beurteilung: leicht bis mittel.

Variante: Von Calceranica an der Westuferstraße des Caldonazzosees über einen kurzen Serpentinenanstieg hinauf nach **Bosentino** und durch die breite

Senke von **Vigolo Vattaro** auf der SS.349 hinab nach Trient. Es handelt sich um eine landschaftlich abwechslungsvolle und meist auch verkehrsarme, 18 km lange Entlastungsstraße, wie von Motorradfahrern bevorzugt! Plus 1 km. Fahrtechnische Beurteilung: leicht bis mittel.

Abstecher: Vom Passo di Valbona (1782) auf den **Monte Toraro (1897).** Bereits an der Abzw. von der Scheitelhöhe signalisiert ein Kieshaufen und auf die Fahrbahn geschobene Steinquader, dass das durchgehend asphaltierte, nur leicht ansteigende Stichsträßchen dem Verfall preisgegeben wurde und nur auf eigene Gefahr benützt werden kann. Im Bereich der Steinschlaggalerie liegen Felsbrocken auf der Fahrbahn, die nicht mehr weggeräumt werden, Latschen überwuchern den Wegesrand. Sämtliche Militärgebäude auf dem Gipfelplateau wurden geschliffen. Die hervorragende Aussichtswarte vermittelt Blicke auf den Pasubio, hinüber zu den Brentadolomiten und auf den lang gestreckten Rücken des Monte Baldo. – Hin und zurück 6 km. Fahrtechnische Beurteilung: leicht bis mittel.

67 Zwischen Fersen- und Fleimstal*

Route: Trient (Nord) – Pergine Valsugana – Canezza – San Orsola Terme – Palu del Fersina – Redebus-Pass (1449) – Regnana – La Centrale – Brusago – Valcava – Segonzano – Piazzo – Faver – Cembra – Lisignago – Verla – Lavis – Trient (Nord). **75 km.**

Fahrtechnische Beurteilung: mittel

Zeitaufwand: Halbtagestour

Die kleine Trentiner Runde wird im S durch das Fersental, im N und O durch das Cembratal, im W durch das Etschtal begrenzt. Mit Ausnahme von Sonn- und Feiertagen ist die umschriebene Region nur schwach frequentiert. Von touristischem Interesse sind das reizvolle Fersental/Val dei Mocheni, die Hochebene von Pinè und der Lago Santo, welcher oberhalb von Cembra liegt.

Vom Straßenknoten Trient-Nord leitet die SS.47 nach Pergine Valsugana (482), das man auf der SP.8, das Fersental einwärts, verlässt. An der Straßenteilung bei Canezza hält man sich li., gewinnt über eine gut ausgebaute Serpentinenstrecke rasch merklich an Höhe und gelangt hoch über dem Bach nach San Orsola Terme (925). Es folgt ein kurvenreicher Abschnitt in Richtung Palu del Fersina/Palai. Vor den ersten Häusern der weit verstreuten Siedlung (deutsche Sprachinsel) hat man li. die beschilderte Abzw. zum nahe gelegenen **Redebus-Pass (1449)**.

Die SP.224 leitet zweispurig ausgebaut auf teilweise bewaldeter Strecke über Regnana in das Pinètal. Die max. Steigung auf der SO-Rampe beträgt 13%, das Gefälle auf der NO-Rampe 15%. Bei La Centrale mündet man in die, nach Bru-

Weite Aussicht von der **Monte-Bondone-Straße** auf die Brentadolomiten → Runde 67.

sago (1104) führende, ausgebaute Straße. Man bleibt auf der li. Seite des Brusagobaches und benützt das vorwiegend einspurige Sträßchen mit Ausweichen auf Sicht, welches über die Häuser von Valcava verläuft. Es weist ein Gefälle von 17% auf, die Geschwindigkeit ist auf 30 km/h beschränkt.

Im Avisiotal trifft man auf die, von Sover heraufziehende SP.71, der man li. nach Segonzano folgt. Den sich beiderseits der Straße am Hang ausbreitenden Ort durchfährt man und gelangt wenig weiter zur Brücke über den Regnanabach. Am n. Brückenkopf befindet sich der Parkplatz für Besucher der **Erdpyramiden**, die man von hier aus über eine gestufte Steiganlage in zirka 20 Gehmin. erreicht, HT.

Die Rundfahrt wird nun mit einem Wechsel der Talseite fortgesetzt, indem man hinab nach Piazzo fährt. Dort überbrückt

Monte Bondone, West → Runde 67 und 70.

Scheitelpunkt der **Monte-Bondone-Straße** am Viote di Bondone → Runde 67 und 70.

Erdpyramiden von **Segonzano** → Runde 67.

man den Avisio und gelangt durch ein Weinanbaugebiet wieder hinauf nach Faver. Die rechtsufrige SS.612 leitet über Cembra (665) talaus. In den Orten Lisignago und Verla hat man jeweils Engstellen in Form von Torbogen durch die Häuser zu passieren. Zuletzt geht es in Serpentinen nach Lavis (232) hinab. Auf der vorzüglich ausgebauten SS.12 gelangt man in zügiger Fahrt zurück zum Straßenknoten Trient-Nord.

Abstecher: Von La Centrale im Pinètal zur **Kapelle von Svaldi (1270)**. Von der Talstraße SP.83 fährt man zunächst hinauf nach Bedollo (1165), dem Hauptort der Hochfläche. Nur wenig weiter erreicht man auf asphaltierter Straße die Kapelle in guter Aussichtslage; die Blicke richten sich hauptsächlich auf das bewaldete Hügelland mit dem Lago delle Piazze und dem Lago di Serraia sowie auf die Erhebungen des Fersentales. – Eine Weiterfahrt zum „punto panoramico“ am Cros

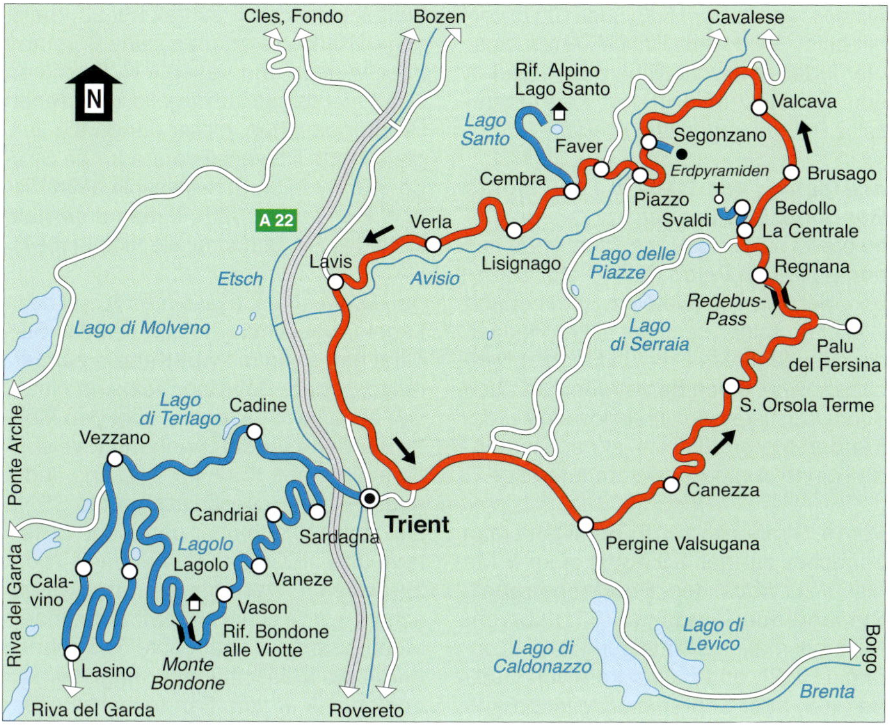

Skizze 67 Zwischen Fersen- und Fleimstal

del Cuc (1503) wird nach 500 m durch ein striktes Fahrverbot verhindert. – Hin und zurück 6 km. Fahrtechnische Beurteilung: leicht bis mittel.

Abstecher: Von Segonzano zu den **Erdpyramiden**. Die Zufahrt vom Ort (an der Hauptstraße HT „piramidi di Segonzano") über Stedro besteht bis zur Häusergruppe Luch aus einer zweispurigen Asphaltstraße, im weiteren Verlauf ist sie nur mehr einspurig. Nach 1.9 km findet man re. eine kleine Abstellfläche vor. Der Fußweg hinab zur ersten der insgesamt fünf Pyramidengruppen ist weniger beschwerlich als der untere Zugang vom Parkplatz an der Brücke. Hin und zurück 4 km. Fahrtechnische Beurteilung: mittel.

Abstecher: Von Cembra zum **Lago Santo (1195)**. Eine durch das Gewicht der Fahrzeuge gesteuerte Ampelanlage regelt die Fahrtrichtung für die enge Passage bei den letzten Häusern. Das vorwiegend knapp zweispurige, im oberen Teil abschnittsweise nur einspurige Asphaltsträßchen führt anfangs durch ein eingeschnittenes Tal zu einem großen Porphyrsteinbruch hinauf. Achtung auf manövrierende Schwerfahrzeuge, für die im unmittelbaren Bereich des Steinbruches eigene Fahrspuren angelegt wurden. Mit einer weit ausholenden Schleife durch schönen Buchenwald gewinnt man bei max. 15% die waldumrahmte Mulde mit dem See. Parkmöglichkeiten gibt es in der Wendeschleife beim bewirtsch. Rif.

Alpino Lago Santo (1208) oder 100 m vorher beim Gh. „Happy Ranch". Am w. Seeufer laden idyllische Plätze zum Baden ein. Hin und zurück 10 km. Fahrtechnische Beurteilung: mittel.

Abstecher: Von Trient auf den **Monte Bondone**. Das Bergmassiv des Bondone breitet sich im SW von Trient (194) aus und gipfelt im Palon (2091). Der Hausberg der Trentiner bietet im Sommer und Winter an seinen sanft geneigten Hängen ein ausgedehntes Erholungsgebiet, welches sowohl durch Bergstraßen als auch durch Aufstiegshilfen erschlossen wurde. Für den Motorradfahrer ist nachstehende Runde von besonderem Interesse.

Vom s. Straßenknoten in Trient fährt man zunächst auf der SS.45bis zirka 3 km hinauf zur Abzw. der **„Bondonestraße"**. Sie führt über Sardagna (571) kurvenreich bei max. 12% Steigung nach Candriai (1012); dort mündet die von Cadine (468) über Sopramonte leitende Auffahrt ein. Man genießt eindrucksvolle Tiefblicke in das Etschtal. Mit 23, meist engen Kehren setzt man seine Bergfahrt über Vaneze und Vason fort. Es öffnen sich Prachtblicke auf die wild zerrissenen Brentadolomiten, hinter denen die vergletscherte Presanella aufragt. Die Straße erreicht ihren Scheitelpunkt beim Viote di Bondone (1570); knapp unterhalb steht das Rif. Bondone alle Viotte (1537).

Auf der Westrampe fährt man zuerst nach Lagolo, wobei man Tiefblicke in das Sarcatal hat, dann mit vier Kehren zur Terrasse Lasino–Calavino–Vezzano hinab. Der gesamte Straßenzug über den Monte Bondone ist durchgehend zweispurig ausgebaut. Kurz vor Vezzano findet man wiederum Anschluss an die SS.45 bis, welche hoch über dem Lago di Terlago und an Cadine vorbei nach Trient zurückleitet. Der unterste Streckenabschnitt wurde durch zwei Straßentunnels modernisiert, was getrennte Fahrbahnen durch die Velaschlucht ermöglicht. Hin und zurück 63 km. Fahrtechnische Beurteilung: mittel.

68 Rund um den Pasubio**

Route: Rovereto (192) – Vallarsa – Pian delle Fugazze (1162) – Ponte Verde – Xomopass (1058) – Bettale – Ganna – Borcolapass (1206) – Terragnolo – Rovereto. **74 km.**

Fahrtechnische Beurteilung: mittel

Zeitaufwand: Halbtagestour

Von Rovereto folgt man der SS.46, welche auf der ö. Talseite ansteigt und hervorragende landschaftliche Eindrücke vermittelt. Sie wurde durchgehend zweispurig breit ausgebaut, weist aber auch noch zahlreiche enge Kurven auf; ihre Höchststeigung beträgt 14%. Nach rund 26 km erreicht man den **Fugazzepass (1162)**, über den die Provinzgrenze zwischen Trento und Vicenca verläuft. Vom Scheitel senkt sich die Staatsstraße zum Ponte Verde (901) hinab, wobei man mit

Wohlverdiente Rast auf der Scheitelhöhe des **Passo della Borcola** → Runde 68.

freiem Auge hoch oben im Pasubiogebiet das Rif. Gen. Achille Papa (1934) ausmachen kann. – Bekanntlich war der kurz „Pasubio" genannte Gebirgsstock von 1916 bis 1918 eine Schlüsselstellung der Südtiroler Front zwischen dem Suganatal und dem eisgepanzerten Adamello. Beiderseits des Frontverlaufes wurde ein ungewöhnliches Netz kühn angelegter Kriegsstraßen errichtet, welches später viele leidenschaftliche Bergfahrer aus aller Herren Länder anzog. Heute ist leider sowohl die Westliche als auch die Östliche Pasubiostraße sowie die Fortsetzung zum Sette-Croci-Sattel (2080) für Kfz strikte gesperrt.

Die Bergstrecke über den **Xomopass (1058)** zweigt beim Ponte Verde li. ab und führt ohne Aussicht vorwiegend durch Laubwald. Sie ist 3 bis 4 m breit, durchgehend asphaltiert und abschnittsweise steinschlaggefährdet; das Geschwindigkeitslimit beträgt wegen unübersichtlicher

Pian delle Fugazze → Runde 68 und 69.

Gedenkkapelle auf der Nordrampe des **Passo della Borcola** → Runde 68.

Pian delle Fugazze → Runde 68 und 69.

Stellen 30 km/h. Erst auf der Scheitelhöhe mit dem im Sommer bewirtsch. Rif. Alpino öffnet sich der Blick kurzfristig.

Das li. abzw. Asphaltsträßchen leitet zum Parkplatz auf der Bocchetta Campiglia (1216) hinauf, 1.7 km; dort nimmt die 6.5 km lange, faszinierende „Straße der 52 Galerien“ (Wegenummer 366), welche im Ersten Weltkrieg von den Alpinis in nur sechs Monaten erbaut wurde, ihren Anfang. Ausgerüstet mit einer starken Stab- oder Stirnlampe und warmer Bekleidung ist dieser berühmte Fußweg zur Porte del Pasubio auch heute noch begehbar.

Der Abstieg vom Xomopass erfolgt mit max. 13% über mehrere Kehren. Im unteren Teil der Ostrampe kann man li. abbiegen, um die einspurige Abkürzung über Bettale zur Borcola-Route zu nehmen; andernfalls fährt man bis Posina (544) hinab und darf dort li. die spitzwinkelige Abzw. nicht versäumen.

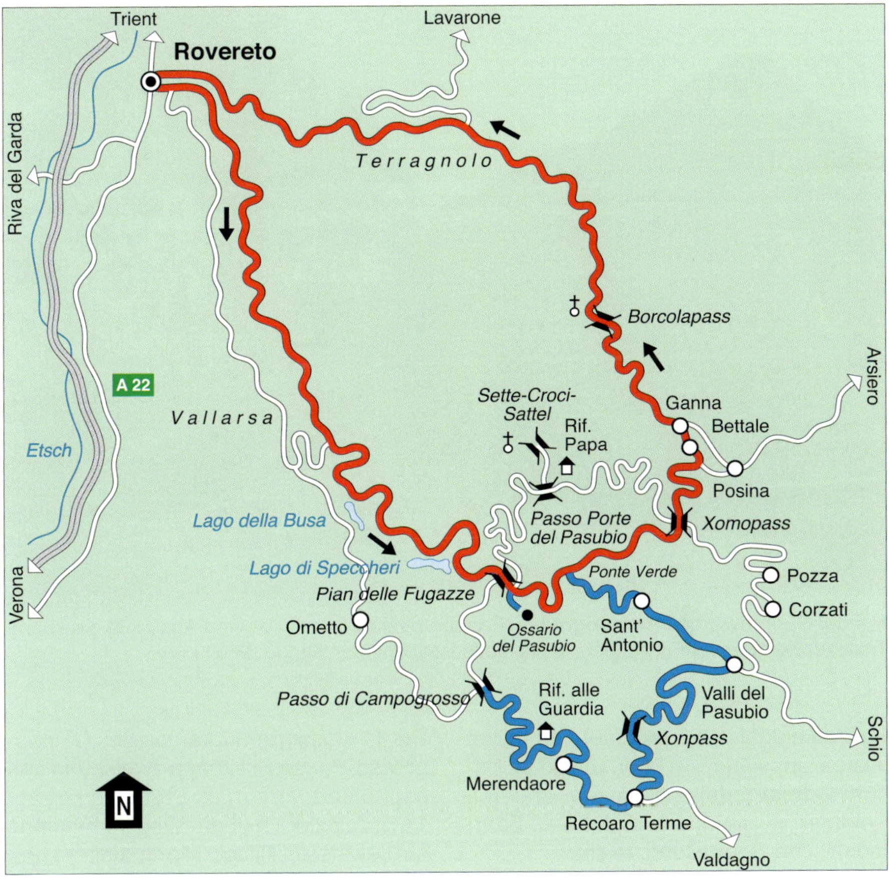

Skizze 68 Rund um den Pasubio

Gut ausgebaut und mit Leitschienen abgesichert präsentiert sich die Südrampe des **Passo della Borcola (1206)**. Mit 19 Serpentinen gewinnt man merklich an Höhe. Der nur wenig frequentierte Borcolapass verbindet im NO des Pasubio-Gebirgsstockes das Posinatal mit dem Terragnolotal. Dieser relativ niedere Übergang war im Ersten Weltkrieg stark umkämpft, wovon auch heute noch gut erkennbare Artillerie-Stellungen, Kavernen und ehem. Militärunterkünfte zeugen. Eine Gedächtniskapelle wurde n. der Scheitelhöhe zu Ehren österr. Gefallener errichtet. Die etwas schmälere, aber ebenfalls asphaltierte Nordrampe weist max. 14% Gefälle und einen Felstunnel auf. Durch das Tal des Leno di Terragnolo kehrt man auf windungsreicher Strecke zu seinem Stützpunkt in Rovereto zurück.

Abstecher: Vom Passo Pian delle Fugazze (1162) zum **Ossario del Pasubio**. Die aspaltierte Zufahrt ist ab dem Pass beschildert, am EP befindet sich ein großer Parkplatz. Das 35 m hohe Monument

Auf der Südrampe des **Campogrosso-Passes** beeindruckt im oberen Abschnitt die kühne Trassierung mit zwei Felstunnels in die steile Berglehne → Runde 68 und 69.

wurde im Jahr 1926 errichtet und ist die letzte Ruhestätte von über 13.000 im Pasubiogebiet gefallenen österr. und ital. Soldaten. – Hin und zurück 3 km. Fahrtechnische Beurteilung: leicht.

Abstecher: Vom Ponte Verde (900) über den **Xonpass (671)** zum **Campogrosso-Pass (1457).** Zunächst geht es auf der ausgebauten SP.46 mit etlichen Kurven hinab nach Valli del Pasubio (350). Dort hält man sich re. und nimmt die windungsreiche, normal breite, ebenfalls geteerte Straße über den Passo Xon nach Recoaro Terme (445), das wegen seiner eisenhaltigen Quellen bekannt wurde. Hier ist die Orientierung nicht ganz einfach, da es kaum Wegweiser zum Passo di Campogrosso gibt. Wegen der Einbahnregelung im Kurort folgt man ab der Recoaro Mille-Seilbahn-Talstation im S von Recoaro Terme der HT „Merendaore“.

Die 11 km lange Südrampe des Campogrosso-Passes ist knapp zweispurig und asphaltiert; ihre max. Steigung beträgt 14%. Auf zirka halbem Weg kommt man am bewirtsch. „Rifugio alla Guardia“ (1138) vorbei; gegenüber steht ein Brunnen. Der obere Abschnitt wurde mit mehreren engen Kehren und zwei Felstunnels in die steile Bergflanke trassiert.

Der Pass bildet eine Sackgasse, denn sowohl die ö. des Monte Cornetto (1900) verlaufende Straße als auch jene, welche im W des Berges zum Pian delle Fugazze hinableitet, sind für Kfz strikte gesperrt. Auch über die bis zum Tunnel von Ometto teilweise geschotterte Abfahrt Richtung Vallarsa wurde ein allg. Fahrverbot verhängt. Sämtliche Sperrungen werden von Carabinieri streng überwacht. – Hin und zurück 60 km. Fahrtechnische Beurteilung: mittel.

In den Lessinischen Bergen* 69

Route: Rovereto (192) – Ala – Sdruzzina – Sega di Ala – Passo Fittanze di Sega (1393) – Erbezzo – Bosco Chiesanuova – San Giorgio – Velo Veronese – Campofontana – San Bortolo delle Montagne – Bolca – Crespadoro – Altissimo – Passo di San Caterina (801) – Valdagno – Recoaro Terme – Passo Xon (671) – Valli del Pasubio – Sant'Antonio – Pian delle Fugazze (1162) – Anghebeni – S. Anna – Foppiano – Albaredo – Rovereto. **175 km.**

Fahrtechnische Beurteilung: mittel

Zeitaufwand: Tagestour

Von Rovereto aus fährt man zunächst auf der SS.12 über Ala (183) nach Sdruzzina (160), wo li. die SP.211 abzweigt, HT „Dei Monti Lessini". Die windungsreiche, durchgehend asphaltierte Bergstraße hinauf zum **Passo Fittanze di Sega (1393)** ist im unteren Abschnitt zweispurig ausgebaut, im oberen Teil verengt sie sich etwas. Das Steigungsmaximum beträgt 20%. Bis zum Felstunnel bei Km 6.3 bieten sich gute Tiefblicke in das Etschtal.

In Sega di Ala (1224) lässt man die Abzw. der Höhenstraße nach Fosse re. liegen. Zum Pass steigt die Straße weiter an und man kommt am Albergo „Alpino" (1270) und am Ristorante „Monti Lessini" vorüber, wo auch die Baumgrenze verläuft. Schließlich ist bei Km 14.3 die Scheitelhöhe erreicht, nachdem man aus dem Tal einen HU von rund 1240 m bewältigt hat! Über den Scheitel mit dem Kriegerdenkmal wurde die Grenze zwischen den Provinzen Trento und Verona gezogen.

Die folgende, 82 km lange Strecke bis Valdagno kann man als „Route der kleinen Straßen und 1000 Kurven" bezeichnen. Sie quert mehrere, in Nord-Süd-Richtung verlaufende Täler der Lessinischen Berge, wodurch die Fahrt mit einem ständigen Auf und Ab verbunden ist; man tut deshalb gut daran, einen entsprechenden Zeitbedarf einzuplanen! Über Erbezzo und Bosco Chiesanuova geht es auf vorwiegend gut ausgebauter Straße in das Skigebiet von San Giorgio (1495) und weiter nach Velo Veronese (1087).

Unterhalb von Giazza mündet man re. in die, durch das Illasital führende Straße ein, welche man aber sogleich wieder verlässt, um li. auf die schmale Bergstraße nach Campofontana (1224) abzubiegen. Das einspurige Asphaltsträßchen windet sich mit etlichen Kehren durch den Laubwald hinauf, ehe man das Dorf auf der fast unwirtlich anmutenden Hochregion erreicht; der HU beträgt dabei stattliche 620 m, die max. Steigung ist mit 10% einzuschätzen. Man setzt die Rundfahrt über San Bortolo, Bolca und Altissimo (672) fort. Mit dem zahmen **Passo di San Caterina (796)** wird ein letzter Höhenrücken überwunden.

Im ausgedehnten Ort Valdagno (230) trifft man auf die SS.246, welche bis Recoaro Terme (445) einen guten Ausbauzustand aufweist. Sehr kurvenreich ist hin-

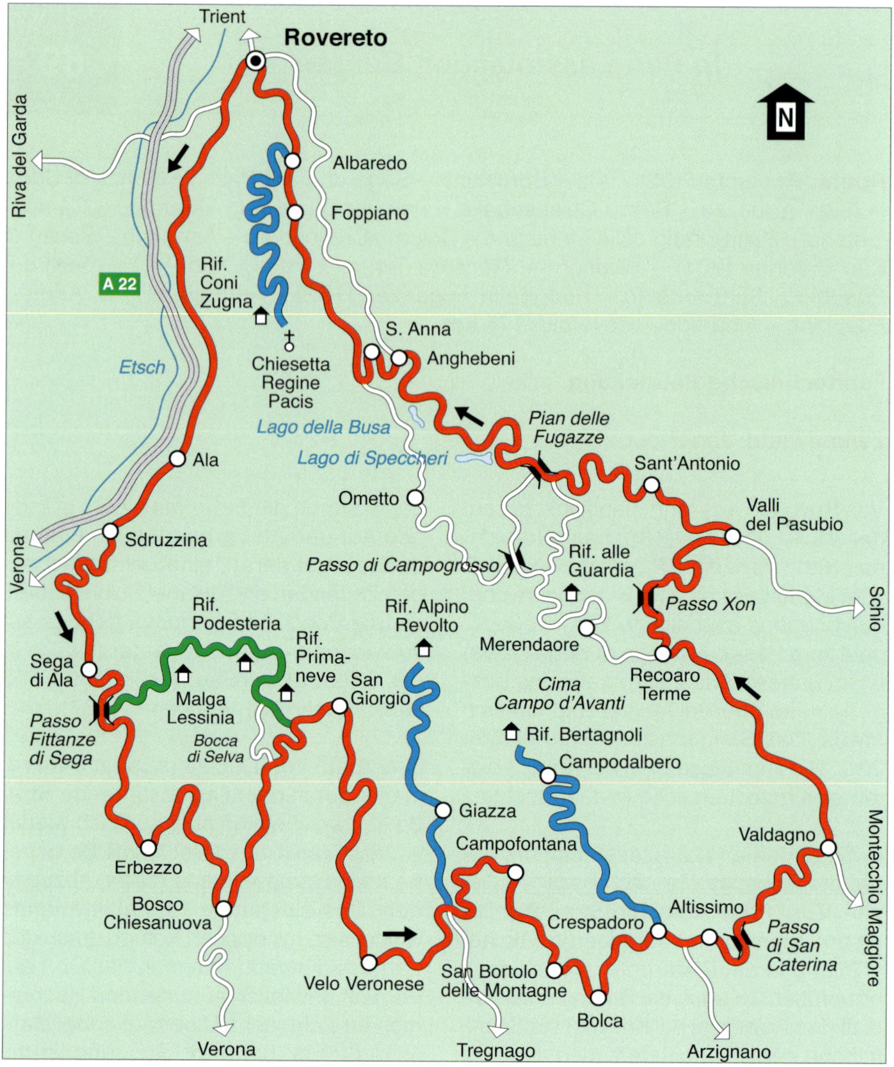

Skizze 69 In den Lessinischen Bergen

gegen die Strecke mit ausgeglichenen Steigungen bzw. Gefälle über den **Xonpass (671)** nach Valli del Pasubio. Die SS.46 leitet über den **Pian delle Fugazze (1162)** → **Route 68**, Rund um den Pasubio (in umgekehrter Richtung).

In Anghebeni zweigt man li. ab und wechselt die Talseite hinüber nach S. Anna (580). Die vorzüglich ausgebaute linksufrige Höhenstraße bietet eindrucksvolle Tiefblicke in das Tal des Leno (Vallarsa) und hinab zum ehem. Fort Pozzac-

Die Nordrampe des **Passo Fittanze di Sega** leitet mit mehreren Kehren zur Scheitelhöhe, wobei sie gute Tiefblicke in das breite Etschtal bietet → Runde 69.

chio bei Valmorbia. Über die faszinierende, 320 m lange Bogenbrücke hoch über dem Val del Restel gelangt man nach Foppiano und Albaredo (702). Nach Rovereto hinab sind es dann nur noch 6 km.

Variante: Vom Passo Fittanze di Sega (1393) über das **Rif. Podestaria (1659)** und das **Rif. Primaneve (1766)** nach San Giorgio (1495). Direkt am Fittanze-Pass-Scheitel zweigt li. ein interessantes, 16.5 km langes Sträßchen ab, HT „Rif. Primaneve, Monte Tomba". Es leitet zunächst einspurig und asphaltiert leicht bergauf. Bemerkenswert sind auf diesem Abschnitt die quer geschichteten, verwitterten Felsgebilde, welche aus den Almmatten hervorragen. Nach 4.2 km kommt man zu einer Weggabelung, bei der man li. der HT „Podesteria" folgt; dort setzt die knapp zweispurige Schotterstrecke, welche kaum Steigungen bzw. Gefälle aufweist, ein. Sie wird gut instand gehalten und kann deshalb auch mit Straßenmaschinen problemlos befahren werden. Wenig weiter passiert man die im Sommer bewirtsch. **Malga Lessinia (1617)**.

Die Landschaft ist von herbem Reiz. Beim Anblick der kargen Almregion, die baumlos der Sonne und dem Wind ausgesetzt ist, würde man an Stelle der Kühe eher genügsamere Schafe auf den Weiden vermuten; vereinzelt werden hier auch Esel gehalten. In weiten Schleifen zieht sich die „strada bianca" an den sanften Hängen der Lessinischen Berge, welche nach N eine breite Barriere bilden, entlang. Bei Km 11.4 erreicht man das unterhalb der Straße gelegene Rif. Podesteria, bei Km 13.7 hat man li. die zirka 500 m lange Zufahrt zum Rif. Primaneve auf dem Monte Tomba.

900 m weiter kommt man im Bereich des Skiliftes zu einer Gabelung ohne HT: re. geht es zunächst noch 1.3 km geschottert, dann asphaltiert über die Bocca di Selva (1551) hinunter zur Hauptstraße; fährt man geradeaus, so leitet der einspurige, etwas gröber geschotterte Weg weiter im O ebenfalls zur von Bosco heraufziehenden Asphaltstraße. Von der spitzwinkeligen Einmündung in die Hauptstraße sind es dann nur noch 1.9 km nach San Giorgio. Minus 10 km. Fahrtechnische Beurteilung: mittel.

Abstecher: Durch das Illasital zum **Rif. Alpino Revolto (1320)**. Im Bj. konnte man über Giazza (758) und etliche Serpentinen bis zur Provinzgrenze, auf der die Hütte steht, hinauffahren, 12 km. Der Ort Giazza geht auf eine bajuwarisch-langobardische Gründung zurück und war lange Zeit eine deutsche Sprachinsel.

Das sich vom Rif. Revolto fortsetzende Schottersträßchen, welches den Passo Pertica (1530) mit dem gleichnamigen Schutzhaus tangiert und beim Passo Pelagatta (1776) mit dem Rif. Scarlorbi endet, war im Bj. gesperrt. – Hin und zurück 24 km. Fahrtechnische Beurteilung: mittel.

Abstecher: Von Crespadoro (363) hinauf zur **Cima Campo d'Avanti (1689)**. Ein asphaltiertes Bergsträßchen leitet über eine Gruppe mit neun Kehren nach Campodalbero (889). Der daran anschließende, zum Passo del Campetto (1518) führende Schotterweg war im Bj. bis zum Rif. Bertagnoli (1225) befahrbar. Hin und zurück 20 km. Fahrtechnische Beurteilung: mittel bis schwierig.

Abstecher: Von Albaredo (702) zum **Rif. Coni Zugna (1616)**. Zwischen dem breiten Etschtal und dem engen Vallarsa zieht ein lang gestreckter Bergrücken von N nach S, welcher im Ersten Weltkrieg heiß umkämpft wurde. Er war strategisch bedeutend, weil von ihm aus beide Täler kontrolliert werden konnten. Die Stellungen der Tiroler Kaiserschützen und ital. Soldaten lagen sehr nahe beieinander. Ein Festungswerk war auf dem Berg geplant, wurde aber nicht mehr gebaut.

Das ehem. Kriegssträßchen, welches von Albaredo bis zur Schutzhütte 12.4 km misst, wurde dann zu Friedenszeiten für touristische Zwecke adaptiert und mit einer Asphaltdecke versehen. Für Tourenfahrer bietet sich heute eine ideale Bergstrecke, welche nach beiden Seiten eindrucksvolle Ausblicke vermittelt.

Das Sträßchen wurde zwar nur einspurig angelegt, doch gibt es Ausweichstellen auf Sichtweite. Die Wendepunkte in den Kehren weisen Überbreiten auf. Die Steigungsverhältnisse sind gut ausgeglichen und betragen im Durchschnitt 7%.

Bei Km 5.1 sollte man sich die Ausblicke von der Kanzelkehre nicht entgehen lassen; sie richten sich auf Rovereto und das Etschtal. Vor besonders unübersichtlichen Kurven empfiehlt es sich zu hupen. Die Kehre bei Km 10 vermittelt informative Tiefblicke in das Vallarsa und auch hinüber auf den Pasubio. An der Malga Tovo öffnet sich der Blick auf die Zugna Torta. Neben dem schmalen Sträßchen weist eine Tafel zu einem aufgelassenen Soldatenfriedhof hin.

Vom Schutzhaus, in dessen Gastraum sich zahlreiche Fotos zur Erinnerung an den Ersten Weltkrieg befinden, kann man noch 200 m weiter zur Gedenkkapelle (Chiesetta Regine Pacis) für die vielen Opfer, zu denen auch Erfrorene und Verschüttete zählten, weiterfahren. – Hin und zurück 25 km. Fahrtechnische Beurteilung: mittel.

Allen Schotterfreunden sei die vom **Passo Fittanze di Sega** ausgehende und nach **San Giorgio** leitende, 16.5 km lange „strada bianca“ empfohlen → Runde 69.

Durch einen südländisch anmutenden Landstrich steigt das schmale Sträßchen vom **Passo Fittanze di Sega** zur bewirtsch. **Malga Lessinia** an → Runde 69.

Nachdem man die Malga Lessinia, das Rif. Podesteria und das Rif. Primaneve passiert hat, mündet das Schottersträßchen unweit von **San Giorgio** in die Hauptstraße ein → Runde 69.

Gute Tiefblicke in das Vallarsa bietet das ehem. Militärsträßchen auf den **Monte Zugna**; es endet bei einer Gedenkkapelle kurz hinter dem Rif. Coni Zugna → Runde 69.

Stivo-Bondone-Runde* 70

Route: Arco (91) – Bolognano – Passo Creino (1169) – Ronzo-Chienis – Passo Bordala (1253) – Lago di Cei – Covelo – Garniga Nuova – Garniga Vecchia – Monte Bondone (Viote di Bondone, 1570) – Lagolo – Lasino – Udalrico-Sattel (650) – Drena – Dro – Arco. **97 km.**

Fahrtechnische Beurteilung: mittel

Zeitaufwand: Halbtagestour

Während in den s. Gefilden an der Etsch bzw. am Gardasee der Frühling sehr zeitigen Einzug hält, sind Monte Baldo, Monte Stivo und Monte Bondone häufig bis in den Mai hinein schneebedeckt. Von dieser klimatischen Regel sind auch die Bergstraßen der nachstehend vorgegebenen Runde teilweise betroffen.

Vom sehenswerten Arco begibt man sich zunächst auf einer wenig frequentierten Nebenstraße nach Bolognano (153). Ein interessantes, asphaltiertes Bergsträßchen mit der Bez. SP.48 windet sich von dort mit 19 kühn angelegten Kehren durch eher schütteren Wald zur Santa-Barbara-Kapelle auf dem **Passo Creina (1169)** empor. Es ist ein- bis knapp zweispurig mit Engstellen, das Steigungsmaximum beträgt 15%. Die Strecke vermittelt eindrucksvolle Tiefblicke in das Sarcatal und vom Scheitel des Passes öffnet sich der Ausblick auf den Monte Altissimo di Nago (2079) im N des Monte Baldo.

Hinab zur Straßenteilung in Ronzo-Chienis (1005) hat man ein kurzes Gefälle von 23%; dort folgt man li. der Beschilderung „Passo Bordala", denn re. geht es nach Loppio. Auf viel gewundener, ruhiger Straße durch Wiesen und Felder erreicht man den **Passo Bordala (1253)**; seine NO-Rampe ist nur einspurig.

An der Gabelung oberhalb von Castellano steigt man nicht zur Etschbrücke ab, sondern fährt geradeaus weiter. Die Hö-

Marocche bei **Dro** → Runde 70.

Skizze 70 Stivo-Bondone-Runde

henstraße leitet zum idyllisch gelegenen Lago di Cei (916). Im Abschnitt zwischen Pass und See wurden einige Rastplätze mit hölzernen Tischen und Bänken eingerichtet. Durch das Valle di Cei abwärts setzt man seine Fahrt fort und gelangt zur weit verstreuten Siedlung Cimone.

In Covelo (523) zeigt eine braun-weiße HT „Viote" den richtigen Weg. Die Bergstrecke führt über Garniga Nuova (810) und Garniga Vecchia (940) bei durchschnittlich 12% Steigung mit mehreren Kehren zum **Monte Bondone** hinauf. Am Viote di Bondone (1570) trifft man zu Füßen des Palon (2091) auf die von Trient heraufziehende Serpentinenstraße; das Rif. alle Viotte (1537) steht knapp unterhalb der Einmündung.

Die Westrampe der **„Bondonestraße"** ist durchgehend zweispurig ausgebaut. Mit faszinierendem Vorblick auf die Bergkette der Brentadolomiten und bemerkenswerten Tiefblicken in das Sarcatal gelangt man hinab nach Lagolo, dann mit vier

In gutem Zustand befindet sich die wenig befahrene SO-Rampe des **Monte Bondone**; sie trifft am Viote di Bondone auf die beiden anderen Rampen → Runde 70. Foto Thanalak Denzel

Fast alleine unterwegs ist man auf der Fahrt über den **Passo Bordala**; die Fortsetzung der Straße leitet am idyllisch gelegenen Lago di Cei vorbei → Runde 70.

Während der Abfahrt vom **Udalrico-Sattel** passiert man auf gut ausgebauter Straße das Castello di Drena und durchfährt die Marocche → Runde 70.

Als „Marocche" wird das zwischen **Drena** und **Dro** gelegene Gebiet bezeichnet, welches von Felstrümmern übersät ist; Blick Richtung Arco → Runde 70.

Kehren nach Lasino. S. des Ortes benützt man das aussichtsreiche Terrassensträßchen, welches über den **Udalrico-Sattel (650)** nach Drena (393) hinableitet. Zwischen der Burgruine Drena, welche aus der Skaligerzeit stammt, und Dro (123) beeindruckt die Fahrt durch einen Landstrich mit wilden Felstrümmern, der so genannten „Marocche". Von Dro sind es dann nur noch wenige Kilometer zurück zum AP Arco, wobei die Strecke über das li. Ufer der Sarca verläuft.

Zwischen Etschtal und Monte Baldo* 71

Route: Avio (131) – Lago Pra da Stua – S. Valentino – S. Giacomo – Brentonico – Corné Dosso – Chizzola – Pilcante – Avio. **46 km.**

Fahrtechnische Beurteilung: mittel

Zeitaufwand: Halbtagestour

Diese Tour über die Nord-Ost-Abflachung des Monte Baldo erweckt vor allem fahrerisches Interesse, wobei die meisterhaft angelegte Bergstraße zum Stausee Pra da Stua herausragt; für Enduristen empfiehlt sich außerdem die Variante über Polsa. – Einen verkehrsgünstigen AP bildet Avio im Etschtal, das nur 3 km vom AA Ala-Avio der Brennerautobahn entfernt liegt. Man folgt zunächst in nw. Richtung dem vom Avianabach durchflossenen Tal, an dessen Ausgang sich das kleine Kirchlein Madonna della Pieve (165) befindet. Deutlich sichtbar zieht eine Druckrohrleitung herab.

Bald verlässt man das enge Tal, um die 16, vorwiegend in den felsigen Abhang gehauenen Kehren zu überwinden. Der schmale Lago Pra da Stua (1041) mit seiner Staumauer wird tangiert und man bewältigt eine weitere Gruppe von fünf Kehren, bevor S. Valentino (1314) und damit die **„Monte-Baldo-Höhenstraße"** erreicht ist, 17 km. Die Bergstraße ist durch-

Auf der **Monte-Baldo-Höhenstraße** bei S. Valentino → Runde 71 und 72.

Skizze 71 Zwischen Etschtal und Monte Baldo

gehend asphaltiert, die Fahrbahnbreiten schwanken zwischen 4 und 6 m, wobei die unteren Kehren in den Wendepunkten ziemlich eng sind.

Von S. Valentino setzt man die Runde auf kurvenreicher Bergstraße über S. Giacomo talab nach Brentonico (692) fort. Die Abfahrt ins Etschtal erfolgt über Corné Dosso nach Chizzola. (Alternativ lässt sich auch die linksufrige Straße über Cazzano durch das Sornetal bei fast gleicher Distanz benützen.) – Nach Avio hat man zuletzt auf der rechtsufrigen Straße parallel zur Etsch noch 12 km zurückzulegen.

Variante: Von San Valentino (1314) über die **Malga Postemom (1386)** und Polsa (1240) nach Brentonico (692). Zirka 500 m unterhalb der „Monte-Baldo-Höhenstraße" zweigt re. eine vorwiegend einspurige Schotterpiste ab, die als „holprige Straße/strada deformata" ausgewiesen ist und zu einem Almgebiet hinaufführt. Im Bj. gab es auch grob geschotterte Passagen; besonders die Abfahrt zum Sornabach mit einem Gefälle von 15% war ruppig und teilweise ausgewaschen. Polsa, das man nach rund 8 km erreicht, hat sich mit mehreren Aufstiegshilfen, Hotels und einem Campingplatz auf Skifahrer eingestellt, im Sommer ist es ein Luftkurort. Auf ausgebauter, zweispuriger Asphaltstraße mit vielen Windungen gelangt man hinab nach Prada und Brentonico. Plus 11 km. Fahrtechnische Beurteilung: mittel bis schwierig.

Abstecher: Vom Lago Pra da Stua (1041) zum **Rif. Monte Baldo (1123)**. Wenig unterhalb der Staumauer zweigt eine Verbindung zur „Monte-Baldo-Höhenstraße" ab, der man über den zahmen Passo

Für Schotterfreunde besteht in dem von S. Valentino über die **Malga Postemom** führenden Fahrweg eine interessante, aber teilweise holprige Verbindung nach Polsa → Runde 71.

Der Ort **Polsa** setzt auf Wintertourismus; diesem Umstand verdankt die Straße über **Prada** nach Brentonico ihren guten Ausbauzustand → Runde 71.

Pozza di Cola (1289) folgt. Ein li. abbiegendes, asphaltiertes Stichsträßchen leitet leicht bergab zur Wallfahrtskapelle Madonna della Neve (1122), 3.8 km. Will man zum Rif. Monte Baldo, so hält man sich an der dortigen Straßengabelung re., HT; von der 800 m langen Zufahrt zum Gasthaus sind die letzten 400 m geschottert. – Hin und zurück 18 km. Fahrtechnische Beurteilung: mittel.

72 Große Monte-Baldo-Runde*

Route: Mori (204) – Brentonico – S. Giacomo – S. Valentino – Passo Canalette (1617) – Bocca di Navene (1425) – Cavallo di Nevezza (1433) – Rif. Novezzina – Ferrara di Monte Baldo – Spiazzi – Vezzane – Caprino Veronese – Lumini – Pora – Villanova – Castelletto di Brenzone – Malcésine – Torbole – Nago – Passo S. Giovanni (278) – Mori. **107 km.**

Fahrtechnische Beurteilung: mittel

Zeitaufwand: Tagestour

Die 58 km lange, durchwegs asphaltierte **„Monte-Baldo-Höhenstraße“** führt von Mori über den Passo Canalette, welcher auch als Bocca di Creen bezeichnet wird, die Bocca di Navene und leitet über den zahmen Sattel Cavallo di Novezza nach Spiazzi (862) und Caprino Veronese (254) hinab. Sie verläuft, vom Gardasee durch den lang gestreckten Rücken des Monte Baldo getrennt, auf seiner dem Etschtal zugekehrten Ostseite.

Der Ausbauzustand war im Bj. sehr unterschiedlich: die Auffahrt von Mori zeigte sich als modern angelegte Bergstrecke mit max. 15% Steigung; auch die Ortsdurchfahrt von Brentonico wurde großzügig ausgebaut. Bis S. Valentino hatte man eine normal breite Fahrbahn. Ein Nadelöhr bildeten die beiden kurz aufeinander folgenden, einspurigen Felstunnels im Abschnitt von S. Valentino zum **Passo Canalette (1617)**. Besonders an Tagen mit Ausflugsverkehr kann dort die ungeregelte Durchfahrt ins Stocken kommen; unbedingt auf Gegenverkehr achten, Schritt-Tempo fahren und hupen! Zu Kriegszeiten diente die zwischen den Tunnels in den exponierten Fels gehauene und heute noch zugängliche Höhle den Wachposten als Ausguck.

Beim Rif. Graziani am Passo Canalette nimmt der einst vom ital. Militär angelegte und jetzt private, für Kfz gesperrte Fahrweg auf den Monte Altissimo di Nago (2079) seinen Ausgang. Der Gipfel mit dem Rif. Damiano Chiesa und der Gedenkkapelle zählt zu den lohnendsten Aussichtspunkten im gesamten Gardaseegebiet, 90 Gehmin. – Auf der gesamten Monte-Baldo-Höhenstraße gibt hingegen nur die **Bocca di Navene (1425)**, eine Scharte im schmalen Grat bei Km 26 (Rif. Estivo), Tiefblicke auf den See bei allerdings eingeschränktem Blickwinkel

Der **Passo Canalette** mit dem Rif. Graziani bildet den höchsten Punkt der **Monte-Baldo-Höhenstraße**; im Hintergrund der gesperrte Gipfelfahrweg auf den Monte Altissimo → Runde 72.

Wählt man den Ort Mori als AP für eine Befahrung der **Monte-Baldo-Höhenstraße**, so gelangt man auf gut ausgebauter Straße über mehrere Kehren nach Brentonico → Runde 72.

Skizze 72 Große Monte-Baldo-Runde

frei. Weit umfassender ist die Aussicht vom „Belvedere del Garda“ auf der Bocca di Tratto Spin (1720), deren 3 km lange, geschotterte Zufahrt jedoch während des Sommers wegen des Weideviehs gesperrt bleibt. – Die Höhenstraße verläuft

Die **Monte-Baldo-Höhenstraße** beim **Cavallo di Novezza** → Runde 72.

unterhalb der Cima Valdritta (2218), der höchsten Erhebung des Monte Baldo und am Fuße der Punta Telegrafo (2200). Bis zur Trentiner Provinzgrenze am **Cavallo di Novezza (1433)** schwanken die Fahrbahnbreiten zwischen 3 und 6 m, max. 10% Gefälle. Ausgesetzte Passagen wurden mit Leitschienen abgesichert. Im Abstieg über das Rif. Novezzina (1255) nach Ferrara di Monte Baldo (856) hat man ein Gefälle von max. 14%. An der Straßenteilung hält man sich nach Ferrara li., denn re. gelangt man über Vilaggio (1239) nur auf einem Umweg nach Spiazzi.

Von Ferrara setzt sich die „Monte-Baldo-Höhenstraße" nach dem sehenswerten Spiazzi fort. Dort sollte man seine Fahrt kurz unterbrechen, um die kühn in den steil abfallenden, überhängenden Fels errichtete Wallfahrtskirche **Madonna della Corona** aus dem 16. Jh. zu besichtigen. Dorthin hat man vom Dorfplatz nur 10 Gehmin. über einen gestuften Steig

Monte-Baldo-Höhenstraße → Runde 72.

Auf der **Gardesana Orientale** gelangt man in zügiger Fahrt über Malcésine nach Torbole; im Sommer ist die Strecke wegen der vielen Badegäste mit Vorsicht zu genießen → Runde 72.

Spektakulär ist auf der **Monte-Baldo-Höhenstraße** die Passage durch die beiden engen Felstunnels; wegen der Unübersichtlichkeit unbedingt hupen! → Runde 72.

hinab. Von der Kirche genießt man eindrucksvolle Tiefblicke in das Etschtal, wobei man 730 m über der Etsch steht.

Eine ausgebaute Bergstraße verläuft von Spiazzi über Vezzane hinab nach Caprino Veronese (253), 9 km. Weitere 6 km sind es nach Lumini (695) über eine Nebenstraße. Man bleibt noch auf der Mittelgebirgsterrasse und fährt über Pora und Villanova nach Castelletto di Brenzone hinab, wo man in die **„Gardesana Orientale“** mit Bez. SS.249 einmündet. Während der Abfahrt durch die ausgedehnten Olivenhaine genießt man gute Aussicht auf den Gardasee.

Die stark frequentierte Uferstraße leitet über das malerische Malcésine mit seiner zinnengekrönten Skaligerburg aus dem frühen Mittelalter. Von der Hangseite ziehen Olivenkulturen bis zur Straße herab. Torbole (85) liegt am nö. Ende des Sees; man erreicht es nach 25 km Uferstrecke. In Torbole nächtigte seinerzeit Goethe auf seiner Italienreise, wo er als vermeintlicher Spion kurzfristig festgehalten wurde; heute ist dieser viel besuchte Küstenort fest in der Hand von Surfern.

Die vorzüglich ausgebaute SS.240 führt über den zahmen Sattel von Nago, auch als **Passo S. Giovanni (278)** bez., mit bemerkenswerten Rückblicken auf Torbole und den Monte Brione, welcher sich aus dem fruchtbaren Mündungsgebiet der Sarca erhebt. Man fährt durch ein altes Bergsturzgebiet am verlandeten Loppiosee vorbei, von dem man nur noch den Umfang seines ehem. Beckens erkennen kann. In Mori schließt sich die abwechslungsvolle Runde.

Rund um den Idrosee** 73

Route: Riva del Garda (73) – Limone sul Garda – Campione del Garda – Gargnano – Navazzo – Lago di Valvestino – Capovalle – Passo San Rocco (1020) – Lemprato – Pieve Vecchia – Anfo – Ponte Caffaro – Lodrone – Darzo – Ca Rossa – Storo – Passo Ampola (747) – Tirano di sopra – Bezzecca – Pieve di Ledro – Mezzolago – Molina di Ledro – Biacesa di Ledro – Riva del Garda. **116 km.**

Fahrtechnische Beurteilung: mittel

Zeitaufwand: Tagestour

Eine touristisch und auch fahrerisch sehr interessante Runde, welche sowohl besuchenswerte Gebiete im NO der Provinz Brescia als auch im südwestlichen Trentino erfasst. Während die Variante über Tremósine und Tignale eine Bereicherung für alle Tourenfahrer darstellt, sei die Einbeziehung der Variante über den Passo di Croce Domini vor allem den Schotterfreunden ans Herz gelegt; den Neigungen entsprechend, sollte die zeitliche Einteilung getroffen werden.

Man verlässt das von reger Geschäftigkeit pulsierende Riva auf der meist stark frequentierten Westuferstraße des **Gar-**

Runde 73

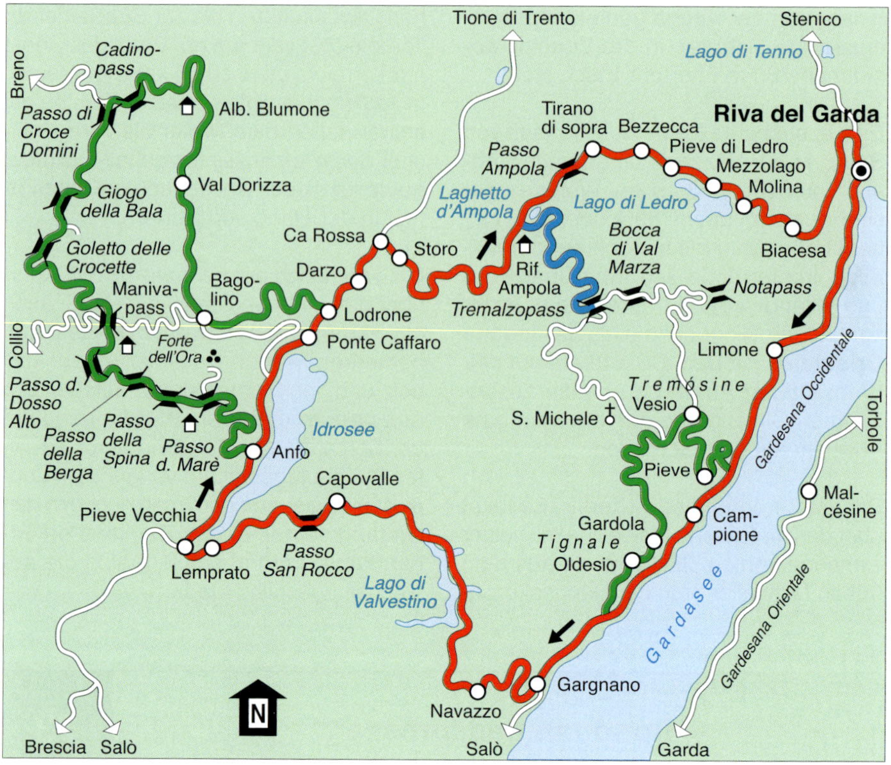

Skizze 73 Rund um den Idrosee

dasees (65). Wegen ihrer bautechnisch kühnen Trassierung durch fast senkrecht zum See abfallende Felswände verdient die in der Mussolini-Ära errichtete **„Gardesana Occidentale“** auch heute noch Bewunderung. Die 33, in den gewachsenen Fels geschlagenen Tunnels zwischen Riva und Gargnano wurden zum Schutz vor Steinschlag durch Betongalerien ergänzt. Einen prächtigen Kontrast zu den hellen Felsen und der mediterranen Vegetation (Zypressen, Agaven, Oleander, Zitronen, Oliven) bildet das dunkle Blau des Wassers; der See misst an seiner tiefsten Stelle 346 m. Unterhalb der Durchzugsstraße befinden sich die Orte Limone sul Garda und Campione del Garda.

Von Gargnano (98) aus besteht eine landschaftlich abwechslungsreiche Verbindung zwischen dem Gardasee und dem 300 m höher gelegenen Idrosee. Eine hervorragend ausgebaute Serpentinenstraße führt zunächst nach Navazzo (496) hinauf; dann geht es in das Val Tocolana, welches in seinem oberen Abschnitt Val Vestino genannt wird. Man erreicht die Staumauer des **Lago di Valvestino (503)** mit seinen fjordartigen Armen. Die Straße benützt sein Ostufer und ist im Anstieg nach Capovalle zwar asphaltiert, aber auf einem 4.5 km langen Abschnitt nur einspurig mit Ausweichen bis knapp zweispurig. Vor unübersichtlichen Stellen entlang dem Fels unbedingt hupen!

Die **Gardesana Occidentale** zwischen Riva del Garda und Limone → Runde 73.

Ab dem **Passo San Rocco (1020)** ist die Fahrbahn wieder normal breit. Nach dem Tunnel unterhalb der Cocca d'Idro bietet sich ein herrlicher Blick auf den **Idrosee (368)**. Über nur zwei Kehren gelangt man nach Lemprato (386), das an seinem Südufer liegt, hinab. Die Steigungen bzw. Gefälle der SP.58 betragen max. 12%.

In Pieve Vecchia mündet man re. in die SP.237 ein, welche über das Westufer des Idrosees und die Orte Anfo, Ponte Caffaro, Lodrone und Darzo verläuft, und folgt ihr noch bis Ca Rossa. Dort biegt man re. auf die SS.240 ab, quert die breite Talung des Chiese und kommt durch den malerischen Ort Storo (394). Der Anstieg im Valle d'Ampola vollzieht sich mit 9% Steigung über zwei markante Talstufen. Mehrere kleine Wasserfälle beleben das enge, wildromantische Felsental. Das ehem. Fort Ampola, welches in der Nähe einer Kehrengruppe passiert wird, wurde bereits 1866 zerstört. Im Bereich des La-

Am **Passo della Spina** → Runde 73.

Der eindrucksvollste, aber auch stark steinschlaggefährdete Streckenabschnitt liegt zwischen **Spina-** und **Bergapass**; er verläuft teilweise exponiert → Runde 73. Foto Thanalak Denzel

ghetto d'Ampola nimmt die Straße dann einen fast flachen Verlauf. Kurz vor Tiarno di sopra ist mit dem **Passo Ampola (747)** die Wasserscheide erreicht.

Die Rundfahrt setzt sich in ö. Richtung über Bezzecca (688), dem Hauptort der Talschaft, Pieve di Ledro, und Mezzolago fort. Der malerisch anmutende **Ledrosee (652)** verdankt seine Entstehung dem eiszeitlichen Chiesegletscher. Anlässlich des Kraftwerkbaues kamen tausende alter Holzpfähle im abgesenkten See zum Vorschein; sie erwiesen sich als Überreste vorzeitlicher Pfahlbauten.

Vom Ort Molina di Ledro (665) führt die gut ausgebaute Asphaltstraße über zwei Kehren und durch das vom Ponale durchflossene Ledrotal nach Biacesa hinab. Man durchfährt den 3600 m langen Tunnel „Agnese" sowie den 1120 m langen Tunnel „Dom", ehe man auf die vom Tennosee herabziehende Straße trifft und nach Riva del Garda zurückkehrt. Besonders in den Sommermonaten macht sich in den beiden Röhren die nicht ausreichende Belüftung unangenehm bemerkbar, doch ist diese Strecke jetzt die einzige Direktverbindung vom Ledrosee zum Gardasee. – Die alte, abenteuerliche „Ponalestraße", welche mit engen Serpentinen durch die Ponaleschlucht und mit mehreren kurzen Tunnels an den Steilwänden der Rocchetta nach Riva hinableitet, ist leider nicht mehr befahrbar; nach dem Bergrutsch Ende 2000 musste ihre Auffahrt einem weiteren Tunnel der „Gardesana Occidentale" weichen.

Variante: Von Campione del Garda über **Tremósine** und **Tignale** nach Gargnano. Mit großem Aufwand wurden an der „Gardesana Occidentale" kreuzungsfreie

Kühn trassiert in die steile Bergflanke windet sich das einspurige Sträßchen zum **Passo del Marè** empor; die gesamte Strecke von Anfo zum Pass ist asphaltiert → Runde 73.

Auf- und Abfahrten errichtet. Da der Uferstreifen für solche Bauwerke geländebedingt sehr knapp war, hat man sie gänzlich in den Fels verlegt. Will man auf der SP.35 nach Tremósine, so benützt man zunächst im großen Tunnel re. die stark gekrümmte Nebenröhre mit gut beschilderter Abfahrt nach Campione und hat dann die kühn angelegte Auffahrt mit dem Gardasee im Rückblick.

Das schmale, jedoch durchwegs asphaltierte Bergsträßchen hat Steigungen bis 12% und extrem enge Kehren. Ausgesetzte Stellen wurden mit Leitplanken abgesichert. Besonders eindrucksvoll wirkt die Strecke durch die romantische Brasaschlucht; hier treten die efeuumrankten Felswände fast so nahe zusammen, dass kaum noch ein Spalt Himmel zu sehen ist. Das Dorf Pieve di Tremósine wurde auf einem 350 m senkrecht in den See abfallenden Fels erbaut, weshalb es auch „Capri des Gardasees" genannt wird.

Aus schwindelnder Höhe hat man imposante Tiefblicke auf den Gardasee; die gegenüberliegende Uferseite wird vom Monte-Baldo-Rücken überragt. Von Vesio (626) fährt man auf kurviger Bergstrecke hoch über dem Val S. Michele zur Terrasse von Tignale weiter. Man passiert Gardola sowie Oldesio und mündet zirka 3 km n. von Gargnano wieder in die Westuferstraße ein. Plus 18 km. Fahrtechnische Beurteilung: mittel.

Variante: Von Anfo am Idrosee über den **Manivapass (1664)**, den **Giogo della Bala (2176)** und den **Passo di Croce Domini (1892)** nach Lodrone (392). Diese aussichtsreich verlaufende Schleife ist ganz auf die Vorstellungen von Tou-

Im Bereich des **Bergapasses** sind die vielen Felsnadeln und -türmchen auffallend; am Berghang hinten bildet eine schier endlose Kolonne von Schafen ein helles Band → Runde 73.

In der **Brasaschlucht** passiert man überhängende Felsen und enge Tunnels; mit einer 360°-Schleife und einer Brücke über sich selbst meistert die Straße den HU. → Runde 73.

renfahrern zugeschnitten und für Schotterfreunde ein wahrer Leckerbissen! Die Befahrung ist auch mit Straßenmotorrad möglich, doch erfordert sie vom Lenker einiges an Geschick.

In Anfo nimmt die rund 21 km lange, vorwiegend einspurige Straßenverbindung zum Giogo del Maniva ihren Ausgang; li. hat man die spitzwinkelige Abzw. mit den HT „Passo Baremone", „Passo Maniva". Durchwegs asphaltiert zeigt sich die teilweise kühn trassierte Bergstrecke hinauf zum Rif. Rosa Baremone am **Passo del Marè (1418)**. Sie überwindet einen HU von rund 1000 m, womit der Hauptanstieg geschafft ist. Ihre Höchststeigung wurde mit 13% gemessen. – Der vom Marèpass abzw. und im oberen Abschnitt zugewachsene Schotterweg zum ex Forte dell'Ora (1548) ist mit einer massiven, verschlossenen Eisenschranke gesperrt.

Auf der Weiterfahrt sind mehrere kleine Pässe wie der **Passo della Spina (1521)**, der **Passo della Berga (1527)** und der **Passo del Dosso Alto (1725),** auf dem man den höchsten Punkt dieser Teilstrecke gewinnt, zu überqueren. Der spektakulärste, aber auch stark steinschlaggefährdete Abschnitt liegt zwischen dem Spina- und Bergapass; hier verläuft das ehem. Militärsträßchen mit drei Tunnels in steilem Felsgelände.

Weil in der Vergangenheit ein tonnenschwerer Felsbrocken vom Tunnelportal nach der kleinen Marienstatue heruntergebrochen war, hat man es weiter hervorgezogen. Um das Herunterfallen von Gesteinsbrocken von der Decke zu vermeiden wurde das Gewölbe, um Fahrbahnschäden durch Wasser zu unterbinden der Boden des ersten Tunnels betoniert. Auf herumliegende Steine in den beiden anderen dunklen Tunnels muss man aber immer noch achten.

Es folgt ein nur 1.4 km langes, geschottertes Teilstück, auf dem sich nach Regenfällen große Wasserpfützen bilden können. Der Anstieg zum Passo del Dosso Alto ist bereits wieder asphaltiert. Kurios sind im Umfeld des Bergapasses die spitzen Felsnadeln und -türmchen. Auf dem Abstieg zum Manivapass wurden an ausgesetzten Stellen hölzerne Randsicherungen angebracht, eine kurze Galerie in Natursteinoptik schützt vor herabbrechenden Felsen.

Am reizvoll gelegenen **Manivapass/Giogo del Maniva (1664)** steht das Albergo „Dosso Alto" und das „Ristorante da Lucille & Roberto"; vom Parkplatz gibt es auch eine asphaltierte Abfahrt nach Bagolino. 200 m weiter trifft man auf die von Collio heraufziehende SP.345, der man bergwärts folgt. Vom rund 16 km langen Höhenstraßenzug über den **Goletto delle Crocette (2070)** und den **Giogo della Bala (2176)** zum **Passo di Croce Domini (1892)** sind nur die ersten 8.8 km bis unterhalb der ehem. Radarstation zweispurig ausgebaut und asphaltiert. Die restliche Strecke stellt als Schotterpiste in akzeptablem Zustand seit Jahrzehnten ein Provisorium dar; sie wird nur kurz von einem 1.7 km langen, durch Witterungseinflüsse wie Aus- und Unterspülungen stark beschädigten, asphaltierten Abschnitt unterbrochen. Steigungen bzw. Gefälle erreichen Maxima von 15%. Da die Straße ein Stück durch den „Naturpark Adamello" leitet, wurde ein Tempolimit von 20 km/h verordnet; außerdem wird vor Steinschlag und Bodenwellen gewarnt. Zuletzt gelangt man hinab zum Passo di Croce Domini mit dem gleichnamigen, bewirtsch. Rifugio, wo man die SP.345 delle Tre Valli wieder verlässt.

Man folgt re. der asphaltierten SP.669 und gelangt mit nur einer einzigen Kehre zum **Cadinopass (1938)** hinauf. Zwischen Ju-

Seitdem die abenteuerliche Straße durch die Ponaleschlucht nicht mehr befahrbar ist, erreicht man den **Ledrosee** von Riva del Garda aus nur mehr über zwei lange Tunnels → Runde 73.

Vom Manivapass leitet eine aussichtsreiche Straße mit unterschiedlichen Ausbauzuständen über den **Giogo della Bala** zum **Passo di Croce Domini** → Runde 73.

dikarien und dem Val Camonica vermittelt dieser Übergang eine nur wenig frequentierte Ost-West-Verbindung. Auf kehrenreicher, 6 km langer Bergstrecke geht es bei max. 12% Gefälle und einer durchschnittlichen Fahrbahnbreite von 3 m über den **Goletto Gaver (1795)** zum Alb. „Blumone“ (1492) hinab; der Cornone di Blumone (2842) ragt im Hintergrund auf. Die Straße zieht nun am originellen Brunnen „Fontana del Lupo“ vorbei durch das Val Caffaro. Oberhalb der Rimalbrücke in Val Dorizzo (1139) beträgt das Gefälle 15%. Vor Engstellen wurden Ausweichen angelegt. In Bagolino (712) wählt man mit Vorzug die direkte Abfahrt nach Lodrone. Plus 59 km. Fahrtechnische Beurteilung: mittel bis schwierig.

Abstecher: Aus dem Ampolatal zum **Tremalzopass (1665)**. Beim Rif. Ampola (726) sw. von Tiarno di sopra zweigt von der SS.240 re. die 12 km lange Nordrampe zum Pass ab. Die zweispurig ausgebaute und asphaltierte SP.127 leitet zunächst an der ö. Berglehne mit einer ersten Gruppe von acht Serpentinen zur Heiligkreuz-Kapelle empor, dann zieht sie an den Wiesenböden der oberen Tiarno-Alm vorüber. Bei Steigungsmaxima von 10% und über weitere Kehren kommt man am Rif. Garibaldi (1522) und Rif. Tremalzo F. Guella (1582) vorbei. Mit einer letzten Schleife erreicht man schließlich den Tremalzopass. Eine kurze, nach W gerichtete Zufahrt leitet zum Rif. Bezzecca (1526), unmittelbar am Fuß der Cima Dil (1808) gelegen. Aussicht hat man hauptsächlich auf den Monte Baldo; vom Gardasee sieht man nur einen Sektor mit dem Ort Malcésine am Ostufer. Das gesamte Gebiet um den Tremalzopass steht unter Naturschutz. – Die Weiterfahrt Richtung Gardasee ist ab der Scheitelhöhe mit dem Rif. Garda (1702) nicht mehr gestattet; seit 1997 besteht sowohl für die Schotterstrecke über die Bocca di Val Marza (Tunnel) hinab zum Notapass als auch für die Abfahrt durch das Val S. Michele ein striktes Motorrad-Fahrverbot! – Hin und zurück 24 km. Fahrtechnische Beurteilung: leicht bis mittel.

Kammstraße Oberes Veltlin* 74

Route: Monno (1066) – Passo di Foppa (1852) – Passo di Guspessa (1824) Trivigno – Rif. Betulle – Passo di Aprica (1176) – Cantoniera Belvedere – S. Cristina – S. Rocco – Canali – Sernio – Lovero – Mazzo di Valtellina – Passo di Foppa – Monno. **82 km.**

Fahrtechnische Beurteilung: mittel

Zeitaufwand: Halbtagestour

Durch den Ausbau des Foppapasses wurde das Netz ehem. Kriegsfahrwege zwischen dem Oberen Val Camonica und dem Oberen Veltlin wesentlich aufgewertet. Jetzt kann man den lang gestreckten Höhenrücken zwischen den beiden Tälern entweder von Monno (1066), Aprica (1113) oder von Mazzo di Valtellina (552) aus in einem lohnenden Rundkurs befahren; eine weitere Auffahrt nimmt in Grosio ih-

Recht einsam zwischen **Foppa-** und **Guspessapass** gelegen ist die **Alpe Möta** mit der kleinen Bergkapelle; im Sommer gibt es dort frische Milch und selbst gemachten Käse → Runde 74.

Der **Passo di Foppa** und der **Passo del Mortirolo** liegen nahe beieinander; der eine wird befahren, der andere nur tangiert. Die Beschilderung vor Ort ist unklar. → Runde 74.

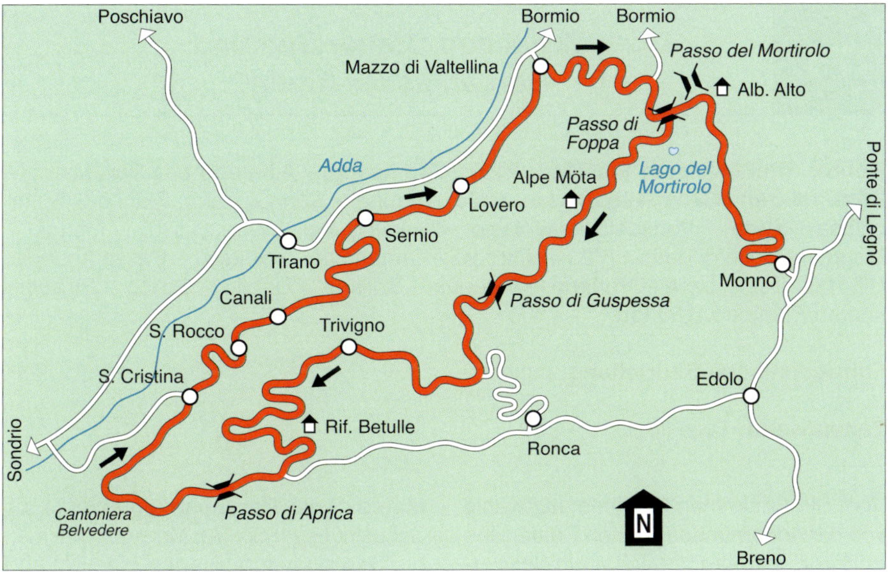

Skizze 74 Kammstraße Oberes Veltlin

ren Anfang. Die empfohlene Fahrtrichtung verläuft von NO nach SW.

Die rund 10 km lange Bergstrecke vom Ort Monno über das Albergo „Belvedere" (1800) zum **Foppapass (1852)** ist knapp zweispurig und asphaltiert, die Höchststeigungen betragen 12%. Der **Passo del Mortirolo (1851)** nahe dem Albergo „Alto" ist genau genommen kein Durchzugspass, er wird lediglich im NW des Foppapasses tangiert.

Das Kernstück dieser Runde bildet zweifellos die gute Aussicht bietende Kammstrecke zwischen dem Foppapass, dem **Guspessapass (1824)** und Trivigno. Es handelt sich dabei um ein vorwiegend einspuriges Asphaltsträßchen mit Ausweichen, welches ohne nennenswerte Höhenunterschiede zuerst auf der NW-Seite, dann auf der SO-Seite des Kammes verläuft. Die eindrucksvollsten Ausblicke richten sich auf das Puschlav, die südliche Bernina und die Adamello-Gruppe. Besonders farbenprächtig ist die Fahrt im Herbst, wenn die Lärchen in kräftigem Gelb leuchten. In den Sommermonaten erhält man auf der Alpe Möta (1878) mit der kleinen Kapelle, 4.3 km von der Straßenteilung am Foppapass entfernt, frische Milch und Käse.

Vom Passo di Guspessa leitet die Straße über Trivigno (1696) und das Rif. Betulle (1350) zum **Passo di Aprica (1176)** hinab; der Wintersportort Aprica erstreckt sich entlang der SS.39. Das schmale Verbindungssträßchen von S. Cristina (715) über S. Rocco (1085) war im Bj. zwar bis Canali nicht staubfrei, aber auch mit Straßenmaschinen gut befahrbar.

Von Mazzo di Valtellina gelangt man auf knapp zweispurig ausgebauter, kurvenreicher Bergstrecke zuletzt wieder zum Foppapass hinauf; die lang anhaltende Steigung beträgt 18%.

75 Zwischen Comer See und Bergamasker Alpen**

Route: Straßenknoten Piantedo (215) – Morbegno – Albaredo per San Marco – Passo di San Marco (1985) – Mezzoldo – Lenna – San Giovanni Bianco – Sottochiesa – Olda – Vedeseta – Avolasio – Culmine San Pietro (1300) – Moggio – Maggio – Colle di Balisio (723) – Introbio – Cortenova – Parlasco – Passo Agueglio (1241) – Esino Lario – Perledo – Varenna – Bellano – Dervio – Colico – Straßenknoten Piantedo. **163 km.**

Fahrtechnische Beurteilung: mittel

Zeitaufwand: Tagestour

Vom Straßenknoten Piantedo, nur wenig von der Addamündung in den Comer See entfernt, hat man zunächst auf der verkehrsreichen (viele Lkw) SS.38 bis Morbegno 13 km zurückzulegen. Dort beginnt die derzeit einzige, über den Hauptkamm der Bergamasker Alpen leitende Pass-Straße. Der **Passo di San Marco (1985)** war schon im Mittelalter ein bekannter Übergang eines Handelsweges zwischen Venedig und Süddeutschland. Im N hat man bis zur Scheitelhöhe 26 km zurückzulegen und überwindet dabei über 1700 Höhenmeter! Auf der Südrampe senkt sich die Pass-Straße mit 13 Kehren in das Tal des Brembo, wobei sie bis zur Ortschaft Lenna 22 km misst.

Durchgehend wurde Asphaltbelag aufgetragen. Die max. Steigung auf der Nordrampe ist mit 13% ausgeschildert, auf der Südrampe mit 11%. Die durchschnittliche Fahrbahnbreite beträgt 6 m. Den landschaftlich ansprechendsten Abschnitt findet man zwischen Albaredo per San Marco (898), der Scheitelhöhe und Mezzoldo (880). Im obersten Teil der Nordrampe kann man im Umfeld der Alpe Orta Solvia (1727) mit etwas Glück Murmeltiere beobachten. Das ehem. Hospiz San Marco s. der Passhöhe dient heute als Schutzhütte (1830). Ab Mezzoldo hat man bis San Giovanni Bianco eine Talfahrt mit mehreren Tunnels ohne besondere landschaftliche Reize.

Erst nach der Abzw. re. in das Val Taleggio ändert sich die Szenerie; man fährt durch die romantische **Ennaschlucht** mit ihren überhängenden Felsbalmen stetig bergan. Sehenswert ist vor allem die Häusergruppe Sottochiesa auf einem isolierten Felsen über dem Tal. Die durchwegs asphaltierte Straße zieht nun über Olda, Vedeseta und Avolasio zum **Passo Culmine San Pietro (1300)** hinauf. Hinter Avolasio endet der zweispurige Ausbau und die SP.64 senkt sich in einen Tobel hinab, um dann auf vorwiegend einspuriger Steigungsstrecke mit 18% dem Sattel zuzustreben. Auf diesem 4.6 km langen Anstieg wies die Fahrbahn im Bj. erhebliche Frostschäden auf, Randsicherungen waren durchgerostet; vor Steinschlag wird gewarnt.

Am Passo Culmine S. Pietro selbst steht das gleichnamige Gasthaus und eine kleine Kirche. In der reizvollen Landschaft genießt man von der Scheitelhöhe aus

Eine Fahrt von Parlasco auf der Panoramastraße über den **Passo Agueglio** nach Esino Lario vermittelt herrliche Blicke auf den **Comer See** → Runde 75. Foto Wolfgang Krenmüller

Fahrtechnisch interessant ist die Strecke von Dervio über **Introzzo** nach Tremenico; sie birgt etliche Kehren und Passagen mit engen Kurven → Runde 75.

Skizze 75 Zwischen Comer See und Bergamasker Alpen

einen weiten Blick auf den Talkessel Moggio-Barzio; im Hintergrund ragt der Monte Legnone (2609) hervor. Im W sind die Grigna Settentrionale (2409) und die Grigna Meridionale (2177) zu erkennen. – Zur Weiterfahrt wählt man die Strecke über Moggio und Maggio zum **Colle di Balisio (723)**, den man als Wasserscheide kaum wahrnimmt.

Auf gut ausgebauter Straße durchmisst man das Valsassina mit leichtem Gefälle bis Cortenova (483). Dort zweigt man li. ab, um auf einer gebirgigen, reizvollen Strecke in das, vom Esino durchflossene Nachbartal hinüberzuwechseln. Man durchfährt den kleinen Ort Parlasco (681) und gelangt auf kurviger, zweispuriger Asphaltstraße über den **Passo Agueglio (1241)** nach Esino Lario (910). Diese Panoramastrecke bietet Prachtblicke auf den Lago di Como und Lago di Lecco! Die Abfahrt von Esino Lario nach Perledo weist etliche Engstellen auf. Mit elf kurzen Kehren vollzieht sich der Abstieg nach Varenna (220). Über Bellano, Dervio und Coli-

Die **Alpe Orta Solvia** auf der Nordrampe des **Passo di San Marco** → Runde 75.

co kehrt man schließlich auf der viel befahrenen Uferstraße zum AP zurück.

Variante: Von Dervio (204) rund um den **Monte di Muggio (1799)** nach Bellano (202). Eine zwar kurze, aber mit ihren Abstechern fahrerisch interessante Runde, ganz nach dem Geschmack des Bikers. – Der Anstieg beginnt in Dervio am Comer See und leitet über eine Gruppe eng übereinander angelegter Serpentinen hinauf nach Vestreno (587) und weiter über Introzzo (687) nach Tremenico (739).

Die Fortsetzung des windungsreichen Terrassensträßchens ist noch bis zur Häusergruppe Aveno akzeptabel, dann aber auf der vorwiegend einspurigen Strecke Richtung Premana sehr unübersichtlich und gefährlich. Es empfiehlt sich, vor den scharfen Kurven rechtzeitig zu hupen. Hinter Pagnona hält man sich an der Straßenteilung re. und fährt über Somadino (863) nach Codesino (770). Dort mündet

Ennaschlucht → Runde 75. Foto Th. Denzel

Wie auf einem Aussichtsbalkon fühlt man sich während der Fahrt über den **Passo Agueglio**; grandios sind die Blicke auf den Comer See → Runde 75.

Die Nordrampe des **Passo di San Marco** überwindet von Morbegno bis zur Scheitelhöhe einen gewaltigen HU von über 1700 m auf 26 km → Runde 75.

man in das von Margno heraufziehende Asphaltsträßchen ein. Über Narro (988) und Vendrogno leitet die abwechslungsvolle Bergstrecke auf den Nordhängen des Muggiascatales hinaus nach Bellano, wobei Lezzeno (380), bekannt durch sein altes Kirchlein, berührt wird. Plus 47 km. Fahrtechnische Beurteilung: mittel.

Abstecher: Vom Ort Sueglio (740) über Lete zum **Rif. Roccoli dei Lorla (1463)** und hinab nach Tremenico (754). Einen kleinen Umweg bildet der Besuch dieser Schutzhütte im Umfeld des Monte Legnoncino (1714), welcher sich im W seines großen „Bruders", des Monte Legnone, erhebt. Die Verbindung von Lete bis zur Einmündung in die von Tremenico heraufziehende Straße bestand im Bj. aus einem einspurigen, fast flach verlaufenden Schotterweg in gutem Zustand. Während die asphaltierte Auffahrt zum Rif. Roccoli empfohlen werden kann, ist die Zufahrt zur kleinen Bellanohütte (1200) auf geschottertem Fahrweg bis Artesso nur wenig lohnend. Für den Rückweg bietet sich die Abfahrt nach Tremenico (754) an. Hin und zurück 16 km. Fahrtechnische Beurteilung: mittel.

Abstecher: Von Narro (988) zum **Rif. Vittoria (1478)**. Will man zur Alpe Giumello mit dem Schutzhaus, welche auf der Südseite des Monte di Muggio liegt, so benützt man von der Häusergruppe Narro aus, HT, das asphaltierte Sträßchen mit seinen sieben, gute Ausblicke bietenden Kehren. Hin und zurück 6 km. Fahrtechnische Beurteilung: mittel.

Italienisch am Straßenrand

In Verbindung mit Gefahrenzeichen oder Fahrverbotsschildern trifft man häufig Zusatztafeln mit den nachfolgenden Wörtern an:

attenzione	Achtung
caduta massi	Felssturz
caduta sassi	Steinschlag
deviazione	Umleitung
divieto	Verbot, verboten
lavori in corso	Straßenarbeiten
passare a proprio rischio	Befahrung auf eigene Gefahr
per tutti transito motorisato	für jeglichen Kfz-Verkehr
rallentare	langsamer fahren, Schritt-Tempo
rocce sporgenti	Felsvorsprünge
sponda franosa	abgebrochener Straßenrand
strada dissestata	beschädigte Fahrbahn, Straßendecke
strada deformata	unebene Fahrbahn, Straßendecke
strada guasta	schadhafte Fahrbahn, Straßendecke
strada sbarrata	(mit Schranken) gesperrte Straße
strada sdrucciolevole	rutschige Fahrbahn
strada senza barricata	Straße ohne Randsicherung
tornante, tornanti	Kehre, Kehren
vietato	verboten

Register

Dieser durchgehend farbige Spezialführer erfasst alle landschaftlich reizvollen Mittelgebirge Süddeutschlands und die daran angrenzenden Gebiete. Insgesamt 61 auserwählte Rundfahrten auf speziell für Krafträder geeigneten Straßen über Berg und Tal mit empfohlenen Varianten und Abstechern. Beschreibung aller bedeutenden Sehenswürdigkeiten in der Natur und kulturellen Attraktionen. Zu jeder Tour wurde eine eigene Orientierungsskizze gezeichnet. Unterscheidung zwischen Halbtages- und Tagestouren mit Angabe der jeweiligen Kilometerleistungen und fahrtechnischen Beurteilungen. 218 attraktive Farbfotos. Handliches, bequem mitzuführendes Format 12 x 18 cm, 352 Seiten. ISBN 978-3-85047-765-9

Dieser Denzel-Führer schließt an den Band „Motorrad-Touren Süddeutschland“ an und erfasst alle landschaftlich besonders reizvollen Regionen in der Mitte Deutschlands. Insgesamt 76 auserwählte Rundfahrten mit empfohlenen Varianten und Abstechern erstrecken sich auf die Bundesländer Rheinland-Pfalz, Nordrhein-Westfalen, Niedersachsen, Hessen, Thüringen, Sachsen-Anhalt, den Freistaat Sachsen, Brandenburg und Berlin. Beschreibung aller bedeutenden Sehenswürdigkeiten in der Natur und kulturellen Attraktionen. Unterscheidung zwischen Halbtages- und Tagestouren mit Angabe der Kilometerleistungen und fahrtechnischen Beurteilungen. Format 12 x 18 cm, 272 Seiten. ISBN 978-3-85047-756-7

720 Hochziele

342 Farbfotos

106 Orientierungsskizzen, 2 Grafiken

Farbleitsystem, länderweise

Symbole für leichte und schwierige Schotterpisten

mit Maut- oder Fahrverbotssymbolen gekennzeichnete Strecken

Das international bewährte Standardwerk für sportlich-touristisch eingestellte Auto- und Zweiradfahrer! Aus der Vielzahl anfahrbarer Hochpunkte innerhalb des weiten Alpenbogens von Wien bis Marseille wurden die interessantesten Hochstraßen und Ziele gewählt, sowohl asphaltierte als auch geschotterte Strecken berücksichtigt. Detailliert beschrieben werden alle landschaftlich besonders reizvollen Touristen- und Panoramastraßen, die letzten „wilden Pässe“, ehem. Militärsträßchen, Schluchtstrecken und sonstigen kuriosen Fahrwege im Gebirge.

Aktuelle Zustandsschilderungen. Höhenprofile (Längsschnitte) geben Auskunft über den Verlauf von Steigungen bzw. Gefälle. Für Wohnmobil- und Busfahrer wichtige Tunnelhöhen. Die Bewertung der fahrtechnischen Schwierigkeiten erfolgt in differenzierter Weise nach der Denzel-Alpenstraßen-Skala. – Ein Spezialführer, welcher die Herzen leidenschaftlicher Alpenfahrer höher schlagen lässt! Handliches, bequem mitzuführendes Format 12,5 x 22 cm, strapazierbarer Einband, 624 Seiten. ISBN 978-3-85047-769-7

Ein Bildband über den einstigen Kfz-Verkehr im Hochgebirge

Wer hat sich auf Pass-Strecken nicht schon einmal die Frage gestellt, wie es hier wohl früher ausgesehen haben mag? Auf welchen Straßen konnte man durch die Alpen reisen? Wo und wie war man unterwegs? Wann sind diese Verkehrswege entstanden?

Mit 353 historischen Fotos gibt Harald Denzel Einblicke in die bewegte Vergangenheit. Faszinierende Bilder von Pass- und ehem. Militärstraßen sowie Momentaufnahmen von abenteuerlichen Bergfahrten fesseln den Betrachter. Motive von abgründigen Strecken und halsbrecherischen Schotterwegen versetzen selbst abgebrühte Alpenfahrer in Erstaunen. Man gewinnt auch eine Vorstellung von der einst mühsamen Arbeit im Straßenbau und der aufwändigen Schneeräumung. Die ältesten Fotos stammen aus den 1920er-Jahren, viele aus den 1950er und 60er-Jahren.

Format 21 x 29,7 cm (A4), Hardcover, 200 Seiten.
ISBN 978-3-85047-770-3